DA CRISE À RESTAURAÇÃO

O pensamento político de

JOÃO CAMILO DE OLIVEIRA TORRES

Da crise à restauração
O pensamento político de João Camilo de Oliveira Torres

AUTOR: Luiz Carlos Ramiro Junior

DIRETOR DA ALMEDINA BRASIL: Rodrigo Mentz
EDITOR: Marco Pace
EDITORA DE DESENVOLVIMENTO: Luna Bolina
PRODUTORA EDITORIAL: Erika Alonso
ASSISTENTES EDITORIAIS: Laura Pereira, Patrícia Romero e Tacila da Silva Souza

REVISÃO: Tereza Gouveia
DIAGRAMAÇÃO: IO Design
DESIGN DE CAPA: Roberta Bassanetto

ISBN: 9786554272469
Junho, 2024

DADOS INTERNACIONAIS DE CATALOGAÇÃO NA PUBLICAÇÃO (CIP)
(CÂMARA BRASILEIRA DO LIVRO, SP, BRASIL)

Junior, Luiz Carlos Ramiro
Da crise à restauração : o pensamento político de João Camilo de Oliveira Torres / Luiz Carlos Ramiro Junior. -- São Paulo : Edições 70, 2024.
Bibliografia.
ISBN 978-65-5427-246-9
1. Ciência política 2. Política - História 3. Política - Teoria 4. Sistema político 5. Torres, João Camilo de Oliveira, 1915-1973 I. Título.
24-195584 CDD-320

Índices para catálogo sistemático:
1. Ciências políticas 320
Eliane de Freitas Leite - Bibliotecária - CRB 8/8415

Este livro segue as regras do novo Acordo Ortográfico da Língua Portuguesa (1990).

EDITORA: Almedina Brasil
Rua José Maria Lisboa, 860, Conj.131 e 132, Jardim Paulista | 01423-001 São Paulo | Brasil
www.almedina.com.br

DA CRISE À RESTAURAÇÃO

O pensamento político de

JOÃO CAMILO DE OLIVEIRA TORRES

Luiz Carlos Ramiro Junior

70

Velha chácara

A casa era por aqui...
Onde? Procuro-a e não acho.
Ouço uma voz que esqueci:
É a voz deste mesmo riacho.

Ah quanto tempo passou!
(Foram mais de cinquenta anos).
Tantos que a morte levou!
(E a vida, nos desenganos...)

A usura fez tábua rasa
Da velha chácara triste:
Não existe mais a casa...

- Mas o menino ainda existe.

Manuel Bandeira
(especial para *A Ordem*)
Rio, 13/4/1944

LISTA DE ABREVIATURAS E SIGLAS

ABL	Academia Brasileira de Letras
AC	Ação Católica
AML	Academia Mineira de Letras
AP	Ação Popular (católica)
Arena	Aliança Renovadora Nacional
CDV	Centro Dom Vital
CGT	Confederação Geral do Trabalho
CVI	Concílio Vaticano I (Primeiro), 1870
CVII	Concílio Vaticano II (Segundo), 1962-1965
DSI	Doutrina Social da Igreja Católica
Eceme	Escola de Comando e Estado-Maior do Exército
ESG	Escola Superior de Guerra
IAPC	Instituto de Aposentadorias e Pensões dos Comerciários
IAPs	Institutos de Aposentadorias e Pensões
IBAD	Instituto Brasileiro de Ação Democrática
IHGB	Instituto Histórico Geográfico Brasileiro
IHGM	Instituto Histórico Geográfico Mineiro
II GM	Segunda Guerra Mundial (1939-1945)
Inamps	Instituto Nacional de Assistência Médica da Previdência Social
INPS	Instituto Nacional de Previdência Social
Iseb	Instituto Superior de Estudos Brasileiros
ISS	Instituto de Serviços Sociais do Brasil

JB	Jornal do Brasil
JCOT	João Camilo de Oliveira Torres
JEC	Juventude Estudantil Católica
JOC	Juventude Operária Católica
JUC	Juventude Universitária Católica
MDB	Movimento Democrático Brasileiro
Modebra	Movimento Democrático Brasileiro (depois MDB)
ONU	Organização das Nações Unidas
PCB	Partido Comunista do Brasil
PDC	Partido Democrata Cristão
PL	Partido Libertador
PPB	Pensamento Político Brasileiro
PR	Partido Republicano (1945-1965)
PSD	Partido Social Democrático
PT	Partido dos Trabalhadores
PTB	Partido Trabalhista Brasileiro
PTN	Partido Trabalhista Nacional (1945-1965)
SNI	Serviço Nacional de Inteligência
TFP	Tradição, Família e Propriedade
TL	Teologia da Libertação
UCM	Universidade Católica de Minas, Belo Horizonte
UFMG	Universidade Federal de Minas Gerais
UDF	Universidade do Distrito Federal, Rio de Janeiro
UDN	União Democrática Nacional
UNE	União Nacional dos Estudantes

SUMÁRIO

INTRODUÇÃO

De relance João Camilo de Oliveira Torres (1915-1973)[1] é, quando lembrado, rapidamente associado a monarquista, conservador, católico, mineiro. No entanto, todos esses adjetivos encarados de forma chapada são incapazes de definir o autor e sua obra, e, sobretudo, traduzir a sua importância para o estudo do Pensamento Político Brasileiro (PPB). Em cada uma dessas posições políticas e ideológicas há um raciocínio capaz de desfazer concepções lineares, como nesse caso em que o monarquista se revela reformista; o conservador, solidarista; o católico, democrata; o mineiro, nacionalista. O próprio João Camilo, em uma de suas autobiografias, definiu-se como um "*homem interino*", aquele de vida interior, introspectiva, que angustiado buscou "*formas de estabilidade*", mas se manteve como "*um homem de sonhos irrealizados, de uma vida de imagens fugidias e em que nada representa como definitivo*". Esteve entre a permanência das ideias do Eterno Retorno, e a frase de Camões de que "*todo o mundo é composto de mudança*". Persistiu naquilo que lhe parecia efetivo, equilibrado, justo, voltado ao bem comum. Com efeito, sua obra fornece algumas composições nítidas: o ser mineiro significa ser brasileiro, a democracia moderna só é democracia se for cristã, o maior sucesso das reformas sociais se mostrou possível nos modernos regimes monárquicos.

Do conteúdo do pensamento camiliano há um eixo que o singulariza, elo que reúne o viés conservador e a preocupação com as questões sociais, e algo que atravessa toda sua vida e obra: o catolicismo. À política o autor figura como um representante do que se pode chamar de "Pensamento Político Católico", que

1. Variavelmente será utilizado ao longo do texto a abreviação JCOT ou João Camilo, para se referir a João Camilo de Oliveira Torres. Como forma de expressar o pensamento do autor também será utilizada a expressão "pensamento camiliano".

igualmente a várias linhagens é permeada de variantes, mas ainda assim capaz de reunir em alguma unidade escritores conservadores.

A relevância dessa discussão não se resume à recomposição de uma possível linhagem do PPB, mas procura servir de contribuição para se compreender a variedade de tendências à esquerda e à direita que foram alimentadas pelo catolicismo. Entre clero e laicato, desde os movimentos radicais da luta armada comunista até o integralismo, encontram-se escritores e agentes políticos que ou vieram dos círculos da Igreja católica, ou se declaravam católicos, ou foram criados dentro do cristianismo.

O esforço de classificação de um autor e sua obra, seja conservador, liberal, socialista, ou o que seja, jamais deve perseguir uma linearidade. Até porque isso não existe. O conservadorismo em João Camilo, por exemplo, é sinônimo de compreensão das mudanças dadas pelo tempo, e em sua concepção era o melhor caminho às reformas políticas e sociais ao país. Dotado de uma preocupação social constante, fruto de sua fé católica, JCOT projeta uma insistente demanda "solidarista", a fim de escapar do socialismo marxista, principal contraponto a um ideal social-cristão entre os anos de 1940 e 1970.

Cabe ressaltar que esta pesquisa não se define pelo retrato biográfico de João Camilo, e sim pela abordagem de sua atuação intelectual diante dos mais variados assuntos. De que maneira os temas políticos de um tempo podem ser encarados teoricamente, seja a partir, através ou apesar de JCOT. É considerar o texto no seu contexto.

As Ciências Sociais formulam arquétipos, tipos ideais e outros instrumentos que servem de ferramentas de análise. A intenção é encontrar nos agentes arranjos comuns a características dessas formulações. Porém, quando aproximamos esses esquemas do objeto, o que fica evidente são os descaminhos e as rebarbas dos modelos predefinidos. Portanto, faz mais sentido o caminho inverso: "ouvir" o autor, avaliar o arcabouço semântico utilizado para descrever os ideários políticos.

Dessas propostas surgem as mais variadas indagações. Entre elas, algo a respeito de como João Camilo trabalha as ideias políticas em sua "interpretação" do Brasil. E o que isso quer dizer num plano intersubjetivo, ou seja, como a obra do historiador mineiro contribui para esclarecer determinados conceitos caros à Ciência Política, tanto nas décadas intermediárias do século XX como hoje?

Essas e outras reflexões permeiam o conjunto deste livro. De modo a organizar a exposição inaugural, sete seções foram dispostas a seguir: 1) Panorama biográfico, 2) Sua obra, seus temas e seu tempo, 3) João Camilo de Oliveira Torres no mapa do Pensamento Político Brasileiro, 4) O desafio de um tema – o pensamento conservador, 5) João Camilo e o Pensamento Católico, 6) Consciência histórica e proposta restauradora, e, 7) Organização da pesquisa, hipóteses e tópicos.

Panorama biográfico

João Camilo de Oliveira Torres nasceu em Itabira, Minas Gerais, em 31 de julho de 1915, e faleceu em sua mesa de trabalho no dia 31 de janeiro de 1973, em Belo Horizonte. Na ocasião escrevia o seu último artigo: "Os mitos da nossa época", e antes havia escrito "Morte e ressurreição", publicado dias depois no *Correio do Povo*, de Porto Alegre. Teve três profissões – jornalista, professor e servidor público. Homem telúrico, apegado a suas origens e a sua linhagem familiar. Exceto por uma passagem pelo Rio para estudos, jamais morou fora de Minas Gerais. A família era seu eixo de formação.

Duas foram as autobiografias que João Camilo escreveu, as duas publicadas postumamente. A primeira, pessoal; a segunda, intelectual. Ambas sintetizam o escritor católico. A última era um retrato para o quadro dos filósofos mais importantes da época –*Rumos da filosofia atual no Brasil em auto-retratos*, publicado em 1976.[2] A primeira, mais íntima – *O homem interino* (2005) –, compreende

2. A coletânea dos filósofos brasileiros foi organizada pelo padre Stanislavs Ladusãns, e incluía: Agostinho José Ferreira, Alcântara Nogueira, Alvino Moser, Antônio Joaquin Severino, Beda Kruse, Carlos Beraldo, Carlos Lopes de Mattos, Cruz Costa, Emílio Silva, Evaldo Pauli, Fernando Arruda Campos, Geraldo Pinheiro Machado, Gilberto de Mello Kujawski, Henrique Cláudio de Lima Vaz, Huberto Rohden, Ivan Monteiro de Barros Lins, João Camilo de Oliveira Torres, José Parsifal Barroso, Leonardo Van Acker, Leoncio Basbaum, Luís Washington Vita, Maria Isabel Moraes Pitombo, Mário Ferreira dos Santos, Miguel Reale, Pedro Dalle Nogare, Ubiratan Macedo, Vilém Flusser (LADUSÂNS, 1976). Inserido entre os maiores no assunto, João Camilo descreve sua visão sobre o que é ser filósofo: "*Ser filósofo não é apenas saber falar dos pré-socráticos ou das filosofias indianas, de Kant e Suárez, de Tomás de Aquino e Sartre. Ser filósofo é ter uma razão para viver, fundada na Razão, reconhecendo que os problemas humanos, quer sejam os problemas últimos e universais da vida e da morte, quer sejam problemas concretos da vida política e social, são essenciais e devem ser colocados além das paixões e dos interesses mesquinhos. O filósofo deve seguir o exemplo de Sócrates, mesmo com o risco da cicuta, indo pelas praças e ruas para mostrar aos homens como devem viver. Precisa, como Sócrates e Platão, viver os problemas de seu tempo. Devem os filósofos considerar que a Filosofia não é apenas o seu ofício de professores ou eruditos, mas a sua lição, para que os homens aflitos e angustiados tenham razões nobres de viver*" (1976, p. 358).

a trajetória do autor, com detalhes de sua vida particular, desde os ascendentes paterno e materno. Descreve a vida do bisavô paterno, João Camilo de Oliveira, militante do Partido Conservador e combatente em 1842 contra os luzias, bem como a bisavó, o avô Luiz Camilo e a avó Maria Luiza, todos igualmente saquaremas. Do lado materno era descendente da nobre família Drummond, cujo bisavô também esteve na batalha de 1842, mas do lado contrário: era um comerciante, abolicionista, liberal. Cumprindo a tradição, revela que a própria mãe era luzia e republicana. Desse ramo saíram dois primos famosos, o poeta Carlos Drummond de Andrade e o escritor e monge beneditino dom Marcos Barbosa, imortal da Academia Brasileira de Letras.

O elogio à família parece revelar uma nostalgia. Cedo perdeu cinco dos sete membros mais próximos. Entre 1930 e 1933 sofre o que descreveu como os maiores impactos da sua vida. Morreram o pai, o avô, a mãe e dois irmãos (TORRES, 2005, p.91). Nessa sucessão de falecimentos incluía-se Moacyr, tido como o mais inteligente dos quatro irmãos, aquele que seu pai queria que fosse "*como Rui Barbosa*" - modelo de "homem inteligente" para as famílias da classe média brasileira da época. Outra mente brilhante que partiria duas décadas depois foi o irmão mais velho, Luiz Camillo de Oliveira Netto (1904-1953) - também historiador, banqueiro, professor na Universidade do Distrito Federal, diretor da Casa de Rui Barbosa e diretor da biblioteca do Itamaraty. Na política, Luiz Camillo foi opositor do Estado Novo, e fez parte do grupo que elaborou o *Manifesto dos Mineiros* de 1943 e fundou a UDN. Se João Camilo era neossaquarema, o irmão neoluzia.[3]

João Camilo jamais se formou em carreira alguma. Sentia uma real vocação literária, mas a primeira tentativa foi a de algo lucrativo, Medicina. Contudo, nem começou: "*felizmente fui reprovado no vestibular*" (2005, p.96). A contragosto, foi cursar a Faculdade de Direito, em Belo Horizonte. No meio do curso resolveu mudar de rumo e partiu para o Rio de Janeiro, a estudar Filosofia na Universidade do Distrito Federal. É nesse ambiente de elevado nível intelectual que realizou e projetou seus primeiros passos na pesquisa.

---

3. João Camilo definiu o irmão, Luiz Camillo, como um "libertário": "*um homem que acreditava na liberdade concreta do cidadão contra o Estado, do produtor particular contra o governo, do explorado contra o explorador. Muito significativamente fez parte da comissão que deu organização definitiva ao IAPC e como diretor do Banco de Crédito Real, as suas atitudes não correspondiam à imagem que tradicionalmente fazemos dos banqueiros...*" (1975, p.197).

A descrição da faculdade é de encher os olhos. O reitor da UDF, Alceu Amoroso Lima, reunira à época o que havia de melhor na cultura brasileira, incluindo mestres estrangeiros.[4] Gilberto Freyre, Mário de Andrade, Portinari, Villa-Lobos, Cornélio Penna e muitos outros lecionavam ali; o secretario era Graciliano Ramos, o diretor, Prudente de Morais, neto, e tudo que estava em voga na Europa transitava pela instituição:

> O curso de Filosofia era para encher as medidas de meu entusiasmo. Maurílio T. L. Penido, então recém chegado da Europa, discípulo de Bergson, do grupo liderado por Maritain e Journet, antigo professor de Friburgo (Suíça) e autor já de livros famosos em francês – eram aulas em estilo sorboniano; Damião Berge, discípulo de Husserl, era a própria fenomenologia alemã em pessoa, isso sem falar nos seus conhecimentos impressionantes de filosofia grega – os dois juntos me puseram em dia com o grande movimento filosófico europeu de entre as duas guerras (que a segunda ainda não começara, cumpre-me lembrar...); dos puramente nativos, isto é, formados no Brasil, havia Barreto Filho, um homem de grande clareza de pensamento e ótima cultura, que estreou como poeta na adolescência, romancista na mocidade e afinal tornou-se um dos melhores ensaístas da atualidade, embora escrevendo muito pouco, e Vieira Pinto, então tomista e querendo conciliar Santo Tomás de Aquino com as recentes descobertas da física... E que depois enveredaria por outros rumos, ainda mais ásperos. Nisso o governo, que pretendia fundar uma faculdade de filosofia, fecha a UDF e com os escombros tenta outra escola. Não me refiz do golpe e voltei para Minas, tentei prosseguir o curso de Direito e afinal desisti por falta de motivação (TORRES, 2005, p.97).

Ainda que não tivesse terminado o curso de Filosofia, o que ficou dessa estada na então capital federal foi a coleta dos materiais para as suas primeiras publicações em história política. Àquela altura o professor de Filosofia Moderna, frei Damião Berge, havia pedido aos alunos que escrevessem sobre o positivismo no Brasil. João Camilo aproveitou a deixa: passou a frequentar a Igreja positivista da rua Benjamin Constant, no bairro da Glória, e a comprar as brochuras do Apostolado. O resultado saiu anos depois com o livro *O positivismo no Brasil* (1943), trabalho pioneiro, exposição isenta e dotado de primorosa investigação bibliográfica.

---

4. O prédio da UDF também foi marcante para João Camilo. Estava localizado no largo do Machado, e fora construído com o dinheiro recolhido para erguer uma estátua a d. Pedro II, mas este recusara e mandara construir uma escola com o recurso, a qual nomeou José de Alencar (TORRES, 2005, pp.96-97).

Antes havia publicado *O sentido e a finalidade do ensino universitário* (1940), seu primeiro livro.

Estava decidido que seria escritor. A vontade já havia sido aguçada quando no ginásio lera Chateaubriand. Da inspiração, tentou ser romancista, lançou uma novela, mas não teve sucesso. Seguiria escrevendo análise de conjuntura, bem como assuntos de história e política. Seu primeiro texto foi encomendado, um artigo intitulado "Patrianovismo e representação", publicado no jornal *O Diário*, no Natal de 1936. Era uma época em que os meios monarquistas estavam agitados pelo movimento Patrianovista, que pretendia uma monarquia corporativa, a qual João Camilo encarava como "ortodoxia monárquica". De sua parte, outrossim, preferiu a heterodoxia, apresentando um texto com um matiz diferente, a fim de "*dar uma interpretação mais liberal e democrática da coisa*" (2005, p.105).

O monarquismo foi uma de suas principais frentes de atuação. Sua obra mais premiada e mais vezes editada foi *A democracia coroada. Teoria política do Império do Brasil,* de 1957. E praticamente em tudo que escreveu aparecia algo relativo a monarquia e democracia. Do mesmo modo, em quase tudo o que deixou havia algo de católico. Contudo, sempre se preocupou em evitar fazer "*de certas verdadezinhas nossas, peculiares, a expressão* da *Verdade. Direi de mim: nada me tem custado tanto como evitar o perigo de fazer da monarquia a expressão da 'doutrina católica'*" (2005, p.110). E conseguiu, era um bocado resiliente, o que lhe permitiu manter o diálogo e o respeito com todos, monarquistas e não monarquistas, católicos e não católicos.

A geração de João Camilo foi dominada pela influência dos grandes convertidos, como Chesterton, Claudel, Jackson de Figueiredo, Maritain, Alceu Amoroso Lima. Muitos chegaram, "*de tanto lerem narrativas de conversões, a lamentar não terem perdido a fé, para terem a alegria da redescoberta do Deus vivo e verdadeiro*" (TORRES, 2005, p.118). Já João Camilo nunca saíra de casa, nasceu e morreu católico. Descreve-se como sempre piedoso, desde menino, mas nem por isso foi um ex-seminarista. Envolveu-se no movimento de redescoberta dos valores do catolicismo, que traçava um encontro entre a cultura ocidental e a religião. Uniu o fervor religioso dos dois ramos familiares com o clima intelectual que envolvia os católicos: fosse na conturbada relação com a Action Française e seus próceres, fosse em meio ao movimento espiritualista do início do século. A moldura geral de seu catolicismo era de fundo neotomista, como o próprio explica:

> Fixada sempre a posição básica, de cunho tomista tradicional, sofri as seguintes influências, em ordem mais ou menos cronológica: a) Max Scheler, que me marcou bastante na fase de formação e cujas posições fundamentais em axiologia mantenho; Bergson; Duns Escoto, que começou a interessar-me a partir da guerra e que tenho estudado com intervalos - em certa época, por exemplo, ele foi objeto de intensa correspondência com Frei Constantino Koser, O.F.M, hoje Superior Geral dos Franciscanos; Suárez paralelamente, sobretudo na parte política e nestes últimos tempos Teilhard de Chardin. Naturalmente sofri considerável influência (paralela às citadas) de Maritain, como todos os de minha geração. Como aconteceu com muita gente, li Freud e Maurras (para a política), na mocidade, sofri influências de Spengler, Ferrero, Toynbee, etc. Podemos considerá-las influências marginais e avulsas. A moderna teologia - Scheeben, Adam, Daniélou, Jornet, Congard, D. V. Hildebrand e Thils (por esses nomes pode-se deduzir a minha linha nesta parte) - tem sido estudada para fins de atualização. Influências maiores: Scheeben e Daniélou (1976, p.345).

João Camilo acolhe em boa medida o conteúdo da Nova Teologia, que deu insumo à virada eclesiástica promovida pela Igreja católica, com o Concílio Vaticano II (1962-1965). Acabou se tornando um entusiasta e otimista quanto a essa "atualização" da tradição católica.

Desde a estada no Rio esteve vinculado à fina flor do laicato católico, onde conheceu a revista *A Ordem* e frequentou o Centro Dom Vital. De Minas, manteve correspondência com Alceu Amoroso Lima, e publicava constantemente na própria revista *A Ordem*, assim como em outras revistas católicas. As longas cartas do amigo José Carlos Barbosa Moreira, seu intermediário junto à revista e no CDV, lhe davam o balanço do que se passava na intelectualidade católica carioca nos anos 1960.

Como jornalista, João Camilo começou na *Folha de Minas*, sob os auspícios do irmão Luiz Camillo, que lhe arranjara o emprego. Depois, n'*O Diário*, foi articulista e por dez anos editor-chefe. A boa relação com os franciscanos da editora Vozes, de Petrópolis, lhe valeu a publicação de seus livros, bem como os artigos que constantemente enviava à revista. Foi assíduo colaborador n'*O Estado de S. Paulo*, e a convite de Alceu Amoroso Lima teve coluna n'*O Jornal*, do Rio. Depois, escreveu por anos na *Tribuna da Imprensa*, de Carlos Lacerda. E ainda no *Correio do Povo*, de Porto Alegre, e n'*O Globo*, do Rio. Foi personagem marcante nos jornais, embora nunca tenha sido repórter. Com o jornalismo aprendeu a não ter medo de escrever e a ser fluido.

Além de jornalista foi professor. Lecionou Ética na Faculdade de Filosofia da UFMG e outras matérias na Faculdade de Filosofia da Universidade Católica de Minas Gerais. Posteriormente, a atividade de pesquisador o aproximou da História, tendo sido transferido em ambas as Faculdades para o Departamento de História, no qual se jubilou em 1967 (TORRES, 1976, p.344).

A terceira atuação, levada até o fim da vida, foi no serviço público. Foi secretário da Comissão que elaborou a Lei Orgânica da Previdência Social; secretário da Junta de Julgamento e Revisão do ex-IAPC em Minas Gerais, delegado estadual do mesmo IAPC, coordenador de Seguros Sociais e Superintendente Regional do INPS em Minas Gerais, sendo seu técnico de administração.

Com a atividade de escritor angariou espaço em diversas instituições. Foi membro do Conselho Estadual de Educação, do Conselho Estadual de Cultura Popular, da Academia Mineira de Letras, do Instituto Histórico de Minas Gerais e do Instituto Histórico e Geográfico Brasileiro. Pertenceu ainda à Academia Portuguesa de História e representou o Estado brasileiro no 4º Centenário da Cristianização das Filipinas, em 1965. Recebeu diversos prêmios literários, como o Joaquim Nabuco da Academia Brasileira de Letras de 1958; a Medalha da Inconfidência, do governo mineiro; a Medalha da Imperatriz Leopoldina; recebeu homenagem da União Brasileira de Escritores-UBE; foi comendador da Ordem do Infante D. Henrique, do governo português, e cavaleiro do Mérito do Trabalho. No mês seguinte ao seu falecimento, quando recebia uma nota de pesar do Conselho Federal de Cultura, o conselheiro Afonso Arinos o descreveu como "*um segundo Capistrano de Abreu por sua madureza, inteligência e vastidão e dispersão de sua cultura*" (CORREIO DO POVO, 10 mar. 1973).

A sociabilidade do irmão Luiz Camillo havia sido significativa à sua rede social - fez amizade com Afonso Arinos, Carlos Lacerda, Gustavo Capanema e tantos outros. Não só por isso, na verdade, por seus próprios méritos de publicista, desde os anos 1950 João Camilo já era reconhecido como historiador de destaque (ANDRADE, 2011, p.28). Importa observar que a gama de trabalhos e aparições públicas não parece ter sido motivada por voracidade financeira, preciosismo ou espírito de competição. É certo que tinha uma família grande para sustentar, teve cinco filhos. Mas só não ascendeu mais porque não quis. Recusou cargos importantes, como o de diretor do Arquivo Nacional, no Rio, gerando lamentações de amigos e mesmo de pessoas ligadas à instituição que o estimavam. Talvez, tanto quanto o amor a Minas, a saúde precária fosse um revés na sua trajetória, podando incursões fora do seu estado. A debilidade do corpo, a hipertensão arterial e a labirintite o acompanhavam, e como num prenúncio, ainda no ano de 1970 (três anos antes de falecer), escreve o último capítulo de sua autobiografia, intitulado "Última página", que começava com a frase: "*Viver é despedir-se*" (2005, p. 237).

Sua obra, seus temas e seu tempo

Em meio a uma época fecunda na cultura literária brasileira, o historiador mineiro deu sua contribuição, e legou um projeto de longo prazo. Aliás, planejou e parcialmente cumpriu um conjunto de obras a que denominou *História das ideias políticas no Brasil*,[5] composta de doze títulos, dos quais publicou oito em vida, um parcialmente publicado, um publicado postumamente, um deixado praticamente pronto em manuscrito e um que seria o trabalho subsequente do autor. A ordem é a seguinte:

I – *Interpretação da realidade brasileira* – concluído em 1966 e publicado em 1969;
II – *A Igreja e a sociedade brasileira* – publicado em 1968 com o título *História das ideias religiosas no Brasil*;
III – *O pensamento político do Reino Unido* – não publicado, estava em preparação quando o autor faleceu;
IV – *A democracia coroada* – publicado em 1957 com o subtítulo "Teoria política do Império do Brasil";
V – *Os construtores do Império* – publicado em 1968 na Coleção Brasiliana, teve como subtítulo "Os construtores do Império. Ideias e lutas do Partido Conservador Brasileiro";
VI – *A formação do federalismo no Brasil* – publicado em 1961, e que também faz parte da Coleção Brasiliana;

5. Em *O presidencialismo no Brasil* (1961d), *Interpretação da realidade brasileira* (1969) e outras obras especialmente a partir dos anos 1960, João Camilo de Oliveira Torres expõe nas respectivas introduções o "plano geral" de publicações, que apresentavam um projeto de pesquisa a longo prazo, entrelaçando seus temas prediletos.

VII – *O positivismo no Brasil* – publicado pela Vozes em 1943, foi a primeira obra com pesquisa histórica de fundo do autor;

VIII – *O presidencialismo no Brasil* – publicado em 1961, outro da Coleção Brasiliana.

IX – *A vida partidária no Brasil* – o texto foi concluído, mas não publicado, permanece nos Arquivos do escritor na PUC-Minas;

X – *A estratificação social no Brasil* – publicado em 1965, está entre as obras "sociológicas";

XI – *A idéia revolucionária no Brasil* – publicado postumamente em 1981;

XII – *Textos e documentos para a história da Monarquia no Brasil* – parcialmente publicado em artigos, formaria uma coletânea.

Ao todo teve 57 publicações em livros, a maioria de sua autoria exclusiva. Dos póstumos há um inédito de 2016, e em 2017 a Livraria da Câmara dos Deputados Federais reedita oito obras de João Camilo. No Centro de Memória que fica na PUC-Minas há livros não publicados e muitos manuscritos inéditos do autor, alguns dos quais foram utilizados neste trabalho. No rol de trabalhos de JCOT há ainda três traduções e centenas de artigos em revistas e jornais.[6]

Além das obras listadas anteriormente, é importante tratar de uma trajetória paralela, textos de caráter mais pragmático e de intervenção no debate político e social do momento, mas que envolviam um apelo teórico considerável, como *A libertação do liberalismo* (1949), *Do governo régio* (1958), *Um mundo em busca de segurança* (1961), *Harmonia política* (1962). Uma das frentes importantes de João Camilo era escrever à luz das Cartas Papais da Igreja, como mostra o subtítulo em alguns casos: Desenvolvimento e justiça – em torno da encíclica *Mater et Magistra* (1962) e O ocaso do socialismo – à margem da *Populorum Progressio* (1970).

Há também textos que não foram alinhavados propriamente como parte de um grande projeto, porém representam tentativas de síntese, de teorização ou de análise conjuntural de problemas específicos. Nesse primeiro caso pode-se mencionar *Natureza e fins da sociedade política – visão cristã do Estado* (1968),

---

6. Os livros mais premiados de João Camilo foram: *O homem e a montanha*, pela Academia Mineira de Letras; *A democracia coroada*, pela Prefeitura de Belo Horizonte e pela Academia Brasileira de Letras, *Harmonia política*, pela Secretaria de Educação de Minas Gerais, *História de Minas Gerais*, pelo governo mineiro, em lei especial para isso, e *Os construtores do Império*, pelo Instituto Nacional do Livro (INL).

a respeito da "teologia política" de João Camilo, que o define como pensador político católico. Uma obra de bastante fôlego e teórica, *Teoria geral da História* (1963), que lhe valeu o feliz apelido de "*Toynbee brasileiro*", por parte de Alceu Amoroso Lima (RODRIGUES, 1988, p.114); *Razão e destino da Revolução* (1964), que perfaz uma análise de conjuntura a respeito da crise e dos eventos políticos de março e abril de 1964. Além dessas, há uma série de outros títulos "não classificáveis", como *O homem e a montanha* (1944). E também títulos sobre Minas Gerais, como os cinco volumes da *História de Minas Gerais* (1961-1962), e uma série de publicações nas áreas de estudos sociais, história, pedagogia política juvenil, brochuras com informações sobre questões elementares de política e estudos sociais, dispondo conteúdo com linguagem palatável ao grande público, como em *Instituições políticas e sociais do Brasil* (1965).

Pelos títulos das publicações podem-se presumir as ênfases temáticas de João Camilo – Universidade, Ensino, Brasil Império, Instituições Políticas, História, História de Minas, Teoria Política, Partidos, Instituições Políticas e Sociais, Cristianismo, Igreja Católica, Neotomismo, Monarquia, Ideologias, Positivismo, Conservadorismo, Liberalismo, Solidarismo, Socialismo, Segurança, Bem-Estar Social, Previdência Social, Crise, Revolução, Restauração. Para cada um desses assuntos seria possível desenvolver um trabalho diferente. Porém, o propósito aqui foi encontrar um percurso interpretativo de João Camilo, o que inclui perceber as influências intelectuais e geracionais, as quais podem ter norteado o desenvolvimento dos conceitos mobilizados, assim como indicar uma tese sobre como o pensamento político camiliano pode ser compreendido dentro das circunstâncias do contexto brasileiro por volta da metade do século XX.

Um autor sempre está inserido dentro de um ciclo intelectual e de uma geração em comum, não apenas de pessoas da mesma idade, mas também quanto ao compartilhamento de crenças. Há perguntas comuns a um determinado tempo histórico, pois há problemas que vêm a calhar pela ocasião de uma época. Isso inclusive é algo que dá o tom do trabalho do historiador político, que não se desvincula de sua projeção no presente por estar fazendo uma análise do passado.

A interpretação pode ser feita a partir do itinerário biográfico e bibliográfico em si. O próprio João Camilo apresentou a identificação com uma linhagem, apresentou ao leitor a sua coerência. Tratou a si próprio como neossaquarema, e legou um cabedal de livros e artigos que reuniram diversos assuntos em torno da política à sua linhagem de pensamento.

Por fim, quanto à forma de se expressar, João Camilo é de uma geração anterior à formalização das Ciências Sociais no Brasil. Participou dos momentos iniciais da profissionalização da Sociologia no Brasil, tendo marcado presença em congressos nos anos 1950, e era citado nos jornais em muitas vezes como "sociólogo". Ademais, as últimas obras que tratavam do tema da Segurança, do solidarismo, de questões sociais iam em direção a um formato mais "sociológico", inclusive por incorporar autores da academia americana. Porém, a forma principal de expressão ainda é ensaística, afrancesada, e às vezes até mesmo redundante. Incidiam sobre esse aspecto toda a influência filosófica francesa, a teologia jesuítica e a própria releitura da segunda escolástica.[7]

João Camilo no mapa do Pensamento Político Brasileiro

A localização de João Camilo de Oliveira Torres no Pensamento Político Brasileiro pode ser feita de três maneiras distintas. Levar em conta um exercício típico do PPB e da Teoria Política como um todo, de apresentar autores através de teses que organizem o conjunto ou algum aspecto de determinado pensador. Um outro mecanismo é recompor o modo como determinado pensador foi retratado ao longo do tempo. Ademais, pode-se perquirir como o próprio escritor que está sendo estudado busca se inserir dentro de linhagens, escolas ou categorias intelectuais. Nenhuma dessas opções é excludente, ao contrário, elas podem convergir.

A primeira abordagem refere-se ao aprendizado com as demais experiências narrativas no campo, que tiveram por cuidado analisar um autor brasileiro ou estrangeiro. Há vários exemplos interessantes, como o trabalho de Cristiane Jalles sobre Gustavo Corção (2007); Marcelo Timotheo da Costa sobre Alceu Amoroso Lima (2006); Ariston Azevedo (2006) e Edison Bariani (2008) sobre Alberto Guerreiro Ramos; Ivo Coser que escreveu sobre o Visconde do Uruguai (2008);

---

7. João Camilo prezou por uma historiografia política entusiasmada com o gótico e o barroco, como formas de compreensão basilar do passado, presente e futuro brasileiro: "*a melhor literatura de ciência política está nos livros de monges e bispos e alguns leigos que, desde a Idade Média até o século XVIII, escreveram para a 'educação do príncipio'. Aprende-se mais com Vieira e Amador de Arrais (1530-1600) do que com tratadista de political science americano*" (2016 [1970], p.95).

e experiências que juntam análise com coletânea de textos, como Christian Lynch sobre o Marquês de Caravelas (2014) e a Coleção Formadores do Brasil, organizada por Jorge Caldeira. Sobre autores estrangeiros, e já na seara da Teoria Política, são marcantes as obras de Marcelo Gantus Jasmin a respeito de Alexis de Tocqueville (2005) e de Pedro Castelo Branco quanto ao tema do direito e da secularização em Carl Schmitt (2011), e ainda mais próxima da filosofia política está a tese de Mendo Castro Henriques: "*A filosofia civil de Eric Voegelin*" (2010). E se fosse o caso de mencionar biografias intelectuais a lista seria ainda mais vasta, o que incluiria aquela escrita sobre Luiz Camillo, feito pela filha Maria Luiza Penna (2013).

No mercado de livros são recorrentes textos que procuram inserir um autor através de uma apresentação. É o que faz Alex Catharino sobre Russell Kirk (2015), em texto culto e didático. Nessa senda há uma diversidade de opções, a depender da linha editorial. Chama a atenção o fato de serem publicações que circulam de forma paralela ao âmbito acadêmico, embora também exerçam em alguma medida esforços de teorização.

Mas dentro de propostas estritamente acadêmicas, e dentre os títulos mencionados anteriormente, Azevedo (2006) parece ter feito aquilo que é mais parelho com a pretensão desta tese sobre João Camilo. Ao escrever a respeito de Guerreiro Ramos, Azevedo transmitiu o encadeamento lógico que consta na obra do sociólogo baiano, contando com uma proposta metodológica oriunda da história das ideias de Mark Bevir, entrelaçando os porquês do início da carreira com o destino da obra.

A segunda trilha refere-se à pesquisa de como um autor e obra podem ser mapeados por seus intérpretes. Em muitos casos isso começa com uma pergunta. No nosso caso seria: Como situar João Camilo nos mapeamentos do PPB e mesmo da Historiografia política brasileira? Por exemplo, mesmo não estando no rol dos autores apresentados por Luís Washington Vita em sua *Antologia do pensamento social e político no Brasil* (1968), João Camilo estaria bem posicionado naquilo que Vita chamou de "correntes cruzadas", "*que se complicam pela multiplicidade das formas, de sugestões e de perspectivas, se não novas ao menos renovadas, surgindo daí, quase como um caos, as mais diversas posições filosóficas*" (1968, pp.392-393). Nela estão Hermes Lima, Caio Prado Junior, Hélio Jaguaribe, Miguel Reale, Alceu Amoroso Lima e outros. A propósito, Alceu, o líder do catolicismo brasileiro, figurou para João Camilo como um ícone de equilíbrio, cultura e atitude intelectual.

Ainda assim essa classificação é incapaz de dar conta da visão política camiliana. Uma tentativa mais aproximada, e tendo mencionado expressamente JCOT, foi feita por Ubiratan Borges de Macedo em *O tradicionalismo no Brasil* (1979). O tradicionalismo, conforme explicado por Macedo (1979, p.227), refere-se à defesa da tradição ou conservação de uma determinada ordem que se encontra ameaçada, e que teria em Edmund Burke o principal formulador, assim como um apelo emocional ao tomismo. João Camilo se afastaria da grei tradicionalista porque teria aplicado visões liberais ao expor a teoria política do Império (MACEDO, 1979, p.236). Contudo, há dois problemas nessa classificação, além do próprio João Camilo se ver como um tradicionalista (1961e,pp.201-211). Em primeiro lugar, Macedo vincula um ideário intelectual a um autor que escapa da própria tradição ibérica, Edmund Burke. E, antes do publicista irlandês vieram Francisco Suárez, os neotomistas e o próprio Santo Tomás. Segundo, se o elemento fundante desse tradicionalismo é o tomismo, então a vinculação não pode ser de ordem meramente "emocional".

Por certo há uma série de possibilidades para encontrarmos a temática camiliana dentro dos mapeamentos do pensamento político e social brasileiro, ainda que seu nome não apareça. Muitas delas são mais confusas do que esclarecedoras, como no caso da miscelânea que Hélgio Trindade faz ao associar integralismo com monarquismo (pelo movimento Ação Imperial Patrianovista) (1979, p.103). A referência é o próprio João Camilo em *História das ideias religiosas no Brasil* (1968a), quando demonstra como os integralistas fizeram o que os patrianovistas deixaram de fazer, isto é, apresentar a pauta corporativista. Contudo, em momento algum faz uma associação ideológica entre esses dois movimentos, ao contrário da imputação de Trindade. Nesse ritmo incorrer-se-ia num outro equívoco: o de associar os católicos, como Alceu Amoroso Lima e João Camilo, a Plínio Salgado, pois se considerariam todos autoritários, logo "fascistas".

Por outro lado, há classificações que melhor se aproximam do caráter ideológico de João Camilo. Sua família geracional e intelectual é a daqueles que Guerreiro Ramos (1961) apresentou como "*ideólogos da ordem*", entre os quais estavam vários companheiros de João Camilo, como Alceu Amoroso Lima, Gustavo Corção, Gladstone Chaves de Melo, Carlos Lacerda, José Arthur Rios. Por outro lado, seria injusto tratá-lo como um membro da "*jeunesse dorée*" - ainda que também fosse monarquista. Porém, não era um "bem-nascido" economicamente, jamais foi rico;

era um homem do interior; antiliberal e estatista; leitor de Max Scheler, um otimista, ao invés de prostrado num soturno clima de frustração política que marcava a família ideológica descrita por Guerreiro Ramos. Por fim, não achava que o Brasil precisava ser recristianizado, pois já o era.

Algo preciso sobre João Camilo seria tratá-lo em uma chave maior, a proximidade com as ideias de Alberto Torres e Oliveira Vianna lhe valeria o epíteto de "iberista" (1997). Mas, para que não fique algo vago, é possível inferir que até agora a melhor caracterização é aquela que se orienta na tradição temática de Euclides da Cunha, de intérpretes que abordam o Brasil como terra de contrastes, oposições, polarizações, tal como Alberto Torres, Oliveira Vianna, Gilberto Freyre e Gilberto Amado (SANTOS, 1978, p.45). Afinal, João Camilo é herdeiro da virada no pensamento político gerada pela Revolução de 30, e está entre aqueles que dedicam sua obra a resolver o problema do desajuste do Brasil, para integrá-lo em si mesmo, e através de seu próprio passado, de sua matriz fundadora. É como se procurasse aplicar o método socrático da maiêutica, de que o Brasil precisa parir a si próprio, dentre de nós mesmos encontram-se, no fundo, as lições para nos conhecermos melhor e superarmos nossas deficiências. Nesse cabedal analítico JCOT corresponde precisamente ao conservadorismo saquarema, que não preconiza um imobilismo ou reacionarismo, mas tem no Estado um instrumento de progresso e reformas. Inerente a essa dimensão, o pensamento camiliano terminantemente integrava o catolicismo, o que perfaz um "conservador saquaremista católico".

Este quadro compreende um dos mapeamentos mais recentes na área, feito por Lynch (2016) em "Cartografia do pensamento político brasileiro: conceito, história, abordagens". Neste paper JCOT é percebido como um dos iniciadores do PPB, de matiz nacionalista. Mas embora o projeto de fazer "teoria" a partir da política brasileira tenha sido mais bem explicado em *A democracia coroada* (1958), o livro que mais colocou o nome de João Camilo no debate foi sobre o positivismo. Cruz Costa o reconhece como pioneiro nessa abordagem, e o mobiliza em *Contribuição à história das ideias no Brasil* (1967[1957]). Porém a recepção mais bem alinhada com aquilo com que JCOT gostaria de ser percebido – como um teórico do pensamento conservador no Brasil, voltado a retratar o Império, a nacionalidade, a democracia, a Igreja e a questão social – consta no grupo de Antonio Paim, Vicente Barreto, Ricardo Vélez Rodriguez, como no *Curso de introdução ao Pensamento Político Brasileiro*, unidades I e II (1982). É até coerente que isso acontecesse, pois o próprio Vicente Barreto, por exemplo, manteve comunicação com nosso autor, conforme se verifica nas correspondências epistolares.

Na historiografia é conhecida a interpretação feita por José Honório Rodrigues de que João Camilo, pelo fato de ser monarquista, reside entre os que produziram uma "concepção conservadora da História" (RODRIGUES, 1988, p.1). Contudo, corroborar com essa classificação significa resumir o autor a um rótulo, o qual se desfaz por dois motivos. Primeiro, pelo argumento do próprio José Honório, ao descrever o colega mineiro como um heterodoxo em seu "conservadorismo":

> O conservador [João Camilo] era mais monarquista que conservador e aceitava formas sociais avançadas desde que contidas num arcabouço político-teórico monarquista. Concordava que a Monarquia adquirisse formas trabalhistas ou social-democráticas, desde que conservasse sua essência monárquica. Daí a grande coerência de seu pensamento político e a exaustiva demonstração de seus livros, nos quais a compilação ou a repetição argumentativa não invalidava a defesa do monarquismo. Isso ele fez melhor que qualquer monarquista ou qualquer conservador. Por isso mesmo, seu pensamento é orgânico, apesar de derramado, quase sempre excessivo e repetitivo, no conjunto da obra. Mas é tal conjunto que revela sua força, sua capacidade doutrinária e a correta aplicação ao caso brasileiro. Por isso ele não foi um conservador, em termos gerais, nem tampouco um monarquista fechado (1988, p.114).

Contudo, o mesmo que enquadra João Camilo como "conservador", no decorrer do livro, invalida o próprio argumento. Resta dessa descrição a impossibilidade de se encerrar um pensador dentro de um quadro ideológico fechado, ou mesmo pensar um conceito ideológico de modo tão estanque.[8] Sem contar o segundo motivo que descaracteriza esse "etiquetamento" sobre o historiador: não faz jus ao próprio ofício profissional. Se é historiador, logo não é ideólogo, portanto,

8. Desde a apresentação, a caracterização de uma "historiografia conservadora", por parte de José Honório Rodrigues, é completamente enviesada e amplamente seletiva, como ao afirmar que "O pensamento conservador está sempre associado ao medo da mudança ou à resistência a ela, o que caracterizou a política brasileira do Império e maculou a atividade liberal brasileira, também dominada pelo temor das grandes mudanças, como era o caso da abolição da escravidão". E ainda ao levantar as supostas características da corrente conservadora brasileira, a saber: (i) A defesa da razão de Estado; (ii) defesa das classes dominantes e exaltação dos grandes estadistas; (iii) pregação da continuidade histórica e combate à ruptura; (iv) conformismo e dizer amém aos poderosos; e (v) fracassos explicados como erros humanos" (1988, p.2).

na qualidade de profissional da História, dizer que é conservador ou liberal ou socialista restringe o reconhecimento da qualidade intelectual. Inclusive porque o próprio José Honório reconhece em João Camilo os méritos de historiador, e não de ideólogo. Em poucas palavras, JCOT era politicamente conservador, mas em momento algum exerce uma historiografia conservadora.

Uma terceira via, concomitante às duas anteriores, para traçar o percurso interpretativo de João Camilo, como objeto de análise do Pensamento Político Brasileiro, no sentido em que o próprio autor se reconhece dentro das tradições intelectuais brasileiras. É natural que ao se destrinchar essa parte surjam os elementos centrais da metodologia de análise empregada.

Da autobiografia nota-se o desconforto de João Camilo quanto a grupos e turmas. Ao mesmo tempo, fez parte de uma série de instituições intelectuais, como o IHGB e o CDV. Agora, o principal indício quanto ao encontro de João Camilo com uma linha do PPB está em seu livro *Interpretação da realidade brasileira*, de 1969. Ao tratar do Brasil como tema e seus intérpretes, alinha alguns escritores fundamentais para encaminhar a argumentação primeiro os listados na seção A Crise da República: Joaquim Nabuco, Euclides da Cunha, Alberto Torres e D. Luís. Em seguida os que fazem um Retorno às Fontes: Oliveira Viana, Paulo Prado e Gilberto Freyre. Fora de um conjunto específico, mas igualmente central para João Camilo, está Eduardo Prado, mobilizado para pensar o lugar do Brasil no mundo.[9] Aliás, toda essa formulação desemboca numa remissão ao Império, recorrendo à linhagem saquarema, do Visconde do Uruguai, de Pimenta Bueno e Braz Florentino, e que persegue ainda algo bastante anterior, o padre Antonio Vieira. João Camilo analisou o caráter moderno e original do jesuíta, em posição antitética aos passadistas ("imobilistas") e aos futuristas ("estrangeirados" – denominação fiel aos que queriam que Portugal fosse como os outros países estrangeiros, homens que negavam o seu país para aplaudir e louvar o estrangeiro). Vieira seria "*o nacionalista autêntico, que queria o progresso com a conservação do ser próprio de Portugal, não o negando. Daí o caráter espantosamente original e moderno de sua ideologia política. Principalmente de suas ideias econômicas* (...)" (TORRES, 1969, p.127).

9. A propósito, José Honório Rodrigues considera João Camilo um continuador de Eduardo Prado: "Não pretendo fazer comparações e creio ter dado ao estudo sobre Eduardo Prado o desenvolvimento que sua figura singular merecia. Mas creio que João Camilo tomou a lança deixada pelo primeiro, sobretudo, e a carregou com toda coerência e com o sentido de honra que sua vocação lhe impusera" (1988, p.115).

Em seu livro mais explícito de conjuntura política, especialmente dos eventos de 1964 no Brasil - *Razão e destino da Revolução* -, João Camilo traça um perfil dos grupos da época e se referencia em um deles. O objetivo era entender a crise política dos anos 1960, encarando os três blocos que disputavam o poder naquela época: os revolucionários, os reformistas e os reacionários.

O desafio de um tema - o pensamento conservador

Maliciosamente, é comum atribuir a frase de Giuseppe di Lampedusa em *O leopardo* (1958): "É preciso que tudo mude, se quisermos que tudo fique como está" a uma espécie de índole paralisante, como sina do conservadorismo. Contudo, ela não foi dita pelo conservador príncipe de Salinas, mas por seu sobrinho revolucionário, o *garibaldini* Tancredi. Quer dizer, a vida de contínua e radical mudança é a própria motivação revolucionária para manter um movimento sempre contínuo - de troca do presente em nome de um projeto futuro. Eis a receita para lançar um ideal de *statu quo* materialmente alcançável e espiritualmente impossível. A grande mácula da frase, sendo jogada como sinônimo do pensamento conservador, é a capacidade de desvirtuar a noção de tempo histórico presente nessa ideologia. Como se conservador se referisse a temor às mudanças, quando é justamente o contrário, na medida em que o pensamento conservador as reconhece, observando que no plano material a mudança é sempre existente, porque o tempo não para. Ao passo que naquilo que diz respeito ao eterno é onde consta o "que tudo fique como está". No romance e na vida moderna, a catástrofe é a inversão dessas duas ordens: promove-se a mudança da vida do espírito e se procura um "tudo como está" material, já que o próprio movimento sobrevive das iniquidades materiais, ainda que a perspectiva revolucionária pareça demonstrar o contrário.

Essa confusão tão comum a respeito do conservadorismo corresponde à própria empreitada camiliana sobre o assunto. Há três matrizes principais da orientação conservadora de João Camilo de Oliveira Torres: a cultural, a religiosa e a política - nessa ordem, em três momentos diferentes, mas conciliadas. O entrelaçamento é realizado pelo que há de central em seu trabalho intelectual, o seu âmago, o catolicismo. Este seria, portanto, o fio da meada que reúne os três eixos conservadores: a percepção do culturalismo de Gilberto Freyre, a identidade católica e o legado neossaquarema - em boa medida identificado com Oliveira Vianna.

O conservadorismo camiliano é próprio pois encara uma consciência histórica, abarcando a noção de mudanças e uma necessidade de orientar a política segundo uma bula de circunstâncias. Daí que a índole desse conservadorismo é reformista, em oposição ao apelo revolucionário, tal qual se esboçou no parágrafo inicial a respeito da frase de Lampedusa.

Neste apanhado introdutório, para preparar o terreno acerca do significado do conservadorismo camiliano, importa trazer uma questão de ordem geral: o que é o conservadorismo e o conservadorismo brasileiro?

De modo geral o conservadorismo pode ser tido como um olhar político e social cujo desejo é conservar, a partir de algum apreço a tradições, religião, família, nação - por segurança, afeição, ou até por medo. Scruton (2007) apresenta três aspectos do conservadorismo: (i) atitude diante da sociedade, preferir como está ao caos e à barbárie, no que incide a reivindicação da legitimidade de seus valores, religião e noção de justiça; (ii) ideia de governo e instituições, governo por instituições com base constitucional, regime discricionário e não arbitrário;[10] e (iii) prática política: pragmatismo político e ideológico, localismo, defesa da propriedade privada, crítica à ideia de luta de classes. Neste caso britânico o conservadorismo preconiza ainda a noção de proteção, junto da de preservação: a justiça da *common law*, a democracia parlamentar, a caridade privada, o espírito público e os "pequenos pelotões" de voluntários definem a postura padrão da sociedade civil, e que ainda não se acostumou completamente à autoridade de cima para baixo de um moderno Estado de bem-estar, menos ainda às burocracias transnacionais que se empenham para engoli-lo (SCRUTON, 2015, p.12).

No conservadorismo há uma valorização daquilo que foi difícil de ser alcançado, e não é fácil ser mantido: paz, liberdade, lei, civilidade, espírito público, a segurança da propriedade e da vida familiar. Enfim, tudo o que depende da cooperação com os demais, visto não termos meios de obtê-las isoladamente. Segundo essa exposição, o maior valor do conservadorismo está naquilo que foi preservado, e não nas lamentações do que foi perdido.[11]

---

10. A tese de Lynch (2007) sobre o Poder Moderador no Brasil trabalha com esta reflexão: o recrudescimento do poder discricionário do monarca ao longo da história do Segundo Reinado, e endossando certas teses de João Camilo, como a levantada em *A democracia coroada* (1964a) sobre a monarquia constitucional.

11. A postura conservadora, mesmo essa que avalia o valor do passado, é minoritária socialmente. Na Grã-Bretanha e nos Estados Unidos cerca de 70% da academia se considera de "esquerda" e progressista (SCRUTON, 2015, p.15).

O conservadorismo constitui-se como uma reação a uma certa índole de movimento, contudo isso não significa um imobilismo. Surge como ideologia partidária no século XIX, embora reivindique vínculos óbvios com o passado: defesa da nacionalidade, da religião estabelecida, da ordem política hierárquica, dos valores culturais ligados à terra, da nobreza das armas. Seria temerário fornecer uma definição acabada do "conservadorismo", pois, tal qual o liberalismo e o socialismo, é um conceito polissêmico, carregado de transformações conforme tempo e lugar. Mas dentro do que tange esta pesquisa pode-se arriscar uma remissão a um dos maiores apólogos modernos desse ideário político, o qual é mobilizado como referência para João Camilo (1968c). Trata-se do norte-americano Russell Kirk, que herdou de Edmund Burke o sentido da "*conservative mind*" e o explicou em seis sentenças: i) crença numa ordem divina para a sociedade e para a consciência; ii) valorização da variedade e colorido na vida tradicional; iii) reconhecimento da legitimidade da existência de classes e hierarquias sociais; iv) convicção de que propriedade e liberdade estão intimamente ligadas; v) tradicionalismo; vi) distinção entre "mudança" e "reforma", ou, talvez, para ficarmos mais de acordo com o vocabulário brasileiro, entre "revolução" e "reforma".

João Camilo reflete esse "imaginário conservador" para dentro do contexto nacional. A tarefa não é das mais fáceis, pois não se trata da aplicação de uma fórmula, mas da compreensão concreta do modo como os princípios da conservação e da coerência histórica foram aplicados, a partir da fundação do Brasil. Os autores que escreveram em torno do conceito de conservadorismo, por exemplo, tiveram por cuidado distinguir sobre "qual" conservadorismo. Paulo Mercadante (2003) enfatizou o caráter conciliatório. João Camilo (1968c) preocupou-se em demonstrar que o conservadorismo autêntico não é igual a imobilismo, mas é aquele que compreende e atua prudencialmente na história. Vamireh Chacon destacou o papel pragmático e realista do "*discurso conservador*" (1981, p.35). Ilmar Rohloff Mattos (1987), apresentou o "tempo Saquarema" como aquele em que o Partido Conservador guiou-se pela empreitada de construção do Império. Lynch (2014, p.25) apontou a diferença entre os discursos antiliberais legitimistas e os do conservadorismo propriamente dito. Na introdução da coletânea de artigos *Revisão do pensamento conservador – ideias e política no Brasil*, organizada por Gabriela Nunes Ferreira e André Botelho (2010), é esclarecida a lição mannheimiana de que o conservadorismo não é tradicionalismo, e que perpassa uma atitude dinâmica e condicionada historicamente, desenvolvida no contexto da moderna sociedade de classes. Enquanto o conservadorismo busca estabilizar as transformações políticas, mantendo paradigmas do passado com aquilo que está na ordem do dia, o tradicionalismo pressupõe uma manutenção irrevogável de tradições fundamentais, em especial a religiosa.

Decididamente, um obstáculo para se tratar do conservadorismo no Brasil é a construção do seu passado, e os traçados de uma linhagem política afeita a esse ideário. O conceito de conservação passa pela pergunta: conservar o quê? Nesse ponto a dificuldade, tanto no Brasil, como para toda a América Latina, dado o incômodo a respeito do passado colonial (RICUPERO, 2010, p.76). A condição brasileira, de ex-colônia e que colocava ao político a tarefa de construção do estado-nação, reorientava o conservadorismo daqueles que vinham da Europa, como bem observou Ricupero (2010, p.79), citando o exemplo do historiador brasileiro Francisco Adolfo Varnhagen e do humanista venezuelano Andrés Bello.[12]

Um segundo empecilho refere-se à abordagem dada pela historiografia e pelo pensamento político sobre as ideias políticas no Brasil Império. Parte considerável das obras existentes sobre aquele período transmite uma noção estanque dos partidos, como se fossem iguais ou meras emulações de ideias estrangeiras, sem algo próprio e horizontes próprios, o que dificultava qualquer esforço de teorização. O brasilianista Jeffrey Needell (2006, p.74) observou o quanto essa era uma falha entre os analistas, e procurou questionar a classificação chapada dos partidos Liberal e Conservador, que eram interpretados como entes fixos, organizações estáticas antes de 1837. Inclusive, a ideologia partidária na Monarquia não é publicada como programa partidário e proclamas até os anos 1860, ou seja, os partidos não estavam constituídos modernamente até aquele momento.

O retrato de uma expressão típica do conservadorismo brasileiro, de forma marcadamente política, pode ser dado a partir do saquaremismo. Tributário da teoria do governo parlamentar da Monarquia de Julho na França, iniciado no final dos anos 1830 pelo movimento do Regresso, cujo intuito era superar a crise política e social que permeava a Regência (1831-1841), o saquaremismo tinha

12. Importa antecipar que João Camilo utiliza a tese de Caio Prado Jr., sobre um capitalismo no Brasil que já existia na Colônia, e repercute o próprio modo de relacionamento político e identitário entre aqueles nascidos na América portuguesa e na Europa, e que destoam de um tratamento colonial típico. Tal qual a dominação britânica, João Camilo argumenta que o Brasil jamais foi "colônia". O que houve foi colonização de povoamento, de modo que toda a engrenagem econômica da metrópole estava integrada ao Brasil (1965c).

como finalidade assegurar a ordem, contando com a tutela do Imperador na execução das políticas públicas. Tal índole ainda incorpora a tradição despótica ilustrada, reluzente em Portugal a partir do Marquês de Pombal, e presente em figuras centrais da formação do Brasil Independente, como José Bonifácio, Marquês de Caravelas, e até certo ponto no próprio D. Pedro I, no Visconde de Cairu e depois em D. Pedro II. A tradição saquarema é uma linha de continuidade com esse modelo. E é justamente nesse paradigma que se insere João Camilo, junto do Visconde do Itaboraí, do Visconde do Uruguai, de Alberto Torres, de Oliveira Vianna.

Certamente em cada autor um ideário ganha matizes próprios. Em João Camilo, ser conservador correspondia a uma postura. "*Consideram-me um conservador. Não o nego. E atribuo isto a um otimismo quanto às situações humanas e um pessimismo quanto à essência*" (1976, p.354). Isso dará ao autor uma percepção aguçada de libertação e movimento, de distanciamento a tendências reacionárias, de originalidade integradora. Assim adquire uma plasticidade para incorporar o culturalismo, os laços religiosos, e a abordagem estatista, num compasso dinâmico. A vida como ela é, real e concreta, não é feita de paralisia, mas justamente de transições, ciclos, transformações, reformas e revoluções. É essa vida coletiva, política, institucional, que JCOT procura abordar.

O arcabouço teórico do conservadorismo camiliano torna-se usual à proposta de diretrizes políticas e sociais. Ao fazer história política, João Camilo expressa dois tópicos que se somam ao fulcro conservador: o realismo e a prudência. Para o contexto dos anos 1960, década que foi o auge de seu percurso intelectual, o realismo era a compreensão do tempo moderno demandante de democratização, e a orientação mais concreta para tal era através da concepção cristã de democracia, sendo este o caminho mais prudente. Acompanhando essa visão sobre o passado, a Igreja como modelo de inspiração e de conciliação podia orientar as necessárias transformações para o caso brasileiro. Esses dois caminhos são explicáveis pela própria divisão das obras de João Camilo, entre aquelas que se voltam a uma história política brasileira – como *A democracia coroada* (1957), *Harmonia política* (1961), *Natureza e fins da sociedade política* (1968); e aquelas em que o autor praticamente "traduzia" as mensagens da Santa Sé para a política nacional, tendo em vista o foco nas demandas sociais – destacam-se neste sentido *Um mundo em busca de segurança* (1961) e *O ocaso do socialismo – à margem da Popularum Progressio* (1970).

O catolicismo é, portanto, fator de unidade e coerência do modelo conservador camiliano. Tanto serve de elo de movimentos, entre passado e futuro: pela mantença de uma tradição e ampliação da missão apostólica; como é síntese a um conjunto de crenças do autor - democracia, monarquia, serviço público, Brasil, história, Estado, família, Minas Gerais, liberdade. João Camilo militou pelo que acreditava, transformando aquilo que parecia causa particular em preocupação coletiva, brasileira, historiográfica, política. Empreendeu uma batalha pela história do Brasil, pelo modo como a religião é fundadora: base de nossa realidade política - de nosso senso de universalidade - e de integração com o mundo - de uma democracia, monárquica e cristã. Ao se medir essa "participação" do catolicismo na história, na política, na solução dos problemas sociais, na vida particular do "homem comum",[13] percebe-se como o autor tornou inteligível uma corrente de ideias amarradas pelo fio da religião.[14]

João Camilo, pensador católico

O pensamento católico camiliano vai além da sua compreensão política da realidade, permeia uma visão de mundo e incide em seu método de trabalho. Essa é tanto a fonte de sua coerência ideológica como responde a algumas de suas contradições. Este é um dos pontos que será explorado nesta tese. Basicamente, o autor reconhece uma crise espiritual geral, e a dificuldade da Igreja em superar esse dilema. A resposta otimista da Igreja é acolhida, porém se torna algo contraditório na medida em que os problemas seguem sendo realçados, e tampouco se vislumbrava um enfrentamento sobre os nós górdios da crise. Quer dizer, jamais desconfiou daqueles e daquilo que marcou seu fundamento. Permaneceu abraçado à filosofia de Maritain, de Alceu e de autores da Nova Teologia, terminando por acatar fielmente as teses do CV II. Ainda assim, seguia vendo os problemas. Era percebido como um católico conservador, mas também fora no Brasil um dos que mais repercutia a filosofia extravagante do jesuíta Teilhard de Chardin.

---

13. João Camilo valorizava o modo de viver simples e comum, e escrevera até mesmo um livro, feito de uma série de ensaios, em que elogia a vida cotidiana, *A extraordinária aventura do homem comum* (1961f).

14. Mark Bevir apresenta essa discussão a respeito do encadeamento das crenças, e como o historiador das ideias pode encarar esse objeto. Explica que "*os indivíduos chegam necessariamente às suas redes de crença por via de sua participação nas tradições intelectuais de suas comunidades*" (2008, p.245), como no caso João Camilo procedeu através do catolicismo, tão comum a sua tradição familiar, interiorana, mineira, brasileira.

A ambivalência entre otimismo e pessimismo parecia o embalo da própria vida de João Camilo, e era franco a esse respeito.

> Sou um pessimista. Sei que o homem por si fará bens e praticará atos bons e maus. Acredito firmemente no pecado original. Qualquer reforma política e social será limitada pela deficiência congênita da vontade humana. (...) Contesto Marx e Rousseau frontalmente. A organização política e social deve partir do pressuposto de que os homens podem errar e precisa haver uma certa organização para contrabalançar as coisas. (...).
> Há um provérbio chinês que explica meu otimismo: 'mais vale acender uma vela do que amaldiçoar a escuridão' (1976, p.354).

Apesar do despertar católico no Brasil do século XX, com Jackson de Figueiredo, padre Leonel França e tantos outros, havia uma séria crise espiritual no Brasil (TORRES, 1964b, p.20). O movimento do CDV havia trazido a seriedade da prática católica, e o laicato descobria o seu valor (TORRES, 1968a). Ao mesmo tempo, a crise se revela na própria divisão desses mesmos católicos. Vinha a calhar a dimensão política, pois a discórdia desembocava justamente no plano da militância dos grupos católicos com partidos e lutas sociais. Para João Camilo era preciso realizar a conciliação cristã no Brasil, e evitar o risco de a própria Igreja se contaminar com a preocupação econômico-social. O papel da Igreja era se ocupar da crise da fé, pois já se tornava clara uma insatisfação religiosa:

> a desumanização da vida social pela sociedade tecnológica e pela urbanização rompeu os laços tradicionais e os homens não sabem encontrar Deus no torvelinho das grandes metrópoles, nas megalópoles (...) O homem que larga a roça para a cidade e que passa a viver em condições totalmente diversas das habituais não sabe como reunificar a vida em torno de Deus (1981, p.356).

A questão era a Igreja para tornar o homem preparado para as imensas transformações do desenvolvimento econômico. Pretendia que a Igreja fosse exemplar na vida social, tendo "*padres que saibam dar testemunho numa vida sacerdotal de sacrifícios e holocausto nas grandes cidades*" (1981, p.357). Ou seja, a modernização provocara a necessidade de a religião católica se readequar ao novo contexto de vivência dos brasileiros – a sociedade industrial urbana –, de modo que a partir dessa assimilação a DSI se decantaria com naturalidade pelo conjunto social e político. Assim seria possível superar uma das mais evidentes distorções da história política nacional: a ausência de identificação do Parlamento com a religião do povo. Era de se notar que, embora o povo brasileiro fosse amplamente cristão, desde o Segundo Reinado os representantes do povo jamais tiveram em si maioria de católicos fervorosos (1981, p.26).

As expectativas de mudança se realizam para João Camilo com o CV II. A relação de otimismo compreende a noção de uma evolução do catolicismo, assim como se podia recepcionar a forma particular do catolicismo brasileiro em sua maneira popular. O desmantelamento hierárquico da sociedade ocidental é acompanhado por uma readaptação da forma pastoral da Igreja, que teve como apogeu o Concílio. João Camilo entende que esse sentido "horizontalizante" era a resposta mais coerente da própria Igreja ao modo como o catolicismo se espraiou como religião e como crença de um mundo livre e democrático. Neste sentido, a obra positiva do mundo moderno é cristã, e sendo ela cristã é a própria hierarquia eclesiástica que deve se realinhar, como a tradição herdada se moldando ao conjunto dos crentes. Essa foi a aposta do CV II, essa foi a aposta de João Camilo. O trecho a seguir, de Mark Bevir, vai ao encontro dessa reflexão:

> A variedade de mediação que sobrevive no meu recurso à tradição é a capacidade dos indivíduos de estender e modificar as tradições por eles herdadas. O fato de os indivíduos partirem de uma tradição herdada não implica que não possam vir a ajustá-la. Na verdade, as tradições mudam através do tempo, e não podemos explicar essas mudanças se não aceitarmos que os indivíduos são capazes de alterar as tradições por eles herdadas (2008, p.249).

João Camilo não via contradição entre os três últimos concílios da Igreja – Trento, Vaticano I e Vaticano II. Encarava uma "*permanente relação, quase em diálogo ou debate, (...) completam-se: há uma situação de identidade, continuidade e atualidade em todos eles*" (1968a, p.211). Há no autor a visível insistência na harmonia dos eventos, mediante essa ótica católica, da qual emergiam duas máximas: (i) a proposta moderna, mas não modernista, da religião cristã; e (ii) a identificação do catolicismo como a síntese por excelência. Por um lado, a análise política tomista, especialmente da segunda escolástica, com Francisco Suárez, marcava a retomada daquilo que constituía a formação do Brasil, o caminho da superação de uma crise e o seu reencontro com uma ordem. Procurou demonstrar que trazer isso a lume representava uma proposta "moderna" de análise política, pois ao mesmo tempo unia o passado e o presente, e resgatava o sentido brasileiro da democracia cristã. Paralelamente, era preciso amalgamar esse arcabouço intelectual católico – desde os livros dos santos, o tomismo, a literatura ibérica neoescolástica da Contrarreforma, os autores contrarrevolucionários – com as demandas do século XX. Precisamente, enfrentar a "questão social".[15] O cristianismo era a chave para esse equilíbrio, para essa atenção quanto ao social, contra o individualismo, o liberalismo, o capitalismo e o comunismo.

Consciência histórica e proposta restauradora

A reflexão sobre a presença da escolástica suarista no Brasil compreendia a identificação de que o país foi formado com um sentido, com um propósito, com uma base consciente. João Camilo demonstrou como o Brasil detém uma "*doutrina política subjacente*" ao conjunto das instituições imperiais, feitas à luz de Francisco Suárez. A expressão de uma "*vontade da nação brasileira*" em promover a Independência é de tal importância que representou a própria Revolução brasileira original, passando através desse ato de "*monarquia absoluta a monarquia constitucional, de reino unido a nação soberana*", que também foi o "*reconhecimento, por parte do governo legal do Brasil, de certas situações de fato do 'país real'*" (1964a, p.48).

A restauração política do Brasil se torna reencontro com aquilo que já existe, mas está submergido pelos vícios, idealismos, experimentalismos e aventuras. Traço permanente na obra de João Camilo é a coesão entre os fundamentos políticos e aquilo que precisava ser reparado no tempo presente. Não só a história

---

15. No início do século XX, ao tratar do tema da "questão social", Gilberto Freyre mostra que "*já havia, fora dos mesquinhos grupos políticos, quem, como Silvio Romero, Alberto Torres, Euclides da Cunha, enxergasse 'questão social' no Brasil. Mas sem alcançarem, entretanto, tais franceses ou tais afrancesados maior êxito entre brasileiros contaminados de ceticismo anatoliano e de burguesismo leboniano*" 1962, p.591. O que estava em voga nas primeiras décadas da Primeira República era o ceticismo e o burguesismo, enquanto a "questão social" era observada, sem ser enxergada, lida ou recepcionada. Dos anos 1930 e com o pós-Segunda Guerra Mundial esse paradigma se altera.

política brasileira, bem como os problemas do século XX, são explicados e são objetos de sugestões a partir do reencontro com a filosofia política que moldou a civilização ocidental. O desdobramento das heresias, como as disputas pelo poder na era moderna, era observado como desarranjos enlouquecidos de bons princípios cristãos. A chave dos fenômenos modernos reside na origem teológica. De forma prática, o que João Camilo propõe é um ritual de memória e resgate dos princípios capazes de reincorporar e manter de pé as instituições políticas e sociais que fazem parte da natureza do Brasil.

A realização desse desígnio cabe a uma pedagogia política feita através da consciência histórica. Primeiro, como mecanismo de proteção contra as ideologias – tanto o liberalismo como o comunismo e o socialismo. João Camilo tinha como preocupação proteger a própria dimensão da liberdade humana das amarras criadas pela vida moderna, pela sociedade de massa, pelos fenômenos que retiravam a consciência de si de cada pessoa. Um exemplo nesse sentido é o fenômeno da propaganda. JCOT dedica um livro exclusivamente ao assunto (1959a).

Mas a principal fonte de ensinamentos era através da história. Afinal, um projeto restaurador pressupõe uma abordagem sobre o passado. A história é mestra, ensina pelos caminhos já trilhados. João Camilo fazia jus à noção de que essa disciplina servia para trazer o passado de volta, com as devidas compreensões do tempo, das transformações, dos lugares e das gerações. Não constrói um antiquarismo, mas procura o lugar do passado para fazer a direção do futuro, daí que na introdução da *Teoria geral da História* (1963b, p.16) descreve que o propósito da obra era prover alguma segurança intelectual diante da avalanche de transformações modernas, com tantas destruições e transformações.

Naquele contexto dos anos 1960, enxergava que o mundo ocidental estava entre uma apologia de um destino horizontalista, socializante e harmônico a nossa espera; e, um oposto, rival à altura, o pessimismo da visão existencialista. Nesse duelo, observava que a teleologia da história era a grande aspiração da cultura moderna, como se todos quisessem dar alguma direção à vida humana. E, no entanto, o que aparecia eram casos fadados a um fracasso por não terem um sentido transcendental da História. Diferentemente, João Camilo procurava trazer uma espécie de consciência do fundamento, tal qual Voegelin apresentava, e um rol de autores que serviram de base e que procuravam inferir sobre o sentido da História conforme as dimensões eternas, fosse no campo católico, protestante ou até agnóstico.

A consciência histórica revelava outros traços marcantes do conservadorismo camiliano: a valorização das tradições e da história local e nacional. A organização de um raciocínio que tratasse das crises sob o plano da restauração projetava a unidade fundamental entre o local e o nacional. O Brasil e Minas Gerais se entrelaçam dentro da História, ainda que em cada qual houvesse as particularidades, mas estas não esgotavam a unidade. É a História que interpreta, apresenta e reapresenta os fatos, esses valores e significados em que a vida é vivida de forma concreta.[16]

A teorização da História, que promove características que alimentam o conceito de conservadorismo em João Camilo, é entremeada com o seu catolicismo. Enquanto a religião representa a linha que liga suas crenças, a costura é feita através dessa consciência histórica. Esse encadeamento procura religar um sentido concreto, existente, realizado - através de homens, ideias e realizações - no âmbito da história nacional.[17] É uma tentativa de formar um liame, não como uma narrativa, mas como "a" narração dos eventos. A fidelidade documental e analítica está casada com um propósito integrador, de afirmar elementos que

---

16. A respeito dessa relação entre história e as identidades de João Camilo, vale a pena uma nota. Em *Political Thought and History. Essays on Theory and Method*, John Pocock (2009) pergunta: *Como um historiador lida com o seu passado?*. O passado pode ser um instrumento para formar crônicas que possam ser deixadas para a posteridade, explicando o presente através do passado, tanto para uma tradição quanto para servir a alguma ocasião de alguma mudança. No caso de João Camilo, o imaginário histórico elaborado é, universalmente o cristão, da civilização cristã. Em segundo lugar, o lusitano, do universo material do Império português. Terceiro, e que substitui o anterior a partir de "Revolução brasileira" de 1822, o nacional-brasileiro, herdeiro do anterior. Quarto, o imaginário particular da história mineira, que se associa a nação, confluindo e não excluindo-se. Quinto, o imaginário pessoal que se remete a família, a forma particular de religião, ao círculo de pessoas, a atividade profissional, tal como registrado em sua autobiografia.

17. Sobre o *tradicionalismo*. O modo como João Camilo encadeia os fatos históricos pode ser considerado aquele que quer manter uma tradição. O que João Camilo procura apresentar é uma interpretação coerente com o seu fundamento filosófico moral: o catolicismo. À luz da lição católica, tendo isso em vista que o próprio autor revela que seu enquadramento de base é a Filosofia de São Tomás de Aquino, promove as soluções políticas. Inclusive, quando o termo *tradicionalista* é empregado, não se refere a uma postura incrustada no tempo, mas para se diferenciar de outros ideários. Um exemplo ocorre quando classifica cinco posições políticas comuns: (i) o conservadorismo *democrático*, do tipo reformista, *tory*; (ii) o conservadorismo *autoritário*, hostil às novidades; (iii) o *reformismo*, coerente e responsável, que não só lança a proposta, mas também busca sua solução; (iv) o *revolucionarismo*, forma de reformismo radical que acredita na destruição de todo o existente; e (v) o *tradicionalismo*, que figura entre o conservadorismo e o reformismo, aceitando as mudanças, e muitas vezes promovendo-as, mas reconhecendo que devem ser feitas num sentido de continuidade. O *tradicionalista* ficaria transitando entre o conservadorismo democrático e o reformismo responsável. "*O tradicionalista sente que o tempo é continuidade e que 'ontem', 'hoje' e 'amanhã' perfazem uma sequência numa relação genérica de filiação, de tal modo que a presente situação histórica não pode ser compreendida sem a precedente e, fatalmente, produzirá outra, diferente, mas relacionada*" (1961e, pp.209-211).

estão no fundamento do Estado-nação brasileiro: a presença da religião católica, o protagonismo estatal, o particularismo da vida municipal, a importância das famílias, a tarefa de harmonização social e de reformas, até para uma monarquia democratizante, solidária.[18]

Organização da pesquisa, hipóteses e tópicos

O principal desígnio desta pesquisa sobre o pensamento político de João Camilo de Oliveita Torres é demonstrar como o autor intencionalmente procura fazer uma "teoria política brasileira". Trata-se da montagem de um edifício político brasileiro, que identifica bases estáveis, calcadas nos dois pilares que eram obstinações do autor: a legitimidade e a autoridade.

O modo como isso é apresentado no decorrer deste texto corresponde a um caminho que começa averiguando os aspectos fundacionais, passa pela crise e chega à restauração. A primeira empreitada foi desbastar aquilo que formava os pontos de retorno de João Camilo. Em seguida, observar como toda mensagem de superação surgia de um diagnóstico de crise. Será possível observar alguns resultados desse repertório, entre os quais a constituição de um catolicismo social camiliano, representado pelo projeto solidarista, e que tinha na Previdência social um campo de atuação prática. Ou, ainda, um rol de projetos restauradores à política brasileira. O autor pretendia juntar tanto um foco sobre o apelo social e cristão como a percepção de como uma nova revolução brasileira, restauradora da ordem, poderia incorporar os caminhos de um reformismo conservador.

Em cada um dos treze capítulos há uma hipótese que incide sobre o centro desta tese: demonstrar que João Camilo cria uma teoria à (re)organização da política brasileira, conforme essa linha de avaliação da crise e retorno ao fundamento através de mecanismos restauradores - reformas, adaptações, intervenções políticas. A primeira parte, sobre os fundamentos, é composta de sete capítulos, sobre como JCOT formula sua concepção de história, sobre o significado da história do

18. Em seu autorretrato intelectual, João Camilo postula um ideal de organização política: "*Imagino uma organização política que realize a Ordem, a Justiça, a Liberdade e a Prosperidade comum, com uma autoridade suprema neutra e estável, livre da influência de interesses privatistas, uma administração eficiente e igual para todos, com as liberdades pessoais garantidas efetivamente, as classes convivendo harmoniosamente, com suas peculiaridades garantidas, mas sem distinções de rendimento muito grandes, todos tendo condições satisfatórias*" (1976, p.354).

nascimento do Brasil independente, quanto à importância do provincianismo mineiro, as reflexões e atuações no campo do ensino e da religião, e a conformação do conservadorismo camiliano. Já na segunda parte - sobre as crises e restaurações –, a intenção é identificar a dialética entre a caracterização das crises, na religião, nas questões sociais, na política brasileira, e, por conseguinte, a apresentação de soluções restauradoras.

1

FUNDAMENTOS

> *"Existem dois jeitos de voltar para casa; e um deles é não sair dela. O outro é dar uma volta pelo mundo todo até que voltemos ao mesmo lugar (...)."*
>
> G. K. Chesterton (*O homem eterno*)

Tratar do fundamento das coisas é traçar um rumo filosófico de reconhecimento. É como a volta para casa depois da distância, a reintegração depois da perda, a reconciliação depois da contenda; ou, ainda, a superação da natureza decaída, a reconstituição do homem pecador. Esse conjunto de metáforas formava o universo de pensamento de João Camilo de Oliveira Torres perante os temas sobre os quais se debruçou intelectualmente.

O projeto camiliano é compreensível na medida em que se delineia o modo como o autor procurou responder às crises, buscando uma superação que na verdade revela uma forma de restauração. Esta, por sua vez, não reside sobre uma dimensão nebulosa, etérea e distante; pelo contrário, corresponde às entranhas ontológicas do autor, perpassa o significado da história, da terra local e da religião. O conjunto desses elementos perfaz o sentido próprio do pensamento conservador de João Camilo, dinâmico e libertador.

A seguir o texto discorre sobre como esses fundamentos foram expressos. Primeiro, pela vocação de historiador de João Camilo, que o levou a desenvolver uma teoria da história. Segundo, as bases da consciência e seu realismo político, recorrendo à tradição católica. Terceiro, essa mesma noção propedêutica da política, mas com foco no elementar do Brasil Império. Quarto, os elementos da ligação telúrica com Minas Gerais, e de que maneira a província natal funcionava como uma espécie de microcosmo do Brasil. Quinto, a descoberta dos mais caros fundamentos à edificação da civilização ocidental: a religião cristã e, por conseguinte, a ação docente.

Essas cinco seções embassam o argumento para uma consideração acerca do significado. O propósito é identificar que o ideal de conservação não era destinado à defesa de um *statu quo* particular, mas sim a elementos tidos como permanentes, flagrantemente nacionais, públicos, originais, próprios, íntimos – da Igreja, do Brasil e de Minas.

O conservadorismo camiliano é elaborado como movimento de ação e libertação. Não se trata de uma equalização fácil, pois demanda a constante ação sobre elites políticas, instituições e a forma de transmitir o conhecimento. Os chefes políticos, o funcionalismo e as repartições públicas, a Igreja, a Casa Monárquica, os institutos de história, as editoras e as universidades formam os principais elos de relacionamento e tentativa de intervenção da parte de João Camilo, na qualidade de pretendente a pedagogo desse rumo de reencontro do país consigo mesmo.

Há pelo menos três hipóteses que podem ser postas à prova nesta primeira parte. Primeiro, sobre a índole democrático-representativa da política nacional, nas suas origens. João Camilo explica como o Brasil foi formado de uma conjunção de fatores que reuniu vontade popular e interesses políticos superiores, e sem essa harmonia não teria havido uma evolução do processo político. Segundo, a caracterização de uma ideologia permite definir o momento da história do desenvolvimento político de um país, e é isso o que João Camilo procurou fazer ao tratar do positivismo. Terceiro, uma das tônicas do pensamento camiliano é o amálgama entre os opostos, reunindo autores e reflexões a princípio conflitantes, mas que no espírito católico, mineiro, e conciliador do historiador mineiro, revelam algo do próprio caráter brasileiro, bem como do modelo de conservadorismo que advoga.

1.1 Teoria da história e história política

> *"Sem consciência nenhuma observação é possível, nenhuma aplicação da razão."*
>
> Leon Tolstói
> (Epílogo de *Guerra e paz*)
>
> *"Seu livro sobre 'A Teoria Geral da História' é magistral. Estou em desacordo com Tristão de Athayde: você não é o nosso pequeno Toynbee, é o nosso Toynbee, e, segundo a nossa visão da história, você é maior do que Toynbee, pois funda-se na visão Cristocêntrica da história, e daí parte para sua admirável teoria."*
>
> Carta de João de Scatimburgo para João Camilo de Oliveira, 13 jan. 1964

João Camilo de Oliveira Torres teve muitos talentos como homem de letras. Mas o que mais lhe parecia confortável e aquilo que melhor o marcou foi a atividade de historiador. A história foi o fio da meada de sua construção e projeção como intelectual. O objeto dessa atividade, que foi uma de suas profissões, era sobretudo a política, mas também foi a Igreja, as ideias religiosas no Brasil, Minas Gerais.

Contemporâneo a João Camilo, o sociólogo baiano Alberto Guerreiro Ramos tinha como base de suas análises o desenvolvimento de uma sociologia capaz de colaborar com a autoconsciência sobre a realidade (1995, p.45). Tratava-se, portanto, de elaborar um método, uma estrutura de pensamento, uma teoria. O historiador mineiro fez algo semelhante na insistência com que demonstrava o seu método, sobretudo em oportunidades que refletiu sobre sua própria produção, como na coletânea do padre Stanislavs Ladusãns (1976) dos "autorretratos" dos mais importantes filósofos brasileiros na época, ou numa autobiografia (TORRES, 2005). Há uma espécie de "consciência histórica" que serve de patamar de todo o trabalho de João Camilo, tornando-se ainda mais completo a partir da elaboração teórica que apresenta.

João Camilo faz algo ímpar por ter produzido de forma pioneira, no Brasil, uma organização teórica da história, quase como um manual para enfrentar os temas que o preocupavam. Dentro dessa empreitada encontra-se o desenvolvimento de uma historiografia política, percorrendo a caracterização de doutrinas políticas até a análise de casos que envolviam o dia a dia político nacional.

1.1.1 Uma teoria da história

A editora com que João Camilo de Oliveira Torres teve maior proximidade e influência foi a Vozes,[19] dos padres de Petrópolis. Através dela o historiador mineiro pretendeu pautar certos temas, difundir ideias e estreitar laços com a comunidade eclesiástica. Foi por sinal a Editora Vozes que em 1963 lançou uma das principais obras de João Camilo: *Teoria geral da História*.

Os primeiros trechos do livro já vinham sendo publicados havia vinte anos na própria revista *Vozes* e em demais veículos da imprensa. A nota do *Jornal do Brasil*, de 14 de janeiro de 1964, repercutindo o sucesso da publicação, explica que João Camilo procura desvendar o mistério da História, à luz do pensamento cristão. E que, repetindo a propaganda feita pela editora, a obra era "*a primeira experiência brasileira de interpretação da História à luz da visão cristã do mundo*", como assinalou uma das resenhas nas páginas dos jornais.[20]

O fio da meada dessa *Teoria geral da História* é o ideal de liberdade. Assim como a pedra de toque de outra publicação essencial no pensamento camiliano - *A democracia coroada* (1957) -, cujo condão é a identificação de uma

---

19. A Editora Vozes, também conhecida como Vozes de Petrópolis, é uma editora brasileira, fundada em 5 de março de 1901 na cidade de Petrópolis, Rio de Janeiro, por freis franciscanos, com destaque para o frei Inácio Hinte. Marcante na difusão da cultura católica no país, a Vozes recepcionou entre seus autores os ícones do laicato católico, mas já nos anos 1970 passou a alterar a linha editorial com uma diversidade de escritores, incluindo não cristãos. João Camilo foi um enfático colaborador da revista, mantendo profícua correspondência com a sua equipe editorial.

20. Neste caso Assis Brasil (Francisco de Assis Almeida Brasil), em tom elogioso, na resenha para o *Jornal do Brasil* na edição de 14 de janeiro de 1964, intitulada "Teoria da História". Porém havia também os que achavam que as setecentas páginas de João Camilo emulavam uma "consciência ingênua", conforme a nota do crítico Geir Campos, no jornal *Última Hora*, de 10 de dezembro de 1963, ao encarar o livro do historiador mineiro à luz do filósofo Álvaro Vieira Pinto, de modo a desdenhar da ousadia de alguém querer falar de "Verdade" - com letra maiúscula.

liberdade política: o sentido democratizante do Brasil Império. Ainda que o texto de 1957 tenha saído antes e dado maior notoriedade, é preciso assinalar que foi somente em 1963 que o leitor pôde se deparar com aquilo o que João Camilo considerava elementar: a perspectiva histórica, o material fundante do seu pensar político.

Tanto a perspectiva democrática como a narrativa histórica encontram-se na proposta de liberdade camiliana. Primeiro, porque é a própria razão da historicidade humana. Soma-se a isso a contradição da compreensão histórica, em que a orientação seguida pela marcha dos acontecimentos implicará a alteração dos seus próprios resultados. Ou seja, o conhecimento de certas "leis" da história leva, fatalmente, à abolição dessas mesmas "leis", tornando improvável o próprio conhecimento pleno sobre o futuro, por ser algo sempre aberto, livre.[21]

O segundo aspecto é o fato de a liberdade ser o próprio objeto da história, tornando-se incompreensível quando não situada dentro do esforço de libertação da humanidade. João Camilo se apoia em Nikolai Berdiaev (1874-1948) - pelo livro *De l'esclavage et de la liberté de l'homme* (1946), para discordar de um mito proliferado entre os modernos, como por Rousseau, Marx e Freud, de que a história humana coincidiu (ou foi ocasionada por) com um ato terrivelmente perturbador, que depôs o homem de sua situação anterior, natural, hipotética, em que o ser humano se realizava esplendidamente em todas as suas virtualidades. Pelo contrário, no fundo essas expressões da filosofia moderna são visões decaídas sobre o que a Revelação cristã trata como Queda Original, que provocou o desequilíbrio de todo o universo, e de uma Encarnação Redentora, que iniciou o restabelecimento da Ordem, num plano mais vasto. Nessa chave, "*a Redenção significa libertação*", não como um processo limitado à Palestina há dois mil anos, mas como algo contínuo de desenvolvimento ao longo dos séculos. A humanidade liberta-se

---

21. Em artigo sobre a Filosofia da História, João Camilo assegura que obstáculos, contingências e expectativas da vida individual podem ser válidos a toda humanidade: "*Cada ente humano individual somente pode ser explicado em função de duas dimensões básicas e irredutíveis: a vida em sociedade e a influência da marcha do tempo nas situações que condicionam o ser espiritual do homem*" (23 abr.1950).
Destaca-se que, mesmo escrevendo em 1950 sobre uma "filosofia da história", em artigo de jornal, João Camilo pretende escapar dessa forma de abordagem para fazer uma "teoria", que escape da sina paradoxal, e apresente uma coesão analítica permanente. O problema é o mesmo a respeito da democracia, em que o intuito camiliano não é o de produzir uma filosofia, mas uma fórmula teórica - conforme será tratado no capítulo seguinte. A tarefa é inglória, como contemporaneamente Pierre Rosanvallon (2006) explica, apontando como a democracia é o único regime que cria os seus próprios reveses.

e redime-se progressivamente, à medida que se incorpora ao Corpo Místico de Cristo, que no limite se identificará com o gênero humano.

Decididamente, para João Camilo, a consciência do fundamento confunde-se com a noção de consciência histórica. Nós a temos na medida da contingência humana. Como os homens não são deuses ou seres infinitos, podem pelo menos gerar legados imateriais, tanto para avaliar o conteúdo do presente e do passado quanto para produzir uma herança para o futuro. Eric Voegelin (2008, p.18) coloca que a origem de uma consciência histórica é fruto da quebra com algo que foi experimentado e tido como insatisfatório, como um conhecimento tradicional. E se isso aconteceu é porque esse dado tradicional já não supria o assombro humano. O modo como alguém expressa o seu espanto pode ser através do mito, como pela filosofia. O cristianismo acabou unindo essas duas expressões. É justamente nessa toada que se compreende a consciência do fundamento principal na obra camiliana, a qual reside semelhantemente numa série de pensadores da sua geração, como o próprio Eric Voegelin, e, ainda, Christopher Dawson e Arnold Toynbee. De maneiras diferentes esses pensadores expressam como o processo histórico não é uma mera coleção racionalizada de materiais do passado, mas que por outro lado a História só tem sentido quando carrega consigo, permanentemente, a sua meta.

João Camilo já havia demostrado em *A democracia coroada,* que era possível – e necessário – fazer teoria no Brasil. Em *Teoria geral da História* o ímpeto para um trabalho de fôlego se repete. Se lhe faltava o talento, lhe sobravam a perseverança e a aplicação. Fazia de si a caricatura do "*escritor de província*", que seria tido como presunçoso por falar em "*teoria*". Porém, ruminava que Giambattista Vico também estava na "*periferia*" quando propôs uma "*Nova Ciência*", numa época em que Nápoles estava tão distante de Paris quanto Belo Horizonte nos anos 1960 (1963b, p.11).

Não apenas o traçado do pensamento de João Camilo pode ser depreendido de sua *Teoria geral*, como uma série de outras características marcantes, especialmente a proposta de um trabalho didático, que procura legar algo para além de si. Se a História era o seu *métier*, encarou a tarefa de esmiuçar o seu objeto: "É, sobretudo, um dever de ordem moral: quem trabalha tem a obrigação de expor os fundamentos de seu ofício" (1963b, p.12).

A extensa *Teoria geral da História* traz o sentido do conhecimento histórico, que pode ser disposto na tríade: fundamentos, crise e restauração – como consta na estrutura desta tese. Nas quase setecentas páginas a tripartição é feita da seguinte maneira: (i) *Tempo e situação*; (ii) *Historiografia e verdade* (que se subdivide em três: razão e história, causa e condição, e o fato e a lei); e (iii) *A encarnação redentora* (dividida em três, I – o senhor da história, II – cristandade e civilizações, e III – perspectivas de nosso tempo). Esse imenso edifício historiográfico de fato se torna uma referência para o próprio autor. Primeiro, porque é constantemente retomado – nos demais textos – num movimento de reencontro com a sua teoria, coerência de pensamento e consciência histórica. Segundo, revela-se como uma das avenidas centrais do pensamento camiliano.

Ao tratar da compreensão do homem no tempo e no espaço, seus valores e a noção de liberdade, João Camilo reproduz questões elementares do existencialismo filosófico, com remissões a Max Scheler, Karl Jaspers e Ortega y Gasset. Aspecto central dessa perspectiva filosófica é o conceito de "situação", peculiar na insistente abordagem camiliana sobre a irreversibilidade do tempo histórico, de que cada situação cria novas condições de existência. Daí porque seu plano restaurador é justamente contrário a um imobilismo. No caso da restauração da monarquia no Brasil, resumia que o regime garantia a melhor forma de realizar a democracia e as reformas sociais no país.

A *Teoria geral* também é marcada por uma detalhada exposição das teorias sobre a causalidade histórica, de cunho aristotélico. E ainda apresenta uma ampla classificação historiográfica. O resultado é uma verdadeira anatomia da ciência histórica, observando as várias abordagens, teorias, e significados, bem como as rupturas, as continuidades, a relação dos símbolos e o saber histórico. Diversas possibilidades de pensamento são traçadas, a correlação dos fatos, as causas e consequências dos fenômenos, os vínculos da história com as demais ciências, a geografia, a política, e o tratamento das leis históricas. Finalmente, em *A encarnação redentora*, João Camilo propõe uma síntese sobre o sentido último da história humana, como uma marcha missionária da Humanidade: do Advento aos contornos presentes. Embora não exista uma gradação de relevância entre uma parte e outra, a última foi a que lhe deu o estalo para escrever o livro, quando em 1944 alega ter descoberto a "*fecundidade da doutrina do Corpo Místico de Cristo*" (1963b, p.13).

Enquanto obra de teoria da história, o livro de João Camilo tem como principal assunto a dimensão do tempo. No que chamou de "processo temporal", procurou recompor para o século XX a ideia heraclitiana do "*tudo flui*", a partir do discurso "*Un'ora grave*" de Pio XII, proferido em 1939.[22] Esse é exatamente o tom da busca conciliatória de João Camilo, inclusive como forma de escapar das polêmicas. Outra tática dessa estratégia é a forma como evita se envolver demais em discussões teóricas para privilegiar a longa – e às vezes enfadonha – descrição dos acontecimentos. As influências e referências do autor são amplas, desde os "*mestres da Universidade do Distrito Federal, como o ilustre Maurílio T-L. Penido à frente, e mais Damião Berge, O.F.M., Barreto Filho e Vieira Pinto – e, na mesma época, Euryalo Cannabrava, em sua fase existencialista*" (1963b, p.14), aos amigos mais próximos de Minas, como Amaro Xisto de Queiroz, que entre outros foi quem sempre acreditou em sua obra, passando por pensadores que se encontram num ecumenismo filosófico, em que "*procuram referir o sentido da História às dimensões eternas, tanto no campo católico (Daniélou, Thills, Pieper, von Balthasar, Dawson, D'Arcy, Teilhard de Chardin), como no campo protestante (Culmann, Niebuhr, Lowith, Paul Ricoeur), como em setores mais ou menos agnósticos (como em Sorokin ou Toynbee, cuja obra, segundo Curbelier, tende naturalmente à Teologia da História)*" (1963b, p.17).

Essa forma de apresentar uma teoria, a partir de um sentido transcendental da história, com fulcro na consciência do fundamento, é algo comum entre os contemporâneos de João Camilo, como no já mencionado Eric Voegelin,[23] de modo a compartilhar a nostalgia pela visão unitária e cósmica do homem medieval, ciente do destino de cada homem, da Humanidade e de todo o Universo. Havia uma simbiose geracional que reconhecia a necessidade de enfrentar esses assuntos, e prover alguma segurança existencial, individual e coletiva, algo

---

22. Radiomensagem "*Un'ora grave*", do papa Pio XII aos governantes e aos povos no iminente perigo de guerra. Quinta-feira, 24 de agosto de 1939. Disponível em: <https://w2.vatican.va/content/pius-xii/pt/speeches/1939/documents/hf_p-xii_spe_19390824_ora-grave.html>, acesso em: 15.nov..2018. Observa-se ainda que a mensagem transmitida por rádio foi interpretada como uma expressão de simpatia da Igreja para com a nova tecnologia: "*E a razão de entusiasmo do Pontífice pela nova Física provém de que, afinal, é mais cristã de que a de Aristóteles e não possuía aquele ar de rebeldia à Igreja que a de Galileu assumiu ao nascer*" (1963, p.163). Na interpretação o historiador descreve que primeiramente o documento afirma a temporalidade da matéria: o mundo, um dia, teve começo e, em outro, terminará. O mundo é essencialmente temporal, portanto. Ademais, concebe-se algo de Santo Tomás de Aquino: o tempo como criatura e o coextensivo à matéria: não há tempo sem coisas temporais, todo o tempo foi preenchido. Marcado também pela obra de Teillard de Chardin, João Camilo reflete sobre o caráter dinâmico do mundo, e não mais estático.

23. O propósito da obra de João Camilo de Oliveira Torres, através da história, não é distante daquilo que Eric Voegelin procurou estabelecer no campo da ciência e a filosofia política, no sentido de restauração da visão da realidade, como estabelece em *A nova ciência da política*" (1982).

que outrora o homem medieval detinha e que se perdeu diante da avalanche de transformações e fragmentações modernas. No limite, o desenvolvimento de uma teoria munia o autor de prognósticos mais assertivos, afinal, a *Teoria geral da História* era a busca pelo significado geral dos eventos aplicando uma metodologia que reunia a Filosofia da História, no sentido tradicional, e a moderna Teologia da História.

Contudo, esta fórmula e uma série de prognósticos estavam assentadas sobre um equívoco. Antes de o Concílio Vaticano II ter elencado a "Nova Teologia" como condutora do novo rumo da Igreja católica, João Camilo o fizera em sua *Teoria*, ao levar em conta as sínteses do teólogo jesuíta Teilhard de Chardin (1881-1955). A aposta nessa adesão, bem como na esteira de outros expoentes da "Nova Teologia" católica, pretendia fazer com que realmente o homem moderno se sentisse instrumento de Deus, realizando um amálgama das inovações dos últimos séculos com os pressupostos cristãos. Morto em 1973, João Camilo não viveu para ver a frustração dessa empreitada, que não logrou reunir o que por natureza é antagônico, mas apenas aprofundou uma crise dentro da Igreja católica.[24]

Ainda assim, a questão levantada era pertinente. Primeiro, pelo intuito de juntar uma vocação de estudo sobre o tempo com o paradigma cristão. Segundo, pelo modo sincero como expressava aquilo que o afligia: "*ou volveremos confiadamente à posição de Santo Agostinho, que fundou a História na Palavra de Deus, ou desistimos de chegar a uma saída*". Aflição que já tinha resposta: "*somente a Teologia da História resolverá o mistério da História*" (1963b, p.20).

A adesão à "Nova Teologia" se torna visível pelo modo como João Camilo interpreta a posição da Igreja no mundo moderno. Previa que essa via neocatólica cumpriria com a missão de restaurar a metafísica no século XX, e forneceria uma forma de relacionar as tarefas da vida cristã com o tema central da liberdade no mundo moderno. Segundo João Camilo, a liberdade é uma posição que se conquista conscientemente, com a pessoa tomando consciência de seu caráter autônomo. A principal preocupação nessa discussão diz respeito à liberdade política, onde fica clara a crença fiel do historiador numa utopia democrática, como processo educacional, de tomada de consciência, de algo que se replica do

---

24. Embora o Concílio Vaticano II tivesse correspondido aos anseios filosóficos do autor, os resultados para a religião católica foram desastrosos, por toda destituição de caráter que a religião sofreu, perda de laço com a tradição e uma espécie de luteranização interna com a transformação da missa.

indivíduo ao coletivo. Daí que a trajetória de democratização se desdobra sobre a preocupação real com relação às desigualdades.

> O direito à liberdade para não ser um mito, um nome, tem de ser completado por um trabalho educativo, pois, a liberdade é antes de tudo consciência de autonomia e dos direitos de si mesmo e do próximo, e pela realização de uma situação econômica de segurança e solidez para todos os homens. Para que possamos atingir o ideal de igualdade e justiça numa situação em que a realidade social seja idêntica à idéia do homem, a situação não se diferindo da essência, é necessário partir da desigualdade atual, e, trabalhando sobre ela, fazê-la desaparecer. Mas para isto é necessário restringir a liberdade como direito. Para que todos possam ser proprietários é necessário que o direito de cada um à propriedade seja reduzido (1963b, p.131).

Ao mesmo tempo que a senda principal da história é a liberdade, João Camilo encaminha o argumento a uma condenação do liberalismo. Cita A. J. Carlyle[25] para demonstrar que o indivíduo desamparado, sem o alicerce dos grupos, e sem o apoio estatal, é lançado numa anarquia econômica, e que isso não é liberdade, senão uma sujeição dos seres humanos a forças irracionais. A liberdade, no plano individual, não é a irresponsabilidade, mas a formação do instinto à razão de forma espontânea. O erro histórico do liberalismo político, portanto, "*foi o de fazer a ordem econômica (que é distinta) independente do Estado*". Nessa toada o socialismo foi na prática uma "*reação necessária*", que "*infelizmente, (...) passou além dos limites convenientes: em lugar de completar a democracia política pela democracia social, em lugar de estender os direitos abstratos de homem a todos (...) redundou na mais escandalosa das negações da liberdade*" (1963b, p.133).

Nessa relação entre teoria histórica e liberdade fica clara a percepção de como um conceito molda o tempo, movimenta os atores, cria antagonismos na política. Cada época possui um catalisador, uma energia, um princípio ativo que provoca a combinação dos átomos e a constituição de uma nova molécula, isto é, da nova situação. Este princípio formal constitutivo, segundo João Camilo (1963, p.185),

---

25. Alexander James Carlyle (1861-1943), historiador inglês, especialista em história eclesiástica. Na ocasião João Camilo se refere ao livro *La libertad politica*, de 1943.

reside numa palavra carregada de conteúdo emocional, polarizando as energias dos homens e as fundindo num todo comum. Para o século XIX a palavra era a liberdade. E para o século XX? Na visão de João Camilo era a democracia, mas também poderia ser a revolução, ou melhor, a restauração.[26]

O projeto democrático compreende a afirmação de direitos, e a concretização da noção de "cidadania", qual seja, que as regras sejam dispostas, compreendidas e acessíveis publicamente. Se isso nos leva à ideia de "igualitarismo", como ideologia, João Camilo responde que sociologicamente o igualitarismo é impossível, dadas as circunstâncias concretas que moldam a existência: "*Todos os cidadãos: como tais, são iguais perante a lei; mas, há diferenciações legais ou de fato*" (1963b, p.336). Em vez de pensar em "cidadão", prefere a noção de "homem situado", de Georges Burdeau (1905-1988), ou ainda, como expunha Joseph de Maistre, de que na realidade só há homens definidos, operários, comerciantes, professores.

Tão aparente quanto as críticas ao liberalismo é o embate contra a ortodoxia marxista. Como no momento em que João Camilo descarta a ideia de classes no sentido econômico de Marx, ponderando que a categoria econômica para tratar de classe social deveria ser encontrada no consumo, e não na produção. Ademais, esse conceito é preterido em nome de um núcleo basilar da análise camiliana das relações sociais, a família.

O antagonismo diante do liberalismo, do marxismo, do cientificismo, do positivismo, do tradicionalismo, do progressismo, e de outras correntes de pensamento, lhe permitiu refinar a elaboração teórica. O intuito de João Camilo era dissertar sobre como a história tem leis formais que se dirigem ao progresso, e outras, à ordem. Para isso seria preciso compreender tanto a dinâmica das transformações quanto aquilo que chama de "valor dominante" em cada situação histórica, o "*que constitui o motivo principal da ação humana, a causa final dos atos da maioria dos homens*", conforme Oswald Spengler (1880-1936) demonstrava como "*estilo*" de

---

26. A questão-chave que organiza o tempo social e político oscila no pensamento político de João Camilo. Certamente a democracia, ou a própria democratização, é o principal na maior parte dos seus escritos, como em *A democracia coroada* (1964a). Mas é possível encontrar também reflexões importantes em que a caracterização do pensamento está centrada na noção de "revolução", e que é explicada sob o viés de "restauração", como acontece no texto póstumo de 1981 – *A idéia revolucionária no Brasil*.

uma época. Um exemplo é como a cultura medieval foi praticamente "*uma réplica do livro de São Boaventura*: Itinerarium mentis ad Deum" (1963b, p.445). A diferença é que na era moderna o espaço-tempo dessas influências é cada vez menor, como Pierre Rosanvallon (1985) demonstrou ao retratar o "momento Guizot", abarcando a cultura liberal entre os anos de 1814 e 1848.

Dentro desse sistema de movimento e estabilidade há transformações, quebras, retorno a situações pretéritas ou retomada de soluções antigas. A isso João Camilo nomeia: "*renascimentos e restaurações*", como o Renascimento, o "batismo" de Aristóteles por Santo Tomás de Aquino, a redescoberta dos cânones da arte clássica, a volta afetiva à Idade Média do Romantismo e o neotomismo do século XX. Por certo que o restabelecimento da situação anterior é uma impossibilidade evidente, seria equivalente à anulação do tempo. No entanto, há um princípio comum que engendra a proposta de restauração camiliana: as respostas às inquietações do presente são encontradas no "*reconhecimento do valor supremo da solução antiga, considerada eterna e definitiva*" (1963b, p.455). Essa noção de restauração impõe a tônica da renovação, produto da situação nova oriunda da adaptação da fórmula antiga à realidade atualizada. Fenômeno este que não só se confunde como pode ser traduzido por revolução, nestes próprios termos: "(...) *restauração é uma revolução e as revoluções costumam ser restaurações. E, por vezes, podemos tirar de uma imagem falsa do passado ideias certas, ou, ao menos úteis (...)*" (1963b, p.458).

Mesmo que em meados do século XX a ideia de revolução fosse candente no debate intelectual brasileiro, era preciso não perder de vista o horizonte restaurador. Partindo do princípio de que a história é feita de ciclos, de fases culturais, de rupturas e transformações, era válido afirmar que "*toda revolução termina, mais cedo ou mais tarde, numa restauração parcial*" (1963b, p.465). Ao mesmo tempo, a filosofia da história projetava mudanças estruturais na vida humana. João Camilo identifica que depois da "Idade Clássica", de Descartes, do classicismo, surge a "Idade dos Homens", que marca o predomínio do homem comum. Chateaubriand resumiria essa fase ao identificar que já não existem "grandes homens". Para o historiador mineiro, embora a tese do visconde bretão em si mesma fosse falsa, evidenciava o fenômeno da ascensão do homem comum (1963b, p.495). As características dessa nova época desabrochariam ao longo do tempo em alguns aspectos: "*a) a humanização da vida; b) o espírito positivo;*

c) o Império universal baseado em critérios utilitários; e d) o fim das peculiaridades locais" (1963b, p.496).[27]

João Camilo finaliza a sua *Teoria geral da História* observando as transformações do mundo moderno, como a padronização dos costumes, a desintegração das culturas e a expectativa de uma religião da humanidade. Para uma "*Encarnação Redentora*" é preciso enfrentar o mundo como uma criatura, que igual ao homem é marcada pela contingência. Afinal, o próprio progresso é apontado como "*altamente improvável*". O tema da redenção - coetâneo à ideia de restauração - corresponde a uma expectativa de salvação individual e coletiva. Possivelmente, João Camilo encarava a própria mudança nos rumos da Igreja católica como uma readaptação às transformações da ordem civilizacional. Seria a forma de reconstituir uma cristandade, pressupondo que os princípios cristãos resgatariam o mundo.

> (...) A entrada de novos povos e culturas novas na Igreja poderá permitir o aparecimento de uma Cristandade diferente da Ocidental, não, evidentemente, de um cristianismo propriamente diverso. O assunto foi muito bem posto por Daniélou em *Le Mystere du Salut des Nations* (p. 52 e seguintes). Poderá ocorrer o fato de novas cristandades não europeias, coexistentes, ou, mesmo uma cristandade totalmente nova, sintetizando tudo. O Cristianismo será, obviamente, o mesmo. Mas a civilização cristã, outra (1963b, p.546).

Enquanto a ideia de progresso dominou as três principais correntes do pensamento europeu no século XIX: o liberalismo racionalista, o socialismo revolucionário e o idealismo transcendental, parecia que a nova religião secular, a "religião do progresso", vingaria e restauraria na Europa a unidade espiritual

27. Acerca desse aspecto dinâmico do tempo histórico, conforme apresentado por João Camilo, há analogias teóricas, de como isso representa desdobramentos políticos, com os quatro processos que dimensionam os conceitos modernos, trabalhados por Reinhart Koselleck: (i) a democratização - camadas sociais, outrora alijadas politicamente, fazendo uso dessa dimensão de ação; (ii) a temporalização - conceitos passaram a se identificar com o futuro e não mais tendo o passado como referência; (iii) a ideologização - a concretude dos conceitos perde lugar para a pressão ideológica, tornando esses mesmos conceitos cada vez mais abstratos e inapreensíveis; e (iv) a politização - repercussão maior dos conceitos políticos em todo o meio social, na medida em que os conceitos se tornam polissêmicos e empregados nas mais diversas arenas (KOSELLECK, 2006). Essa formulação permite tratar da mudança dos conceitos entre a sociedade tradicional e a moderna, Koselleck utiliza uma espécie de "túnel" como um mecanismo intelectual, chamado de *sattelzeit* (ao pé da letra esse termo alemão significa sela-tempo). O período ao qual o autor identifica o *sattelzeit* é entre 1750 e 1850, mas as variações seguem sofrendo consequências nos anos seguintes.

perdida desde a Idade Média. Contudo, aquele mesmo século da Esperança fora também o da Desilusão (DAWSON, 2012, p.234). O século XX, da ciência e da industrialização, perdera-se em guerras, e acabava por incrementar o declínio da religião do progresso. Por conseguinte, na formulação camiliana, a partir do panorama histórico de Dawson acerca do progresso,[28] projetava-se uma nova esperança de restauração, não pela negação da Igreja, ao contrário, alinhando-a às transformações modernas.

Desde o século XVIII a "religião do progresso" não fez outra coisa senão secularizar a esperança cristã do reino de Deus (TORRES, 1963b, p.546). O mundo ocidental entrou numa diatribe constante, numa tragédia histórica que se resume por impulsos contraditórios, sagrados e profanos. João Camilo analisa que a tarefa era reintegrar o que até então estava separado. Essa busca conciliatória faz com que o autor não esterilizasse quaisquer instituições ou ações sociais, tampouco tratasse as dimensões antagônicas de forma estanque. Com isso, salva tanto a Igreja da desunião com a política e o mundo como também a função política e o Estado perante o que é mais sagrado. A alegação é a seguinte: "*o poder nasce da necessidade de uma especialização de funções para o bem comum. O pecado não faz nascer o Estado – faz nascer o risco da tirania, e, pois, a necessidade da lei que limita o poder do Estado*" (1963b, p.546). É sobre esse mesmo mundo político, marcado por nações desintegradas, que caberia à Igreja o exercício de uma ação unificadora. Sobre ela seria resolvida a tensão entre a apologia da história e o progresso, podendo ser concebível um modelo camiliano de progressismo em que a religião católica seria a única capaz de calibrar as demandas do novo tempo com a herança tradicional.

---

28. A emblemática influência de Christopher Dawson (1889-1970) sobre João Camilo aparece na identificação sobre como só se compreende a dinâmica do progresso ao se levar em conta a carga espiritual e intelectual, paralelamente à prosperidade material. "*A doutrina do Progresso foi formulada claramente pela primeira vez pelo abade de Saint Pierre após o término da Guerra de Sucessão Espanhola, numa época em que ele estava fazendo sua propaganda para formação de um tipo de liga das Nações que deveria garantir paz perpétua na Europa*" (2012, p.47). A comunhão de interesses vai além, a primeira tradução do historiador galês para o português do Brasil, aliás, é de João Camilo - Christopher Dawson. *Progresso e religião*. Trad. João Camilo de Oliveira Torres. Rio de Janeiro: Agir, 1947, texto que mais recentemente ganhou nova tradução pela editora É Realizações (DAWSON, 2012). Ademais, a própria forma de relacionar a perspectiva histórica com as ações da Igreja guarda semelhança, como no artigo de Dawson - "O mestre das nações" -, publicado em 12 de agosto de 1956 no jornal mais próximo a João Camilo, *O Diário*, de Belo Horizonte, e na ocasião Dawson aponta como o papa Pio XII significava realmente um "mestre das nações", da mesma maneira como João Camilo procura identificar ao longo de sua obra, interpretando as encíclicas papais, como a Igreja gera um protagonismo no mundo.

A própria libertação da Igreja é curiosamente fruto desse moderno progresso acelerado.[29] Com efeito, João Camilo refere-se ao assunto como "*o grande paradoxo da história moderna*", em que "*as revoluções, todas inspiradas na maior hostilidade à Igreja Católica, libertaram-na de uma estrutura histórica, outrora útil, agora superada, ou, pelo menos, inútil. Por vezes nociva*" (1963b, p.615).

A tarefa, a partir daí, seria a de calibrar os desígnios da instituição eclesiástica aos sentidos da mudança contemporânea. Primeiro, compreendendo a "revalorização de valores" em pelo menos cinco indícios: (i) a reabilitação da monarquia, que para João Camilo representava o "*fim do individualismo*", e o desenrolar do "*securitismo*" como nova justificativa para aqueles regimes; (ii) a reconquista da liberdade, depurada do liberalismo - mergulhado em sucessivas crises; (iii) a transformação radical na empresa capitalista, gerando a desproletarização, o surgimento do técnico e a "*revolução dos gerentes*"; (iv) a restauração do ideal da pobreza; a renovação da metafísica; e (v) a volta à fé.

Essas revalorizações incorporam uma série de outras transformações descritas por João Camilo. São elas: a técnica, o mundo do trabalho, o feminismo, a propaganda, a socialização do consumo, a popularização dos bens e conquistas de todo o mundo, a ação do laicato na vida da Igreja, o surgimento da física abstrata, os desafios da arte na era da máquina, a presença da filosofia concreta, a missão do Brasil no mundo e as novas relações entre a Igreja e o Estado.

O caldo de ideias e renovações é precisamente correlato aos temas de interesse de João Camilo, tanto sobre os momentos de crise, como projetando uma trilha à superação. O esquema de pensamento para essa estratégia, de fundamento - crise - restauração, reside não exclusivamente na exposição da sua "*Teoria*", mas certamente está nela.

---

29. João Camilo encara uma característica de expansividade do tempo-histórico: "*A civilização ocidental, que principia, hoje, a expandir-se numa civilização planetária, estando atravessando uma fase de transição cuja duração exata não se poderá prever e, vai durar enquanto não tivermos consciência clara de que algo se mudou, conheceu, no início, um fenômeno semelhante à situação atual, e que durou alguns três ou quatro séculos. E hoje vai durar mais, apesar de todas as teorias acerca da aceleração da História, pois, na verdade, o que temos é um aumento da velocidade na sucessão dos acontecimentos, pela maior rapidez das comunicações, mas a permanência de situações, pois possuímos meios melhores de conservação de ideias e sentimentos. Assim como todos os países se compenetram, todas as idades se interpenetram*" (1963b, pp.600-601).

1.2 Bases e aplicações de uma história política

> *"Não levamos em conta na história das ideias nem a originalidade dos filósofos nem o valor de suas afirmações e, sim, a sua projeção no complexo das realidades sociais."*
>
> João Camilo de Oliveira Torres
> ("O problema da história das ideias",
> em *Correio da Manhã*, 15 dez.1945)

A teoria da história de João Camilo evidencia um vetor marcante em seu pensamento político. Trata-se justamente da noção de movimento histórico, que direciona e até mesmo valora as ações, instituições e transições políticas. Duas questões precisam ser preliminarmente observadas antes de se analisar um caso típico da leitura camiliana sobre a história política. Primeiro, encarar o significado da condição histórica do tempo moderno. Segundo, abordar o conteúdo de uma história do desenvolvimento político. Por fim, essas questões se encontram no balanço sobre a presença de um ideário político, escrito em *O positivismo no Brasil*, de 1943, com uma segunda edição revisada e aumentada de 1957. Foi o primeiro livro de impacto da trajetória camiliana, com ele acumulou polêmicas, foi posto no covil de ideólogos - críticos do livro, mas também lhe foi aberto o lume de uma análise que combinava ideias e eventos. E isto nos leva a uma questão: esse ensaio de 1943 tinha como intuito exercitar os conhecimentos em história das ideias, porém já traz consigo uma abordagem sobre a formação e a compreensão das razões políticas de um momento, de uma trajetória conceitual representativa, e a exposição do político como o âmago dos demais fenômenos.[30]

---

30. A ênfase camiliana sobre o fenômeno político permite inclusive aferir que há ali uma espécie de "história conceitual do político" *in fieri*. A alusão diz respeito à proposta de Pierre Rosanvallon (1995, p.16), quando explica que "*o objetivo da história conceitual do político é a compreensão da formação e evolução das racionalidades políticas, ou seja, dos sistemas de representação que comandam a maneira pela qual uma época, um país ou grupos sociais conduzem sua ação encaram seu futuro. (...) Seu objetivo é assim a identificação dos 'nós históricos' em volta dos quais as novas nacionalidades políticas e sociais se organizam; as representações do político se modificam em relação às transformações nas instituições; às técnicas de gestão e às formas de relação social. Ela é história política na medida em que a esfera do político é o lugar da articulação do social e de sua representação. Ela é história conceitual porque é ao redor de conceitos - a igualdade, a soberania, a democracia, etc. - que se amarram e se comprovam a inteligibilidade das situações e o princípio de sua ativação*".

Trata-se de um trabalho investigativo que pode ser compreendido dentro da linha do Pensamento Político Brasileiro, particularmente pelo caráter contextual do texto - com foco em depreender as causas e consequências do ideário positivista no país, e pela perspectiva de uma dinâmica histórica alinhada às transformações políticas. De fato o positivismo não teria sido tão relevante caso se restringisse a um apanágio de estudiosos e não tivesse adentrado instituições, elites e, mesmo que ligeiramente, o poder.

1.2.1 A condição histórica

A condição histórica moderna pressupõe um salto revolucionário, desde a consciência religiosa.[31] Como um vetor substitutivo da capacidade que a religião cristã possuía, de ordenar e orientar o mundo. Assim, a história é alçada a um patamar central da vida humana. Para Marcel Gauchet (2003, p.80) é algo que se desdobra nas etapas da saída da religião, perpassando a própria trajetória do cristianismo.[32] Um, pela forma como a Igreja se torna a mediadora privilegiada, sendo Cristo o próprio Senhor desse processo: encarnação humana do divino, fonte de uma nova mensagem, exemplo total de saída do mundo a partir das situações mais ordinárias

---

31. Uma série de pensadores deitou-se a descobrir o significado e as consequências dessa transformação ocidental para uma sociedade pretensiosamente laicizada, racionalizada, humanista, materialista, naturalista, progressista. A lista de teóricos políticos que pretenderam avaliar o intrincado relacionamento entre religião e política, e o lugar da religião na política moderna, é algo vasto, destacando-se: Eric Voegelin, Reinhart Koselleck, Augusto Del Noce, Paolo Prodi, Luís Salgado de Matos, Philippe Nemo, Marcel Gauchet.

32. A perspectiva apresentada por Marcel Gauchet é feita de três atos: (i) a descoberta da função da religião nas sociedades primitivas; (ii) a tomada de consciência de que o Estado constitui o evento pivô em torno do qual toda a história das religiões se articula - trata-se da primeira revolução dentro das religiões, uma virada axial, valorativa, em que a política passa a incorporar demandas e ações em face da religião; e (iii) a originalidade do cristianismo (2003, pp.80-81), que compreende todos os elementos que permitiram uma transformação ainda mais profunda na história da religião e da política, a ponto de a religião deixar de funcionar dentro do papel primitivo que possuía, dando lugar à política, e outras criações humanas que a substituem. Ou seja, a religião cristã é a única capaz de desenvolver, ao longo do tempo, instrumentos para a sua própria crítica, tratava-se de um absoluto que cultivou licitamente todos os instrumentos para a sua própria inquirição. Gauchet procura identificar o movimento de perda da centralidade da religião na vida política com a emergência do moderno, enquanto o religioso deixa de marcar o patamar público para ser interiorizado nos indivíduos. A tese de Gauchet não prega o fim da religião, ou sua condenação como elemento alienante, presente na análise marxista, apenas apresenta o deslocamento do lugar do religioso na vida social (1985). O "*processo de saída da religião é um processo de materialização da autonomia que passa pela refundição do conjunto de engrenagens organizadoras das comunidades humanas*" (2007a). Significa que a sociedade se reestruturou de tal modo a partir da ideia de autonomia que o religioso é imanentizado na perspectiva individual, não sendo mais o norteador da vida comum.

da vida – no trato com pessoas comuns, pescadores, doentes, pobres.[33] Dois, o próprio sucesso dessa posição central da Igreja, com a Revolução Gregoriana, a partir do ano 1000, já gera um paradoxo: uma série de apelos humanos desabrochados pela própria religião – nas ciências, na filosofia, no direito e na própria política – se tornou crescentemente meios próprios de justificação do mundo.

A explicação do parágrafo anterior é quase inteiramente fruto da tese do "desencantamento do mundo" de Marcel Gauchet, que, embora não estivesse contida na genealogia da história de João Camilo, conta com traços em comum, destacando-se o reconhecimento de uma historicidade moderna. Mas em vez de reforçar a incompatibilidade entre o material e uma dimensão religiosa abrangente, JCOT insiste no papel mediador da Igreja. A resultante não é a tomada de uma via tradicionalista, que pondera a postura inconciliável do cristianismo com o mundo moderno, mas acaba sendo contraditória por ir além da pretensão mediadora, apontando que mesmo diante da nova temporalidade, "evoluída" e fragmentada, a Igreja seria o elemento de reconciliação espiritual, envolvida com esse mundo recortado, ao invés de lhe fazer resistência.[34]

---

33. Há uma trajetória que vai de Moisés passa por Cristo e chega a Paulo, que por seu turno leva à frente o projeto de universalização da mensagem cristã. Apesar de a Igreja ter como origem a mensagem do próprio Cristo destinada a São Pedro (refiro-me à passagem: "*Tu és Pedro e sobre esta pedra eu irei construir minha Igreja*", em Mateus 16,13-19), é com o apóstolo Paulo que ela ganha difusão, como num movimento de institucionalização marcado pela centralidade da encarnação e pela Igreja como aparelho distinto de governo, ou de qualquer outra sociedade existente. E assim a Igreja entrelaça teologia e sociologia, como uma instituição hermenêutica, capaz de mediar a mensagem original aos homens, codificar, repassar e manter a palavra divina, tornando-se algo muito maior do que uma mera instituição religiosa dotada de um rito (GAUCHET, 2003, p.108).

34. Por certo que essa trajetória teológica, guia mestra do pensar histórico de JCOT, é algo que se desenvolve ao longo do tempo, e sobretudo tem como algo mais acabado na Nova Teologia e no próprio Concílio Vaticano II. É apropriado repetir a menção a esses fatos pois estamos tratando de um pensador político católico, e a investigar os fundamentos de suas contribuições. A questão é que o desenho desse raciocínio conciliador entre a tradição e o mundano, que se torna algo efetivo no século XX, já vinha sendo rascunhado, como prova um artigo de 12 de outubro de 1947 intitulado "Pela cristianização da Idade Nova". Na ocasião o autor já procura fazer um balanço do século, e o que ele trazia de "novo": "*Estando às portas da metade, este novo século XX já pode começar a ser interpretado. E se procurarmos encontrar algumas de suas criações peculiares teríamos, no plano religioso, uma posição relativamente nova – mas que não o é uma novidade, mas sim, uma normalidade – a que se caracteriza por um complexo de atitudes e ideias que se tornam perfeitamente compreensivas ou determinadas pela expressão Ação Católica. E como o próprio nome indica, Ação Católica nada significa de específico e singular, mas é a maneira apropriada e justa de ser alguém um católico*". Na sequência alinha o caráter da filosofia existencialista de então à forma tradicional de "ser católico", de exercer uma "ação" (12 out.1947). Cabe dizer que pela data o artigo ainda não estava embebido das influências mais heterodoxas, e se apoiava no velho Alceu Amoroso Lima e no padre Leonel França. No entanto, o arcabouço eclético estava montado, quiçá pela própria ênfase que trazia da filosofia existencialista, que tenha aprimorado a tal ponto o aspecto "militante" da Igreja – que é verdadeiro – a ponto de destituí-la do caráter sobrenatural – que lhe é anterior e o destino da tal militância.

Não chega a ser temerário afirmar que João Camilo era menos conservador com a religião do que com a política. Pois assim como reconhecia que a sociedade liberal havia empreendido um rompimento definitivo com o tempo medieval, camponês, religioso; que um ritmo de globalização era evidente; e que governos e sociedades estavam atravessados por ideais de progresso, acreditava que alguns elementos eram permanentes no construto político, como linhas que atravessam o tempo. Ou, ainda, quase uma ideia de estrutura, na verdade de ordem, em que mesmo dentro dessa condição histórica com recomposição avassaladora de peças os encaixes seguiam sendo os mesmos. Portanto, nem todo o paradigma político estaria fadado a se esgotar, ser irrecuperável. Jamais sentenciou, por exemplo, a impossibilidade da restauração monárquica – pelo contrário, nunca abandonou a causa, e demonstrava os caracteres reinóis do presidencialismo (1961d). O próprio saquaremismo, orientação política patrocinada por uma ala do partido Conservador do Império, se porventura tenha se esgotado com as reformas sociais e políticas, das quais foi promotor, não se podia depreender que seu formato político iria acabar por completo, pois de fato provava que ele ressurgia com outras roupagens, atores e nomes.

1.2.2 A dinâmica da história política

A noção de continuidade não suspende o juízo sobre como João Camilo aplica uma análise histórica do desenvolvimento político. Em suma há o plano geral, edificado segundo a teologia cristã que lhe apraz, confiada nos desígnios da Nova Teologia e mesmo em autores mais extravagantes como Teilhard de Chardin. Obviamente que não se lhe escapam as considerações sobre os temas de momento, bem como as características permanentes da realidade política. Mas o importante disso tudo é que, por conseguinte, o objetivo de construir uma teoria da história erige um instrumento analítico que orienta a ciência política. Em vez de se servir da economia, da sociologia, da geografia, ou da própria religião diretamente, o substrato à leitura política lhe é fornecido pela percepção histórica.

Essa equação não termina numa teologia política, numa pretensão teocrática e nem mesmo aludindo a um monopólio político católico. Outrossim, JCOT percebe fatores da aceleração do tempo histórico, fruto de um longo movimento de secularização. Ainda que a própria religião cristã seguisse sendo considerada a protagonista de um arremate ecumênico, não havia qualquer pretensão ou expectativa por uma orientação incontestável sobre o destino humano, dada a proliferação de fatores materiais e espirituais que concorrem na influência sobre os homens, seja por questões políticas, econômicas e sociais, seja por questões ideológicas. Esta seria mais uma proximidade com a teoria de Gauchet. Com a diferença de que para JCOT a Igreja era ainda a reconhecedora privilegiada dos desígnios espirituais do mundo, e as encíclicas papais, documentos paradigmáticos, porém, já não porque pautam o movimento, e sim porque podem melhor reordenar as consequências. Restaria, portanto, a ação conversora de Roma, entre o passado e o futuro, amalgamando o novo com o permanente. Por exemplo, para matizar a tendência socialista do mundo moderno João Camilo recorre à virtude teologal da caridade, que levaria ao solidarismo; para transformar a tendência estatizante, de concentração de poder, traz à tona o ideal da solidariedade cristã, que levava ao securitismo, e que entre outras mudanças encampava a implantação dos sistemas universais de previdência social.

De modo geral a fórmula é a seguinte: a estrutura política, feita de elementos permanentes e transitórios, é reiteradamente alterada pelo resultado da repercussão das ideias. Por um lado, os reflexos concentram-se no sentido de substituição de fatores fundamentais da construção nacional, como o caso do Poder Moderador no Brasil Império, que na República não é sepultado, mas reincorporado por outros agentes. Paralelamente, aquilo que é transitório torna-se instrumento à retroalimentação dos ideários que geraram todo o movimento inicial. Este é o caso, por exemplo, do partido político, que deixa de ser o resultado da representação de uma situação ou oposição, num sistema estável, para se tornar mecanismo de mobilização permanente, independentemente do espectro.[35]

Decididamente, o que reluz nessa caracterização do modo como João Camilo enxerga as transformações políticas é a noção de movimento. O próprio significado do conservadorismo é marcado pelo fator dinâmico, e não estático do temporal. É ainda algo que reflete a postura do analista político, na medida em que prudencialmente avalia a origem, o meio, o ritmo e a tendência dos eventos. Essa espécie de flecha da história demarcada pelos aportes da teologia religiosa sugere certos

35. É importante observar que João Camilo emprega como método de análise da filosofia da história uma espécie de "efetivismo histórico". Essa noção de efetivismo histórico começa pela teoria geral produzida pelo autor que procura a própria ação de Deus no passado, de como a ordem sobrenatural se instaura no natural, efetivamente (1963b).

encaminhamentos sobre o futuro, atentando sobre o permanente e o transitório, desde demandas ideais a mudanças institucionais particulares. Em *A idéia revolucionária no Brasil*, por exemplo, para tratar dos desígnios do regime de 1964, recorre à distinção empreendida por Juarez Távora entre os "Objetivos Nacionais Permanentes" e os "Objetivos Nacionais Atuais" (1981, p.230).

O otimismo da história política camiliana tem como referência uma trinca de pensadores católicos. No substrato teórico, o pensamento evolucionista-espiritual de Teilhard de Chardin (MARTIN, 1987, p.271).[36] Nas concepções filosófico-políticas, Jacques Maritain (1882-1973) e Alceu Amoroso Lima (1893-1983). A partir daí é possível apreender o sentido das apostas teleológicas de JCOT, que surgem de uma confiança sobre o papel da Igreja romana. A expectativa é que ela fosse capaz de alinhar o cabedal tradicional com o mundo moderno, evoluído, positivo.

A tarefa compreenderia o próprio desígnio Providencial da Igreja.[37] Se havia uma Providência que regia o mundo, logo a Igreja seguiria sendo a intérprete desse rumo humano. Tornava-se sensato ao pensador católico seguir os ditames da instituição eclesiástica, não como apartada dos dilemas do novo mundo, mas justamente porque se envolveria neles, apresentando soluções de compromisso, convivência e aceitação do novo.

Ao entender as transformações políticas através de uma interpretação marcada pela mediação doutrinária da Igreja, João Camilo tenta estabilizar a dimensão providencial, como alternativa à carga redefinidora do ideal de progresso. A iniciativa calhava para manter um sentido histórico que não fosse estritamente

---

36. A pretensão de Teilhard de Chardin era realizar uma síntese entre a fé católica e a ciência moderna. É verdade que fora condenado pela Santa Sé em 1960, tanto a pessoa quanto os escritos – considerados pela oficialidade como algo ambíguo, marcado por erros e ofensivo à doutrina católica. Mesmo assim foi um dos autores jesuítas mais amplamente lido e difundido, tendo marcado inclusive o nosso JCOT. O fato é que esse ideal teilhardiano de alinhar fé com ciência, segundo Malachi Martin (1987, pp.270-271), acabava recaindo na redução da doutrina católica ao evolucionismo darwinista, considerado por Teilhard de Chardin um fato provado – e não como uma teoria apenas.

37. Ao contrário de outros conceitos que foram profundamente secularizados, a noção de uma providência (ou Providência) persistiu no mundo moderno como algo que escapa da completa pretensão de controle humano. O máximo de secularização que possa ter sofrido foi no sentido de legar aos homens a capacidade de se antecipar a uma determinada trilha providencial, e se precaver quanto ao futuro, dentro de um sentido meramente humano de fatos fadados a acontecer. Para "providência" não há nem mesmo um outro termo contraposto, que denotaria o caráter secularizado, como Koselleck (2006) demonstrou com os conceitos de "profecia" e "prognóstico", em que o emprego do primeiro remetia ao mundo tradicional e o do segundo à modernidade. No máximo, com "providência", pode-se chegar a duas interpretações, usos, objetivos, tanto numa versão mais tradicional e religiosa como uma mais moderna, com projeções a um futuro ordenado pelo homem.

imanente. Certamente as filosofias do progresso eram vistas como um problema relativo, pois, ainda que resultado de um avanço do mundo moderno, acabavam adquirindo um caráter de substituição da ação providencial. A propósito, segundo Karl Löwith, não havia sido possível fazer do providencialismo a transposição a uma teoria do progresso, e o que aconteceu, com efeito, foi que "*a própria doutrina do progresso acabou por ter de assumir a função de providência, ou seja, de prever e prover o futuro*" (1991, pp.67-68).[38]

1.2.3 A análise do positivismo no Brasil: ideias e transformações

No Brasil do século XIX, nem mesmo a religião católica, oficial do Estado imperial, conseguiu fornecer um sentido comum de providência. No caso, a própria monarquia não desenvolveu uma pedagogia política de defesa de seu destino, fosse assumindo o caráter providencialista cristão, fosse mudando a chave para uma doutrina do progresso. "*Ora, no Brasil não havia teoria do regime monárquico. O Império era defendido apenas como coisa de utilidade no momento. Ou, então, por sentimento de fidelidade e de amizade pessoais ao soberano*", explica JCOT (1957b, p.66).[39] Para o autor, o vazio não se resumia ao plano oficial, o meio social era ainda mais invertebrado, e nem a própria religião exercia uma conformação mais profunda, o que tornava concreto o velho dito de que o brasileiro "é muito religioso, mas não tem *religião*" - lhe faltando a verdadeira consciência religiosa

---

38. A própria teoria da história de JCOT, e sobretudo a teologia evolucionista de Teilhard de Chardin, parecem justamente pretender fazer do domínio Providencial o próprio rumo à Revelação, que na terra, segundo João Camilo, seria a "Encarnação Redentora" - uma filosofia do progresso espiritualizada. Uma pista para avaliar até certa simpatia de JCOT com relação a Augusto Comte, como será observado logo adiante, é que a política comtiana desemboca na religião. Não se confundindo com as religiões tradicionais constituídas em torno do sobrenatural, é preciso dizer, mas a compreensão é a de que a religião fornece o liame, a regularidade e, sobretudo, a ordem à sociedade. Para Comte, o catolicismo era um modelo capaz de produzir nos indivíduos a necessidade de conservação para que se tornassem os suportes de uma sociedade nova, que realizaria o progresso dentro da ordem. A diferença é que a religião em Comte é uma revelação sociológica à "Humanidade", sendo esta Humanidade a que substitui Deus na religião positivista (COSTA, 1950, p.87). Portanto, o ponto de conciliação diz respeito ao modo como o catolicismo é paradigmático em oferecer uma ordem, e que para JCOT teria também uma dinâmica de progresso que estava sendo laicizada pelas ideologias concorrentes na era moderna.

39. O projeto de João Camilo é justamente fazer o que o Império não fez: depreender uma teoria política feita no Brasil, desde elementos subjacentes à formação nacional até aquilo que foi produzido pela prática da evolução política. Essa pretensão é destacada em nota no livro sobre o positivismo (1957b, p.66), e é explicada nesta tese nos capítulos seguintes, especialmente sobre a formação de uma teoria do Estado imperial revelada em *A democracia coroada* (1964a).

(1957b, p.259). Nesse ambiente, pragmático, aberto e eclético, ou mesmo vazio, diferentes ideias procuraram reconduzir o pensamento brasileiro. Desde católicos ultramontanos reivindicando uma posição mais ortodoxa[40] como, por outro lado, ideologias que na segunda metade do século começavam a fixar raízes no Brasil: liberalismo radical, darwinismo e utopias sociais, entre as quais a mais bem-sucedida no país: o positivismo.[41]

O positivismo é um sistema de pensamento que teve na obra de Augusto Comte (1798-1857) sua base principal, marcada por uma aspiração pelo progresso, eivada por uma doutrinação da história e que se desdobra numa proposta religiosa.[42] Por isso que falar do positivismo é explicitar o núcleo da filosofia de Comte, cujo mote é o de uma completa reforma intelectual do homem para assim se reformar a sociedade. Essa ênfase humanística e não institucional figura em pelo menos três

---

40. A demanda pela reordenação do catolicismo no Brasil partia do clero e do laicato. Na tangente eclesiástica tratava-se da nova geração oriunda das fileiras ultramontanas, que chocados com o relaxamento moral da religião no país empreenderam um verdadeiro enfrentamento contra o *establishment* político cultural do país, como no caso dos líderes da Questão Religiosa (1872-1875), dom Vital e dom Macedo Costa, que deixaram diversas obras sobre esse viés crítico e regenerador, como *A maçonaria e os jesuítas - Instrução Pastoral do Bispo de Olinda aos seus diocesanos* (DOM VITAL, 1875), e *Direito contra o direito; eu, o estado sobre tudo* (COSTA, 1874). Entre os leigos uma bancada ultramontana chegou a se formar na Câmara, nos anos 1870, especialmente insuflados pelos bispos revoltosos, mas erai no Senado que estava um dos mais importantes defensores do catolicismo no Império: Cândido Mendes de Almeida (1818-1881), que em seu *Direito Civil Eclesiástico Brasileiro* (ALMEIDA, 1873) defendia a abertura de faculdades católicas para suprir o vazio intelectual no país. O ultramontanismo de fato foi uma força política no âmbito do conservadorismo do Império, e que procurou exercer uma influência nos rumos ideológicos do regime, tendo sido paradoxalmente um dos pontos de inflexão para a crise do próprio Partido Conservador que se ampliava gradativamente dos anos 1870 para 1880 (RAMIRO JUNIOR, 2016).

41. Acerca das ideias filosóficas que surgem no Brasil Império, sobretudo na segunda metade do século XIX, recomendam-se as obras de Roque Spencer Maciel de Barros (1986) e Ângela Alonso (2002), esta enfatizando uma "geração" intelectual a partir de 1870, que na verdade era menos homogênea e organizada do que se procura apresentar.

42. A preocupação de Comte é com a crise da sociedade moderna, daí seu caráter altruísta, antiliberal, solidário, herdeiro do socialismo utópico de Saint-Simon (que fora seu mestre). Comte não é um doutrinário da revolução, tampouco das instituições livres como Tocqueville, mas sim da ciência positiva e da ciência social (ARON, 1999, p.67). E se a modernidade abre duas perspectivas, a da decadência e a da expectativa e ênfase na superação, incrivelmente Comte parece se estabelecer em ambas. Assim como Hegel, Comte é herdeiro das revoluções do século XVIII, e inspirado pelo impacto libertador da Revolução francesa procura reintroduzir um elemento de estabilidade na dinâmica revolucionária da moderna tendência progressista. Enquanto Hegel o fazia através do caráter absoluto do 'espírito', refletindo a finalidade do logos cristão, Comte embarca na relativa força da 'ordem', refletindo a hierarquia católica (LÖWITH, 1991, p.75). É no mínimo curioso como a filosofia de Augusto Comte, do "*sociólogo da unidade humana e social, da unidade da história humana*", que segundo Aron (1999:65) é aquele que "*leva sua concepção da unidade até o ponto em que a dificuldade é inversa: tem dificuldade em encontrar e fundamentar a diversidade*" (ARON, 1999:65), torna-se uma das principais ideologias do Brasil. Realmente foi o solo mais fértil encontrado pelo positivismo comtiano, incluindo o sucesso da religião positivista.

orientações: (1º) - filosofia da história com o objetivo de mostrar as razões pelas quais uma certa maneira de pensar (chamada por Comte de filosofia positiva ou pensamento positivo) deve imperar entre os homens; (2º) – uma fundamentação e classificação das ciências baseadas na filosofia positiva; e (3º) – uma sociologia que, determinando a estrutura e os processos de modificação da sociedade, permitisse a reforma prática das instituições.

O determinismo histórico do positivismo é não somente flagrante, como doutrinador. Em síntese, apresentava uma lei dos três estados, de modo que todas as ciências e o espírito humano desenvolvem-se através de três fases distintas: a teológica, a metafísica e a positiva. Essas transformações são praticamente fenômenos ligados a uma lei suprema de evolução progressiva. Cada um desses estágios reúne um conjunto de condições e situações particulares, cuja verdade é 'relativa' a esses momentos. Daí Karl Löwith (1991, pp.75-76) identificar que: "*com Comte, a história deixa de ser o desvendar da verdade absoluta no tempo e a realização providencial de um desígnio eterno, passando a uma história secular da civilização*".

Se a providência denunciava um movimento, o positivismo foi alçado à condição de ideologia, religião e pensamento privilegiado, condutor e orientador do novo tempo, do progresso, da ordenação e integração do Brasil. É o que João Camilo destrincha em seu livro *O positivismo no Brasil*, de 1943 – pioneiro estudo aplicado de história das ideias políticas.[43] Na primeira parte trata da evolução dos agrupamentos positivistas no Brasil, revelando o sentido da marcha desse ideário no país e como impactaram nas reviravoltas políticas. Na segunda aprecia as influências do comtismo na cultura brasileira, fazendo um balanço geral da contribuição positivista às ideias no Brasil. Como resultado de pesquisas empreendidas no período que passou na Faculdade de Filosofia e Letras, da extinta Universidade

---

43. A singularidade e o pioneirismo de João Camilo com *O positivismo no Brasil* surgem justamente pelo modo como uniu o ânimo do historiador com o espírito crítico e a agilidade mental do filósofo. Reconhecia, no entanto, o risco do duplo naufrágio: como historiador de fatos e como crítico de ideias – como revelou em entrevista, esclarecendo que afinal o livro "*seria obra histórica, e de história das ideias*" (TORRES RESENDE, 1943). É verdade que demorou um pouco para a obra cair nas graças da crítica, e o primeiro a ter chamado a atenção para ela foi um estrangeiro que dava aulas no Brasil, o sociólogo Paul Arbousse-Bastide, que em dois importantes artigos em *O Estado de S. Paulo* analisa o livro de JCOT (TORRES, 2005, p.141). Depois surgiram várias resenhas e notas sobre o livro, algumas elogiosas e outras críticas, mas mesmo quem considera o livro "*deplorável*" e "*escrito dentro de uma incompreensão estreita e sistemática*", como no caso de Wilson Martins, não negava que foi "*o máximo a que conseguimos chegar*", quanto a encarar o positivismo brasileiro com isenção e dentro das perspectivas corretas, tal como depois fez Cruz Costa sobre o mesmo tema (MARTINS, 3 ago.1957).

do Distrito Federal (Rio de Janeiro), pelos idos de 1938,[44] JCOT revela uma preocupação metodológica apurada, inclusive por ser seu primeiro trabalho de caráter acadêmico-científico, embora sempre voltado ao público mais amplo (1957b, pp.7-8).[45]

O método desenvolvido representava bem a junção dos aprendizados que teve na Faculdade de Filosofia, com frei Damião Berge O.F.M. e Euryalo Cannabrava, este professor e amigo em Minas,[46] como explicou na entrevista a Otto Lara Resende:

> Consiste apenas na aplicação à história das ideias do conceito de 'situação', velha categoria de Aristóteles, que, desprezada durante milênios, foi redescoberta em nosso tempo por um elemento muito útil para o escudo da cultura e das manifestações específicas do ser humano. Assim teríamos que ver a 'situação' espiritual e material que permitiu aos brasileiros tornarem-se positivistas, a 'atitude' por eles tomada nessa situação, e as novas situações surgidas em consequência, e assim por diante. Por fim, fazer um balanço das 'formas' que fixaram e cristalizaram a 'expressão' tomada pelo comportamento dos indivíduos nas atuações referidas. (TORRES RESENDE, 1943).

Esse panorama sobre o positivismo no Brasil não se resume a um exemplar estudo de história das ideias, traz também *insights* relevantes sobre o desenvolvimento do fenômeno político. Além de encarar o positivismo como uma doutrina "progressista", intrinsecamente evolutiva e ambientada numa condição histórica, JCOT faz duas contribuições significativas: (i) avalia como o pensamento de Augusto Comte foi aclimatado no Brasil; e (ii) indica de que maneira o positivismo penetrou na dinâmica política nacional. Mas aquilo que está na base da indisposição do autor com o positivismo é o modo como Comte é pioneiro em afirmar

44. **Já nesse ano de 1938 João Camilo começava a publicar artigos sobre o positivismo no Brasil.** Como ainda não tinha nessa época presença em jornais nacionais de maior repercussão, os textos acabaram saindo sobretudo no periódico que lhe era mais próximo, *O Diário*, de Belo Horizonte. Um dado a esse respeito são as congratulações que recebeu do amigo Alphonsus de Guimarães Filho (1918-2008), filho do poeta simbolista Alphonsus de Guimaraens, que por epístola já dimensionava a repercussão do que JCOT vinha escrevendo (GUIMARÃES FILHO, 1938).

45. O próprio João Camilo disse que talvez o intuito principal não fosse outro que "*o de fazer uma tese doutoral interessante para quando terminasse o curso da Universidade. O que aliás, não chega a ser um intuito. Poderia responder melhor dizendo que era um assunto que não devia esperdiçar. Tenho a impressão de que não havia nenhuma espécie de intuito muito transcendente*" (TORRES RESENDE, 1943).

46. Vem a calhar que o livro foi dedicado aos dois, e também a Hilda Pinto Coelho de Oliveira Torres, esposa do escritor (TORRES, 1957b, p.5).

um determinismo calcado no "materialismo histórico", pretender uma filosofia do homem e da história de caráter puramente empírico, e de abrir as portas para fenômenos ideológicos análogos, como o racismo, o comunismo e o nazismo - que podem figurar como desenvolvimentos do positivismo (TORRES, 1957b, p.9).

Há uma certa condescendência com o próprio Augusto Comte, que segundo João Camilo não queria que o seu projeto se desdobrasse em tamanhas monstruosidades. É verdade que fora o "*principal sistematizador da posição anti-metafísica e anti-espiritualista da filosofia moderna*", porém, ao cabo disso tudo os elementos cristãos no substrato da formação de Comte "*iluminaram a sua obra, fazendo desaparecer os pontos obscuros*" (TORRES, 1957b, p.11). JCOT compreendeu e apresentou o demônio parido da filosofia comtiana, porém deu valor à intenção do formulador, e assim pareceu querer salvar alguma coisa, tendo em vista que aquilo já tinha tomado conta da realidade do pensamento brasileiro.

A ambivalência quanto aos resultados e pretensões do positivismo gerou um bocado de polêmica em torno do livro. Desde o fato de ter aberto a centelha para que positivistas convictos saíssem em defesa da ideologia, tanto de forma simpática[47] quanto

---

47. O também historiador, mineiro e professor da Faculdade Nacional de Filosofia da Universidade do Brasil Hélio Vianna epistolou em 10 de novembro de 1962 a João Camilo ressaltando o caráter da contribuição historiográfica, revelando o seguinte: "*seu 'Positivismo' terá influído para que o Ivan Lins gerasse o dele, no qual o panegírico e a defesa não convencem, pelo menos a mim*". Para em seguida arrematar: "*De pleno acordo com você: precisamos livros em favor da verdade, pois a campanha dos inimigos dela é insidiosa, permanente e bem subdividida!*" (VIANNA, 10 nov.1962). Alguns interlocutores sugerem uma comparação entre o livro pioneiro de João Camilo e o de Ivan Lins, e considerando um tanto quanto enfadonho o deste último, como revelou o prof. W. Ladowsky a João Camilo em carta de 28 fev. 1966. Outrossim, reluz a generosidade intelectual de João Camilo pelo modo como se torna querido por autores que supostamente estariam em flancos intelectuais diferentes. Há mais de uma dezena de correspondência entre ele e Ivan Lins, que além de estreitar relações, convidando-o para a posse na Academia Brasileira de Letras, faz convites para ir ao Rio, também escreve na imprensa sobre a publicação de JCOT, sempre simpático com elogios ao livro - mesmo que discordasse de um ponto ou outro (LINS, 1956). Tal aproximação parece confirmar o comentário de Hélio Vianna, de como João Camilo funcionou como um provocador intelectual de Ivan Lins. Uma outra observação acerca do próprio caráter de João Camilo é o seu entusiasmo sobre a continuidade de pesquisas no Pensamento Político Brasileiro, no sentido de contribuição à historiográfica política, como demonstra no Prefácio da II edição de *O positivismo no Brasil*, em que parabeniza a publicação do prof. Cruz Costa (1967[1957]) sobre a história das ideias no Brasil, e comemora o lugar que o positivismo ocupa na obra (TORRES, 1957b, p.13). Outro imortal da ABL a fazer uma longa análise foi Álvaro Lins, em resenha no *Correio da Manhã*, já em 1943, logo que saiu o livro de JCOT. E destaca que o ponto alto é precisamente a tônica política combinada com uma visão sociológica sobre a questão: "*O que se torna mais evidente, porém, é o valor do livro, a sua contribuição como estudo político. É um inquérito sobre uma das fases mais agitadas e características da vida brasileira, ao mesmo tempo que a indicação de um novo autor com o gosto e a capacidade para a discussão dos problemas sociais*" (LINS, 29 out.1943).

indecorosa,[48] como amigos que demandavam até um pouco mais de severidade contra os adoradores de Clotilde de Vaux.[49] O interesse filosófico sobre a figura de Augusto Comte era marcante, mas em momento algum João Camilo descontextualiza o assunto: toda a ambientação é brasileira. Mesmo quando apresenta os caracteres intrínsecos de Comte, o foco é atentar para os efeitos intelectuais e políticos. Os exemplos são inúmeros, dos mais pitorescos aos mais centrais ao destino político.[50]

Muitas dessas ideias originalmente comtianas ganharam resultados um tanto quanto tortos no Brasil. O fato de Comte ser inimigo declarado da medicina como profissão teria permitido que o país se tornasse um celeiro aberto de curandeiros, rezadeiras e demais formas alternativas de enfrentar doenças – tudo de forma contrária à própria noção de ciência. E aí entra o fundo cristão em Comte, pois a negação da medicina como profissão não era para acentuar o charlatanismo, pelo contrário, era a forma de identificar que tal atividade é eminentemente caritativa. Afora tais remissões "gilbertofreyrianas", um dos tópicos mais pertinentes é como

---

48. Enquanto os elogios ao livro de João Camilo sobre o positivismo destacavam sobretudo como o autor identifica uma grande ilusão dos positivistas no Brasil, por outro lado o conjunto de críticos e defensores do ideário comtiano era amplo. Um dos aspectos da defesa positivista que revelava uma indisposição flagrante referia-se a polêmica questão que João Camilo levanta: de que o positivismo é semente do nazifascismo. Uma das mais ferozes críticas a JCOT veio de um militar, o capitão-tenente H. B. da Silva Oliveira, que em extenso artigo no *Diário de Notícias*, intitulado "Honestidade mental", de 1944, aponta sucessivos erros de datas e informações no livro (SILVA OLIVEIRA, 27 fev.1944). Não foi possível aferir se todas as críticas deste artigo eram fundadas, pois a pesquisa não encontrou a primeira edição do livro de João Camilo, mas era possível que houvesse incorreções na edição de 1943, tanto que JCOT lança a segunda edição de 1957 modificada e ampliada, adicionando diversas notas explicativas.

49. Um dos que consideraram que João Camilo acabou "salvando" Augusto Comte em face do idealismo utópico da franca maioria dos positivistas brasileiros foi Guilherme Auler. Se João Camilo considerava os positivistas figuras bondosas e inofensivas, e mesmo os apóstolos pioneiros até simpáticos, na resenha de abril de 1944 Auler discorda de João Camilo: "*Não acompanho o autor na sua estima e até no certo elogio que faz aos 'chefes' do Templo da Humanidade. Vejamos, por exemplo, de que viviam Miguel Lemos e Teixeira Mendes. Por nomeação do Imperador Dom Pedro II eram funcionários de cargos burocráticos, que lhe matavam a fome, pois é sabido que os positivistas do Rio, à frente Benjamin, se recusaram a pagar o "subsídio", como ordenava Comte a fim de que os "padres" da Religião da Humanidade se dedicassem totalmente ao proselitismo*" (AULER, abr. 1944).

50. Uma das críticas ao positivismo diz respeito à forma como o sistema de Augusto Comte procurava deflagrar uma superação do catolicismo. No Brasil a preocupação era ainda maior, pois um dos poucos conjuntos de pensamento que organizavam mentalmente e materialmente a vida social era justamente a religião cristã. Para Comte, outrossim, diante de um mundo a ser reordenado a partir da grande revolução francesa de 1789, era consequente designar uma sistematização definitiva da moral universal, que seriam a meta da filosofia e o ponto de partida da política. Como todo poder espiritual, segundo Comte, deve ser julgado de acordo com tal atribuição, nada poderia expressar melhor a superioridade natural da espiritualidade positivista sobre a espiritualidade católica (COMTE, 2008, p.135).

Augusto Comte, tendo sido um leitor de tradicionalistas,[51] torna-se republicano e defensor de uma restauração da ordem. A questão do republicanismo é central para dimensionar a participação dos positivistas na queda da monarquia no Brasil. A *Questão Militar* é considerada por João Camilo a determinante no desequilíbrio imperial, mas que só foi decisiva na alternância de regime porque antes o positivismo já estava presente nas escolas militares: "*foi o Positivismo a causa do republicanismo no Exército*" (TORRES, 1957b, p.70).[52]

Por outro lado, algo que apetecia João Camilo na leitura da filosofia política comtiana, que era o ideal de restauração da ordem, não se tornou realidade no Brasil. O positivismo ganhou a República, mas não levou o governo. No máximo estiveram no poder efemeramente: "*durou exatamente dois meses e meio. (...) até a saída de Demétrio Ribeiro do governo, em 31 de janeiro de 1890*" (TORRES, 1957b, p.75). Depois, até mesmo a Constituição republicana foi resultado de um parlamento nitidamente anticomtista, cujo contraste é ainda mais nítido comparando o anteprojeto de Miguel Lemos e Teixeira Mendes com o resultado de 1891 (TORRES, 1957b, p.160). Pudera, o projeto era francamente autoritário,

---

51. A correlação entre os tradicionalistas, contrarrevolucionários como De Bonald e Augusto Comte foi retratada em um dos capítulos do livro de John Milbank (1995), *Teologia e teoria social - para além da razão secular*.

52. O surgimento do ideário positivista no Brasil se dá nos anos de 1850, quando Manuel Joaquim Pereira de Sá apresentou tese de doutoramento em ciências físicas e naturais, na Escola Militar do Rio de Janeiro. A esse trabalho viriam juntar-se a tese de Joaquim Pedro Manso Sayão sobre corpos Flutuantes e a de Manuel Pinto Peixoto sobre os princípios do cálculo diferencial. Em todos encontram-se inspirações da filosofia comtiana. Em 1876, fundou-se a primeira sociedade positivista do Brasil, tendo à frente Teixeira Mendes, Miguel Lemos e Benjamin Constant (1836-1891). As características antiliberal e anti-individualista, de pregação de uma intervenção do Estado na vida econômica e na organização social, eram atraentes aos militares em especial, justamente enquanto a processo político imperial se liberalizava para se aproximar cada vez mais da de uma monarquia constitucional inglesa, liberando o poder político ao parlamento. Não bastava acusar a Monarquia de teocrática (RODRÍGUEZ, 1982, p.51). Alberto Sales, um dos principais adeptos do positivismo, anotou em *Política republicana* (1882) que era preciso banir qualquer aparência de um providencialismo antigo, e com um novo método de análise e atuação projetar uma história, restringindo "*a especulação filosófica exclusivamente ao domínio da realidade científica e firmar solidamente as regras do verdadeiro método histórico, por meio do reconhecimento imediato das leis gerais da sociologia*" (*apud* PAIM, 1981b, p.7). Tratava-se ainda de aplicar uma das teses positivistas, a da necessidade de uma espécie de "*correlação de forças*", aliança de positivistas com os chamados metafísicos (republicanos, liberais, bacharéis, etc.) a fim de derrotar os remanescentes teológicos, e assim promover o estado positivo (PAIM, 1981b, p.5). O positivismo não vinha apenas como uma noção histórica, tratava-se de uma plataforma de ação que contava com aderência na sociedade, através da formação de uma instituição com carácteres análogos aos da Igreja católica, o Apostolado Positivista. Este se tornou marcante entre os militares que encontravam no positivismo uma resposta ao desprestígio sentido a partir da desarticulação provocada pelo fim da Guerra do Paraguai.

ao passo que a Assembleia Constituinte estava sendo pautada pelo liberalismo jurídico de Rui Barbosa.

O liberalismo, que tanto irritava Comte na França, se por lá o precedeu, no Brasil o sucedeu. Na cabeça de Comte, a ordem a ser estabelecida – e que chegou a constar na nossa bandeira – era o resultado da decomposição da ordem medieval, abalada pela ação dos três "Rs" (Renascença, Reforma e Revolução), como explicou depois J. Maritain. No entanto, João Camilo explica que no Brasil esse processo foi um tanto quanto diferente: "*(...) a influência da Enciclopédia não foi tão desastrosa como em França. No Império, as suas ideias foram combinadas com o constitucionalismo inglês, evolução do monarquismo tradicional da Idade Média*" (TORRES, 1957b, pp.159-160). Significa que não havia como ordenar o Brasil, do modo doutrinário que pretendiam os positivistas, pois a desordem no caso não existia tal como pressupunham. Não à toa a incapacidade desses agentes em realizar seus projetos. Quem realmente teve que reordenar a República foram aqueles que haviam sido treinados no Império: "*O Apostolado Positivista ficou de fora, olhando os conselheiros do Império tomarem conta da República, que um positivista havia fundado*" (TORRES, 1957b, p.165).

A não ser pela repercussão no Rio Grande do Sul e talvez até depois, no Estado Novo,[53] o positivismo não foi efetivamente "poder". Contudo, foi algo que se afixou como estrutura do pensamento de gerações, sobretudo entre os militares. Entre outras personalidades representativas dessa influência está o então general Rondon, militar pacifista, protetor dos índios, desbravador do sertão – em resumo, João Camilo o observa como uma espécie de substituto dos jesuítas (1957b, pp.181-182). Ao mesmo tempo é muito curiosa essa marca sobre os militares, quando a projeção de Comte era que o "Estado Positivo" seria industrial e pacífico, e não dominado por chefes militares como na Idade Média ou na antiga Roma. A postura avessa dos positivistas com relação a guerra era marcante nos dois de

53. João Camilo repercute uma tese que mais tarde é tratada por Ricardo Vélez Rodríguez (1980), sobre como o castilhismo, regime desenvolvido por Júlio de Castilhos no Rio Grande do Sul, foi efetivamente uma prática de governo positivista, que marcou o afilhado político do governador gaúcho, Getúlio Vargas. O constitucionalismo do Estado Novo teria sido herdeiro da política gaúcha, em que confluíram o próprio Getúlio, dando a linha geral de pensamento, e o sr. Francisco Campos, com a técnica jurídica (TORRES, 1957b, p.17). "*Os princípios positivistas adotados na constituição de Júlio de Castilhos, depois implantados em bases nacionais na Constituição de 1937, podem ser considerados, se encaramos a situação com franqueza e sinceridade, como a oficialização do tipo de política efetivamente praticada na República - sem certas concessões à tradição liberal vinda do Império. É o presidencialismo puro, eis tudo*" (TORRES, *A variante gaúcha*, s/d, p.287).

seus maiores apóstolos no Brasil – Teixeira Mendes e Miguel Lemos –, que evitavam elogios e referências àqueles que agiram com armas na defesa da integridade e honra nacional: Caxias, Osório, Tamandaré, Barroso, e ainda detestavam Rio Branco – que, não sendo do Exército, era militarista (TORRES, 1957b, p.213). Como bem quis Teixeira Mendes, um sonho positivista era que a vida militar servisse a uma espécie de ajuda humanitária, "*sem nenhuma conotação guerreira*" (Teixeira Mendes *apud* TORRES, 1957b, p.214). O resultado foi fazer do Exército um lugar por excelência à aplicação do altruísmo positivista, na contraditória concepção do "cidadão fardado", da paisanização do militar, que naturalmente reduz o espírito guerreiro do profissional.[54]

Uma outra coluna de análise diz respeito à dinâmica política que o positivismo gerou no Brasil. Primeiro, algo que cabe ao próprio João Camilo, como um pensador católico defensor de uma doutrina da ordem, quando depreende de Augusto Comte o ideal restaurador. Na prática João Camilo salva algo de Comte quando o contrasta com Charles Maurras, explicando que de um doutrinador "progressista" poderia nascer uma política "reacionária". Com isso explica que nem mesmo racional foi a adoção do positivismo no Brasil, pois se Teixeira Mendes tivesse compreendido o sentido maior de ordem de Augusto Comte, teria se tornado um Maurras *avant la lettre*, e não um preconceituoso agente contra a monarquia. Pois de fato Maurras empreende uma política cujo essencial era a reorganização positiva da sociedade, sendo possível pensar numa "*linha monárquica do pensamento positivista*" (TORRES, 1958d, pp.65-98).

Noutros capítulos desta tese podem ficar mais evidentes as aproximações entre João Camilo e Oliveira Vianna, mas o parágrafo anterior já é bastante claro quanto à crítica comum ao idealismo utópico no Brasil. Para o historiador mineiro o problema era como as ideias produziam narrativas, e estas geravam consequências concretas. De um ideal mal enjambrado se faziam elaborações desastrosas, e assim era a própria matriz da historiografia política cunhada pelos positivistas. A tradução da lei dos três estados à história do Brasil deturpava a realidade do Império e forçava um esquema de interpretação, tudo porque para os positivistas certas realidades não seriam mais que fenômenos passageiros:

---

54. Uma tese que apresenta um caráter quixotesco, comum, dos exércitos latino-americanos em geral, é exposta por Antonio Mitre em *O dilema do centauro. Ensaios de teoria da história e pensamento latino-americano* (2003).

> sendo o regime republicano-pacífico-científico e industrial o estágio definitivo da evolução da humanidade - tudo, necessariamente, tenderá a ele. Assim sendo, tudo o que contrariasse a esta evolução - a reação conservadora do 'Regresso', por exemplo - seria antinatural e acidental. (...) A linha de fuga à autoridade e à ordem, realizada pela marcha Inconfidência-Independência-Abolição-República, é, para alguns, mais aparente do que real e não determina a evolução do nosso povo. Em suma, interpreta-se a nossa história segundo critérios mais objetivos do que a marcha constante do liberalismo (1957b, p.44)

O critério de verdade para Teixeira Mendes, que foi quem deixou uma obra dogmática de interpretação da nossa história, não eram os fatos, mas a obra de Comte. A lei dos três estados moldou a apresentação da sequência da História do Brasil. João Camilo lembra que Sílvio Romero em *Doutrina contra doutrina*, já alude a uma teoria positivista da História do Brasil, cuja repercussão é maior do que se pode imaginar (TORRES, 1957b, p.248). Enquanto Comte fora eliminado da Escola Politécnica de Paris, a educação brasileira sofreria forte e longo impacto de sua doutrina. Como era perceptível que uma série de fundamentos do positivismo não passavam de uma secularização da própria doutrina católica - a começar pela própria lei dos três estados, que remontava à Santíssima Trindade[55] -, do mesmo

55. A Lei dos Três Estados implica uma compreensão imanente da dimensão espiritual da Santíssima Trindade - Pai, Filho e Espírito Santo, que corresponde, no limite da vida humana, a corpo, alma, espírito, ou, a condição vegetativa, apetitiva, intelectiva. Para o positivismo de Augusto Comte a tríade erige um edifício composto do filosófico, do científico e do político, de modo que a existência humana está ali contida, e nessa "Lei" todos os âmbitos humanos estariam compreendidos, das artes às ciências. O modo de aplicação da Lei dos Três Estados é progressivo, e gera outras ciências e saberes. É importante notar que a ideia de progresso é um atributo que tem como origem a religião cristã. O pensamento atinente ao "progresso" é um produto da cristandade, antes mesmo da Reforma protestante que gerou a grande divisão da cristandade moderna. Sobre o assunto Dawson desfaz uma típica confusão historiográfica e filosófica, que atribui a noção de progresso como fruto do protestantismo. "*A ideia de Progresso só aparece no início do protestantismo na velha forma apocalíptica de um milenarismo sobrenatural e principalmente entre as seitas proscritas, como as anabatistas. As sementes da concepção moderna de Progresso são mais encontradas na cultura renascentista da Europa católica. Até mesmo Harnack admite que o catolicismo da Contrarreforma estava em contato mais próximo com a nova era do que o protestantismo, exceto em sua forma puramente humanista, isto é, sociniana*" (DAWSON, 2012, pp.217-218). Essa análise possibilita refutar a relação entre protestantismo e progresso, tão pregada quando se tratava do tema da imigração no Brasil. A relação que se faz entre o sucesso econômico dos países anglo-saxões e a Alemanha, e a religião protestante, levou a pensar que o primeiro motor teria sido a Reforma. Quando pode-se ler das obras dos autores da Contrarreforma traços muito mais progressistas, nas ideias contemporâneas, que hoje. E ainda que se trate de Progresso, não é do mesmo modo que no ponto de vista reformado, obviamente obedecia aos vínculos da moral católica, do ideal de integração social, da supremacia do espiritual, da vida social com uma preocupação com o poder e voltada ao bem público.

modo a pedagogia brasileira, de católica foi sendo substituída com a repercussão do positivismo no país. Isso tanto de forma direta – a reforma Benjamin Constant, por exemplo – como indiretamente, pelo modo como princípios positivistas foram deixados no seio da população mais ou menos letrada do país, durante os tempos iniciais da República. Assim como no caso da esteia laicizante, o positivismo se vale do vazio de planos educacionais no país. O Império mal conseguiu criar um colégio de referência, o Pedro II, mas ainda assim com problemas, e tampouco foi executado o projeto da futura Universidade D. Pedro II, cujo projeto também tinha problemas graves, como a falta de um curso de Filosofia. Para João Camilo isso significava o desnorteamento da nossa cultura (1957b, p.197). No revés, o próprio sucesso do positivismo no Brasil é tributário da fraqueza, debilidade e vazio de um catecismo católico, tendo sido percebido na prática como uma espécie de "idealismo cristão", mais organizado e doutrinário. É por isso que "*o comtismo no Brasil foi um fenômeno religioso e teve por causa a nossa deficiente organização de ensino...*" (1957b, p.260). A palavra que segue as reticências é seguramente "*religioso*".[56]

Uma última ponderação acerca de como o positivismo agiu sobre o desenvolvimento das ideias, e, por conseguinte, da dinâmica política nacional. A natureza da filosofia e da sociologia positivista é comum ao socialismo. Um caso exemplar é o neopositivismo emplacado na obra de Pontes de Miranda, bem como o modo com que os apóstolos comtianos viam o operário, o que envolvia o ideal de fim dos conflitos com fulcro no saint-simonismo, de um coletivismo utópico. Considerava-se que a evolução positiva geraria o altruísmo necessário para desbaratar a luta de classes. O que João Camilo procura identificar é que o positivismo foi mais bem-sucedido do que as apostas socialistas no Brasil – mesmo com sinais de determinismo e evolucionismo comuns – pelo fato de oferecer aproximações

---

56. Conforme já observado, de fato a tarefa do positivismo era literalmente religiosa, o dogmatismo fazia com que no Apostolado, Miguel Lemos e Teixeira Mendes se vestissem como sacerdotes, a ponto de serem quase que inconfundíveis com padres católicos (CARVALHO, 1990). A Sociedade Positivista do Rio de Janeiro havia se transformado em Igreja Positivista do Brasil, cujos propósitos eram os seguintes, os quais preconizavam a vertente autoritária e a ação pedagógica desse pensamento: (i) desenvolver o culto; (ii) organizar o ensino da doutrina; e (iii) intervir oportunamente nos negócios públicos (PAIM, 1981a, p.5). Já a reintrodução do positivismo como religião pode ser interpretada como um capítulo desse mesmo desgaste da conformação política imperial. O Império foi incapaz de solucionar pacificamente a Questão Religiosa (1872-1875) – quando o ultramontanismo passa a atacar o gabinete conservador do Visconde do Rio Branco e o próprio Imperador pela falta de ingerência sobre a situação, e ainda não conseguiu dar uma resposta aos liberais, positivistas e republicanos que demandavam reformas secularizantes de âmbito privado – como a implementação do casamento civil e o fim do juramento católico em cargos públicos. Essa indisposição entre Império e Igreja permitiu que outro espaço se abrisse, justamente ali o positivismo procurava ser oportunista para se encaixar.

sociológicas mais palatáveis à realidade local, sendo menos radical que o ideário marxista, e até mais assemelhado aos fundos cristãos de que advém.

Politicamente, o positivismo foi uma espécie de mensagem sobre o modo político de atuação desejado para o poder Executivo no Brasil, de forma interventora e forte, autoritária e ilustrada. Este caráter só será mais bem explorado por João Camilo quando aborda o significado do presidencialismo no país (1961d).[57] A tradição do despotismo ilustrado do início do século e que permeara o pensamento independentista de 1822 havia sido resgatada pelos saquaremas a partir dos anos 1830, mas sofrera sérios reveses no final dos anos 1860, para praticamente se desfazer entre os anos 1870 e 1880. O que se deu foi uma espécie de vácuo de sentido político sobre o exercício da autoridade política, permitindo ao positivismo que figurasse praticamente como um "messianismo político". Por mais que o ideário ligado à Religião da Humanidade fosse apresentado como algo totalmente novo, acabava se alçando à condição de ideologia capaz de angariar os espólios da ausência de sentido integrador, que era até então promovido pelo Imperador. Tanto que o resultado foi o suporte do positivismo à ditadura republicana a partir de 1889, e ao mesmo tempo antiparlamentarista.

1.3 Doutrina política católica e legitimação do poder

> *"Se não podemos fazer da atividade política uma forma de ação mística, não podemos confiar ao estado a construção do reino de Deus."*
>
> João Camilo de Oliveira Torres ("Religião e política", em *O Estado de S. Paulo*, 19 set.1947)

João Camilo de Oliveira Torres é sobretudo um historiador político católico, raros são os textos de sua produção que não tangenciam algum tópico dessa

57. A mudança do regime político no Brasil foi significativamente influenciada pela conspiração empreendida pelo positivista Benjamin Constant. "*Foi graças à sua influência considerável que Deodoro, em lugar de um novo 7 de abril, preferiu mudar o regime*" (TORRES, 1961d, p.147). Na leitura de Augusto Comte a monarquia era expressão do "estado teológico", a democracia liberal, do "estado metafísico" e a república ditatorial – que estava em vias de ser implantada no Brasil – do "estado positivo".

matéria. O esforço historiográfico empreendido é feito à luz de um pensamento político que orienta o modo como a relação entre passado e presente é interpretada. Neste capítulo o objetivo é compreender dois eixos de orientação da teoria política camiliana: a doutrina política católica e a ideia de legitimidade do poder. Pois além da teoria da história há um edifício interpretativo montado com outros patamares: um pensamento fortemente decalcado das lições neotomistas, que se desdobra nas caracterizações sobre a formação nacional, a uma história do desenvolvimento político e o cânone de intérpretes do Brasil. Assuntos que serão tratados ao longo deste trabalho.

O resgate de pressupostos de Santo Tomás de Aquino para enfrentar temas contemporâneos é desenvolvido por João Camilo num ideal de "harmonização política", permitindo-lhe relacionar autores da Contrarreforma católica a críticos modernos do Estado - como Guglielmo Ferrero (1871-1942) e Bertrand de Jouvenel (1903-1987), e ainda a cientistas políticos que já tratavam de temas do pós--Segunda Guerra Mundial - como Gustave Le Bon (1841-1931), Walter Lippman (1889-1974), Georges Burdeau (1905-1988), Harold Laski (1893-1950), Florence Peterson, Maurice Duverger (1917-2014), Jacques Driencourt (1924-2008), e ainda autores em posições opostas, mas com críticas análogas à crise de liberdade, como Friedrich Hayek (1899-1992), James Burnham (1905-1987) e os economistas Adolf A. Berle (1895-1971) e Gardiner Coit Means (1896-1988). Também não pode faltar a menção à figura central de Jacques Maritain, a todos da geração de JCOT. Soma-se a esses a plêiade de brasileiros, como Pontes de Miranda (1892-1979), Rui Barbosa (1849-1923), Assis Brasil (1857-1938), etc., os quais eram mobilizados para aprofundar as discussões dentro do panorama nacional.

A designação de uma consciência política para este caso reside em pelo menos dois aspectos: na remissão a uma doutrina política católica e no argumento da legitimidade do poder e das instituições políticas. Para compreender o primeiro caso é necessário remontar à literatura da Restauração da monarquia portuguesa de 1640, assim como da Contrarreforma católica em Portugal. Um dos textos mais representativos desse período foi *A arte de furtar* (COSTA, 1652), de controversa autoria,[58]

---

58. João Camilo utilizava edição feita por Afonso Pena Junior (1879-1968) - *A arte de furtar e seu autor* - Rio, 1946, 2 volumes, que atribuía a António de Sousa de Macedo (1606-1682) a autoria do livro. Há também quem defenda que o trabalho teria sido do padre Antonio Vieira (1608-1697). Contudo, na versão atual da Biblioteca Nacional de Portugal, consta como principal autor o padre jesuíta Manuel da Costa (1601-1667).

que figura no rol dos "espelhos de príncipe", seguindo a premissa comum a diversos publicistas da época de uma razão de Estado católica. Giovanni Botero (1544-1617), Roberto Bellarmino (1542-1621), Francisco Suárez (1548-1617), entre outros,[59] estão entre os doutrinadores que mobilizam essas ideias. Já na primeira metade do século XX o grande nome do neotomismo foi Jacques Maritain, que no Brasil ganhara ampla divulgação através da obra de Alceu Amoroso Lima e dos intelectuais católicos do Centro Dom Vital nos anos 1940 e 1950.

Três hipóteses são trabalhadas neste capítulo, sendo duas facilmente percebidas no argumento camiliano, e uma que está implícita. A primeira aponta para uma Teoria Política desenvolvida à luz da tradição luso-brasileira, que delineou um desenho à fundação política moderna diferente do percurso centro-europeu e anglo-saxão. A segunda, mais explícita, é o coroamento e consequência principal desse pressuposto anterior, ou seja, avalia que a obra dos contrarreformadores católicos do século XVII, marcadamente pelo jesuíta Francisco Suárez, teve como origem e destino uma proposta de legitimidade popular do poder, que se desdobra num horizonte democrático. A terceira, mais interna, é também consequência efetiva da primeira, pois denota uma doutrina política subjacente que explica a formação do Brasil, marcando os principais elementos da sua ordem política.

1.3.1 Fundações do Estado moderno luso-brasileiro

Usada como mote para discutir os fundamentos do Estado moderno luso-brasileiro, *A arte de furtar* (COSTA, 1652) é marcante em uma série de escritos de JCOT.[60] A Restauração da monarquia portuguesa, de 1640, ainda era evento recente quando o livro foi publicado - doze anos depois, cujo título vinha a calhar como um modo de escamotear ou ironizar o verdadeiro sentido do que se queria dizer: usava-se a arte de "furtar" para evitar a maldita palavra "política"

59. Uma doutrina política católica mais bem definida advém sobretudo de Santo Tomás de Aquino (1225-1274), e ainda nos séculos XVI e XVII importantes obras foram escritas acolhendo uma plataforma de ação internacional, como em Francisco de Vitória (1483-1546) e Juan de Mariana (1536-1624), mas de fato a origem de um conceito definidor de razão de Estado católica surge com Botero.

60. Em pelo menos quatro dos mais importantes livros de João Camilo longas citações de *A arte de furtar* (1652) são definidoras do sentido dos seus argumentos, seja em *A democracia coroada. Teoria política do Império do Brasil* (1964a [1957]), *Harmonia política* (1961a), *Natureza e fins da sociedade política* (1968c), ou em *Interpretação da realidade brasileira (introdução à história das ideias políticas no Brasil)* (1969).

(XAVIER; HESPANHA, 1998, p.123). Como outros nessa época,[61] o provável autor pretendia escapar ideologicamente dos vínculos amoralistas e pragmáticos da Casa d'Áustria - suspeita de maquiavelismo. Já nessa abordagem "política", ainda que de forma sarcástica, vigorava um fundo tradicional, que tocava em temas centrais, tais como: poder, reputação, dissimulação, experimentalismo político.

A arte de furtar (1652) é representativa de uma corrente política católica, à qual JCOT procura se alinhar. Mesmo em meio à avalanche de novidades do século XX, o livro do século XVII significa muito para o historiador mineiro. Composto de uma linguagem obtusa, há um foco sobre a virtude da prudência, em meio à turbulência política de Portugal naquele período. Embora desde 1° de dezembro de 1640 a Casa de Bragança tivesse chefiado o início de uma nova ordem política, contra o domínio de D. Filipe III, e assim recomposto a monarquia lusitana com D. João IV (1604-1656), a resistência espanhola se prolonga até 1668, quando encerra-se o período da monarquia dual, através do Tratado de Lisboa. Ou seja, vinha a calhar um tanto de cuidado no que se estava a produzir, pois não se sabia ao certo da capacidade de consolidação do novo regime. O Duque de Bragança estava longe de ser uma figura consensual, D. João IV era um monarca hesitante, indeciso quanto à própria causa que liderava (CARDIN, 1998, p.405). O protagonismo, portanto,

---

61. A lista de teóricos da Restauração da monarquia portuguesa envolve uma série de autores que produziram obras exponenciais no século XVII, em tom de afirmação do novo regime: Gabriel Pereira de Castro, João Salgado Araújo, António de Freitas Africano, João Pinto Ribeiro, Francisco Velasco Gouveia, Manuel Rodrigues Leitão, António de Carvalho Parada, D. Francisco Manuel de Melo, António de Sousa de Macedo, Sebastião César de Meneses, Manuel Fernandes Vila Real, Manuel da Costa. Entre eles era presente uma defesa do regalismo, como em Gabriel Pereira de Castro com o tratado *De manu regia tractatus* (1622, 1625), o que blindava de certo modo a recepção de uma literatura papista na mesma época, como protagonizada por Roberto Bellarmino (1542-1621), que afirmava uma supremacia do papado sobre os poderes temporais, com base na doutrina de que era o vigário de Cristo quem mediava a outorga do Poder aos príncipes (XAVIER, HESPANHA, 1998, p.123). A defesa do regalismo no Portugal restaurado era uma novidade, e decorria do conflito com a Santa Sé que estava decidida a não conceder legitimidade a D. João IV, e o fazia porque era manipulada politicamente pela Casa de Áustria, que era Habsburgo, assim como o rei da Espanha. O resultado é que por cerca de trinta anos boa parte dos bispados portugueses ficou privada de reconhecimento pontifício (CARDIM, 1998, p.408). A consequência dessa rusga será marcante em diversos momentos da história luso-brasileira, como a atuação de Pombal contra os jesuítas e até mesmo as discussões jurídicas sobre a relação Igreja-Estado no Brasil Império, adentrando no caso da Questão Religiosa (1872-1875). Mas ainda a partir do século XVII forma-se uma outra linhagem de autores que não somente defendiam um regalismo, como claramente idealizavam uma monarquia absolutista em Portugal, tais como: Fernando Alvia de Castro, Pedro Barbosa Homem, Luís Marinho de Azevedo, Duarte Ribeiro de Macedo, Frei Manuel dos Anjos, Diogo Camacho Aboim, Damião Faria e Castro, Frei Jacinto de Deus, D. Luís da Cunha, Matias Aires, Soares Barbosa, J. J. Rodrigues de Brito, Tomás António Gonzaga, Pascoal de Melo Freire. Estes dois últimos, especialmente, são fundamentais para se pensar numa das possibilidades do estabelecimento da monarquia bragantina no Brasil.

ficava por conta de um núcleo duro de colaboradores que envolvia nobres de vocação militar e política, clérigos desejosos de protagonismo e oficiais. Era este grupo, como uma espécie de protoburocracia estatal, que teria sido fundamental na estabilização política portuguesa, alicerçando o alargamento do patrimônio senhorial da família real - não no sentido de centralização, mas como manobra reinol para afirmar uma posição de equilíbrio de forças.

O livro, provavelmente publicado por Manuel da Costa (1652), lograva unir três aspectos: a defesa do fortalecimento do Rei;[62] um irreverente realismo político, como um alerta ao príncipe contra um idealismo ingênuo;[63] e um viés político tradicional católico, calcado em outro movimento daquele contexto, a Contrarreforma. A operação era intrincada porque, do mesmo modo que se fazia necessário afirmar uma reaproximação do poder real, até então distante de Lisboa, era igualmente cabível levar em conta a tônica antiabsolutista da literatura neotomista de então. *A arte de furtar* parecia cumprir bem com essa proposta de equilíbrio, tal como a perspectiva harmonizadora de João Camilo em sua trajetória de observador do fenômeno político. Mas não se tratava apenas de um modelo de ação intelectual, havia um condão interpretativo entre aquele sentido de análise da

---

62. Como tipo de literatura de "espelhos de príncipe", em que não importava quantos olhos um rei tivesse, pois insistia na preciosidade de quando alguém de fora para dentro, com a visão contrária, pudesse fornecer orientação ao soberano, o intuito era explicar e salientar o rei sobre o mundo de ladrões que existe fora de sua magnanimidade. Assim, um exemplo dessa postura pode ser apresentado pelo capítulo X: "*Como se podem furtar a ElRey vinte mil cruzados a título de o servir*", em que há uma crítica ao modo como aqueles que deveriam ser mais confiáveis ao rei eram os primeiros a o enganar. Consequentemente a mensagem enfatizava a desconfiança sobre o ente privado e defesa do paradigma do entorno de confiança do monarca. "(...) *Outro modo ainda mais corrente, e menos arriscado que este, com que se furtam a sua Majestade todos os anos os vinte mil cruzados, que propus no título, sem se sentir a pontada, nem abrir ponto, por onde se possa emendar a rotura. E é assim, que os Reis de Portugal são senhores de todos os matos do Brasil, e consequentemente de todas as madeiras, que se talham neles: e é certo, que todos os anos se fabricam mais de cinquenta mil caixas para vir o açúcar, tabaco, gengibre, malagueta, e etc., e que não se pagar ElRey por tanto tabuado, e madeira nem um centil, achando os interessados, que assas o servem nos direitos, que de tantas drogas pagam, como se os não deverão por outra cabeça: e por esta arte a título de o servir lhe defraudam cinquenta mil cruzados, que lhes poderá levar por outras tantas caixas, que bem baratas irão por este preço: e ainda que lhas não desse mais que a dois tostões [que seria da-las de graça] faria vinte e cinco mil cruzados, que computados pelos anos, que tem aquele estado de nosso comércio, e passam de cinquenta, fazem soma de dois milhões e meio: e em tanto está defraudada esta Coroa a título de bem servida: e no cabo os seus ministros, que se prezam de belizes; e que pescam átomos com linces, não tem dado fé desta perda, se quer para fazerem dela alvitre: nem eu o vendo por tal*" (COSTA, 2006, pp.60-61).

63. No fundo essa desconfiança sobre a política é fruto da proliferação da obra de Nicolau Maquiavel, pois era marcante o rechaço amplo da obra por parte dos doutrinadores católicos ibéricos, mas, na medida em que faziam menção direta ou indireta ao florentino, acabavam por desenvolver um argumento que repetia o viés de uma antropologia negativa de Maquiavel, como se não houvesse mais lugar para ingenuidade na vida política, inclusive na perspectiva católica. Ver detalhes desse argumento em CALAFATE (2012, p.110).

Restauração e as marcas permanentes da política brasileira. Mais do que isso, era possível identificar como fora possível no universo luso-brasileiro herdar à época moderna aquilo que fazia parte do paradigma medieval, mantido pela defesa do Direito Natural.

A viga mestra de toda a trajetória do pensamento político católico é a defesa do Direito Natural, e o modo como isso foi defendido a partir do neotomismo da Contrarreforma é sintomático. O propósito dos jesuítas engajados em defender a fé católica contra a vaga reformista ia além da contestação às heresias luteranas, sobretudo da *sola scriptura* - que rejeitava a tradição da Igreja;[64] e a tese de que a Igreja não passava de uma *congregatio fidelium* - o que resultava no repúdio às hierarquias e negação do poder papal (SKINNER, 1996, p.417). O movimento neotomista dos séculos XVI e XVII defendia a possibilidade de organização da vida como reflexo da justiça divina, resultando numa teoria da sociedade política orientada por uma hierarquia de leis: primeiro a lei eterna (*lex aeterna*), segundo a lei divina (*lex divina*), terceiro a lei natural (*lex naturalis*) e quarto a lei positiva. O mais importante, a ser alcançado pelos homens, era estabelecer a perfeita correlação entre a lei da natureza (vontade de Deus) e as leis positivas (vontade dos homens). Porém, negava-se o modo direto dessa relação, em oposição aos protestantes: "*os tomistas refutavam a convicção herética de que o estabelecimento da sociedade política é diretamente ordenado por Deus*" (SKINNER, 1996, p.432).

O Concílio de Trento foi convocado pelo papa Paulo III em 1542 e encerrado em 1563.[65] O tema conciliar não era somente Lutero. No quadro político o imperador Carlos V (1500-1558) precisava da unidade política a partir da unidade religiosa. O problema envolvia uma questão aparentemente menor: a dissolução

---

64. A questão capital do conflito religioso era a doutrina da justificação. Essa era a pedra angular da Reforma. "*A tese luterana da justificação pela sola fide tinha sólidas raízes na tradição do cristianismo. Pois não fazia mais do que radicalizar o princípio afirmado por São Paulo (contra a religião judia da observância das normas cerimoniais) e confirmado por Santo Agostinho (contra o otimismo teológico de seu adversário Pelágio, defensor convencido da bondade da natureza humana). São Paulo havia escrito: 'O justo viverá pela fé' (Romanos, 3,28). Lutero traduziu: 'somente pela fé'. Não era pequena a diferença: estavam em jogo todas as formas de exercício da piedade religiosa que haviam estruturado a sociedade cristã europeia, desde a opção de perfeição (votos monásticos) às obras de caridade com as que os não perfeitos (laicos casados, 'terciários') se consertavam para anular os pecados*" (PROSPERI, 2008, p.59).

65. O papa Paulo III deu início aos trabalhos do Concílio de Trento com a leitura da bula convocatória (*Initio nostri huius pontificati*), de 22 de maio de 1542. Nesse mesmo ano, com a bula *Licet ab initio*, tomou corpo o projeto de erigir em Roma um tribunal supremo para centralizar e tornar mais eficaz a perseguição dos "hereges" luteranos, segundo o modelo da Inquisição espanhola criada no século anterior na contra os "judaizantes" (PROSPERI, 2008, p.35).

do casamento de Henrique VIII com Catarina de Aragão, tia de Carlos V. A negativa da Igreja perante o rei inglês se deu também à negativa de Carlos V. Em seguida Henrique VIII reage e cria uma Igreja nacional na Inglaterra sob o seu próprio comando. Ao passo que nos territórios alemães, onde os príncipes territoriais também queriam ver-se livres de Roma, viram em Lutero o aliado ideal na feroz guerra dos camponeses e a repressão sangrenta de toda tentativa de traduzir o cristianismo em regras de justiça social. Decididamente, sem a proteção dos príncipes alemães a Reforma não teria prosperado (PROSPERI, 2008, p.19).[66]

Tentou-se um meio-termo, como através dos "colóquios de religião", nos quais Carlos V tentava pacificar o mundo alemão. O colóquio mais importante teve lugar em Regensburg (Ratisbona) em 1541. Graças à doutrina da dupla justificação as partes ficaram próximas de uma conciliação, entre o primado da justificação gratuita pela fé com a resposta do homem justificado mediante obras. Mas outros empecilhos apareceram, e mais por fora das disputas doutrinárias – sobretudo acerca dos sacramentos, em particular do sacerdócio, a eucaristia e a penitência. Lutero, desde Wittenberg, e a Cúria romana se negaram a permitir a continuidade das negociações. Assim, todos retornaram sem nenhuma conclusão.[67]

Os eventos em torno do *Cinquecento* e do *Seicento* são fundamentais a toda a história política moderna, porque apresentam o entrelaçamento de temas relativos à fé e à política. O impasse entre reformadores e a Cúria romana não

---

66. As novidades de Lutero a partir de 1523, no culto, com regras para suprimir a Missa católica como sacrifício e oferenda, e estabelecer quais cantos e quais formas litúrgicas seriam empregados, regular as formas de comunhão e de confissão, estabelecer se e como deviam os pastores distinguirem-se no modo de se vestirem e em como deviam governar seus povos. Enfim, tudo isso só foi possível sob a proteção de príncipes territoriais alemães que procuravam um modo de envolver o reino numa esfera de dominação religiosa que escapasse da autoridade papal (PROSPERI, 2008, p.19).

67. O Concílio de Trento precisou enfrentar um conjunto de fraturas visíveis, tendo ficado patente a impossibilidade da restauração de um ordenamento unitário. Restaram imbricações, como o esforço de disciplinar o homem moderno a partir de um compromisso na formação de duas obediências paralelas, a política e a religiosa, unidas por um pacto de reciprocidade conveniente, mas concorrente. Segundo Prodi (2012, pp.173-174), um dos efeitos é que o dualismo característico do cristianismo se transporta para um dualismo de ordenamento jurídico concorrente ao interior da única república cristã, em um novo dualismo na esfera do direito (concebido unicamente como positivo) e a esfera da consciência. Da máxima de que "tudo no delito, em verdade, é pecado, mas nem todo pecado é delito", pode-se arremeter à frase de relevância jurídica da esfera ética no Estado: "toda a obediência à lei, todo o delito é pecado". Eis um grande momento em que essa dualidade da religião cristã se transporta para a necessidade de unidade do poder político. A própria consciência passa por um processo de jurisdicização, segundo dois processos enfáticos: o monopólio estatal do direito e a positivação do direito canônico. Vale conferir a obra de Paolo Prodi, *Cristianismo e potere*, de 2012.

foi resolvido, nem no âmbito religioso, e tampouco pelos meandros políticos de Carlos V. E nem os Tratados de Münster e Osnabruque (Paz de Vestfália), de 1648, que sobrepuseram a autoridade estatal sobre a autoridade eclesiástica, podem ser tidos como capazes de sepultar esse dilema. A secularização seguiria sendo inacabada, e a crise religiosa do mundo moderno também.

A preocupação de JCOT quanto a esses temas recaía sobre os meandros da história política luso-brasileira. Uma das hipóteses que pode ser depreendida do argumento camiliano é que o reconhecimento da consequência do neotomismo da Restauração portuguesa, no circuito da Contrarreforma católica, projetou um modo próprio de Teoria do Estado, de construção da autoridade pública que deixaria marcas na formação do Brasil como país independente em 1822.

Como nos trabalhos de António Manuel Hespanha (1994;1995;2001), já há uma produção historiográfica que destoa da corrente imagem sobre o sistema político da época moderna luso-brasileira, demonstrando que não se trata de um caminho linear de crescente absolutização do poder real, a partir do século XV. Hespanha (2001, p.122) explica que o modelo político instituído pelas revoluções liberais enrijeceu o foco de análise sobre experiências que escapavam desse processo. Inclusive foram pensadores conservadores-reacionários, defensores do corporativismo, como Otto Gierke, que trazem as principais críticas no século XX ao modelo até então consagrado.

No mundo lusitano a vontade do rei estava sujeita a muitos limites, sobretudo devendo obediência às normas religiosas por ser o representante político, assim como ao direito - que não era resultado de sua vontade, era também devedor das normas morais em nome do bem comum, e lhe cabia se relacionar de forma paternal com os súditos (HESPANHA, 2001, p.129). Tal paradigma sofre recuo, ainda que não de forma completa, somente a partir das iniciativas modernizadoras no período pombalino (1750-1777), as quais geram efeitos diferenciados, de modo que caracteres de um mundo tradicional não deixam de ecoar no Brasil até pelo menos o século XIX.

A modernização política luso-brasileira e o próprio significado da Independência do Brasil em 1822 não se fizeram a partir de uma ruptura abrupta com as bases do antigo regime, mas sim através de um amálgama. Primeiro, encontra-se nas raízes do pensamento português um paradigma individualista, não laicizado, que remonta à escolástica franciscana quatrocentista (sobretudo com Duns

Scoto, 1266-1308). João Camilo acentua em sucessivas ocasiões como o Brasil é tributário do escotismo, que lhe gerou uma plasticidade no trato dos conceitos: "*somos nominalistas e, portanto, voluntaristas*" (TORRES, 2016[1971], p.284). Paralelamente, outro traço tradicional perceptível é o corporativismo da segunda escolástica. "*Em Espanha, em Portugal e na Itália, circunstâncias várias de natureza estrutural e conjuntural promoveram uma mais longa sobrevivência do pensamento político corporativo*", sendo a ideia da "*mediação popular (...) a mais comum na literatura política portuguesa seiscentista*" (XAVIER; HESPANHA, 1998, p.118). O corporativismo afirmava o primado da ética sobre a conveniência e a utilidade, em franca oposição a Maquiavel, Bodin e até mesmo a certos aportes clássicos, como em relação a Tácito. Essa corrente concorre com uma forma de política católica que tem como um dos seus catecismos a obra de Giovanni Botero – *Della ragion di Stato*, de 1589. Em Portugal uma série de obras entra nessa mesma linha de crítica ao maquiavelismo, às heresias protestantes e em defesa de um "espelho de príncipe" que salientasse ao rei a boa e virtuosa conduta católica de se governar. Chamam a atenção nesse sentido as publicações de Fernando Alvia de Castro, Barbosa Homem e António de Sousa Macedo, que lança em 1651 *Armonia política*, e que por sinal será um dos títulos mais importantes da obra filosófico-política de João Camilo. Mas aquele que melhor resume uma influência tomista dentro do mundo ibérico, e que também perfaz no século XVII um pensamento curialista em Portugal, é Francisco Suárez. O impacto do jesuíta é central não apenas para explicar uma das teses acerca do substrato da formação política brasileira, mas também funciona como referência viva na obra camiliana.

Na definição das fundações do Estado luso-brasileiro é preciso levar em conta a posição católica, desenvolvida principalmente no imenso tratado de Suárez: *De legibus ac Deo legislatore* (1601-1603). Para Suárez só há um poder de instituição divina: o papado. Já o rei é aquele que recebe de Deus o poder por intermédio do povo – o que explica a doutrina do *consensus*.[68] Segundo JCOT, a influência do pensamento político católico tridentino, isto é, marcado pelos ventos do Concílio de Trento, foi maior em Portugal do que noutros países. Pois enquanto num país como a França, em razão do absolutismo, o próprio livro de Suárez fora proibido,

---

68. A ideia do *consensus* é justamente baseada na legitimação do poder político a partir da garantia da comunidade política, corresponde ao modo como o povo assente ao poder, não de modo dissociado, mas pelo consenso de direito e comunhão de utilidade (SUÁREZ, 2015 [1613]).

em Portugal havia maior livre-pensamento nesse sentido, com o padre Antonio Vieira (1608-1697), Sousa de Macedo, João Pinto Ribeiro (1590-1649) – um dos heróis da Restauração, e até mesmo a partir do rei d. João IV, que proliferaram uma base política de raiz democrática, calcada em Suarez: "*o capítulo 50 da* Arte de Furtar *possui uma declaração de direitos inspirada em Suárez que considero um dos mais importantes e mais antigos documentos da história da democracia*" (2016[1960], p.151).

Apenas no século XVIII as doutrinas de Suárez foram proscritas de Portugal, mas "*no Império do Brasil predominava uma posição que volvia à tradição católica de Suárez, Sousa de Macedo e Vieira*" (TORRES, 2016[1960], p.151). Isso ficou marcado nas bases da constituição política nacional, e identificado na simbologia do poder. JCOT recorda que o título oficial do Imperador "por graça de Deus e unânime aclamação dos povos", era repetição de um verso de *Lusitania liberata* de Sousa de Macedo. A compreensão geral de que o poder do monarca era uma delegação da soberania nacional tinha como origem a teoria do *consensus*, advogada por um dos comentadores da Constituição de 1824, o jurista e político católico Braz Florentino Henriques de Sousa (1825-1870).[69]

1.3.2 Doutrina Política Subjacente na formação do Brasil

João Camilo toma como base e linha de raciocínio político a neoescolástica, que justifica parte da herança política luso-brasileira. E difere do encadeamento lógico habitual da teoria política, baseada em cânones como Hobbes, Locke, Montesquieu, montada sobre todo pressuposto revolucionário liberal, como na maioria dos cursos introdutórios de Ciência Política lecionados no Brasil, e dependente do distanciamento contextual. Mesmo o desenvolvimento da historiografia política a partir do contextualismo linguístico, como a partir de Quentin Skinner

69. Contemporâneo de Braz Florentino, outro político católico que defendia a tese da origem popular da soberania era Zacarias de Góes e Vasconcelos (1815-1877), que junto com Cândido Mendes de Almeida foi defensor dos bispos dom Vital e dom Macedo Costa no julgamento da Questão Religiosa (1873). A diferença é que na prática a expressão política de Zacarias era mais ampla, no sentido liberal. Tanto que em 1861 desligou-se do Partido Conservador, de onde começara na política, e se engajou na criação da Liga Progressista, aliança entre conservadores moderados e liberais que se tornou partido em 1864. Mas foi na interpretação acerca do Poder Moderador que se tornou mais franco o apelo moderno, pois ao contrário de Braz Florentino, que defendia a prerrogativa do monarca no Poder Moderador, a pretensão de Zacarias era mostrar que pela Constituição de 1824 os ministros de Estado respondiam por todos os atos do Poder Moderador (VASCONCELOS, 1978, p.30).

(1996), e a maior importância às ideias proliferadas na Contrarreforma católica, o fato é que prepondera essa direção argumentativa dependente do momento atual e do paradigma dos países tidos como cêntricos, em especial anglo-saxões. Ainda que o sentido do desenvolvimento político moderno dos países periféricos tenha se tornado caudatário de um suposto ponto de chegada moderno, o fato é que o desenrolar dos eventos até pelo menos o século XIX foi diferente. Esse conjunto de motivos torna a análise de JCOT atrativa porque percebe as diferenciações na construção do Estado moderno brasileiro, e nisso enfatiza sua originalidade.

A constitucionalização do Brasil, mesmo marcada pela adoção de aportes do liberalismo doutrinário francês, não sugeria um sepultamento dos sentidos políticos do passado luso-brasileiro. O modo como João Camilo explica a relação desse passado para todos os passos da vida nacional sugere que as marcas e expectativas não seriam necessariamente superadas, mas que fossem pelo menos conciliadas, atualizadas, a cada momento.

Mesmo com o impacto das reformas pombalinas as reflexões dos pensadores portugueses do século XVII não passaram por uma tábula rasa, em razão do ritmo de modernização de Brasil e Portugal. Prosseguindo a reflexão dos humanistas e jurisconsultos medievais, e repercutindo os trabalhos de São Tomás de Aquino, os neoescolásticos traziam tópicos que destoam das óticas da filosofia moderna. Ao contrário da antropologia negativa de Thomas Hobbes, não percebiam uma antinomia entre o estado de natureza e o estado social, demonstrando que a origem do poder era popular, transmitida a um homem ou a um grupo de homens. Deus era considerado, não como *causa próxima e imediata* do poder do rei, mas *causa primeira e universal*; a própria sociedade não era fruto de uma degeneração, mas das qualidades naturais do homem (CALAFATE, 2012, p.19).

O próprio viés absolutista era fustigado por esses pensadores. Essa foi inclusive a principal frente de combate de Francisco Suárez (2015[1613], p.61), contra a tese do direito divino dos reis, de Jaime I da Inglaterra, que fazia valer de forma absoluta a reforma protestante. Em *Defensio Fidei Catholicae et Apostolicae adversus Anglicanae sectae errores* (1613) Suárez avalia o principado político legítimo, e se o mesmo procede de Deus. Argumenta que o poder, fundado na razão natural, é constitutivo de todas as comunidades políticas. Reconhece na democracia a mais imediata e originária forma de poder, mas nem por isso a mais perfeita. O importante é que essa ênfase escolástica destaca o consentimento do povo.

Os reis não recebiam o poder diretamente de Deus, mas sim do povo (CALAFATE, 2012, p.25).

Enquanto os países de língua inglesa admitem uma tese da imutabilidade constitucional, da manutenção de seus princípios, fazendo valer o pacto original, o *convenant*, a formação luso-brasileira recorria a uma espécie de contrato social. Fundada na noção de sujeição tomista e no direito natural, a doutrina tinha como principal referência o jesuíta Francisco Suárez.

> A tese de Suárez era simples: o poder está atualmente na comunidade política soberana, na 'república'; esta, não querendo ou não podendo exercitar por si mesma (não podendo, dirá Bellarmino) o governo, o delega a um rei, a um senado, a magistrados eleitos. Essa delegação, porém, (ou *translação*, como diz Rommen, a maior autoridade atual na matéria) está sujeita aos princípios gerais de todo contrato perfeito - é um *pactum subjectionis.* Assim, se se dá uma delegação a um rei, com poderes absolutos, esta o será a título perpétuo; e, daí por diante, não poderá o povo retomar parte dos poderes transferidos ao rei - a menos que este, por sua vez, infrinja as cláusulas do contrato, quando surge o direito de rebelião (TORRES, 2016[1960], p.185).

Uma prova dessa ênfase na razão natural, que perdura no final do século XVIII, é a publicação em 1770 do *Tratado de Direito Natural* por Tomás Antônio Gonzaga (1744-1810) - um dos futuros líderes da Inconfidência Mineira. Obra desconhecida até 1940, nela torna-se clara a permanência de certas ideias no pensamento político brasileiro.[70] Para JCOT o poeta-bacharel havia deixado um "*belo livro, ao mesmo tempo que profundamente tradicional, é extremamente revolucionário*" (1949, p.171). Com efeito, não se trata de uma observação particular. Em texto relativamente recente Grinberg (2004, p.XXIX) questiona justamente se o esquema pedagógico colocado em prática pelo governo Pombal foi capaz de gerar uma homogeneidade entre os jurisconsultos formados em Coimbra, como era o caso de Gonzaga. Pois se o modo como o direito natural era empregado amplamente na Europa tinha uma função renovadora e revolucionária, em Portugal de fins do século XVIII esse paradigma é utilizado pelo autor como elemento de

70. A primeira impressão do *Tratado de Direito Natural*, de Tomás Antônio Gonzaga, foi feita aos cuidados de Rodrigues Lapa, em edição da Cia. Editora Nacional, de São Paulo, em 1942 (TORRES, 1949, p.170).

conservação do poder real, e católico. Gonzaga defendia uma "razão natural" discrepante e crítica do absolutismo de Samuel Pufendorf (1632-1694) e Hugo Grotius (1583-1645). Embora não mencionasse nenhum jesuíta, quiçá acossado pelas circunstâncias da reforma da Universidade de Coimbra, procurava subscrever o que diziam as Sagradas Escrituras.

Ocorre que isso gerou uma conformação política monárquica e católica para o Brasil. JCOT reconhece esse substrato e se vê como um defensor de um estatismo não hegeliano, ligado às tradições. A tese defendida por Marcus Boeira (2011) persegue o fio da meada deixado por João Camilo sobre o assunto, identificando que o Brasil possui uma "*doutrina política subjacente*", explicada pela filosofia política de Francisco Suárez, que foi mobilizada nos marcos de fundação do país. Segundo o jurisconsulto jesuíta há três fontes de poder: primeiro, *Deus*; segundo, a *comunidade civil* ou "*democracia natural*" (popular ou "nacional") que corresponde ao período prévio à formação do corpo político e é fonte indireta do poder; e terceiro, o *pacto de sujeição*, que concede ao chefe político a titularidade do poder. Essas três formas de poder estão marcadas na simbologia que explica a "teoria da translação" suareziana: sendo os atos públicos de sagração, aclamação e coroação.[71]

A aclamação foi no dia 12 de outubro de 1822, enquanto a sagração e coroação de D. Pedro I se deram em 1º de dezembro do mesmo ano, na Corte do Rio de Janeiro.[72] A subida ao trono do Brasil, por parte do herdeiro da monarquia bragantina, significava uma ruptura dos povos brasileiros com relação ao sentimento

71. No caso brasileiro a translação teria sido bem simbolizada no estabelecimento do Estado monárquico, em três momentos simbólicos: "*do Fico (o convite a D. Pedro para chefiar a Independência); o Grito do Ipiranga, que formalizou a separação; a aclamação de D. Pedro como Imperador, confirmada pela aprovação da Constituição pelas câmaras municipais, que foi a ratificação solene da decisão imperial, faz do Imperador um detentor a título perpétuo e irrevogável de uma forma de autoridade por ser algo que, se for abolido, destrói a substância do Estado*" (TORRES, 1968g, p.131). A tese de Boeira (2011) trata da presença de Suárez na formação constitucional brasileira, segundo três fontes do poder trabalhadas pelo mestre jesuíta: 1ª) *Deus*; 2ª) *Comunidade civil* ou "democracia natural", que é aquela que existe no momento prévio à formação do corpo político; e, 3ª) *Pacto de Sujeição*. No Brasil, cada uma dessas fontes foi recepcionada em três atos simbólicos de legitimação do Imperador e da Constituição de 1824: 1) a *Aclamação*, ocorrida em 12 de outubro de 1822, no Campo de Santana; 2) A *Sagração*, em 1º de dezembro de 1822 na igreja do Carmo; e, 3) a *Coroação* de d. Pedro I, no mesmo dia e local da Sagração.

72. O ritual legitimista de sagração foi redigido pelo frei Francisco de Santa Teresa de Jesus Sampaio, que se valeu do Pontifical Romano datado de fins do século XVI (BOEIRA, 2011, p.220). Maiores detalhes sobre o evento podem ser encontrados em ROMERO DE OLIVEIRA, Eduardo. "O império da lei: ensaio sobre o cerimonial de sagração de D. Pedro I (1822)", disponível em: <http://www.scielo.br/pdf/tem/v13n26/a08v1326.pdf>.

de nacionalidade ligada a Portugal (BOEIRA, 2011, p.220). Tratava-se de uma nova constituição de nacionalidade, em que a aclamação representava a erupção de uma Monarquia constitucional sob o consentimento popular.[73]

É possível fazer uma associação entre o movimento de Restauração portuguesa de 1640 e a sagração e aclamação de Pedro I no Brasil em 1822. O que associa esses dois casos é justamente o instituto da "translação". Uma das chaves explicativas é que o próprio José Bonifácio de Andrada se baseia nos autores da Restauração portuguesa, que são os mesmos escolásticos portugueses que, apoiados nos ensinamentos de Francisco Suárez e dos juristas portugueses, promoveram a justificação do poder no movimento de 1640. Boeira (2011, pp.216-217) ainda assegura que, embora não seja possível encontrar citações de Suárez nas posições do Patriarca da Independência, havia nele uma adequação entre "*a doutrina política tradicional, simbolizada no instituto da translação, e a onda liberal doutrinária que informou primeiro o Conselho de 1822, e mais tarde a Assembleia no ano subsequente*". Mesmo o arremate político de José Joaquim Carneiro de Campos, que afirmou o equilíbrio constitucional com o liberalismo da época, demonstra que o Brasil inclinara-se a um governo constitucional representativo, não por uma configuração de direito divino, "*senão pela origem nacional do poder, ainda que temperada pela sagração e pela forte influência do catolicismo nas bases políticas do novo Império em ebulição*".[74]

O Brasil, como monarquia representativa, marcada na Constituição de 1824, surge tendo superado o Antigo Regime, realizando uma verdadeira "Revolução Brasileira". JCOT insistia que o Brasil já passara por uma Revolução logo de início, tendo sido reformulado politicamente através de elementos tradicionais, mas

---

73. Na própria Assembleia Constituinte de 1823 esse fator fica identificado, por exemplo, quando o deputado Rodrigues de Carvalho, na sessão de 9 de junho de 1823, detalha: "*(...) a Nação proclamou uma Monarquia Constitucional, Hereditária, tivemos um Governo Representativo, e a divisão cardinal de Poderes geralmente abraçados (...). Nós marcamos as condições do Pacto Social, que firmamos, quando aclamamos o Nosso Imperador, nos braços da paz, e da concórdia*" (DAGCIB, Tomo I, 1823, p.188).

74. Por certo sobram críticas a respeito dessa noção de JCOT sobre uma política subjacente - como informação que careceria de materialidade histórica. A historiografia identifica o desligamento da política imperial com o catolicismo; no que tange à política, já com Pombal, com a expulsão dos jesuítas em 1759. E, mesmo no Império do Brasil foi significativa aplicação do moderantismo de José Joaquim Carneiro de Campos (Marquês de Caravelas), contra os Andradas, que faziam a defesa do unitarismo à outrance (LYNCH,2014, p.48). Ainda assim, a tese se justifica pelo que é apresentado no capítulo 4 deste texto, por se tratar de uma perspectiva política de ampla dimensão, e que se volta a identificar o que se tornou marcante no quadro político brasileiro.

dentro de um paradigma completamente novo.[75] Por seu caráter particular a Revolução Brasileira conseguiu um "*tríplice milagre*": a) manteve unida a América Portuguesa; b) criou o Estado Liberal com êxito em um país subdesenvolvido; c) fez a Revolução Legítima, consorciando os antigos e os novos princípios de legitimidade (TORRES, 2016[1971], p.266).

João Camilo procura definir um marco zero nacional, uma espécie de "nomos da terra" brasileiro. O faz a ponto de esclarecer que a história nacional só é compreendida a partir do olhar sobre essa teoria política de base. O Brasil, por assim dizer, não tem um problema, ou um enigma, ou um erro de origem; seu dilema é não ser compreendido. Alguns chegam a encarar que essa desatenção é central para explicar as vicissitudes da história constitucional brasileira. Por exemplo, Cezar Saldanha Souza Junior (1978;2002a;2002b), que desenvolveu uma teoria com base nas ideias de JCOT, identificou que nenhuma outra constituição brasileira teria se preocupado com a garantia do elemento suareziano do *consensus*, exceto a de 1824. Por isso recaímos com relativa facilidade em determinados "ismos" que desfiguram um percurso democrático, e a própria originalidade do Brasil.[76]

---

75. A expressão de uma Revolução Brasileira aparece em *História do Brasil*, de 1860, escrita por H. G. Handelmann (1827-1891), para marcar o período que vai do fim da censura – 28 de agosto de 1821 –, que estabeleceu oficialmente a imprensa no Brasil, até o ano de 1841. A obra do professor alemão foi traduzida no Brasil apenas em 1930, por Lúcia Furquim Lahmeyer, em edição do Instituto Histórico e Geográfico Brasileiro, sendo essa a edição que JCOT utiliza para desenvolver seu argumento. De modo que destoa de Handelmann afirmando que, se indiscutivelmente a Revolução Brasileira começa em 1821, o seu limite é 1937, quando começou realmente o Regresso (TORRES, 2016[1971], p.262).

76. O consenso político nacional é formado por esses eventos, de encontro entre o país legal e o real, e a permanência deles é o que gera a própria estabilidade constitucional. Em *Consenso e constitucionalismo no Brasil*, Cezar Saldanha Souza Junior (2002a), inspirado em João Camilo, desenvolve uma leitura da história constitucional brasileira a partir do conceito de *consensus* suareziano. O "consensus" é uma doutrina baseada no assentimento do povo para o poder, e que se diferencia da doutrina da soberania popular. A primeira forma dominou até a Revolução francesa, sobrevivendo ainda na Inglaterra e parcialmente nos Estados Unidos, entre outros, e de acordo com essa doutrina do "consensus" o poder é algo distinto do povo, quanto ao exercício, tendo porém o bem do povo como seu objetivo máximo e principal. Contra a doutrina do assentimento, a da soberania popular, de origem rousseauniana, coloca que o poder é expressão de uma Vontade Geral. Esta leva, segundo João Camilo, a uma confusão, "*o povo é soberano, os governantes seus ministros e os indivíduos de que se compõe o povo... os súditos do soberano, que é o povo. Conforme com esta posição, não há distinção nenhuma entre o povo e o Estado, sendo o indivíduo, ao mesmo tempo, uma parte do soberano e o súdito*" (TORRES, 1961a, p.106). Ainda sobre o "consensus", ou sua falta, na história política brasileira, JCOT fornece diversos exemplos. É o caso da menção aos redatores do Manifesto Republicano de 1870, que viam contradição no título oficial do Imperador do Brasil "*por graça de Deus e unânime aclamação dos povos*", demonstrando desconhecer, com isso, a velha doutrina do "consensus". "*Não era o título do Imperador (repetição, aliás, de uma fórmula contida em verso da* Lusitania Liberata *de Antônio de Souza de Macedo), uma justaposição ilógica entre o princípio do direito divino dos reis ("pela graça de Deus") e do sistema democrático ("aclamação dos povos"), mas uma reafirmação de uma doutrina secularmente ensinada na Universidade de Coimbra – o poder, que vem de Deus, transmite-se pelo consentimento do povo*" (TORRES, 1961a, p.52).

1.3.3 Harmonização política, democracia e legitimidade

Escrito em 1958, e publicado em 1961, *Harmonia política* é o primeiro livro de teoria política escrito por JCOT. Pode-se dizer que dentro de uma escala de importância a respeito dos fundamentos do pensamento camiliano é equivalente a *Teoria da História*, que sairia dois anos depois. Mesmo que algumas de suas ideias tivessem amadurecido nos anos 1960, década em que mais produziu livros e artigos, tendo lançado em 1968 *Natureza e fins da sociedade política*, abordando temas semelhantes a este de 1961, é verdade que dois eixos da trajetória de João Camilo já estavam bem delineados: a noção de governo livre na sociedade moderna e a relação entre democracia e reforma eleitoral.

A harmonização empreendida por João Camilo é construída pela união dos pressupostos neotomistas junto com referências da Ciência Política do século XX que enfrentavam a questão da legitimidade, da representação e da crítica ao crescente domínio estatal. Assim como Francisco Suárez no século XVII condenava o absolutismo formado pela teoria do direito divino dos reis, João Camilo se depara com uma forma moderna de absolutismo que nega o direito ao contraditório (1961a, p.196). Dentre os principais escudos para resistir aos abusos contemporâneos, lança mão dos critérios de legitimidade política de Ferrero.

Guglielmo Ferrero (1943, pp.17-18) trata de quatro princípios de legitimidade: o eletivo, o hereditário, o aristo-monárquico e o democrático. O princípio aristo-monárquico é inseparável do hereditário. O democrático é inconciliável com este e não o tolera, a não ser os seus resíduos, a contragosto. O princípio eletivo, fundamental para as democracias, foi utilizado também pelas monarquias, pelas aristocracias e por certas instituições autoritárias, como a Igreja católica. O selo de legitimidade é correlato ao consenso, se em geral é aceita a regra de sucessão. A evocação dos princípios de legitimidade serve como garantias contra os abusos do poder.

Segundo Ferrero, para descobrir a origem desse poder mágico dos invisíveis "Gênios da Cidade" é preciso ir às profundezas da natureza humana, pois é daí que surge o medo sagrado dos ditadores e usurpadores, como "*um exemplo desse poder mágico dos princípios de legitimidade. O ditador teme o seu poder, quando sabe que o adquiriu violando o princípio da legitimidade*" (1943, p.22). A intenção é apresentar os riscos da revolução, concebida como movimento amplo a partir do 1789 francês, que se reconfigura em governos pré-legítimos e quase-legítimos.

O tema da legitimidade ia além dos contrastes com o legalismo, tão comum à realidade brasileira. Por conseguinte, JCOT avança sobre a questão do consentimento - ativo ou passivo - aplicando as teorias de Suárez, e se desdobra para tratar de um tema caro aos conservadores: a autoridade. "*A verdadeira autoridade deve ser sólida e limitada, augusta e respeitada; consentida e poderosa, una e transcendente*" (1961a, p.57). O foco era proteger o paradigma da liberdade e da democracia, sobretudo contra os riscos de destruição revolucionária, que arrasa as antigas legitimidades. Não só os revolucionários, mas os próprios liberais caem no erro da abolição da autoridade do Estado, que leva ao esvaziamento político e atinge resultados tão catastróficos quanto a tábula rasa carbonária.

Tomado por uma visão católica de mundo e resgatando aportes pré-modernos da escolástica do século XVII, JCOT desenvolve elucubrações políticas formadas por amálgamas com aquilo que há de novo. Concilia o próprio pensamento católico com a Ciência Política em voga, sem deixar as remissões necessárias à realidade nacional. Um tema que ainda escoa da primeira metade do século XX e exemplifica essa fórmula camiliana diz respeito ao corporativismo. Apesar de não ter sido central em *Harmonia política* (1961a), ou mesmo em outras publicações desse tipo, o tema remete a um conjunto de influências que marcaram JCOT.

Desde Aristóteles a São Tomás de Aquino até as encíclicas papais, há a insistência nos vínculos comunitários do homem moderno. O corporativismo foi promovido pela Igreja católica a partir do final do século XIX como uma "terceira via", em oposição ao socialismo e ao capitalismo liberal, e teve na encíclica *Rerum novarum* (1891) um ápice que demarcava o apreço de Leão XIII pela sociedade medieval europeia, em contraste com as desilusões do liberalismo, do socialismo e da democracia. Esse endosso público do pontífice deslocou o corporativismo dos seminários para os palácios presidenciais, sobretudo décadas depois com as encíclicas de Pio XI (PINTO, 2016, pp.30-31).

O que JCOT faz elencando expressões organizativas do corporativismo é evocar uma variedade moderna de junção política, segundo um modelo estatista-orgânico, não liberal, não marxista, tal como já apresentado em análises sobre o assunto (STEPAN, 1980, p.64). O caso mais significativo encontrado em *Harmonia política* (1961a, p.241) é quando o autor defende a representação eleitoral por critérios profissionais. O objetivo era promover uma unidade política, sem cair nos coletivismos estatais (comunismo e fascismo) ou privado (supercapitalismo).

O exercício de um corporativismo no âmbito social teria sido inclusive o responsável por salvar uma nação da tirania econômica. Segundo JCOT, a ditadura salazarista de Portugal, ainda que nutrisse uma sombria descrença na liberdade e na democracia, escapou de um totalitarismo. A influência do catolicismo garantira aos países latinos uma adesão menor ao totalitarismo (1961a, p.263).

No pós-Segunda Guerra Mundial o corporativismo já não aparecia da mesma maneira, como um dos pilares inabaláveis do século XX.[77] "*Hoje, ninguém mais fala em Manoilescu, e em seu corporativismo. Não obstante temos todos coisa normal que o Estado moderno é uma federação de grupos profissionais e econômicos*" (TORRES, 1961a, p.178). João Camilo apostava que no fundo Manoilescu não estava errado, que as grandes tendências seriam de apologia a formas coletivas. O próprio sindicalismo era um caso, tanto quanto força associada aos estilos tradicionais do Estado ou a ela substituindo-se.

Para o Brasil era possível pensar em esquemas que correspondessem a essas expectativas em voga, mantendo os vínculos tradicionais e católicos. É o que acontece quando recomenda como "retorno à normalidade" uma reforma eleitoral que adotasse o sistema distrital e desse vazão à força dos municípios. JCOT chega a propor uma "*câmara de municípios*" que devesse ser consultada sempre que as assembleias estaduais estivessem a debater leis que refletissem nos municípios (1961a, pp.228-237). Essas eram maneiras de cultivar o regionalismo como força política no país. No substrato dessa defesa da autoridade local reside outra formulação oriunda da Doutrina Social da Igreja: o princípio da subsidiariedade, que aparece no mesmo documento papal que marca a defesa católica do corporativismo, a encíclica *Quadragesimo Anno*, de 15 de maio de 1931, do papa Pio XI.

O interesse de JCOT é demonstrar que na tradição brasileira há um sentido e caráter democráticos. Num dos artigos de defesa das corporações tradicionais, essa questão torna-se clara, quando diz: "*A luta contra os privilégios, porém, não implica em hostilidade às tradições justas nem deve levar à negação de certas verdades de igual evidência, entre as quais está a de necessidade, utilidade e caráter democrático das corporações tradicionais*" (1º fev.1953). Essas instituições moldam

---

77. O acadêmico romeno Mihail Manoilescu havia previsto que os dois eixos políticos do século XX seriam o corporativismo e o partido único. Sobre o primeiro escreve em 1934 *Le siècle du corporativisme*, e sobre o segundo em 1936 *Le parti unique* (PINTO, 2016, p.28). É certo que a tônica do partido único permanece com ênfase ao longo do século, e se sustenta em alguns países no novo milênio. Porém, o pressuposto corporativista perderia força, pela própria timidez da propaganda católica, sobretudo a partir do Concílio Vaticano II (1962-1965).

a estrutura e configuração dos agentes, dando-lhes um *habitus* conforme o propósito delas, como fica estampado nos modos de ser comuns de certos profissionais. Por conseguinte, a mudança na antropologia política do brasileiro acompanha as alterações no plano organizacional, observando a razão de ser de certas instituições. Isso explica em boa medida o porquê da luta de João Camilo pelo voto distrital, pelo parlamentarismo, pela própria monarquia, pela previdência. Revelavam uma tentativa de reencontro com o fundamento da origem nacional: um horizonte democrático. A argumentação sugere até mesmo que o Estado imperial brasileiro foi erigido sob esse *ground* zero, e que isso o norteou.

1.4 Estado e democracia no Brasil Império

> *"Este acidente nas capitanias dos donatários acontece mais vezes, porque nelas nunca se encontra pessoa respeitável no governo, o que não sucede onde servem capitães do dito Senhor, que sem dúvida fazem muito no aumento dos lugares pela esperança de serem reputados dignos de maiores cargos, e por outras razões, que por si se publicam, e das quais asseguradamente entendemos que tudo o que neste Estado não for de Sua Majestade crescerá devagar e durará muito pouco."*
>
> Diogo de Campos Moreno, em *Livro que dá Razão do Estado do Brasil*, 1612.[78]

O principal diferencial de João Camilo de Oliveira Torres entre os "intérpretes do Brasil" diz respeito à sua teorização da política brasileira. A questão sobre por que "*pensamento e não teoria*" (LYNCH, 2013), que mobiliza os debates sobre o

78. Em nota explicativa sobre esse trecho o historiador Hélio Vianna comenta: "*Os prepostos dos donatários seriam, forçosamente, pessoas mais modestas que as nomeadas pelo rei – o que constitui outra observação do autor, favorável às capitanias pertencentes à Coroa; falhou neste ponto a previsão do autor. As capitanias hereditárias foram, nos séculos XVI e XVII, mais numerosas, no Brasil, que as da Coroa, e não se poderá dizer que algumas, pelo menos, não prosperaram*" (MORENO, 1955, p.108).

PPB, tinha uma resposta muito clara na cabeça de JCOT: há sim teoria no construto político do Brasil.[79] A gênese dessa concepção está em *A democracia coroada - Teoria política do Império do Brasil* (1964a[1957]), obra seminal no pensamento camiliano, que preconiza dois movimentos. Primeiro, segundo a concepção de que há um conjunto de regras ou leis, ou um sistema resultante delas que traz um conhecimento organizado sobre o Brasil Império, torna-se inevitável compreender o país sem recorrer a essa teoria, cujos fundamentos estão na história luso-brasileira, como brevemente apresentado no capítulo anterior. Em segundo lugar, JCOT dignifica a história política nacional, sistematizando-a, e fazendo "escola" através de suas conjecturas. De antemão surge a pergunta: por que isso não foi feito antes? Ou seria mera invenção do historiador?

Como apontado anteriormente, o Império não criou mecanismos de defesa de seu próprio sistema. Mais do que isso, para JCOT trata-se de um mero trabalho de retorno às fontes, pois a prática revela que a marca fundamental do país é a democracia coroada. Nem é possível falar em desconstituição do país originário, pois ao longo das demais obras João Camilo demonstra como os fatores políticos de ordem, estabilidade e autoridade necessariamente recorrem de algum modo ao passado, através de adaptações. A teoria política que JCOT descreve não morre com o 15 de novembro de 1889, pois o embrião de uma senda democrática já havia sido colocado, quase como um "destino-manifesto", apesar dos insistentes desencontros e solavancos da trajetória política nacional.

Ao mesmo tempo é pertinente questionar como o regime imperial, pela forma como é apresentado por JCOT, acabou se tornando vulnerável ao seu próprio desígnio. O sentido democratizante adquirido pela monarquia provocava uma tensão pela abertura política que fazia do próprio Partido Conservador, base de apoio ao regime, sinônimo de mudanças (1968c). Os mecanismos de proteção institucional, pela Igreja, pelo Exército e pela aristocracia da terra ficavam combalidos na medida em que o poder de moderação, que era o Imperador, tornava-se agente de transformação.

---

79. O debate a respeito de uma teoria política feita no Brasil foi explicitado por Lynch (2013), quando precisamente questionou: "*por que pensamento e não teoria?*", ao falar da produção em Ciência Política relacionada a questões basilares da política nacional. De certo modo trata-se de uma inferiorização do próprio PPB, de modo que parte dos autores não acredita que possa fazer teoria num país periférico. Por outro lado, uma plêiade de intelectuais observa de modo diverso, como no caso de Alberto Guerreiro Ramos, que desenvolvem uma compreensão sociológica original a partir da condição periférica. Do mesmo modo JCOT entra nessa dimensão, pois propôs um sentido civilizatório próprio da vida brasileira.

De fato, o dilema havia sido armado: como manter um regime tradicional quando seu horizonte de expectativas é marcado por uma índole de aberturas?

Essa dinâmica que marca a monarquia brasileira, segundo JCOT, era a da coroação da democracia. Quer dizer que as instituições monárquicas se tornavam garantidoras da promessa de liberdade que reside na raiz do Brasil independente. Sobre isso duas teses merecem ser analisadas: (i) sobre como o caráter estatal do Brasil Império demarca uma índole democrática original; e (ii) sobre como JCOT apresenta a origem do Estado nacional brasileiro como fruto de um duplo processo simultâneo, de "restauração" e "revolução".

Quanto à primeira questão, o principal fator a ser investigado é em relação à determinação da natureza dessa origem democrática brasileira. E, ainda, se a interpretação camiliana a respeito da monarquia brasileira, cuja forma é protetora das liberdades, não pressuporia justamente uma limitação às demandas democráticas. Para enfrentar o segundo ponto é preciso basicamente traçar um entendimento acerca das fases do desenvolvimento político do Brasil Império. Entrementes será oportuno expor as instituições que foram erigidas como resultado da consolidação imperial, e que permitiram a evolução política. Ao final, a proposta é discutir a reflexão historiográfica que JCOT deixa sobre a origem e o destino políticos do Brasil.

Os tópicos que amarram a proposta deste capítulo, em que pese historicamente se circunscreverem ao século XIX, representam uma explicação de fôlego sobre o Brasil. Nesse sentido JCOT cumpre com algo que fazia parte de sua geração intelectual, com a tentativa de apresentar grandes ensaios interpretativos sobre o Brasil – como fizeram seus predecessores, como Alberto Torres, Oliveira Vianna; seus contemporâneos, como Alberto Guerreiro Ramos; ou aqueles que se tornaram paradigmáticos, mas que são raramente mencionados na obra camiliana, como Sérgio Buarque de Holanda. A preocupação em expor uma teoria subjacente jamais gerou adesão militante ou cega no autor. Em todos os momentos em que interveio ou fez análise de conjuntura a ideia da democracia coroada se fazia presente de forma dinâmica. A justificativa é o senso de missão histórica, de que a formação nacional tem um sentido próprio a ser descoberto e que precisa ser reapresentado insistentemente. Longe de se tornar algo meramente laudatório, apologético, ideológico, ufanista ou eleitoreiro. O que JCOT fez foi justamente trazer à tona uma relação com o patrimônio político intelectual do Brasil, cujo compromisso era concreto e completo, vivo e crítico, contextual e, até mesmo logrou ser, atemporal.

Há um retorno consciente de JCOT às disposições da "democracia coroada", como um exercício que se refaz em todas as suas obras seminais. O mesmo se dá nos reencontros com sua "teoria da história", ou quando recupera o modelo de exposição de doutrinas políticas consagrado em *O positivismo no Brasil*. Mas de todos os livros do plano geral que montou para uma "História das ideias políticas no Brasil" (1969, p.XIV), foi com *A democracia coroada* que o escritor ficou mais consagrado, com prêmios e homenagens,[80] ganhando posições no rol dos grandes pensadores políticos do país. O retrato do Brasil Império, pintado pelas palavras da tinta das pesquisas historiográficas de João Camilo, rendeu ainda um âmago teórico pronto a vivificar certos ideais caros à sua trajetória: precisamente a restauração monárquica.

1.4.1 *Imperial e Nacional – o caráter estatal e democrático do Brasil*

A cronologia do processo de Independência do Brasil é anterior a 1822 e não se restringe ao que se passou no continente sul-americano. A noção de uma história global dimensiona a correlação dos eventos, entre aquilo que se passou na Europa e nas Américas.[81] Apesar da tendência de se pensar numa ruptura entre "metrópole" e "colônia", o que se tem no caso brasileiro em relação a Portugal revela muito mais a respeito de continuidades e readaptações do que propriamente de desintegrações. Quando observado com maior cuidado, o fenômeno brasileiro é tratado com especialidade em comparação com as independências da América hispânica. Essas mesmas afirmações, como em François-Xavier Guerra (2009), também pontuam que por outro lado o Brasil não se furta da complexa relação de transformação a partir da Revolução Francesa, que desencadeou independências

---

80. *A democracia coroada – Teoria política do Império do Brasil* teve a primeira edição lançada pela José Olympio em 1957, e a segunda pela Editora Vozes em 1964. Em 2017 a Câmara dos Deputados relançou algumas obras de João Camilo, dentre as quais esta, sendo, portanto, a terceira edição – feita da anterior. Antes da publicação em livro o texto já havia sido agraciado com o Prêmio Cidade de Belo Horizonte, no ano de 1952. E em 1958 recebeu o Prêmio Joaquim Nabuco, da Academia Brasileira de Letras. O livro foi amplamente aclamado pelos historiadores. No Arquivo de João Camilo são várias as correspondências elogiosas ao texto, como a de George Boherer, observando que se tratava de uma das mais importantes obras já publicadas de análise da história política brasileira, declarando em carta quando anunciava a João Camilo que estava no prelo a resenha do livro para uma revista americana (BOHERER, 20 set. 1960).

81. A historiografia recente sobre o tema tem se debruçado dessa maneira, tanto em análises que observam de modo geral o mundo hispânico, como em Guerra (2009), como nas pesquisas sobre a história paralela entre Portugal e Brasil (RAMOS; CARVALHO; SILVA, 2018), ou ainda em trabalhos que dissertam sobre a circulação de ideias dentro do Brasil (CARVALHO; BASTOS; BASILE, 2014).

e revoluções. Com efeito, este foi o mesmo motivador para que as relações dentro do Império português se alterassem.[82]

A chave dessa noção de continuidade se deve a dois motivos. Primeiro, a manutenção de pressupostos tradicionais no trato com a política, por parte da monarquia bragantina. Para JCOT, o que tornou a Independência do Brasil "*radicalmente distinto e singular na América*" foi o fato de a América portuguesa ter se tornado de antemão um reino, e assim o permanecendo (1964a, p.25). O segundo, em paralelo, explica-se pelo modo pelo qual o "despotismo ilustrado" setecentista perdurou entre as elites locais.[83] As reviravoltas pela modernização política começaram até mesmo antes da irrupção de 1789 na França, como em Portugal com as reformas do Marquês de Pombal. A diferença é que a índole revolucionária imputa um moto de quebra de estruturas. No entanto, essa maré montante é sustada no Brasil pela própria recomposição do agente político. Quando o príncipe regente, D. João VI, resolve partir em 1807, transladando no ano seguinte a Corte portuguesa para o Rio de Janeiro, logrou escapar da invasão napoleônica que chegava a Lisboa, alterando uma sequência de ocorridos que poderiam ter sido muito mais próximos do fenômeno espanhol.[84]

---

82. Por mais que Revolução Francesa de 1789 não tivesse penetrado no Brasil, como se deu com a ideia de Restauração (da monarquia portuguesa), não há dúvidas de que os efeitos foram percebidos. Primeiro, o deslocamento do eixo político, ainda que autores como Rousseau não tivessem lugar nos debates político-institucionais no país, Sieyès e outros participantes da Revolução já eram mobilizados na Constituinte de 1823. Segundo, o modelo constitucional adotado, em sua dimensão modernizante, surge como fruto do desenvolvimento revolucionário, resultado do equilíbrio erigido a partir da Constituição de Cádiz, de 1812.

83. A historiografia que analisa o processo de Independência e construção do Estado-nação brasileiro não retorna apenas a 1820, para tratar de 1822, mas vai até o período pombalino para tratar dos fundamentos do perfil ilustrado luso-brasileiro, como o faz Ana R. Cloclet da Silva (2006).

84. "*Na manhã do dia 29 de novembro de 1807, quem fosse ao Alto de Santa Catarina em Lisboa poderia ver, para o lado do mar, as velas de uma enorme frota a tentar afastar-se de terra. Eram os mais de quarenta barcos, entre navios de guerra e mercantes, que levavam o príncipe regente de Portugal para o Brasil. Com D. João, seguiam a família real e algumas das principais personagens da corte, do Governo, dos tribunais e das Forças Armadas. Não há certeza, mas haveria talvez, contando com as tripulações, umas 5000 a 7000 pessoas a bordo 442, por entre papéis, roupas, mobília e mantimentos.*" Eis a descrição da partida da Corte. Portugal conseguira manter-se neutro diante das guerras empreendidas por Napoleão Bonaparte pela Europa até 1807, o que lhe valeu por alguns anos uma boa prosperidade comercial, já que o país se tornava entreposto seguro do comércio europeu. Porém, Napoleão decide obrigar os dois últimos Estados neutrais na costa atlântica da Europa – Dinamarca e Portugal – a ingressarem na guerra contra a Inglaterra. Portugal com isso cai num pesadelo estratégico, ao se acotovelar entre a grande potência terrestre, a França, e a potência marítima, a Inglaterra. Na terra e no mar o império luso na Europa estava dominado por outras mãos. A decisão era crucial: se optasse pela adesão britânica, poderia perder Portugal; mas se optasse pela adesão francesa, poderia perder o Brasil. Num primeiro momento a natureza intercontinental da monarquia impôs uma solução ambígua, a aceitação do "plano continental" francês, e uma compreensão secreta com os ingleses, tendo em vista proteger sua costa e o Brasil. O plano não perdurou por muito tempo, e no outono de 1807 uma esquadra inglesa é enviada a Lisboa, enquanto por terra os franceses estavam agindo a partir da Espanha, que estava sob o jugo napoleônico. Antes a Dinamarca havia sofrido ataques ingleses por ter se aliado ao Império francês, e aquele seria o futuro português, caso a situação se mantivesse ambígua ou em aliança com as forças continentais (RAMOS; SOUSA; MONTEIRO, 2012).

A consideração do secretário de Estado D. Rodrigo de Sousa Coutinho (Conde de Linhares), para quem o Portugal europeu não continha "*a melhor e mais importante parte da monarquia*", pesou para que D. João VI resolvesse zarpar para o Brasil. Entre metade e dois terços das receitas do Estado eram oriundos do comércio entre o Brasil e a Europa. Não era cabível perder esse pedaço tão grande de continente. Ademais, era mais cabível à monarquia bragantina a proteção junto a uma potência conservadora, como a Inglaterra, que respeitaria a tradição monárquica.

A vinda de D. João, instaurando a Corte no Rio de Janeiro, o obrigou a fazer do Brasil um Reino autônomo, econômica e politicamente. Foram assinadas a abertura dos portos, a instauração da imprensa, e o Rio adquiriu instituições próprias de uma monarquia, sendo a sede do Império português. O ano marcante dessa consolidação da autoridade imperial a partir da América portuguesa foi 1815, quando o príncipe regente eleva o Brasil a reino, redefinindo a monarquia como o "*reino unido de Portugal, do Brasil e do Algarve*", incluindo novas armas. Mais do que fazer par a Portugal, o Brasil é posto acima, na condição de "grande potência", como o equivalente meridional dos Estados Unidos da América do Norte. Foi com esse fito que o governo promoveu a conquista da Guiana Francesa e tentou controlar o Rio da Prata, a mais importante zona comercial da América do Sul, se valendo do vazio dinástico em Espanha.

O projeto de uma grande monarquia americana e comercial foi marcado pela proliferação de ideias liberais, a extensão das relações comerciais externas, sobretudo com a Inglaterra, e a consolidação e amplitude da imprensa livre. Entre 1808 e 1814 cerca de 2 mil panfletos e folhas volantes foram publicados, e circularam perto de 25 periódicos no Brasil (ARAÚJO, 1998, p.40). Essas francas aberturas, promovendo amplas e novas liberdades, no entanto, não renderam o crescimento econômico de Portugal, tampouco o do Brasil.[85]

---

85. Este é um aspecto importante que matiza a proliferação das ideias liberais no Brasil, trazendo elementos de equilíbrio a essas ideias. A prova havia sido o insucesso econômico trazido pelo liberalismo, que beneficiara a Inglaterra, mas não propriamente Brasil e Portugal. "*O valor do comércio externo português contraiu-se, sobretudo depois de 1818: de 66 100 contos por ano em 1803-1807 para 58 500 em 1813-1817 e 42 900 em 1818-1822. O que o 'sistema liberal de comércio' revelou foi a incapacidade dos negociantes e produtores portugueses – mas também do Brasil, perante a concorrência dos EUA e de Cuba – para competirem com os de outros países sem a ajuda das circunstâncias extraordinárias das guerras e dos privilégios e monopólios assegurados pela monarquia. O número de barcos portugueses entrados no Rio de Janeiro passou de 777 em 1807 para 212 em 1820475. A exportação do vinho do Porto, com o renovado consumo de vinhos espanhóis e franceses em Inglaterra, caiu de 67 mil pipas em média nos anos de 1798-1807 para 33 mil em 1818-1822476.*" (RAMOS; SOUSA; MONTEIRO, 2012)* [Ramos, Rui; Sousa, Bernardo Vasconcelos e; Monteiro, Nuno Gonçalo. *História de Portugal* (Locais do Kindle 9388-9395).]

O Império, dependente dos tributos alfandegários, combalido pela escassez de recursos, enfrentava sérias crises internas, com demandas discordantes entre Lisboa e Rio de Janeiro. A Revolução do Porto, de 1820, forçou a convocação das Cortes, que, embora só pudessem ser chamadas pelo rei, o foram pela Regência em Portugal.[86] Por conseguinte, pressionado, D. João volta para Portugal, e assim se formava o previsível desquite entre os reinos.[87] A Revolução do Porto não foi apenas um descontentamento circunstancial dos portugueses, ou um vento liberal passageiro: tratava-se de uma demanda pela proximidade com o eixo político, a vontade de que a Corte estivesse em Lisboa. Era odioso aos portugueses na Europa a ideia de serem supostamente "colônia de uma colônia". Ainda que o Brasil sempre gozasse de uma condição diferenciada e não análoga à das outras colônias das Américas, era naturalmente tido pelos portugueses como num patamar inferior.

Em reação a essa indisposição lusitana, no dia 7 de setembro de 1822 D. Pedro declara a Independência do Brasil. Foi sintomático o convencimento por parte do até então príncipe regente de que Portugal era "*um Estado de quarta ordem*", como revelara ao pai, e que só o Brasil poderia sustentar a monarquia (RAMOS; SOUSA; MONTEIRO, 2012).[88] Mesmo porque a separação em 1822 de fato provocou uma profunda crise financeira em Portugal, basta mencionar que sem a exclusividade do Brasil o valor do comércio externo português diminuiu 75% entre 1800 e 1831.

---

86. As Cortes Gerais, Extraordinárias e Constituintes da Nação Portuguesa foram instaladas em 26 de janeiro de 1821, e significaram a consolidação do movimento vintista e a institucionalização de um poder soberano e independente do poder real, e mesmo superior a ele, o que se deu pelo menos até 1823. As principais questões levantadas pelos representantes eram controversas: a relação com o monarca ausente, os limites da soberania nacional e o comportamento a ser adotado em relação ao Brasil (SOUSA, 2007, p.32).

87. A princípio o compromisso foi o de mandar D. Pedro, mas, com o "pronunciamento" da tropa portuguesa aquartelada no Rio de Janeiro, D. João VI acabou reconhecendo o novo Governo em Lisboa como o de toda a monarquia e prepara o regresso a Portugal, deixando o príncipe no Brasil. O desquite entre Portugal e Brasil já era previsto a partir desse retorno, como asseverou o ministro Silvestre Pinheiro Ferreira, "*a partida do rei implicava a separação do Brasil*" (LIMA, 1996, p.678). A ruptura já havia acontecido em 1821, com as Cortes de Lisboa, quando se deflagra a diatribe entre os representantes. A proposta de 18 de fevereiro de 1821, feita pelo rei no Rio de Janeiro, para que o Brasil tivesse uma Constituição diferente da de Portugal, foi rechaçada pelas Cortes, que queriam uma Constituição única para toda a "nação portuguesa". Os 65 deputados do Brasil, perante os cem de Portugal e outros dezesseis das outras possessões, foram se vendo sob as cordas, vendo suas pretensões recusadas: que a capital da monarquia alternasse entre Lisboa e o Rio de Janeiro; que houvesse dois parlamentos, um no Brasil e outro em Portugal; que o Governo do Brasil fosse mais do que uma delegação do Governo de Lisboa (RAMOS; SOUSA; MONTEIRO, 2012).

88. Ramos, Rui; Sousa, Bernardo Vasconcelos e; Monteiro, Nuno Gonçalo. *História de Portugal* (Local do Kindle 9888).

Os passos da separação entre Brasil e Portugal remontam àquilo que Guerra (2009, p.46) chamou de "constitucionalismo histórico", em que a aspiração por um "governo livre" se ampara na reivindicação das velhas liberdades e da antiga representação do reino. Se em Portugal a religião e a "dignidade" do poder real foram dois pontos de resistência ao novo regime, impulsionados pela Revolução do Porto que procurava recompor política e economicamente o reino europeu, no Brasil essas duas esferas não geraram problemas para a constituição política do país independente. Ao contrário, foram fundamentais na construção da ordem.

Apoiado numa literatura que procurava justificar a continuidade pela demanda por liberdade, do medievo à época contemporânea, como em A. J. Carlyle (1982), George H. Sabine (1961) e no português António Sardinha (1887-1925), JCOT descreve que Portugal manteve os elementos básicos à garantia da liberdade. Não se tratava "*do velho cartismo, nominalmente liberal, mas no fundo bem tirânico*", e sim da consolidação do império da lei, da distinção entre governo e administração, a ideia descentralizadora, o princípio representativo. O que interrompera o processo de restauração tradicional empreendido pela monarquia bragantina, já instalada no Brasil, é precisamente "*uma nova moda que viera de França para a Península Ibérica*", tanto que o "*absolutismo em Portugal era tipicamente mercadoria importada*" (1964a, pp.27-28). Portanto, quem salva essa ordem antiga é o Brasil independente, com D. Pedro I fazendo a diferença e restaurando a tradição que corria o risco de ser sustada pelo movimento vintista do Porto.

Na fase da Independência as ideias liberais no Brasil tomam uma estrutura especial, pois juntam-se às concepções que permaneciam da tradição monárquica portuguesa com o que estava em voga na época.[89] Ainda que destacando a presença do pensamento de economistas britânicos, e, sobretudo, do constitucionalismo de Benjamin Constant e de outros liberais doutrinários franceses, JCOT enfatiza que, se essas questões apareceram na madrugada, outros pressupostos que atinavam à liberdade já estavam presentes com antecedência. Tratava-se da doutrina

89. Em torno dos conceitos empregados pelos atores da época, encontrados nos folhetos e jornais, foi possível a estudiosos da área avaliar que até 1821 havia um consenso sobre a defesa da unidade luso-brasileira e das ideias liberais. Mas a partir da desintegração do Reino Unido, cada setor da elite buscou defender seus próprios interesses. A cultura política em que estavam inseridos era a mesma, marcada pela influência das Luzes que assumia a forma de um liberalismo mitigado, e ainda a presença de características do Antigo Regime. No Brasil a posição vitoriosa foi a que manteve a noção de integridade monárquica com os anseios por liberdade (NEVES, 2003, pp.21-22).

sistematizada pelos padres da Igreja – aplicada pelo Direito Romano, ensinada pelos gregos e estoicos – formadora da base do pertencimento cristão. Na teoria política esse fundamento consolida uma noção própria de liberdade e democracia, não alinhada aos desígnios do pensamento revolucionário.[90]

Esse apelo liberal, composto de tradições cristãs e dos ventos temperados da influência estrangeira de momento, exerceu tamanha repercussão que nem mesmo alguns alicerces de uma plataforma política monárquica foram assentados. Segundo João Camilo, a aristocracia no Brasil já nasce para o desaparecimento no decorrer do Império. A instabilidade econômica teria impedido a formação de uma sociedade baseada em estratos definidos e hierarquias rígidas, de modo que tudo conspirou para que não houvesse distinções entre as classes no Brasil. A sociedade já se dispunha num "*estilo burguês da divisão da sociedade*" (1964a, p.40). O resultado é perceptível em diversos aspectos, como politicamente na base de organização democrática nas Câmaras Municipais, levando ao reconhecimento do municipalismo como uma marca da política brasileira, bem como a ideia de representação nacional através do rei.[91] Sociologicamente, um fruto desse modelo de sociedade que surge no Brasil, com pouca ênfase em grupos intermediários, dá conta da natureza da "democracia racial", sobre a qual JCOT se apoia, citando com frequência a antropologia de Gilberto Freyre (1964a, p.38). Não significa um desprezo pelo papel da aristocracia, por parte do historiador mineiro. O argumento é que na prática certos grupos sociais ascendem politicamente, substituindo a ordem estamental, logrando manter igual sentido e papel. A burocracia estatal que se forma sobretudo com os "saquaremas" do Partido Conservador é um exemplo disso.

Porém, o mais surpreendente dessa abordagem camiliana é o interesse sobre uma "sociedade brasileira", que já estaria assentada no nascedouro do país.

---

90. O democratismo apontado por João Camilo para o Brasil Império estava assentado naquilo que havia de mais moderno em pesquisas na Ciência Política. Ao subscrever Walter Lippman, em *The Public Philosophy* (1955), afirma que "a democracia não quer dizer governo pelo povo ou ausência de governo. Quer dizer que o povo consente e aceita seu governo, o governo que é algo distinto do povo. Se identificarmos povo e governo, além de estarmos enganando a evidência dos fatos, abrimos caminho para tiranias terríveis, já que em vista desta identificação os governantes, sendo o 'povo', cometerão em nome do povo todos os crimes" (1958d, p.123).

91. Merece atenção a pergunta sobre a representatividade eleitoral: se a representação do país e do povo pelo monarca não seria um elemento redutor do déficit de representação. Sobretudo no caso do Brasil, a contingência do processo representativo se resumia na ênfase sobre a Coroa (RAMOS; CARVALHO; SILVA, 2018, p.13).

Para que isso ficasse claro era preciso que o estudo fosse realizado de dentro para fora, e para tal JCOT propõe uma "*sociologia brasileira*" (1964a, p.29).

As descobertas de Carvalho, Bastos e Basile (2014, p.32) depõem nesse sentido, de perceberem como já havia um sentimento de nação aflorado no Brasil entre 1820 e 1823. Ainda que a concepção própria de "brasileiro" fosse sendo gestada nos anos seguintes, a noção de nação como Estado soberano já estava sendo configurada. A partir daí era uma consequência replicar essa adesão ao fundamento constitucional.

Como já apresentado no capítulo anterior, JCOT advoga pela presença de um suarismo na formação do Brasil Império, num esforço honesto de conciliação e síntese entre a democracia e a monarquia:

> A Constituição teve por seus redatores gente que respirou na mocidade os mesmos ares de Coimbra, gente que estudou nas mesmas salas onde ensinara Suarez, gente que certamente leu ao menos Vieira e Sousa de Macedo – um dos camaristas de D. Pedro I descendia do grande conselheiro D. João IV. Aliás, que haveria de surpreendente no fato de vermos D. Pedro I repetindo ideias de D. João IV? Ora, a Constituição empregava o termo, já corrente, de Nação. Os poderes eram delegação nacional. O Imperador e a Assembleia, representantes da Nação. OS deputados não se diziam representantes do povo, nas da Nação (2016[1962], pp.188-189).

João Camilo lança a tese de que o termo "nação" representava uma remissão a um sentido neotomista do pacto político. Era este fator de consciência de si por parte da nação brasileira, de realização do *pacto subjectionis,* que tornava concreto o conceito suareziano de "república". JCOT explica que àquela dimensão originária do Brasil o conceito de "nação" poderia ser cambiável por "república", ou seja, um conjunto de cidadãos fazendo parte de uma totalidade unificada, consciente de seus fins, e na qual se adota a Constituição definitiva do Estado (2016[1962], p.189).

A acomodação do liberalismo doutrinário no Brasil era correspondente à postura mais moderada no processo de Independência e constitucionalização. Para JCOT (1964a, p.44,47) a influência de Benjamin Constant (1767-1830) representava um equilíbrio entre autores liberais e republicanos e pensadores como De Bonald e Joseph De Maistre. Outra figura marcante, identificada por João Camilo, é o reformista ilustrado Gaetano Filangieri (1752-1788), que teria influído em D. Pedro, na complementação das ideias do publicista suíço, agindo mais na "parte social", e retirando um pouco da carga de conservadorismo social quase agressivo dos liberais (inclusive Constant) sobre o povo. Para João Camilo a Constituição de 1824 teria sido não apenas mais liberal, mas também mais social.

Figuras romanticamente libertárias como Bolívar, San Martín, ou eventos como Ayacucho e a travessia dos Andes, não fizeram parte da conformação do Brasil Independente. Neste sentido não tivemos uma revolução, mas uma transação.[92] Já no sentido de "revolução" empregado por H. Handelmann, em sua *História do Brasil*, publicada em 1860, o que houve aqui foi uma "revolução legítima". JCOT se debruça sobre essa tese tardiamente conhecida no Brasil, e a partir dela identifica o sentido da transformação política imperial:[93]

> A Independência do Brasil (...) foi uma revolução legítima: nada quis destruir. Apenas construir. O Brasil passou de monarquia absoluta a monarquia constitucional, de reino unido a nação soberana, tudo isto graças à ação de instrumentos de governo e instituições vindas da situação anterior. Na verdade, a Independência foi o reconhecimento, por parte do governo legal do Brasil, de certas situações de fato do 'país real' (1964a, p.48).

Assim, a Revolução brasileira é realizada em comum com uma iniciativa de Restauração, da ordem, da soberania real. Longe de se configurar uma situação revoltosa, a passagem da monarquia absoluta à constitucional envolvera

92. Evaldo Cabral de Mello chamou o processo de um "iluminismo envergonhado", que foi também o título de uma elogiosa resenha publicada no jornal *Folha de S. Paulo*, 14 jul. 2003 acerca do livro de Lúcia M. Bastos Pereira das Neves (2003).

93. *Geschichte von Brasilien*, editada em 1860 por Julius Springer, foi uma obra escrita pelo alemão Gottfried Heinrich Handelmann (1982), e que passou décadas praticamente despercebida pela historiografia local. Foi apenas em 1930, através de Alfredo de Carvalho, quando registrou o livro na Biblioteca Exótico-Brasileira, que ganhou melhor apreço pelo público local. Porém Handelmann já havia escrito na *Revista do Instituto Histórico Geográfico Brasileiro*, n. 6 de 1844 - "*Como se deve escrever a história do Brasil*", e provavelmente teve contato com o próprio imperador D. Pedro II, que lhe granjeou as fontes que utilizou para escrever. É pertinente que numa carta dedicatória, impressa antes do Prefácio, e endereçada ao rei da Prússia, Handelmann considera que a história do Brasil "*em seu desenvolvimento e organização, muitas analogias oferece com a de nossa Pátria*" (1982, p.61). Este é aliás um aspecto pouco explorado pela historiografia comparada. Mesmo João Camilo, que usa tanto o artigo da revista do IHGB quanto a História do Brasil, não explora esse ponto.

um processo de construção tido como ordeiro.[94] Eis o pioneirismo brasileiro, que, segundo João Camilo, não era comumente compreendido pela historiografia, que insistia em afirmar que o Brasil era colônia portuguesa, quando era de fato Reino Unido.[95]

Uma "Vontade Nacional" foi expressa no Brasil, através de uma opinião pública formada por meio de jornais, comícios, associações de toda sorte.[96] O pedido dos povos era para que o Príncipe ficasse, não pregavam rebelião; pediam ao Regente do Reino que neutralizasse a rebeldia e a insubordinação das Cortes, com a separação dos reinos (TORRES, 1964a, pp.52-53). Por isso que a Revolução

---

94. Para uma historiografia mais engajada, progressista, de esquerda, a consideração é que na chave "revolucionária" o processo de Independência do Brasil foi em suma uma contrarrevolução. É o que aponta, por exemplo, José Honório Rodrigues (1975). Ao avaliar que a sociedade da época não foi abalada, no sentido social e econômico, pela transformação política, considera que o grande agente de uma reviravolta seria José Bonifácio, que teria constatado as "*contradições e necessidades principais*" e começado a "*planejar sua reforma, o que faria da independência uma revolução*", porém esse processo teria sido sustado por uma "*contrarrevolução comandada por D. Pedro, com a dissolução da Constituinte*", travando o que José Honório chama de "*processo social de transformação*". A Revolução brasileira teria ficado, portanto, em suspenso, e nem com o afastamento de D. Pedro em 1831 fora possível retomar o processo que a Revolução iniciara (RODRIGUES, 1975, p.13). Não é necessário afirmar que essa concepção de que uma Revolução no Brasil se tornou uma promessa que um dia será alcançada, como a medida inicial que não foi tomada, é antagônica ao modo como JCOT analisa o tema da Revolução e da Independência no Brasil.

95. JCOT traça uma permanente crítica ao modo de apresentação da História do Brasil, feita a reboque de ideias e teorias importadas. Um dos desígnios do autor é justamente superar essa postura a respeito da construção nacional. A *História das idéias* identifica que um dos sérios entraves a uma historiografia consistente são os dois tipos de anacronismo, o progressista e o regressista. Em outras palavras João Camilo também identificava esse mesmo problema. "*No anacronismo clássico, tão comum em historiadores brasileiros, mesmo modernos, temos a projeção do presente no passado, e pela preocupação de considerar a reação as figuras antigas, com mentalidade moderna - é o caso, por exemplo, dos historiadores que criticavam a política mercantilista da Coroa portuguesa no século XVIII, como os ministros de D. João V fossem culpados de ignorarem Adam Smith... O anacronismo que, muitas vezes, está subjacente aos movimentos restauradores é de igual índole, embora, de certo modo, de sinal contrário: é desejar que o tempo fique anulado e tudo volva aos tempos de antanho, como se nada mudara. Aliás, vulgarmente, a coisa se coloca desse modo: se alguém fala, por exemplo, em restauração monárquica, no Brasil, pensa-se logo na volta dos conselheiros de longas barbas e sinhás-moças de anquinhas... Curiosamente, o trabalho empreendido por Vieira e outros em favor da Restauração da Independência portuguesa tomou por base de propaganda a volta de D. Sebastião, ou, concretamente, a ressurreição do rei. O povo não compreenderia que a elevação do duque de Bragança ao trono seria a volta do rei; somente entenderia a volta física do mesmo rei e, não, o restabelecimento da realeza. E, com muita inteligência, assim se colocou o problema*" ([1959] 2016, pp. 107-108).

96. A proliferação de debates no Brasil em torno da Independência, apresentada na tese de Neves (2003), e trazida à tona com uma série de panfletos por Carvalho, Bastos e Basile (2014), corrobora a tese de JCOT de que já havia no Brasil uma "opinião pública", bem como uma expressão de cidadania. O fato de o amplo iletramento ser uma realidade entre os habitantes do Brasil não impedia a circulação das ideias. Círculos de leitura e reuniões aguçavam as opiniões, mesmo por parte dos analfabetos. Basicamente essa identificação a respeito do tema da opinião pública e cidadania no Brasil traz claros contrapontos a algumas teses já defendidas, que insistem sobre a incompatibilidade civilizatória do Brasil, por uma suposta matriz não condizente com valores relativos à liberdade e democracia (PAIVA, 1999).

brasileira foi "*legítima e legitimista*", assegura JCOT.[97] O Brasil torna-se uma entidade soberana pela união da forma monárquica com o conteúdo democrático – como ficou expresso na Ata de aclamação de D. Pedro como imperador constitucional do Brasil, de 12 de outubro de 1822, constando que se tratava de "*vontade universal do Povo desta Província e de todas as outras, como se conhecia expressamente dos avisos de muitas Câmaras de algumas delas, sustentar a Independência do Brasil*" (*apud* ARMITAGE, 2011, p.208). Anteriormente, na "Carta de D. Pedro I a D. João VI", de 22 de setembro de 1822, quando dá conta da separação entre os dois reinos, além de o tom ser de amabilidade entre pai e filho, este venerando e se sentindo ainda súdito daquele, a justificativa foi que, "*se o povo de Portugal teve direito de se constituir revolucionariamente, está claro que o povo do Brasil o tem dobrado, porque se vai constituindo, respeitando-me a mim e às autoridades estabelecidas*" (*apud* ARMITAGE, 2011, p.205). Significa que a postura de não se curvar àquele tipo de revolução que contaminava a Europa era uma atitude dos brasileiros, à qual o príncipe estava fazendo jus, agindo de fato como um Restaurador, do que em Portugal estava sob risco.[98]

O caráter estatal já era existente no Brasil desde Tomé de Sousa, como algo anterior ao próprio povo. Acontece que as sucessivas "promoções" que o reino na América vinha ganhando, inclusive alçado ao mesmo patamar que Portugal, haviam gerado um senso próprio aos súditos americanos do rei de Portugal, e essa relação comum, por se estar na América, distinguia os brasileiros de modo inicial. Ainda que houvesse diversos "patriotismos" – a "pátria baiana", a "pátria pernambucana", entre outras –, a unidade era formada pela diferenciação quanto ao português europeu. Essa identidade entre os habitantes do território brasileiro constituía-se como nação, no sentido natural do termo (como na etimologia da palavra, que deriva do latim *nasci*): comunidade humana baseada no fato do nascimento e da descendência, somada a uma dimensão política de consciência quanto ao lugar.

---

97. A democracia em JCOT não é "procedimental", mas substancial. Não se trata de algo com mera correspondência institucional, de saída, mas algo que permeia a vida social como um todo, e não apenas as instituições políticas.

98. É nesse sentido que a própria Independência do Brasil em 7 de setembro de 1822, afixada na Constituição de 1824, pode muito bem ter sido impactante à própria vida política lusitana, pois o mesmo procedimento de salvação de uma ordem monárquica é repetida em Portugal com a Constituição de 1826, réplica da brasileira, e, com a consequente ida de D. Pedro I para lá, tornando-se D. Pedro IV para os portugueses.

Segundo Jacques Maritain – referência intelectual mobilizada por João Camilo –, uma nação é "*uma comunidade de pessoas que se tornaram conscientes de si mesmas, à medida que a história as foi formando, que preservam como um tesouro o seu próprio passado, que se unem a si mesmas segundo creem ou imaginam ser*" (1952, p.14). Essa dimensão consciente sugere que a "Nação brasileira" em 1822 passa a se integrar segundo três princípios solidários: a independência, a organização democrática e a monarquia. A Independência, como fato. A substância democrática como ato da vontade do povo, que fez nascer a Independência e a monarquia, tornando claro que a constitucionalidade do país é legatária da soberania, cuja origem é popular. Por fim, a monarquia: chave da abóbada, fecho do sistema, poder dependente dos demais e unido de forma indissolúvel (TORRES, 1964a, pp.54-55).

1.4.2 Teoria do Estado Imperial e suas instituições

Na análise global dos processos de independência chama a atenção como o Brasil não segue o esquema de Império (metrópole) para Estados (ex-colônias), mas sim de Império (metrópole-metrópole) para Império (reino separado). Do mesmo modo, foi o único lugar na América que não teve declaração de independência inspirada nos Estados Unidos, ou que seguisse o padrão formal e marcante dos demais países. O que afixou na memória do processo de desligamento com Portugal foram especialmente atos e eventos carregados de simbolismo.[99] Portanto, duas questões precisam ser esclarecidas, as quais formaram objetos de pesquisa de JCOT. A saber, a elaboração de uma teoria do Estado Imperial brasileiro, já que decididamente se trata de um processo *sui generis*, e, paralelamente, a compreensão sobre a importância dos elementos simbólicos que também formam a institucionalidade nacional.

---

99. David Armitage escreve que, diferente das demais, "*a independência brasileira não tem um único documento simbólico, mas uma série de atos normativos, que refletem o processo de emancipação gradual, e um marco simbólico, o Sete de Setembro, só posteriormente erigido pela memória oficial ao Dia da Independência*" (2011, p.201). No livro o autor afixa que o conjunto de documentos e atos que seriam análogos a uma Declaração de Independência são os seguintes: (i) Decreto de 3 de junho de 1822, rubricado pelo Príncipe Regente e escrito por José Bonifácio de Andrada e Silva; (ii) Carta de D. Pedro I a D. João VI, do Rio de Janeiro, 22 de setembro de 1822; (iii) Ata da aclamação do senhor D. Pedro imperador constitucional do Brasil, e seu perpétuo defensor, em 12 de outubro de 1822; e, (iv) Tratado do Rio de Janeiro, de 22 de agosto de 1825, relativo ao reconhecimento do Brasil como Império independente, por parte do Império Britânico.

O conceito central da Teoria do Estado Imperial é a "soberania". Assim como a "Vontade Nacional" formada da conjunção de duas vontades, a do Povo e a do Imperador: "*a soberania não residia nem no Estado nem no Povo, e sim na união dos dois, a Nação Brasileira, realidade distinta da soma dos cidadãos atuais, mas contendo os mortos e os que ainda estão por nascer*" (TORRES, 1964a, p.71). A comunhão entre Imperador e Povo era a combinação entre uma vontade permanente, de duração e existência; e uma vontade da liberdade e da prosperidade. Tratava-se de compor um conjunto na medida das duas principais ordens da sociedade, perfazendo um regime dualista, um sistema de equilíbrio fruto da combinação de forças de igual prestígio.[100]

João Camilo reconhece o valor dos elementos simbólicos em que a vontade dupla, de Povo e Imperador, se revela. O clímax da identificação da "nação soberana" no plano institucional residia nas cerimônias de abertura e encerramento das sessões legislativas. Nelas o Imperador, munido de coroa, manto, cetro e demais atributos do poder, fazia a leitura da sua "Fala do Trono", voltado aos senadores e deputados, formando a Assembleia Geral – a qual compartilhava com o Imperador a "representação nacional" (conforme art. 11 da Constituição do Império, de 1824). Esse evento sintetiza a própria teoria do Estado imperial, pois contempla a noção fundamental e central do poder instaurado, baseado na composição entre Imperador e Povo (1964a, p.72).

A carga simbólica dos eventos oficiais expressava a própria forma pela qual o país recém-constituído se autorreferenciava, ao mesmo tempo que mantinha a identificação com a monarquia.[101] O próprio modelo estético da monarquia remontava

---

100. Uma observação importante, e uma defesa, que JCOT antecipa é que aos "modernos" tal solução "antiga" parecera inexequível, entre outros motivos por restringir a eficiência do Estado. Cita como um dos críticos o historiador Nelson Werneck Sodré. Ressalvando que, no entanto, o Estado imperial cumpre com aquilo que estava colocado em 1824 como problema político principal para o mundo "*recém saído das guerras de Napoleão e da Revolução Francesa*", qual seja, a "*constituição de um Estado que mantivesse a ordem sem restrições à liberdade individual; que evitasse as revoluções pela válvula de segurança do parlamentarismo*" (1964a, p.73).

101. No plano monárquico o Brasil tem como origem D. João VI, segundo JCOT a história do país se confunde com a história da sua dinastia, seja por identificação real ou simbólica – "*pouco importa – os ingleses costuma fazer ginásticas bem complicadas para resolver os problemas dinásticos – mas nem sempre conseguem meios de encontrar um descendente de Guilherme, o Conquistador. (...) Assim, a França se formou em torno dos condes de Paris; Portugal surgiu com o filho do Conde de Portugal. No Brasil, o herdeiro da Coroa de Portugal, desde o advento dos Braganças, era Príncipe do Brasil, o Reino do Brasil foi instituído por D. João VI e a Independência feita pela monarquia, em movimento de caráter monárquico, em hostilidade ao republicanismo das Cortes de Lisboa*" (1958d, pp.60-61). Quer dizer que parecia ilusório enxergar a dinastia brasileira como uma aberração, quando mesmo nos exemplos icônicos de regime monárquico jamais houve uma linearidade uniforme, de um mesmo grupo.

a um modo de coesão democrática, já que "*o povo em geral não compreende uma autoridade desprovida de aparato simbólico*" (1958d, p.75). Para que pudesse tratar de uma teoria do Brasil Império, JCOT identifica que na construção constitucional de 1824 o reino já contava com uma doutrina própria, que não era produto de um mero empirismo, casuísmo, ou de uma filosofia agnóstica elaborada sob encomenda política. Na própria Constituição era possível lastrear essa base doutrinária. Ao passo que o elemento explicativo elencado por João Camilo para tornar compreensível esse fenômeno era o tomismo de Jacques Maritain, que em uma de suas obras apresenta argumentos que se aproximam do legado suareziano.[102]

A tradição portuguesa do suarismo político advogava que a soberania do Imperador não era resultado de um direito divino, mas se explicava pela teoria da translação. Segundo essa teoria o Corpo Político, a "república" transfere ao rei, a uma assembleia ou a qualquer outro órgão esse poder que lhe é originário. Esse procedimento é ritualístico, e no Brasil se concretizou na Aclamação de D. Pedro I de 12 de outubro de 1822, quando foi realizado o *pactum subjectionis*, o pacto de sujeição entre as partes. A partir de então a Nação estava impedida de rompê-lo, a menos que o rei se inclinasse à tirania, quando ao povo era permitido se sublevar. A teoria não termina com esse momento inicial, e precisa ser mantido constantemente através do chamado *consensus* - conforme já explicado em capítulo anterior -, que se refere ao gesto de obediência, assentimento, por parte dos governados. Assinala JCOT:

> o poder é algo que se perpetua e há uma ratificação do pacto inicial, nascida da obediência dos cidadãos. A força dos governos, convém lembrar, não está na maquinaria policial ou militar, mas na obediência dos súditos. Será tão mais forte um governo, se for mais prontamente obedecido... Por isto não é uma questão doutrinária a da origem popular do poder, mas uma situação de fato. (1964a, p.82)

---

102. Em *O Homem e o Estado*, Maritain diferencia "Nação", "Corpo Político" e "Estado". Politicamente, a nação é inerte sem o corpo político, pois "*a Nação não se torna um Estado. É o Estado que provoca o nascimento da Nação*" (1952, p.17). Já o Estado é produto do corpo político, responsável pela manutenção da lei, ao fomento do bem comum e da ordem pública e à administração dos negócios públicos. Enquanto o Estado é uma parte - ainda que principal -, o corpo político ou sociedade política é o todo. Trata-se da "*mais perfeita das sociedades temporais (...), realidade humana total e concreta, tendendo a um bem humano concreto e total - o bem comum*" (MARITAIN, 1952, p.19). No caso brasileiro, a nação constituía-se, por meio da associação dos cidadãos, num corpo político, cujo governo estava entregue a seus representantes. As três noções básicas que compreendem a nação, o corpo político e o Estado, estavam identificadas da seguinte maneira: (a) a nação como associação, como corpo político, decididamente como "república", no sentido suareziano; (b) o conceito de delegação - que servia para unir os dois atributos anteriores ao terceiro; (c) o Imperador como representante (TORRES, 1964a, p.76).

Além de acentuar um caráter democrático na origem do Brasil, João Camilo ressalta que a monarquia era uma condição essencial, e não acidental - como se tentou apresentar *a posteriori* pela propaganda republicana, da existência do Império. A monarquia, tal como era, hereditária e mergulhada em atributos tradicionais, era um fato. A devida compreensão acerca de sua existência altera completamente o significado do Estado. O próprio caráter sacral presente no âmago da realeza tradicional - à qual a brasileira procurava inclusive se filiar, ainda que abraçasse as formas moderadas de liberalismo - remonta à própria ideia da origem sobrenatural do Estado. Com efeito, a coroação, sagração e aclamação real são quase um sacramento. Que no caso brasileiro estaria inclusive blindado diante da degeneração da "sedução do Estado". O caso brasileiro seria salvo porque "*conseguira realizar a experiência de um regime construído sobre a razão e não sobre o totemismo do Estado*" (TORRES, 1964a, p.86).[103]

Pelo menos três aspectos arrefeciam o peso dessa noção sacra de uma monarquia tradicional, dentro da exposição de JCOT. Primeiro, o fato de a influência tradicionalista sobre João Camilo servir muito mais para salientar a aliança do Rei com a plebe como fator de origem do reino português, e, por conseguinte, brasileiro.[104] Segundo, a presença da Igreja católica admitindo que o poder como tal - e não de forma concreta e direta - tem origem divina. Como dentro do quadro tradicional do pensamento católico nenhuma autoridade civil poderia ser consagrada sem a chancela eclesiástica, logo o poder real era balizado por uma entidade moral e espiritual. O terceiro aspecto, acentuado pelo autor de *A democracia coroada*, é que o Estado Imperial ia além da monarquia. O rei era um poder cuja função era reinar, zelar pelo bem comum e agir como ponto de equilíbrio sobre os outros poderes - o Executivo, o Legislativo e o Judiciário. Ainda que o Poder Executivo fosse exercido pelo monarca, os responsáveis perante a Câmara dos

---

103. João Camilo procura responder ao argumento de N. Berdiaev (1963, p.152), para quem a monarquia de forma geral teria adquirido uma condição totêmica conforme sua mística, por ser o ente de identificação da soberania, mas que essa sedução aparente foi vítima de um processo de substituição impulsionada pela filosofia moderna, que procurou deslocar a política da vontade (do povo ou do monarca) em prol da razão. Mesmo acatando as concepções do mestre russo, JCOT demonstra que o Império do Brasil foi feliz em combinar um processo consciente dentro da tradição, e não através de um espiritualismo irracional.

104. Um dos autores mobilizados por JCOT, que faz parte do rango tradicionalista, legitimista, monarquista, é o português António Sardinha. Inclusive é dele a sugestão de que o reino lusitano foi fundado numa aliança do rei com o povo, conforme explica em sua teoria da nobreza (AULER, 1943, p.66).

Deputados pela condução do governo eram os ministros, que efetivamente faziam a administração pública. Tratava-se do rei em seus conselhos (1958d, p.63).[105]

A máxima do Visconde de Itaboraí, de que "*o rei reina, governa e administra*", é explicada por João Camilo a partir das lições de outro aristocrata brasileiro, o Visconde do Uruguai. No plano administrativo, da execução do governo, o chefe desse poder não age por si só, senão através de um complexo de agentes de ordens diversas. O Imperador não assumia uma mera chefia nominal, e combinava o governar com o reinar, o Executivo com o Moderador. Esse era o formato prático do sistema monárquico brasileiro, e que passa a se alterar na medida do surgimento e da evolução do parlamentarismo. A Constituição de 1824 não continha um texto propriamente parlamentarista, pelo fato de reconhecer ao Imperador o direito de nomear e demitir livremente os seus ministros. Por outro lado, o mesmo texto constitucional distinguia os poderes Moderador e Executivo, lançando as bases do sistema de gabinete. A figura do "ministro principal" surge em decorrência da tenra idade de D. Pedro II, pois com a Maioridade antecipada em 1843 não tinha condições de assumir na prática a direção dos negócios públicos no Parlamento. Apenas em 1847 é que foi criada a "Presidência do Conselho de Ministros", por iniciativa de Paula Sousa. Mas, por falta de um regulamento dessa nova instituição, não havia uma distribuição nítida das funções do Imperador como Poder Moderador e como chefe do Poder Executivo e as do Presidente do Conselho (1964a, p.96).

O Império brasileiro era um sistema permeável, do mesmo modo que a "Revolução" da Independência trouxe consigo uma "Restauração" de velhos costumes, abriu-se um horizonte de possibilidades futuras. A melhor forma de se compreender a fórmula plástica dessa teoria política é avaliando o modo como as instituições imperiais funcionavam. A começar pela flexibilidade da Constituição de 1824 quanto a Reformas, o art. 178 só apontava como "constitucional" aquilo que dizia respeito aos limites e atribuições dos poderes políticos e aos direitos políticos e individuais dos cidadãos, e o que não era constitucional podia ser alterado pelas legislaturas ordinárias. Além dessa atribuição capital, o Legislativo representava a conservação do sistema político, o regular exercício legislativo, e atuava como fiscal, cuidando do cumprimento das leis e da Constituição.

---

105. Aqui, mais uma vez, fica acentuado o pano de fundo da Restauração portuguesa, como JCOT abordou em "Do Governo Régio" (1958d), recorrendo à célebre obra do século XVII, *A arte de furtar*.

A instituição mais singular do Brasil Império era sem dúvida o Poder Moderador. Tratava-se do poder de manter em equilíbrio a máquina do Estado e de representar a nação perante o mundo (TORRES, 1964a, p.118). E justamente era o eixo sobre o qual faltava, segundo JCOT, uma teorização a altura da dinâmica política. O Império chegou aos anos 1880 sem ter uma teoria do regime, ainda que algumas tentativas sejam dignas de nota, como as obras e realizações de Bernardo Pereira de Vasconcelos, Marquês de São Vicente, Visconde do Uruguai, Zacarias e Braz Florentino (TORRES, 1964a, p.134). Dentre esses, aquele em que o historiador mineiro mais se detém é o último: pelo fato de se posicionar filosoficamente no âmbito do tradicionalismo e estar permeado por nomes como De Maistre, De Bonald, Balmes, Donoso Cortés, Ventura de Ráulica, Chateaubriand e tantos outros. Braz Florentino teria logrado completar Benjamin Constant, desenvolvendo uma linha de defesa da Constituição de 1824 que era tanto uma resposta aos liberais radicais[106] como enfatizava aquilo que é central no argumento camiliano, o Brasil como "*união entre o trono e o altar e concepção sacral da política: a doutrina tradicionalista, no que tem de mais característico em defesa da Constituição do Brasil!*" (TORRES, 1964a, p.144).[107]

Acoplado à importância do Poder Moderador estava o Conselho de Estado, "*o cérebro da monarquia*". Mais uma vez, a instituição revela os vínculos do sistema, entre o tradicional e o moderno, tanto o "rei em conselho", como o viés de divisão do trabalho (TORRES, 1965b, pp.21;29). O Conselho de Estado reforçava o sentido público da monarquia, o país não era assunto de uma Família Reinante.[108] O primeiro

---

106. Braz Florentino criticava três pressupostos do constitucionalismo liberal, e que eram advogados contra a prática da Constituição de 1824. Primeiro, contra o "*the king does no wrong - because he does not nothing*"; segundo, contra o "*le roi règne mais ne gouverne pas*"; e, terceiro, contra o argumento de que os atos do Poder Moderador exigem referenda obrigatória dos ministros (TORRES, 1964a, p.138). De fato, Braz Florentino utiliza uma argumentação de defesa moderna para defender algo tradicional, que é o poder discricionário do monarca. Afinal, a própria elaboração - moderna - de Benjamin Constant possibilitava essa manobra, permitindo ao proeminente político católico a defesa do Poder Moderador (SOUZA, 1978).

107. Vale lembrar que Pimenta Bueno, o Marquês de São Vicente, também é bastante considerado por JCOT como aquele que procurou temperar o conservadorismo e o liberalismo, fazendo do quadro constitucional de 1824 um instrumento sólido voltado às reformas necessárias ao país. *Direito Público Brasileiro e Análise da Constituição do Império* (1857), do jurista Pimenta Bueno, é tido como "*o mais completo estudo que já se fez das instituições imperiais, que analisa de maneira exata e ampla, constitui, na literatura jurídica brasileira um dos casos raros de obras de direito público puramente doutrinárias*" (TORRES, 1968c, p.138).

108. Para JCOT a própria prova do sentido público - e não individualista, particularista, ou partidário - do Império foi o resgate das tradições: "*doutrinariamente, pois, a Constituição do Império reproduzia a corajosa posição dos homens de 1641: a sucessão da Coroa não se rege pelas normas do direito privado e, sim, pelo direito público: não é uma questão particular da Família Reinante, mas uma questão pública, de interesse geral*" (1964a, p.156).

Conselho funcionou de 1823 a 1831 e lhe coube concluir a primeira Constituição.[109] O segundo funcionou a partir de 1841, já como tribunal político e administrativo e de assessoria técnica, cuja principal atribuição constitucional era exercer uma espécie de controle de prévio e automático - discutia-se a sujeição da lei ordinária à Constituição antes de ser o projeto apresentado ao Parlamento. Tratava-se de um complexo inovador da política nacional, assegura JCOT (1958d, p.53).

No caso do Poder Executivo, o problema não era a base constitucional do país, mas as mudanças com o passar dos anos que foram alterando o funcionamento institucional. A função primordial do Executivo é a de *imperium*, bem como a de poder ministerial e primeiro motor da esfera administrativa. Pela Constituição, o Executivo era de fato exercido pelo Imperador, porque o próprio sistema parlamentar surge depois de 1824. Não era possível pressupor esse tipo de alteração, em que o monarca é pressionado a formar um governo de gabinete. Para JCOT o Brasil adquire um sistema *sui generis* quando reúne, a partir de D. Pedro II, um gabinete responsável perante a representação nacional sob o encargo de comandar o Poder Executivo, e, paralelamente, um poder soberano, neutro e suprapartidário, cuja atribuição era privativa do Imperador (1964a, p.205).

Sobre o sistema eleitoral, João Camilo subscreve a tese de Oliveira Vianna: sem liberdades civis, efetivamente garantidas, as liberdades políticas são irrisórias. Foi algo que na mesma linha defendeu Victor Nunes Leal ao descrever o fenômeno do "coronelismo" na República. Significa que no caso do Brasil Império se justificava o regime de tutela do Imperador sobre as eleições, especialmente porque a proteção individual dos eleitores ainda era precária. Ao mesmo tempo isso não impediu uma fluida vida partidária e a transformação política provocada pelas correntes. JCOT inclusive acolhe a explicação de Justiniano José da Rocha acerca da história do Império, feita de uma fase de "Ação" até a morte de D. Pedro I, em seguida de uma "Reação", da Regência Feijó à conciliação, e de uma "Transação" - que principiara quando Justiniano escrevia o seu panfleto (1855) e terminaria em 1868, quando o Imperador chamou o Visconde de Itaboraí e os conservadores "puros" ao poder.

O que há de comum no âmbito das instituições que compunham o sistema imperial são dois processos argumentativos desenvolvidos em paralelo. Primeiro,

---

109. O Conselho de Estado conclui o trabalho de redação da Constituição do Brasil de 1824. Na Constituinte de 1823 o projeto iria ser apresentado, na sequência do projeto apresentado pelo deputado e constituinte Antônio Carlos de Andrada, que era menos liberal e moderno do que aquele que acabou se tornando a primeira e mais duradoura Constituição brasileira.

a tentativa de ajuste dos desequilíbrios políticos, conforme as lições tradicionais, atualizadas e renovadas. Segundo, a correlação entre esses atributos permanentes da política com a formação do Brasil, de modo que a própria política nacional forjou os seus próprios marcos, os quais também tornaram-se permanentes e atualizáveis. Ainda que fora do mesmo regime, os marcos políticos se mantiveram, a visualização dessa trajetória é percebida através das fases do desenvolvimento político.

A tese da "democracia coroada" refere-se aos motivos e intenções conscientes da política, como algo da boa vontade dos estadistas imperiais. Foram agentes que procuraram estabelecer um regime de liberdade e de igualdade de possibilidades para o maior número e que permitisse, sem choques, um progressivo desenvolvimento das garantias efetivas da liberdade e da igualdade (TORRES, 1964a, p.382). O modo como foi feita a Abolição e a gradativa abertura da legislação eleitoral foram provas desse modelo de ação política. Mas todas essas situações não podem ser observadas em bloco, mas dentro de um processo que compreende determinadas fases. Na última parte este argumento será retomado para tratar da trajetória do desenvolvimento político do Brasil Império e de sua missão histórica.

1.5 O valor da vida local, da terra e da montanha

> *"Continuo à procura de mim mesmo e absolutamente certo de que não me encontrei em Lisboa, em Coimbra, pois eu permaneço em Itabira."*
>
> Luiz Camillo (irmão de João Camilo, em viagem pela Europa, 1937)
>
> *"Em verdade, Minas não seria fiel a si mesma se abandonasse sua instintiva inclinação para sentir e realizar os interesses fundamentais de toda a Nação."*
>
> (*Manifesto dos Mineiros*, 24 out. 1943)

Minas funciona como fundamento do pensamento camiliano, pois é também lugar de retorno, de reencontro, de remissão ao passado, de reconstituição da realidade; é o lugar natal e permanente de João Camilo, de onde jamais quis sair e no qual jamais deixou de pensar. Fez raras viagens ao exterior, e no Brasil, embora a predileção fosse por idas a Petrópolis e ao Rio de Janeiro, recusou cargos nesta cidade para poder ficar em Belo Horizonte. Nas mais diversas obras vinha a calhar alguma menção aos feitos mineiros, à Guerra dos Emboabas, à Inconfidência, aos grandes personagens do Império cuja terra natal era Minas, à moderação da província na República, ao papel central do governador Magalhães Pinto em 1964, e, sobretudo, às características geográficas do lugar e ao modo de ser do povo mineiro - seus hábitos, costumes, temperamento. Sem contar a relação de Minas com o Estado e a religião, da importância do municipalismo, da vivência cívica, e como a presença católica era forte no povo. Definitivamente, Minas era sua escola.

O modelo de pensamento de que JCOT faz uso em sua primeira aventura literária sobre Minas Gerais é tributário de Gilberto Freyre. Pretendia compreender o âmago da terra e do "espírito mineiro", e daí fazer do regional projeção para o nacional. O método do sociólogo pernambucano lhe é caro, mas tampouco é o único aporte que utiliza para escrever aquele que será um dos seus livros mais "sociológicos": *O homem e a montanha. Introdução ao estudo das influências da situação geográfica para a formação do espírito mineiro*, de 1944. Na sua confecção trabalha com um conjunto vasto de autores, desde brasileiros - como Salomão de Vasconcelos, João Dornas Filho, Geraldo Dutra Moraes, José João Teixeira Coelho, Miriam Latiff, Luís Camilo de Oliveira Netto, Caio Prado Jr., Oliveira Viana - a estrangeiros - que lhe eram contemporâneos ou um pouco mais antigos, como Marc Bloch, Henri Pirenne, Ortega y Gasset, Max Scheler, Oswald Spengler, Henri Bergson, e, especialmente, Frédéric Le Play (1806-1882).

O modo como JCOT era retratado em diversos jornais, como "sociólogo", não se deve ao fato de ventilar a obra de Gilberto Freyre. Refere-se particularmente ao modo como o pensador mineiro faz daquilo que poderia ser um ufanismo localista, um campo de instituições, personagens e experiências para pensar o Brasil. Minas funciona como um microcosmos do Brasil, ainda que não seja tão micro assim. O singular é a importância central da província, praticamente o coração geográfico brasileiro, na definição dos rumos políticos, sociais e institucionais do país. Numa visão panorâmica, Minas é retratada como o lugar de antecipação de ideias, experiências políticas e moderação nacional. É o que fica evidenciado numa das primeiras experiências historiográficas profissionais para uma História de um estado brasileiro, pautada em pesquisas de arquivo e tentando ser menos ensaística, e que rendeu a publicação de *História de Minas Gerais* – lançada inicialmente em 1961 e 1962 em cinco volumes, e já na terceira edição de 1980 condensada em três volumes.

Além do caráter sociológico da abordagem camiliana, duas outras questões norteiam este capítulo. Primeiro, é preciso explicar como JCOT concilia a defesa dos valores, da cultura e da especialidade de Minas com a crítica ao sistema político e administrativo implantado a partir da República, em 1889. A tese sobre este modelo de organização do Estado nacional advém de uma compreensão da própria experiência histórica, e à luz das constatações dos vícios do modelo que passou a funcionar na República. O segundo aspecto pretende apresentar os traços que fazem de Minas um ambiente especial para o Brasil. Basicamente é algo que servirá de pano de fundo para dimensionar outros lances da obra camiliana. Refletir sobre o lugar de Minas no Brasil é equivalente a pensar o lugar do Brasil no mundo. Igualmente, pensar nas relações políticas e institucionais – como o exercício democrático, as disputas entre liberais e conservadores, e a experiência municipalista – é ponto essencial para enfrentar propostas de mudanças e reformas em todo o país. Os casos da militância pelo voto distrital, pelo parlamentarismo e pela monarquia, que serão analisados na última parte deste trabalho, são o resultado desse fundamento sociológico sobre Minas.

1.5.1 O Brasil não é uma poliarquia, é uma monarquia policrática

A campanha federalista é arrolada como uma das causas da queda do regime monárquico no Brasil.[110] Porém, é certo que dentro da própria monarquia estava

110. O conjunto de "motivos" da queda do Império em 1889 começa com a queda do gabinete de Zacarias de Góis e Vasconcelos (1868), passa pela fundação do Partido Republicano e o manifesto (1870), a Lei do Ventre Livre (1871), a questão religiosa (1872-1875), a reforma eleitoral (1881), a questão militar (1887), a abolição da escravatura (1888) e a campanha federalista (1880). Tornou-se hábito ensinar que esses eventos se sucedem de modo cumulativo e linear concorrendo em uníssono para a mudança do regime, como algo prestes a cair no desfiladeiro e a cada momento é empurrado. Lynch (2018, p.408) contesta essa observação identificando que esses eventos faziam parte de um processo de abertura do sistema político, e em muitos casos eram provocados propositadamente pelo próprio *establishment*. Afinal, a Constituição de 1824 era bastante flexível e permitia uma série de possibilidades, contemplando reformas e modernizações. Porém, o ponto principal que demoveu o regime monárquico foi a questão militar, ainda que os demais eventos possam ter criado fragilidade. A questão é que a leitura de algo em decomposição é errado e anacrônico, pois não estava em questão no contexto da época uma queda tão brusca mesmo em 1889.

sendo desenhado um plano federativo, segundo Joaquim Nabuco e o Visconde de Ouro Preto.[111] A própria crítica de Tavares Bastos em *A Província*, de 1870, não tinha o menor caráter "antimonárquico", e no fundo embaralhava federação com descentralização.[112] O fato é que a queda do Império, provocada por motivos diversos, sobretudo a "questão militar", transformou o país numa República Federativa Presidencialista. A confusão estava montada, pois a própria propaganda da novidade de 1889 desconcertou o debate acerca da descentralização, tornando-a sinônimo de federação – o que é um equívoco.

Federalismo e republicanismo são assuntos ligados à consciência regionalista de João Camilo. O universo intelectual mineiro está mergulhado nessas discussões. A constatação de que o Brasil é uma "monarquia policrática", um Estado unitário, acaba revelando, por contraste, as deficiências da República instaurada, cujos efeitos tornaram-se inversos ao antigo apelo pela coisa pública em Minas. A primeira consequência do 15 de novembro teria sido justamente o retrocesso democrático e a incompreensão do significado de "república". Por conseguinte, vícios surgiram com o federalismo aplicado e a dificuldade de se falar em descentralização.

O desafio de JCOT era tratar do fundamento político do Brasil e de Minas de forma integrada, e não antagônica, a ponto de explicar que o localismo mineiro, como de outras partes, não sobrevive plenamente no ocaso do sistema monárquico. Fora da unidade nacional as províncias caem em dilemas insuperáveis – como a cruel expressão do clientelismo rural representado pelo coronelismo.

João Camilo pretende destrinchar o tema da federação retratando inicialmente a natureza imperial do Brasil. Ao passo que D. Pedro I foi o herói da Revolução

---

111. A proposta de Joaquim Nabuco (1949, p.260) surge pela primeira vez em 21 de setembro 1885, e é repetida na sessão de 8 de agosto de 1888, assim como levantada pelo próprio chefe do gabinete, Afonso Celso de Assis Figueiredo (Visconde de Ouro Preto), no discurso de 11 de junho de 1889 (OURO PRETO, 1978). Parte substancial do argumento de JCOT está baseada na obra de Ouro Preto –*Reforma administrativa e municipal* (1883), onde aponta que o Brasil não era uma federação porque não havia sido organizado como tal, mas que bastava a realização de reformas organizativas a fim de promover esse sistema.

112. A crítica de JCOT a Tavares Bastos era devida ao idealismo do político alagoano do Império, pois se salvava em meio a tantos liberais traidores e "entreguistas". "*Tavares Bastos. Era um idealista. Certamente os velhos 'saquaremas', de quem descendo, o considerariam um energúmeno. Mas, era um bom patriota, e seus títulos de glória foram a internacionalizaçãoo do Amazonas e do comércio de cabotagem (Mas foi acusado de estar a soldo dos americanos, como anota D. Pedro II em seu Diário)*" (1961e, p.193).

Brasileira, a visão imperial era obra de José Bonifácio de Andrada (1763-1838).[113] O "Patriarca" da Independência concebia uma espécie de Grã-Bretanha do hemisfério sul para o Brasil, na medida em que um governo no Rio fosse paradigmático, mas que também cada região tivesse a sua autonomia. A visão imperial não se resumia à manutenção da autoridade do Príncipe, mas servia para que um governo popular no Rio fosse exercido, e, automaticamente, seguido de experiências análogas. Como resultado teríamos várias repúblicas brasileiras, nenhuma com força suficiente para dominar as demais. Através do poder neutro a Coroa uniria as províncias, sem hegemonias, sem subordinações. Essa projeção teria sido sustada pelo modo artificial com que o federalismo foi implantado no Brasil, que não seguiu as sugestões imperiais de José Bonifácio, e resultou no domínio de umas províncias sobre as outras (TORRES, 1963c, p.405).

Um dos desafios da tese camiliana era avaliar a existência do federalismo dentro do Império. Depois de ter escrito *A democracia coroada*, de fato João Camilo levantou exatamente esta questão: "*teria o Império do Brasil uma estrutura federal?*" (1961b, p.11). A resposta é positiva. Em *A formação do federalismo no Brasil* (1961b), identifica como o Brasil Império contava com uma fórmula política voltada à federação, que só não teria sido aprimorada pela falta de uma interpretação constitucional apropriada. Conservadores e liberais partiam do pressuposto do caráter unitário do Estado, os primeiros "*porque assim o desejavam e os liberais porque não compreendiam federalismo sem eleição dos presidentes. Uma análise rigorosamente objetiva e isenta talvez concluísse que o Império era uma Federação*" (TORRES, 1961b, p.148). Cabe justificar, federação como "*pluralidade das ideias de direito*", segundo indicava Burdeau,[114] era de fato algo presente no Brasil Império.[115]

---

113. José Bonifácio foi um dos representantes brasileiros que confiou nas Cortes e elaborou um esquema de organização política, confiando na possibilidade de se manter os Reinos unidos. A ideia era algo do gênero da Comunidade Britânica, mas em bases diferentes, pois a unidade seria apenas simbolicamente mantida pelo traço de união da Coroa. Depois da frustração das Cortes, Bonifácio contribui para a "Revolução Brasileira", liderada por D. Pedro I, combinando com este o senso de ponderação, sendo ele o "saber de experiências feito" em companhia da autoridade legítima, o prestígio da realeza, o princípio monárquico encarnado no príncipe (TORRES, 1963c, pp.402-403).

114. JCOT se apoia na obra de Burdeau para explicar os requisitos do sistema federativo.

115. Há uma relação implícita entre a concepção de federalismo de JCOT e o princípio da subsidiariedade. A correlação é intrincada, pois como saquarema o historiador mineiro não se defaz do protagonismo estatal, porém advoga em prol do regionalismo e do municipalismo mineiro, o que denota sua especialidade. João Camilo não incorpora o princípio da subsidiariedade como uma doutrina inflexível, mas procura adaptá-la implicitamente às condições da realidade brasileira.

Para além dos insucessos do projeto de uma monarquia federativa, dois aspectos são marcantes na análise camiliana acerca do federalismo no Brasil. Primeiro, a possibilidade de descentralização do Estado unitário, e que o próprio paradigma constitucional de 1824 pressupunha um horizonte federalista. Segundo, acerca da implantação do federalismo republicano de 1889.

O teste para aferir a possibilidade federativa do Brasil Império era saber se foi constituído por um corpo político de coletividades e não de indivíduos. João Camilo constata que tanto a representação, que é plural; como o próprio processo de Independência, proclamado no Ipiranga em São Paulo (e não na Corte) e consolidado província a província, mostravam o caráter coletivo da monarquia.[116] Conforme consolidado na própria Constituição de 1824: "*quem redigiu este texto (seria o marquês de Caravelas?) tinha uma filosofia política e a pôs em prática: há uma 'sociedade política', distribuída por um território, e com um governo*" (TORRES, 1961b, p.85). Por sinal, redação bem diferente do projeto Antônio Carlos, que se encaminhava para o ideal francês do unitarismo absoluto.[117]

A origem desse modelo que se propunha mais aberto estava no próprio Império lusitano. Portugal já admitia anteriormente uma colonização assimétrica, dadas as diferenças culturais em todo o Império. O Brasil independente assume essa herança, aliando a garantia da unidade com a efetivação de uma "federação preventiva" - formada por grupos diversos e unidos, e não por grupos isolados. Tal ato de união era para fazer face ao projeto das Cortes de Lisboa, que descambaria na divisão do território em províncias independentes, tal qual na América espanhola.

No debate historiográfico sobre o federalismo no Brasil Império JCOT assume uma posição rara, destacando que o *Regresso* não suspendia o federalismo

---

116. O fato de os presidentes de província serem nomeados pelo governo central não destituía a autonomia política que correspondia a esses entes. Tratava-se de um fenômeno de "*descentralização política e centralização administrativa*", conforme destacado por Nelson Werneck Sodré (*apud* TORRES, 1961b, p.84).

117. Em tese a respeito do Visconde do Uruguai, Ivo Coser não acompanha a análise de JCOT sobre o federalismo. Argumenta que, embora o autor tenha demonstrado esforço e fundamento em suas exposições, não seria possível reconhecer que o projeto federalista tinha sido malfadado por falta de compreensão histórica e da formação social brasileira, e tampouco que os agentes da época não diferenciavam o federalismo americano daquilo que supostamente estava na Constituição de 1824. Ou seja, para Coser havia um propósito de se atingir um modelo americano de federalismo, e não implementar algo implícito ao modelo brasileiro (2008, p.15).

monárquico, mas o completava.[118] A Lei de Interpretação do Ato Adicional (1840) fixava um aspecto que seria doutrina do federalismo clássico – o paralelismo das administrações, que se refere à capacidade legislativa da província no âmbito das funções que ocupa, e não sobre leis gerais relativas à competência nacional. Tal princípio consolidava a estrutura plural do Império do Brasil, e que podia ser chamada de "federal" (1961b, p.97). Por outro lado, outras análises encaram que o Brasil jamais teve até 1889 uma experiência federativa, como consta na obra de Evaldo Cabral de Mello, para quem a Constituição de 1824 representou a vitória centralista e a derrota do projeto federalista (2004).[119] Há também quem caracterize o período ímpar de efetivação do "princípio federativo" no Império como sendo a Regência. Este é o caso de Miriam Dolhnikoff.[120] E há ainda teses

---

118. O movimento do *Regresso* é constituído por três atos: (i) a lei de 12 de maio de 1840, interpretando o Ato Adicional; (ii) a lei de 3 de dezembro de 1841, que reforma o Código de Processo Criminal; e (iii) a de 23 de novembro de 1841, que restaura o Conselho de Estado.

119. A caracterização de Evaldo Cabral de Mello acerca do Brasil Império é equivalente à apresentada por Raymundo Faoro, pelas Ciências Sociais. Ambos apontam para a autonomia do Estado imperial perante a sociedade. O historiador pernambucano irá negar uma apresentação 'realista' da história, "*contada exclusivamente do ponto de vista do Rio de Janeiro*", para mostrar como a política transposta do Estado português para o Brasil mitigou e arrasou outras formas políticas que poderiam desenvolver melhor o país, sem o desmembrar – como é o caso do federalismo pernambucano. E nesse rumo de desmistificação, o autor reitera colocações importantes: "*federalismo pernambucano é diferente de federalismo norte-americano e não é igual a separatismo [pecha que acabou recebendo devido ao contexto em que era levantado] (...) que o nativismo foi a pedra angular dos conflitos contra a metrópole, muito antes de qualquer idéia de 'unidade brasileira'*". Nessa busca por autonomia, as províncias lutaram para "*escaparem ao domínio tanto do Rio de Janeiro quanto de Lisboa*" (MELLO, 2004, pp.11-12). Os casos mais especiais teriam sido Pernambuco e Bahia. Esse federalismo unitário pernambucano, mesmo 'unitário', segundo Evaldo Cabral guardava um embate contra a concepção política dos monarquistas "do Rio", a ideia de que a soberania ficaria guardada em cada província.

120. Limpo de Abreu, ministro dos Negócios do Império, ao apresentar em 1834 o Ato Adicional à Regência, expressou que o destino do Império como unificador do território, sob a direção do governo do Rio de Janeiro e a autonomia provincial, era o de consolidar o "princípio federal", tido como o "penhor da união das províncias (DOLHNIKOFF, 2005, p.83). Três estados são tidos como paradigmáticos no exercício desse federalismo – justamente alguns dos mais fortes: Pernambuco, Rio Grande do Sul e São Paulo. O processo foi de uma franca adesão ao projeto brasileiro: "*Tanto a elite paulista como a das demais províncias demonstraram disposição para aderir ao Estado sediado no Rio de Janeiro, desde que encontrassem nele espaço satisfatório para a defesa de seus interesses*" (2005, p.55), tanto que mesmo grupos revoltosos como os pernambucanos de 1817 não hesitaram em reconhecer a Constituinte e o Imperador. Com o Regresso conservador, especialmente através do gênio de Bernardo Pereira de Vasconcelos, um realismo político se impõe recusando a federação. O intuito regressista era preservar a unidade nacional, o que desfazia naturalmente o projeto federalista, pois segundo André Rebouças era marcado por elites que em suas províncias apenas se empenhavam na defesa de seus próprios interesses imediatos, sem pensar no interesse geral ou futuro (*apud* DOLHNIKOFF, 2005, p.72). A tese de Dolhnikoff, em oposição à de Evaldo Cabral, demonstra que o projeto federalista não havia morrido em 1824 e tampouco em 1840, e que sobrevivera no bojo da negociação política, das concessões. Portanto, a Regência teria sido o melhor momento de acomodação das elites provinciais ao contarem com autonomia na administração de suas províncias e também garantirem a participação no governo central. E mesmo depois da Lei de Interpretação o regionalismo teria conseguido readquirir nova feição e atuado para o controle do governo central (DOLHNIKOFF, 2005, pp.14;154).

que identificam a capacidade de articulação política de uma província junto ao governo central.[121]

Um esclarecimento importante sobre a tese do federalismo na monarquia refere-se à confusão feita com a descentralização. Para diferenciar a província em federação do estado unitário descentralizado JCOT utiliza três caracterizações, retiradas da obra de Georges Burdeau:

a) o federalismo visa a atividade governamental; a descentralização e a função administrativa;
b) no federalismo, a província faz suas leis próprias; no unitarismo, é governada por leis do Estado; e,
c) no federalismo, a província possui força pública para aplicar as suas leis; no estado unitário, carece de auxílio do governo estadual" (*apud* TORRES, 1961b, p.149)

Segundo JCOT, as províncias do Império brasileiro, como órgãos do estado e coletividades autônomas, possuíam todos os elementos distintivos do estado-membro da federação.[122] Contavam com assembleias provinciais que não serviam de mero caráter administrativo, detendo poder legislativo específico e polícia militar própria. Não se tratava de uma mera descentralização, que delegava poder de decisão, sem dar vazão a um poder normativo. Efetivamente havia uma autonomia, pois as províncias podiam determinar regras. Mesmo que sujeitos a inspeção por parte do governo central não era negada aos presidentes de província a apresentação de projetos de lei.

O projeto federalista dentro do Império não se concretizou porque o sistema provincial não agradava a nenhum flanco político. Para os liberais não era

---

121. Em *O império das províncias. Rio de Janeiro, 1822-1889*, Maria de Fátima Silva Gouvêa demonstra o caso particular da província fluminense, em que, pela proximidade com a Corte e pela condição econômica central, a elite local não apenas foi alçada à primeira classe entre as forças políticas, como a própria província exercia um papel institucional relevante nos delineamentos da política nacional. E, de fato, o ganho com o Regresso foi a conquista de uma situação de equilíbrio e de estabilidade, pela consolidação de um grupo hegemônico, capaz de harmonizar os diversos grupos de interesse. Esse cenário foi corroborado pela criação do cargo de Presidente do Conselho de Estado, em 1847, e ainda pela importância da Guarda Nacional (GOUVÊA, 2008, p.24).

122. A justificativa de JCOT para explicar as possibilidades do federalismo na monarquia partiam da avaliação dos princípios do federalismo, que encontravam lugar na conjuntura constitucional brasileira. Assim como Burdeau, outra referência teórica vinda da Ciência Política francesa era Pierre Duclos, que retratava a organização federal como fruto de dois princípios originais: a união de particularismos, de um lado, e a composição do poder, de outro (DUCLOS, 1950, p.228).

suficientemente federalista; para os conservadores, era federalista demais; para D. Pedro II, um meio de impedir uma planificação geral. O Imperador temia que a autonomia das assembleias impedisse a solução dos problemas em termos nacionais e lamentava que a nomeação dos presidentes tendesse a obedecer a critérios puramente eleitoreiros.[123]

Quer dizer que um adensamento do poder das regiões no Brasil, uma espécie de federalismo brasileiro, só poderia ser concretizado dentro dessa ideia imperial, pensada por José Bonifácio. Era a conformação político-estrutural do centro que permitiria uma consolidação regional. A justificativa não se resume ao argumento histórico de origem, mas recai numa leitura teórico-política conforme quatro oposições: (i) "monarquia" e "poliarquia"; (ii) "monocracia" e "policracia"; (iii) "democracia" e "autocracia"; e (iv) "aristocracia" e "oligarquia" (TORRES, 1961a, pp.124-125). A primeira diferença é que na *monarquia* o príncipe é o chefe de Estado, goza de primazia histórica e jurídica sobre os demais órgãos estatais, ao passo que na *poliarquia* todos os órgãos estatais nascem da mesma lei e do mesmo fato. Depois, se na *monocracia* o poder de direção, a responsabilidade nas deliberações cabem a um só, por outro lado, na *policracia* pertence a um órgão plural. Na *democracia* a lei tem o bem comum como fundamento, e na *autocracia* a lei é expressão única do bem e da vontade de poder do Estado. Por fim, na *aristocracia* o domínio é de uma classe; na *oligarquia* o domínio é de um partido.

A partir desse esquema João Camilo traz alguns exemplos. Os Estados Unidos – poliarquia monocrática; a Inglaterra – monarquia policrática; a Suíça – poliarquia policrática. Ao mesmo tempo todos são casos de democracias. Já o Brasil, até 1889, era uma monarquia, policracia (o rei em conselho), democrática e aristocrática.

> No Império havia uma relativa aristocracia – a política era controlada por homens das classes dominantes: fazendeiros e profissionais liberais. Mas, não se via oligarquia, pois, os partidos políticos alternavam-se no poder. No presidencialismo moderado de 1891 existia aristocracia – a mesma do Império – e oligarquia; 'fora do PRM não há salvação'. No presidencialismo puro de 1937, havia oligarquia e não havia quase aristocracia, já que não ocorria predomínio rigoroso de uma classe. O poder, porém, era exercido e dominado por um partido (TORRES, 1961a, pp.123-124)

123. JCOT descreve dessa maneira a inexecução do federalismo no Estado imperial num manuscrito, sem data, intitulado *A questão provincial.*

A visão é marcada por um realismo político, sem encarar a organização política de forma absoluta. Um formato matiza o outro. As autocracias e democracias são limitadas por oligarquias ou por aristocracias, ao mesmo tempo que o próprio signo oligárquico ou aristocrático de qualquer regime é atenuado ou acentuado pelo sentido democrático ou autocrático da Constituição (TORRES, 1961a, p.123).

No lugar de "república", João Camilo prefere usar o termo "poliarquia" para se referir aos regimes em que a chefia do Estado não é hereditária. A ideologia do republicanismo aparece como provocação ao absolutismo real, que por seu turno se sobrepunha às velhas liberdades medievais. JCOT identifica o caráter antiquário do republicanismo, encontrando ali uma tentativa de restabelecer o governo da coisa pública, dentro de uma antiga e ilustre tradição "*da qual fora o sábio Fenelon o último defensor, antes que Pombal, os ministros de Luís XV e outros fixassem irremediavelmente que o monarca era o único detentor da soberania, recebida diretamente de Deus*" (1961a, p.129). Resultou que falar em república tornou-se sinônimo de luta contra uma monarquia absolutista ou monarquia por si só. Porém, o Brasil já tinha uma "*crowned republic*" - a de D. Pedro II, tanto quanto a da Rainha Vitória - justificava o historiador mineiro, até mesmo contra as reflexões de Rui Barbosa.[124]

Com o rompimento desse processo em 1889, uma senda anômala foi aberta. Tratava-se da reviravolta que desfazia o sentido da monarquia - democrática, com apelo social, desconcentradora de poder e descentralizadora. No lugar fundou-se uma "poliarquia" oligárquica, demofóbica, um presidencialismo hiperconcentrado e uma federação que não descentralizou o centro, mas apenas abriu um cenário de disputas entre províncias, em que as poucas mais ricas dominavam as demais (LYNCH, 2011a). A isso JCOT chamou "excentralização", pois deixou de ser um Estado com um só centro para ser um sistema fundado em muitos centros. Tal confusão no sistema federativo criava todas as condições para uma complicação: a desagregação. Por prudência e realismo a República acabou fundando a "*política dos governadores*", que remediava o problema criado ainda em

124. Em *O Partido Republicano Conservador*, Rui Barbosa dissera: "*Se o Brasil tivesse obtido a liberdade inglesa (na monarquia) só refinados monomaníacos, ou pernósticos enxovedos aspirariam à república do Brasil. Se o Brasil se atrofiasse sob a república paraguaia, só cretinos lhe não prefeririam a monarquia libre*" (*Obras completas* - vol. XXIV, tomo I, Rio, 1952, p. 58, *apud* TORRES, 1961a, pp.129-130). E ante essa citação JCOT observa que Rui Barbosa desconhecia a documentação histórica acerca da Rainha Vitória, pois constataria que o exercício político em prol do bem público, da "república" era muito semelhante entre aquela rainha da Inglaterra e o monarca no Brasil, no mesmo período.

1881 pela Lei Saraiva – lei eleitoral que limitava a liberdade de voto.[125] O risco da desagregação era superado, mas a ruína dos estados tornou-se ampla: "*uns poucos progrediam, ou melhor, São Paulo*" (TORRES, *A questão provincial*, 3).

É preciso ressalvar que para João Camilo o Império cometeu dois pecados graves contra o sistema federalista. Embora a adoção de um sistema de presidentes de província, como cargo de carreira, sempre fosse algo defendido por D. Pedro II, a ideia era silenciosa ou claramente combatida por quase todos os líderes partidários, que queriam a manutenção das nomeações políticas. Mas os principais problemas recaíram sobre a falta do cultivo e valorização do parlamentarismo provincial, que raramente era defendido. Mesmo os liberais, tão ciosos da autonomia provincial, não falavam muito em parlamentarismo provincial, ainda que defendessem o parlamentarismo nacional. No fundo, queriam o controle do Executivo (TORRES, *A questão municipal*, 180).

O interesse preponderante da política no Império era sobre o controle do governo, sobrando um claro desprezo pela atividade legislativa. Idealmente o melhor caminho se dava pelo aprimoramento do legislativo a partir das câmaras locais, municipais e provinciais, até no sentido pedagógico de preparação para o âmbito nacional. Mas não era o que acontecia, e por isso João Camilo observa que a discussão sobre a autonomia local chegava a ser falsa. A monarquia, fadada a cumprir a tarefa de afirmação da soberania nacional e construção estatal, não teria dado a ênfase suficiente ao municipalismo. Faltava experimentação de vida política local. Em seguida, o estadualismo lançado na Primeira República, como eixo principal da vida nacional, resultou num enfraquecimento da União e do Município.[126]

---

125. Para JCOT a Lei Saraiva foi um passo em falso, o início de um processo de cópia dos Estados Unidos, e um contrassenso ao processo democrático brasileiro, pois de fato se deu um retrocesso (*A questão provincial*, 3).

126. Mesmo no caso norte-americano, em que a origem do federalismo é diferente do caso brasileiro, pois é uma união feita a partir de estados desunidos, ainda assim há casos paradigmáticos que demonstram a importância da ação municipal. Como no caso do renascimento nos anos 1970 do "federalismo dual". Uma das doutrinas que dominaram a interpretação constitucional norte-americana reconhecia o federalismo dual a partir da divisão de poder entre Washington e os governos estaduais, como previa a Constituição americana. No federalismo dual, o governo geral e os estados, embora dentro dos mesmos limites territoriais, são soberanias separadas e distintas, atuando separada e independentemente um dos outros, dentro de suas esferas de ação. Com a crise dos anos 1930 e o surgimento de políticas de ajuste econômico que precisavam ser implementadas pelo governo central, tendo surgido o *New Deal*, o conceito do federalismo dual mostrou-se fora de lugar, justamente pela contínua expansão da autoridade central. O interessante é que um dos eventos que deram uma sobrevida ao federalismo dual foi o processo entre a *Liga Nacional de Cidades versus Usery*, de 1976. Na decisão, pela primeira vez desde os anos 1930, a Suprema Corte derrubou o exercício do poder congressional baseado na Cláusula do Comércio, alegando que a lei federal invadia indevidamente o funcionamento dos estados como governos independentes coordenados. Foi a provocação dessa Liga Nacional de Cidades que motivou uma nova doutrina da "soberania estadual" nos Estados Unidos (SCHWARTZ, 1984, pp.26-27;47-48).

Já no Império os municípios se tornaram esteios da política dos presidentes de província, com a República isso só se aprofundou.

Além de se apoiar em Aurelino Leal e Alberto Torres, na crítica sobre o esvaziamento político dos municípios, João Camilo se vale da obra do professor Orlando Carvalho: *Problemas fundamentais do município*, de 1937. Todos eram cientes do desprestígio do governo municipal, até pela incongruência de sua formação ao longo da história brasileira.[127] A diferença é que Orlando Carvalho faz clara apologia ao municipalismo, como principal porta de entrada da cidadania e do cultivo das liberdades políticas, acreditava que os municípios poderiam funcionar como núcleos de democracia, como centros de resistência às pressões do poder central (1937, p.28).

Definitivamente, o Império não foi municipalista. O que era um contrassenso, pois não dera vazão ao sentido tradicional de autonomia, a partir do princípio da subsidiariedade.[128] Em suma, significa que o ente político maior só atua naquilo que o ente menor não é capaz, e assim por diante, portanto, a ênfase de atribuições e arrecadação recai sobre a autoridade local. O localismo é uma noção cara ao pensamento católico. Contemporâneo de JCOT, o também intelectual católico José Pedro Galvão de Sousa (1912-1992) defendia que a história da formação política do Brasil tem um cunho nitidamente municipalista, sendo este o centro da vida, o lugar que estruturou a América portuguesa (1957, p.31). No entanto, Galvão de Sousa é menos simpático do que JCOT ao Império, pois argumenta que justamente o unitarismo que organizou o Estado brasileiro em 1824 foi o primeiro duro golpe no municipalismo. O segundo teria sido o federalismo da República.

---

127. Orlando Carvalho apresenta uma tabela de impostos destacando a arrecadação municipal, num comparativo com os Estados Unidos. No Brasil, impostos federais (63%), estaduais (28%) e municipais (9%); nos EUA, impostos federais (31,5%), estaduais (14,5%) e municipais (54%), a fonte é um estudo de Almeida Gomes - "Como vivem os municípios", por volta de 1937 (1937, p.40).

128. O princípio da subsidiariedade tem em seus elementos identificadores a origem no ordenamento comunitário. Funciona como um mecanismo de proteção das individualidades, dentro dos vários agrupamentos sociais. "*O princípio de subsidiariedade assemelha-se a uma repartição de competência entre Sociedade e Estado. Ao mesmo tempo, impede o avanço intervencionista do Estado, exigindo desse ajuda e promoção das atividades próprias do pluralismo social. Possibilita desenvolver as formas associativas e uma coordenação das atividades estatais de fomento*" (BARACHO, 1995, p.52). O tema da subsidiariedade é comumente trabalhado, atualmente, menos até em debates sobre o poder dos municípios, e mais acerca dos blocos político-econômicos. O Tratado de Maastricht, que instituiu a União Europeia, tem em sua formulação jurídica o princípio da subsidiariedade.

O principal efeito da inexecução de um federalismo através da monarquia, bem como o atrofiamento da vida política municipal, foi a proliferação de vícios no sistema político e representativo. É o caso dos fenômenos do mandonismo, do coronelismo e do clientelismo. Embora correlatos, são conceitos diferentes, que subsistem no conjunto de vicissitudes da política brasileira,[129] e que explicam problemas que superam as circunstâncias meramente político-eleitorais.[130]

Em resposta a esse desandar da história política a luta de João Camilo destinava-se a reconfigurar as instituições e mecanismos políticos, no intuito de resgatar o sentido original do Brasil Império. Isso explica suas considerações sobre o presidencialismo (1961d), sobre o parlamentarismo (1961c) e o voto distrital (1961a), dentre alguns dos apelos ou militâncias restauradoras – as quais merecerão maior atenção na parte final deste trabalho.

1.5.2 O que Minas tem de especial para o Brasil

A condição especial de Minas Gerais com relação ao Brasil é apresentada por João Camilo a partir de três eixos investigativos, que se imiscuem e concorrem

---

129. O clientelismo é o atributo mais genérico, feito de um sistema de troca entre representantes e representados políticos, cujas configurações podem mudar a depender do tempo e lugar, se na cidade ou no meio rural. O mandonismo não teria o mesmo caráter linear, mas sim decrescente (CARVALHO, 1997). O coronelismo, formulado por Victor Nunes Leal (1949), é um sistema de compromisso que mistura mandonismo com clientelismo, a partir de: (i) mando pessoal - domínio com cabos eleitorais; (ii) chefe político dominando certos indivíduos - de forma indireta; e (iii) domínio "colegial", em que cada membro da família domina uma zona, trata-se de uma forma de dominação mais aristocrática (QUEIROZ, 1976, p.169). Há dois caracteres que promovem essa unidade em prol da conservação de uma estrutura política de sobrevivência: a solidariedade e o conflito, que são duas faces da mesma moeda na sociedade brasileira coronelista (QUEIROZ, 1976, p.180). O próprio João Camilo interpreta o coronelismo apresentado por Victor Nunes Leal como uma organização política pautada pelo "compromisso" (1961b, p.213). Pudera, a fórmula do sistema federativo de 1891 era perversa, pois gerava um amor-próprio regionalista, um verdadeiro egoísmo que sustentava as formas de mandonismo, coronelismo e clientelismo, já que vigoravam o predomínio dos grandes estados e a supremacia do presidente na política nacional. Se no Império a Guarda Nacional havia sido a grande instituição patrimonial que ligava proprietários rurais ao governo, na herança desse vínculo é que as relações de compadrio entre pequenos e grandes fazendeiros - "coronéis" - e os caciques políticos estaduais irão ser montadas na República. A autoridade dos coronéis, deriva de sua ascendência econômica e social, "é reforçada pela autoridade de empréstimo, recebida do governo estadual através do compromisso característico do "coronelismo" (LEAL, 1949, p.200).

130. Refiro-me aqui à tese de Maria Sylvia de Carvalho Franco, em "Homens livres na ordem escravocrata" (1983), de onde se extrai uma tese acerca da violência no Brasil: fruto justamente da atrofia da vida pública. A autora apresenta que aqueles que estavam à margem da oficialidade econômica viviam em constantes situações de violência. Não havia ponto de equilíbrio sem violência, e a própria consciência política era asfixiada pelos efeitos da dominação pessoal. É possível pensar que esse meio ambiente marcado pelo Estado ausente se reproduz na Primeira República dentro das relações de troca político-eleitoral.

mutuamente para o mesmo objetivo. Primeiro, a análise sociológica, como nas críticas e elogios aos trabalhos de Francisco de Oliveira Vianna (1883-1951) e Gilberto de Mello Freyre (1900-1987). Segundo, a percepção do "espírito mineiro" num exercício de geografia humana, num ensaio com digressões sociológicas e culturológicas, que resultou em *O homem e a montanha* (1944). Terceiro, o significado de Minas através de eventos e personagens representativos da história brasileira, no sentido de marcar o local que é nacional.

Em resenha sobre *Instituições políticas brasileiras* (1949), de Francisco de Oliveira Vianna (1883-1951), JCOT identifica um "grande ausente": Minas. A ausência era grave pois segundo João Camilo até 1930 a região era o centro de gravidade da política brasileira, pela posição geográfica e dimensão demográfica. A compreensão sobre a "mineiridade" seria capaz de mudar todo o ângulo de análise, a ponto de pôr em xeque algumas teses de Oliveira Vianna. Os complexos feudais e insolidaristas típicos da época colonial não se verificavam em Minas, assim como o municipalismo colonial não teria o caráter "exótico" e importado, como afirmava o sociólogo fluminense. Era presente nessa região central do país uma cultura política embrionariamente democrática (TORRES, 4 dez. 1949).

A defesa camiliana de Minas não é de tom chauvinista, exclusivista ou bairrista. Pelo contrário, a intenção é observar a contribuição do local para o nacional, ou, ainda, de encarar o Brasil como um mosaico em que há diversidade na unidade. Minas Gerais, portanto, era representativa da expressão de variações políticas e culturais na ampla coesão brasileira. Algo que se produziu num diálogo permanente, entre partes de um todo, questões que se completam, como na passagem da Colônia para o Império: "*o sistema colonial tendia à dispersão; a Independência nasceu de um movimento de unificação. Foi o princípio de unidade que presidiu a Independência. Não fosse - concluiremos com Nabuco - o Brasil como realidade política não existiria*" (TORRES, 8 jun. 1955). No caso, embora Joaquim Nabuco tivesse representado a ideologia federalista como a mais antiga reivindicação nacional, fora igualmente líder do movimento abolicionista, que se estivesse dentro de um federalismo sem unidade poderia ter sido ainda mais retardado do que foi.

Apesar do enfoque geográfico de *O homem e a montanha*, João Camilo já demonstra nesse texto de 1943 algo que se tornaria expresso noutros de seus escritos: uma preocupação com o atraso da Sociologia no Brasil. O título da introdução já era revelador: "O problema da cultura em conserva" (2011, p.55).[131] O que já denotava um movimento de evolução do pensamento do autor, afastando-se de certas influências deterministas e positivistas da Geografia (ANDRADE, 2011, p.31). Até o ponto de revelar o espanto com a incrível permanência e sucesso da Geografia no Brasil, como pela Geografia Física e a Cartografia, que levavam a uma forte tendência ao "*determinismo geográfico*" (TORRES, 1961b, p.70). A Sociologia, por sua vez, exigia uma outra ordem de atenção, para se evitar certas aventuras na opinião pública e na política. JCOT dizia que eram poucos os sociólogos e muitos os "intelectuais públicos" interessados em fazer propaganda (24 fev. 1946). O remédio estava na conjugação da Ciência Social com a Filosofia. Foi justamente isso o que lhe havia chamado a atenção na obra de Gilberto Freyre, o viés integrador, tanto para pensar a formação nacional, como na relação entre sociologia e um certo existencialismo filosófico.

João Camilo percebe a sugestão freyriana de incluir na base da formação brasileira o período colonial. O Brasil não teria tido início em 1822, mas com a sociedade no século XVI, com os primeiros cruzamentos entre povos europeus e índios. Incidentalmente a própria Independência é deflagrada quando o Brasil de longe já não era tecnicamente uma "colônia", o que sociologicamente para Freyre e JCOT jamais havia sido.[132] Outra oportuna contribuição diz respeito ao modo

---

131. Chamar a cultura brasileira de "em conserva" é uma postura crítica semelhante à que Alberto Guerreiro Ramos (1915-1982) empreende em diversos textos como *Sociologia enlatada* versus *sociologia dinâmica* e *Para uma sociologia em 'mangas de camisa'* (GUERREIRO RAMOS, 1995). As aproximações entre os dois sociólogos não são ocasionais, são contemporâneos e estão no mesmo universo cultural brasileiro, ainda que estivessem em flancos políticos opostos, o sociólogo baiano como intelectual orgânico do PTB, e o mineiro tendo o irmão um dos líderes do embrião da UDN, assim como ligado a políticos de direita em Minas. Mas, independentemente dessas possibilidades, as afinidades são evidentes. Assim como JCOT, Guerreiro Ramos também fora marcado pela filosofia existencialista, pelo catolicismo, por Bergson, por Berdiaeff, assim como ambos elogiavam a construção política imperial. Sobre Guerreiro Ramos a tese mais "biográfica" é a de Ariston Azevedo (2006).

132. "*Em primeiro lugar, o Brasil não era uma colônia, mas um reino unido a Portugal*" (TORRES, 8 mar. 1951). O historiador Carlos Ziller levanta esse debate analisando a obra de Alfredo Bosi, e esclarece o significado da palavra portuguesa "colônia", que deriva do verbo latino *colo*, que significa "eu moro no campo", "eu ocupo a terra" e, por extensão, "eu cultivo a terra". *Colonia*, então, seria um substantivo latino que designava o lugar em que se trabalhava o campo, a fazenda, em português contemporâneo. O sentido de "colônia" que passou a ser empregado no século XIX, e sobretudo no XX, em contraste a metrópole, gera um engano sobre a relação da América portuguesa com a Europa. Pois de fato o Brasil não era colônia de Portugal, no sentido de terra hostil, e estranha (CAMENIETZKI, 2008, p.74). "*Pois bem, os do Brasil dos três primeiros séculos de sua existência se viam como portugueses, eram vistos como portugueses e eram efetivamente portugueses. Nascidos na Bahia, no Alentejo, em Pernambuco, no Algarve, no Rio de Janeiro ou na Beira, em Lisboa, em Coimbra, no Porto eram todos portugueses e eles se definiam desse modo*" (CAMENIETZKI, 2008, p.77).

como Freyre retratou o caráter sociologicamente real de nossas diferenças regionais: "*as divisões administrativas no Brasil não são produtos artificiais e sim naturais*" (TORRES, 18 jun. 1949).[133]

Mas aquilo que mais chamou a atenção de JCOT a respeito de Gilberto Freyre foi a lição metodológica. Em referência a *Sociologia* (1945), observa que não era possível negar que o autor "*fundou escola e lançou as bases de uma técnica pessoal e sua de análise das fontes e interpretação dos fatos históricos*" (TORRES, 18 jun. 1949). A plena realização desse método havia sido destrinchada nos grandes livros clássicos: *Casa-grande & senzala*" (1933) e *Sobrados e mucambos* (idem 1936). Tratava-se de uma perspectiva que, segundo João Camilo, alinhou a Sociologia com a filosofia existencialista, focada na questão da "situação".[134] Sendo que isso nem era o mais importante, o substancial era sobretudo o resultado apresentado: "*o original e próprio de sua atividade consistiu em procurar, graças aos métodos inspirados na tendência que denominaríamos 'situalista' ou 'concretista', a explicação das transformações sociais segundo a perspectiva da vida íntima e cotidiana*" (TORRES, 18 jun. 1949). Assim, Gilberto Freyre se fez o sociólogo do habitual e do corriqueiro.[135]

Por ser a obra mais "culturológica" de JCOT, *O homem e a montanha* mobiliza diversos autores singulares da sociologia cultural brasileira. Gilberto Freyre é o mais citado, e se somam a ele Oliveira Vianna, Cassiano Ricardo, Alfredo Ellis Jr., João Dornas Filho, Nina Rodrigues, Artur Ramos, Nelson Werneck Sodré, o irmão historiador Luiz Camillo de Oliveira Netto e, mais de

---

133. JCOT e Gilberto Freyre ainda se encontram pela crítica à evolução política brasileira. O sociólogo pernambucano condenava o "estadualismo" da Primeira República, o excesso de "direitos dos estados" que formou um militarismo a ponto de transformar certos estados em "verdadeiras Prússias" (TORRES, 1961b, p.238).

134. JCOT alega que o exercício intelectual a partir dessa categoria de "situação" já havia sido empregado por um ou outro, mesmo no Brasil. Explica que ele mesmo, junto com o professor Euryalo Cannabrava, em 1942, já fez algumas pesquisas a respeito. Gilberto Freyre teria empregado devidamente às ciências culturais a categoria de "situação" - o nono predicamento de Aristóteles, que, depois de ter sido aplicado nas mais diferentes atividades, fora redescoberto no século XX (TORRES, 24 fev. 1946).

135. Gilberto Freyre é tido por JCOT como uma das mais importantes bases metodológicas à Sociologia no Brasil, um verdadeiro "intérprete do Brasil". Porém, não se coloca no grupo que acata o mestre pernambucano sem restrições. Não se vê como discípulo, pois refuta algumas das conclusões do autor de *Casa-grande & senzala*. E considera que a maior plenitude da técnica de pesquisa, com os devidos defeitos e qualidades que lhe são próprios, estava num livro menos conhecido: *Ingleses no Brasil* (1948). Mais do que em qualquer outro lugar, ali residia o valor da obra freyriana, a reconstituição de uma "situação" histórica, de um fenômeno cultural, como no caso dos ingleses introduzindo-se no Brasil (TORRES, 18 jun. 1949).

uma vez, Caio Prado Jr. (1907-1990), de *Formação do Brasil contemporâneo* (1942).[136] Era evidente que o apelo camiliano estava menos inclinado a tratar de minúcias históricas, e mais preocupado com a história-cultural.[137] Sendo que o resumo da *ópera* camiliana a respeito do espírito mineiro era uma aplicação alterada da sociologia de Frédéric Le Play, à qual se filia. Correlata à compreensão da própria construção do indivíduo, Le Play trazia como resultado uma teoria trifásica: 1°) a moral e a religião; 2°) a família; e 3°) a sociedade. JCOT apenas inverte essa ordem, no seguinte sentido: lugar, trabalho e sociedade (família, profissão e cidade) (TORRES, 2011, p.202).[138]

Nesse sentido, a aplicação de uma ciência ou outra era circunstancial, condizente com o interesse temático. O pendor para a Geografia, por exemplo, era devido ao peso que precisava ser dado à influência da montanha sobre a antropologia mineira. Afinal, as montanhas foram fundamentais no ritmo de vida mineiro, de uma luta contra a natureza, da relação com o tempo na espera dos produtos e na dinâmica de trocas. As serras também teriam dado o clima invernal, de um céu cinza, opaco e uniforme, que junto da atividade mineradora – principal trabalho dos habitantes das Gerais – daria motivo à tristeza peculiar do mineiro (TORRES, 2011, p.67).

Seguida dessa valorização do aspecto telúrico, JCOT medita sobre outro elemento criador: a guerra. O caldo de cultura que se fundou em Minas é fruto da Guerra dos Emboabas (1707-1709).[139] Foi nesse ínterim que se formou a base

---

136. Sérgio Buarque de Holanda (1902-1982) não é notado no livro, mas como interessavam a João Camilo contribuições historiográficas que tanto colocam o Brasil no mundo, como parte de uma *História do mundo*, como reproduzem esse raciocínio ao identificar características próprias de uma região na formação nacional, há um elogioso ensaio sobre *Caminhos e fronteiras*, publicado em 1957. Nesse livro Sérgio Buarque pôde apresentar "*a história e a etnografia da civilização paulista em suas origens e influência indígena, os meios de transportes, os problemas das comunicações, as técnicas rurais e vários outros*" (TORRES, 2 jan. 1958). Era uma obra que se tornava para os paulistas o que *O homem e a montanha* (1943) significava para os mineiros.

137. Em entrevista ao jornal *Folha de Minas*, em 1943, João Camilo discorria sobre o método empregado na pesquisa: "*Há uma cultura mineira, visível mesmo nos mineiros incultos, isto é, uma forma especial de pensar, querer, e atribuir valores próprios do fato de terem tido os mineiros uma vida comum em um tempo e em lugar definidos*", *o modo de abordagem é reconhecido como o da 'escola histórico-cultural'*".

138. O estigma de sociólogo reacionário vinha a calhar para Le Play pelo modo como trouxe uma metodologia monográfica e histórica, bem como pela exposição dos "falsos dogmas" de 1789: 1°) o dogma da liberdade sistemática; 2°) o dogma da igualdade; e 3°) o dogma do direito de revolta. Basicamente Le Play foi muito mais um reformador de espírito religioso, porém não clerical. Inclusive uma das ideias do sociólogo francês era diminuir o número de clérigos (LE PLAY, 1947).

139. O nome "emboaba" etmologicamente falando significa "*perna cabeluda*" e remonta aos reinóis citadinos de calções curtos e não aos bandeirantes de botas de cano alto. Os emboabas eram de três espécies: os baianos, os aventureiros reinóis ("os homens de calidade") e os oficiais d'el-rei" (TORRES, 2011, p.79).

étnica e cultural do povo mineiro, que envolveu: os índios (os que já habitavam a região e os que entraram nas bandeiras, puros ou mestiços); os *bandeirantes*; os *baianos*, que subiram o rio São Francisco e povoaram grande parte do território mineiro; os *reinóis*, que depois de feita a descoberta se estabeleceram em multidões; e os *negros*, trazidos por estes últimos (TORRES, 2011, p.74). Sobre o debate entre Oliveira Vianna e Alfredo Ellis Jr. (bem como Cassiano Ricardo) acerca dos bandeirantes, se eram aristocratas "dolico-louros" ou plebeus e democratas, respectivamente, João Camilo matiza as duas análises: tanto retrata os paulistas como ferozes homens com "*sede verdadeiramente fáustica de ouro, de luta, de sangue, de conquistas*" [diferente do espírito democrático advogado por Ellis Jr. e Cassiano Ricardo], como também demonstra que "*os Leme, os Prado, os Bueno não eram o que se poderia chamar de arianos puríssimos nem de nobre e altíssima linhagem*" [como tratava Oliveira Vianna]. Mas, tecnicamente, eram "*nobres*", ainda que dotados de sangue bugre nas veias... (TORRES, 2011, p.78).

Esse encontro de culturas que teve ocasião na guerra e permaneceu em Minas não sofre a mesma evolução em termos de organização do que o percurso colonial retratado por Gilberto Freyre. JCOT anota uma diferenciação de Minas, no sentido de antecipação da vida urbana: os sobradões mineiros não eram comparáveis às casas-grandes de engenho. No máximo seriam os tipos de casa retratados por Freyre em *Sobrados e mucambos*, pois a consequência era a mesma: "*vida urbana com todas as suas consequências*" (TORRES, 2011, p.98). Minas teve vida citadina antes d'outras partes do Brasil. Foi onde se formaram verdadeiras vidas medievais, no sentido de uma administração naturalmente municipal, e, por conseguinte, protótipo de democracia.[140]

A mesma concepção europeia de cidades autoadministradas isoladas entre si se reproduz em Minas, o que torna claro para JCOT que ali estavam todos os elementos para a existência de uma consciência política: um povo, e não uma multidão anônima. A sobrevida desse sistema decorria de certa harmonia entre campo-cidade. Dos três tipos de relações – em primeiro o campo sem a cidade; depois o equilíbrio; e, finalmente, o desequilíbrio em favor da cidade –,

---

140. Sobre essa origem democrática na urbe medieval o autor dá a seguinte explicação: "(...) *a democracia moderna teve a sua origem (...) nas práticas administrativas das comunas medievais, combinadas com a noção de contrato essencial ao feudalismo e com a concepção do universo social como sendo uma ordem jurídica naturalmente estabelecida por Deus e cuja defesa é a principal missão do estado*" (TORRES, 2011, p.144)

a esterilização e a morte –, Minas teria logrado constituir um espírito provinciano, em que os núcleos urbanos não faziam oposição ao campo, mas estavam em relações comuns. Politicamente, já antecipava para o Brasil como esses dois "braços" da nação gerariam representantes políticos, num senso de moderação (TORRES, 2011, p.181).[141]

Sobre a relação do mineiro com o estado, é notável o senso liberal de JCOT, que era ainda mais forte em seu irmão Luiz Camillo de Oliveira Netto. Entre o modelo californiano e o australiano de relação entre governo e exploração mineral, era preferível o primeiro: "*se na Califórnia o governo americano deixou os mineiros à vontade e tudo correu bem, na Austrália houve intervenção do governo e tudo foi mal*" (TORRES, 2011, p.106). Em Minas acaba dominando o sistema inglês, aplicado na Austrália, de fiscalização oficial e cobrança dos quintos reais. Ao mesmo tempo o controle não era tão efetivo quanto parecia: "*a coisa correu* a la diable, *cada um resolvendo* per se, *ou melhor, havendo a solução americana: mútuo respeito*" (TORRES, 2011, p.107). Ainda assim havia uma contradição perante a natureza do homem rural brasileiro, que era esse sujeito mineiro, que "é praticamente até hoje nascido e criado à margem do estado" (TORRES, 2011, p.115). Desse modo foi um desafio o estado se tornar um ente integrador da sociedade. Neste ponto pode-se pensar em concordância com Oliveira Vianna quanto à função do estado: de integrar o conjunto social e cultural esfacelado e heterogêneo, promovendo a solidariedade que nem sempre está disposta de antemão. Sendo que o principal resultado dessa relação do mineiro com o estado cobrador de tributos foi a habilidade de negociação política, o mineiro aprendeu a transacionar com o estado, através de atores intermediários, da classe média urbana, feita de oficiais mecânicos, funcionários públicos etc.

A relação entre Estado e Igreja em Minas também era significativa de um Brasil amalgamado, orgânico e coeso. As festas religiosas eram também eventos políticos, bem como traziam traços da mistura cultural, como "*as festas*

---

141. Moderação e coesão que nem sempre é contínua, pois o próprio JCOT expõe em outros textos a oposição que existe entre o mundo da opinião pública das grandes cidades brasileiras, especialmente do Rio de Janeiro, e a "vontade nacional" do Brasil até então rural. Destaca que o lugar das revoluções no Brasil é o Rio, o lugar da vanguarda, o lugar da "metrópole", o lugar historicamente mais cosmopolita e urbano, e que acaba provocando solavancos institucionais que passariam ao largo do interesse interiorano (TORRES, 8 mar. 1958).

francamente sincretistas do Rosário e do Divino (principalmente a primeira) com a coroação do Imperador e a realização de um sem-número de atos de origem africana ou ibérica, tais como congados, reisados, marujos etc." (TORRES, 2011, p.132). Ademais, a própria ação da Igreja convergia à erige de uma vida democrática, como no caso das Ordens Terceiras, Irmandades, esses organismos em torno das paróquias que funcionavam contra qualquer luta de classes e ainda serviam como instrumento de coesão pública. O ocaso dessas sociedades veio do estreitamento da Igreja para formas de sincretismo e costumes, fazendo desaparecer as irmandades de homens de cor. O resultado foi que, ao expelir da "oficialidade" o sincretismo, as festividades religiosas retornaram a cultos bárbaros africanos que tinham qualquer coisa, de tudo, menos de catolicismo, reclama JCOT (2011, p.151).

Um terceiro eixo investigativo sobre a contribuição de Minas para o Brasil pode ser apresentado pelos eventos históricos e personagens marcantes. O primeiro intuito de JCOT era apresentar uma História de Minas Gerais segundo uma historiografia profissional, superando as abordagens ensaísticas sem uma metodologia mais criteriosa.[142] O resultado do trabalho sai em 1961 e 1962 em cinco volumes e depois republicado em 1980, condensado em três volumes.[143] Já se tratava de uma obra de maturidade, a atenção com a atividade historiográfica fazia parte de um propósito de restauração da consciência histórica - dos fundamentos, do orgulho, da lembrança dos feitos mineiros e da moderação política que moldou o Brasil.

Nesse percurso sobre a história mineira há dois pontos fundamentais: o protagonismo dos mineiros na vida política brasileira e o estigma da conciliação social, cultural e política. O protagonismo e a conciliação são produtos de uma

---

142. *História de Minas Gerais* (1961;1962;1980) de JCOT é detida em temas, e pouco atenta à concisão de datas. Justamente o autor pretendia escapar de certo positivismo historiográfico, muito atento a detalhes, e pouco analítico. O texto é fluido, a prosa é agradável, porque é uma história feita de uma mira sociológica. Tampouco se trata de um texto solto, de algo romanceado, e nem mesmo transige com um modelo de contar história oriundo da oralidade da vida pública e privada brasileira, e nesse sentido se afasta um pouco do que Gilberto Freyre produziu. Um exemplo desse tipo de literatura é *A vida em flor de Dona Beja. Romance do ciclo do povoamento nas Gerais*, de Agripa Vasconcelos (1985).

143. JCOT já havia participado de uma empreitada coletiva sobre a história de Minas, como consta na seguinte notícia: "Projeto da Universidade de Minas Gerais de 1955 para publicação de uma história de Minas Gerais abrangendo todos os seus setores", a coordenação geral do plano era do diretor da Faculdade de Filosofia, prof. Antonio Camilo Faria Alvim, e secretariado por João Camilo de Oliveira Torres (CORREIO DA MANHÃ. 30 mar. 1955).

pedagogia política e histórica do povo das Minas Gerais.[144] Assim foi com a Inconfidência, assim foi no Império, assim foi na República. A divisa "*Libertas quae sera tamen*" demonstrava a todos que "*não há liberdade em si, mas uma liberdade efetiva, quando for possível, uma liberdade efetiva dentro da situação: uma liberdade concreta e real e não apenas ideal e utópica*" (TORRES, 2011, p.207). No Império, desde o parlamentarismo, fruto da Conciliação, plantado pelo Marquês do Paraná, como a "política dos governadores", sua contrapartida na República, o pleno apoio e cooperação dos mineiros foram cruciais. No Império era preciso colocar o Executivo a serviço do povo, enquanto a monarquia salvava a unidade política. Na República a tarefa mineira foi proteger a unidade contra o perigo separatista. A conclusão de JCOT é que "*sempre os mineiros estiveram presentes*" (2011, p.207).

Enquanto a Guerra dos Emboabas representa o *ground zero* da formação do povo mineiro, o evento mais marcante da maturidade civilizatória das Gerais foi certamente a Inconfidência (1789). O movimento de Vila Rica representou a presença de duas situações distintas. A primeira, "*a consciência de comunidade de terra e não de estirpe*" (TORRES, 20 set. 1960). Já havia entre os inconfidentes uma relação mais atada ao aspecto telúrico no Brasil do que à vassalagem a el-rei de Portugal. Por isso todos os inconfidentes tinham-se na conta de "brasileiros" em hostilidade aos "portugueses".[145] A segunda característica marcante é que a Inconfidência revela a presença da filosofia do "*Aufklaerung*" nas Minas Gerais. E isso só era possível porque havia um espaço de liberdade de expressão, a ponto de o alferes Tiradentes proclamar em ambiente público as solenes palavras da Declaração de Independência americana, como inspiração, grito de guerra e esperança aos seus conterrâneos no Brasil.

A Inconfidência foi importante pelo inegável impulso que deu ao movimento da Independência do Brasil. Eis o sentido antecipatório de Minas para o Brasil,

---

144. Foi enfatizando esses dois atributos, o protagonismo e a conciliação, que por sinal JCOT conclui *O homem e a montanha*: "*A monarquia constitucional foi a grande imposição dos mineiros na política nacional. Inexplicavelmente, à primeira vista, foram os mineiros turbulentos durante o I Reinado e a Regência. Vindo o parlamentarismo do II Reinado, por obra principalmente do Paraná e a Conciliação, os mineiros passaram à defensiva: Paraná, Martinho Campos, Lafaiete, Ouro Preto*" (2011, p.207).

145. A diferenciação brasileira com relação a Portugal começa em Minas, com a própria ação dos Inconfidentes. Há o início de uma reciprocidade de situações que vão aprofundando essa diferença, como certo ciúme da aristocracia portuguesa em face do crescimento do Brasil, e a má vontade do brasileiro nato, enraizado, diante do forasteiro. Em Coimbra, por exemplo, os brasileiros passaram a se sentir estrangeiros – e os portugueses começavam a considerar o Brasil terra diferente, estrangeira. O que ainda com o padre Antonio Vieira era um mesmo corpo político começava a se separar (TORRES, 1980, p.670).

inclusive na postura dos agentes, moderada. Os mineiros não eram anárquicos, por quererem ser livres. JCOT justifica inclusive o caráter estatista do povo mineiro, por jamais ter negado o rei. Os Inconfidentes "*não eram revolucionários impenitentes; queriam apenas domesticar o Leviathan*" (2011, p.207).

E quanto ao 7 de Setembro, para JCOT foi de Minas que se garantiu o movimento. A primeira viagem do Príncipe D. Pedro fora dos limites da Capital, logo depois do Fico, havia sido para Minas Gerais, onde a efervescência política em 1822 era grande. O intuito era garantir as bases para a política imperial, na província que ocupava posição central, sendo fonte de riquezas e maior população do reino. Tal viagem se tornou essencial para dissuadir os conflitos e promover a unidade, conquistando a adesão local (TORRES, 07 set. 1972).

Além dos eventos, João Camilo põe foco sobre os atores políticos mineiros, que tiveram papéis cruciais em diversos momentos. Foi um mineiro o articulador do Fico, o membro do grupo da maçonaria, José Joaquim da Rocha (TORRES, 07 set. 1972). Mas, sobretudo, foi o mineiro Bernardo Pereira de Vasconcelos a alma e o cérebro das revisões legislativas que constituíram a base institucional do Segundo Reinado (TORRES, 8 mar. 1951), e, mais ainda: "*foi, possivelmente, a melhor cabeça política que o nosso país conheceu, a ele devemos uma soma incomparável de serviços e é obra sua a fase em que a nossa política atingiu seus valores mais altos*" (TORRES, 1980, p.894).

Se no flanco conservador os mineiros Vasconcelos e Marquês do Paraná foram agentes do Regresso, do lado oposto os liberais se insurgiram em batalhas que tiveram lugar em Minas. A mais importante delas, a de Santa Luzia (1842), foi decisiva. Ainda que tenha sido uma derrota das hostes liberais, o resultado não foi uma terra arrasada ao ideário derrotado. Surgiu algo mediano, conforme a tônica das lições políticas mineiras:

> a revolução não destruiu as leis de 1841, mas conseguiu dar-lhes uma interpretação liberal. E em lugar da oligarquia que temiam os liberais, a alternativa de partidos que singularizaria o reinado de D. Pedro II na História do Brasil. Ela mostrou ao jovem soberano que ele deveria ficar acima dos partidos e que não devia permitir que nenhum partido se transformasse numa oligarquia (TORRES, 1980, p.880).

O sentido conciliatório sobreviveria na política brasileira, com a República, em parte pelo modelo de articulação política dos mineiros. JCOT trata como meritória a atuação do PRM (Partido Republicano Mineiro), que conseguiu salvar e remontar algo da vida política do antigo regime. Mesmo sendo um partido conservador, que se sustentava na estrutura agrária tradicional, legalmente dissolvida pela Monarquia, logrou preservar "*a ordem jurídica, a vida política em bases mais ou menos democráticas, uma relativa liberdade, a unidade nacional*" (TORRES, 1980, p.1296).

De forma ainda mais avançada, mantendo os vínculos tradicionais, foi a tentativa que se deu em Minas da fundação do primeiro partido trabalhista brasileiro, católico, o Partido Regenerador, em 1909.[146] O partido não teve sobrevida, pois fora derrotado pelos processos eleitorais, e caiu no esquecimento. Ainda assim JCOT destaca a demonstração mineira de reagir contra os estilos de política e mentalidade dominante àquele tempo e como foram vanguardistas ao lançarem as bases de movimentos que seriam o despertar de grandes aspirações doutrinárias e sociais no século XX (1980, p.1558).

No século XX o *habitus* mineiro sobre a política, marcado pelo protagonismo, antecipação e ação democrática, esteve presente em pelo menos dois casos marcantes para João Camilo: o *Manifesto dos Mineiros* (de 24 de outubro de 1943) e a atuação do governo de Minas na Revolução de 1964. O *Manifesto* era a franca expressão da "*mineiridade, categoria de definição complexa, passa, inexoravelmente, pela cultura do poder civil, pela paixão da política e pela paixão da liberdade*" (PENNA, 2006, p.289). O documento, que clamava por liberdade e democracia e pretendia gerar algum incômodo a uma ditadura bastante acomodada, foi feito de mineiros residentes no Rio em associação a outros de Belo Horizonte, heterogêneo, formado de: "*antigos políticos militantes, intelectuais, homens das classes produtoras, mas de todos irmanados na convicção de que devíamos volver à liberdade*" (TORRES, 1980, p.1481). Sendo que os principais

---

146. Inspirado nas lições papais de Leão XIII, especialmente na *Rerum Novarum*, o Partido Regenerador teve seu manifesto publicado em 28 de fevereiro de 1909 pelo *Boletim Diocesano*, órgão oficial da arquidiocese, que acrescentou o título "Católico" (TORRES, 1980, p.1543)

articuladores foram pessoas muito próximas de João Camilo, seu irmão Luiz Camillo e o político Virgílio de Mello Franco.[147]

No caso de 64 João Camilo dedicara todo um livro para praticamente louvar a *virtù* da ação de Magalhães Pinto naquele ano. O elogio se dava pela atuação cirúrgica, silenciosa, ousada, abrangente e democrática. O então governador, dirigindo-se ao "povo de Minas Gerais", convocava a ação dos militares num tom de salvação nacional. No dia "D" das operações de 1964 "*a marcha sobre o Rio esteve a cargo do 'Destacamento Tiradentes', comandado pelo General Antônio Carlos de Andrade Muricy. As tropas tinham como objetivo dominar o eixo Rio-Brasília*" (TORRES, 1980, pp.1568-1569).

Por outro lado, a mesma mineirice que fez acontecer o golpe de 1964 apoiou a Revolução e fez parte do governo, se viu em parte ressentida e enganada. Foi o caso de Milton Campos (1900-1973), que, segundo Carlos Drummond de Andrade, "*foi o homem que a gente gostaria de ser*", corajoso, inteligente e irreverente, demonstrava o que representava o espírito mineiro, na ocasião em que pediu exoneração do cargo de ministro da Justiça no governo Castelo Branco: estavam implícitos a alma de Bernardo Pereira de Vasconcelos, a bula das circunstâncias e o pendor liberal, como aquilo que escrevera no artigo "A constante liberal de Minas Gerais", "*o liberalismo mineiro existe efetivamente não como partido ou doutrina política, mas como índole, temperamento e vocação. Não é o liberalismo das frases sonoras, atmosfera da incultura e veículo da demagogia (...) mas como estado de espírito*" (CAMPOS *apud* SALLES, 1975, pp.204-205).

Milton Campos, Magalhães Pinto, Afonso Arinos e a plêiade de pessoas importantes que giravam em torno de Luiz Camillo não eram os únicos laços de JCOT com o poder. Os vínculos mineiros lhe deram uma rede de contatos bastante ampla e contínua. Ademais, estava inserido na intelectualidade local, que também transigia com a nacional.

---

147. O *Manifesto dos Mineiros*, de 24 de outubro de 1943, foi um documento explosivo, assinado por Virgílio, Affonso Arinos, Odilon Braga, Arthur Bernardes, Adauto Lúcio Cardoso e pelo próprio Luiz Camillo, e que deu início à queda do Estado Novo. E esses mesmos mineiros formaram em 7 de abril de 1945 a União Democrática Nacional (UDN). Luiz Camillo era bastante envolvido no meio intelectual nacional, diferente do irmão, que era mais discreto. Mas, ao contrário de João Camilo, que escreveu muito, Luiz Camillo não deixou nenhuma grande obra pronta. Leu muito, era cultíssimo, bibliófilo. O que hoje se tem, além do reconhecimento de sua memória e do papel na historiografia brasileira – como a respeito do Ciclo do Ouro em Minas, da Inconfidência –, são coletâneas. Tanto as feitas por Maria Luiza Penna, como um livro publicado pela José Olympio em 1975 e com apresentação de João Camilo de Oliveira Torres, *História, cultura e liberdade* (OLIVEIRA NETTO, 1975). Significativa do círculo de amizades de Luiz Camillo é a série de correspondências trocadas com Mário de Andrade (PENNA, 2013).

1.6 Formação e transformação: o papel do ensino e da religião

> *"Repito-o: sem a religião não há educação. (...) Que a escola deve ser para a Igreja o que é uma filha para sua mãe."*
>
> Monsenhor de Ségur
> (*A escola sem Deus*, 1884)

Ao longo da obra de João Camilo de Oliveira Torres nos deparamos com dois importantes pontos de encontro entre o ensino e a religião. Primeiro, a própria Igreja católica, como sinônimo de religião verdadeira, instituição por excelência que reproduz a Luz do mundo e carrega em si a missão docente. Segundo, a cultura, dentro da concepção que encarna uma construção civilizatória, um lastro com o passado e um rumo para o futuro.

Para que se possa compreender o lugar que o ensino e a religião ocupam no pensamento político de JCOT a questão deve ser assim formulada: de que maneira o autor trabalha o ensino como instrumento e a religião como sentido, à formação e transformação da sociedade?

A dupla resposta serve de encaminhamento a este capítulo, pois contempla os pontos de encontro que marcam a relação íntima entre ensino e religião. Primeiramente, cabe encarar como JCOT identifica a função da Igreja católica, como elementar meio de ligação do homem com Deus, com o Uno; consigo mesmo e com seus semelhantes. Religião para o autor é sinônimo de Igreja católica, de catolicismo, de religião cristã. É a fonte do pão da vida, que alimenta as ocasiões de movimento e estabilidade da vida humana, possibilitando três vias intelectuais, as quais são identificáveis na obra camiliana: (i) a que dispõe uma direção e um rumo a ser tomado (a Igreja que contempla uma Teologia da História, encaminha uma "Teoria da História"); (ii) a da exemplaridade pela defesa do patrimônio histórico-cultural (a Igreja como conservadora e protetora do passado, da tradição); e (iii) a partir do fornecimento de instrumentos às transformações seguras e prudentes (a Igreja como fonte do securitismo, ideário social subscrito por JCOT).

Uma segunda ordem de resposta não está descolada da primeira, lhe é consequente. A relação estreita com a Igreja, até mesmo por seu percurso biográfico, ligado à Universidade Católica de Minas e ao jornal católico *O Diário*, demonstra que João Camilo não se torna um intelectual público se desfazendo da identidade católica. Estamos lidando de fato com um escritor católico, como se definia (2005, p.109). O enfoque professoral é o sacerdócio escolhido por JCOT, e mesmo quando não estava no exercício docente se dispunha a ensinar. Uma parte da vida foi entregue à atuação pública em instituições de ensino superior. Paralelamente, uma segunda linha de atuação reside na elaboração de obras de fundo teórico, que pudessem elevar o padrão da pesquisa sobre a história política nacional. Em terceiro lugar encontra-se a vasta atuação cívica de João Camilo em diversas frentes: com livros destinados ao público infantouvenil; uma profícua militância na imprensa, com artigos marcados por uma índole docente; publicação de cartilhas e manuais que pudessem servir a um público mais amplo, onde temas complexos foram trazidos à tona de forma simples e direta; e o notável trabalho de JCOT nos grupos sociais profissionais por onde passou, como dos jornalistas, historiadores, sociólogos.

1.6.1 "O sonho dele era dormir na casa do bispo"

A frase é de João Camilo de Oliveira Torres (filho), numa entrevista concedida a esta pesquisa quando falava da estreita relação do pai com o clero.[148] A catolicidade de João Camilo era ao mesmo tempo comum ao mineiro que se fecha nas montanhas, como daquele que se propusera atuante como leigo no meio intelectual. No conjunto de correspondentes e contatos, além daqueles ligados à Editora Vozes, de Petrópolis, o laicato católico do Centro Dom Vital, do Rio, vários clérigos faziam parte da rede de João Camilo, entre os quais: frei Martinho Burnier, frei Ludovico, frei Constantino Koser, frei Ernest Koser, padre Francisco Lage Pessoa, o arcebispo de Mariana Dom Oscar Oliveira, o arcebispo de Aparecida dom Cardeal Motta, e o também arcebispo dom João Resende Costa (1910-2007).[149]

---

148. Entrevista realizada com João Camilo de Oliveira Torres (filho), em 24 de julho de 2017, em sua residência, em Belo Horizonte. João Camilo (filho) era o filho caçula de JCOT, e costumava andar com o pai em passeios pela cidade e em viagens para fora de Minas. No contexto em que é dita a frase – "o sonho dele [de JCOT] era dormir na casa do bispo" – João Camilo (filho) conta ainda sobre o desejo do pai de doar a casa da família, localizada em Itabira (MG), para o bispado. O que não se realiza devido ao precoce falecimento em 1973.

149. A apuração desses nomes foi feita através da entrevista realizada em julho de 2017 com o filho de João Camilo de Oliveira Torres, e, também pelas trocas de correspondências mantidas pelo escritor, segundo consta no Inventário Analítico do Fundo João Camilo de Oliveira Torres, com documentos entre 1819-1991, localizado no Centro de Memória e Pesquisa Histórica, da Pontifícia Universidade Católica de Minas Gerais – PUC-Minas.

Antes de analisar o pensamento católico de João Camilo, no que se refere a política e outras questões sociais cabe observar como João Camilo fundamenta sua estratégia intelectual a partir dos horizontes da Igreja. A começar pela sujeição obediente à instituição eclesiástica, como no esclarecimento que oferece no prefácio de *A Igreja de Deus em Belo Horizonte*, que dedica ao então arcebispo dom João Resende Costa, "*Embora com mil encargos e o peso do INPS às costas, não podia furtar-me a cumprir o mandamento da autoridade eclesiástica a que estou sujeito*" (1972, p.7).

Esse livro, feito sob encomenda, traz notas essenciais que vão além da história da Igreja em Belo Horizonte. A biografia eclesiástica se confunde com a de João Camilo. Além daquilo que podemos chamar de uma teologia política camiliana, feita a partir das concepções retiradas das encíclicas papais e da linhagem tomista, a fundação da Universidade Católica de Minas Gerais e do jornal *O Diário* marca esse entrecruzamento.

A instituição de ensino superior foi um projeto fora do comum, trazendo vanguarda intelectual e cultural à vida belo-horizontina, que gerou até mesmo uma Escola de Cinema, mostrando que procurava sair dos "*quadros rotineiros das escolas de profissionais liberais usuais*" (TORRES, 1972, p.75). João Camilo fez parte de todo o processo de fundação e desenvolvimento da Universidade Católica de Minas Gerais, empreitada que teve início no final dos anos 1940 e foi selada institucionalmente em 12 de dezembro de 1958.[150] De 1943 a 1966 João Camilo foi professor na Faculdade Santa Maria, âmago da UCMG, onde lecionava Sociologia e Ética, e depois História do Brasil, a partir da qual fundou a cadeira de História de Minas Gerais, embrião dos cinco volumes que escreveu sobre o tema (2005, p.142).

---

150. Datada de 1958, aquela que atualmente é a Pontifícia Universidade Católica de Minas Gerais (PUC-Minas) teve como embrião o Colégio Santa Maria, das irmãs dominicanas. Das instalações do referido colégio surge a faculdade. Mais tarde, o espírito empreendedor de dom Antônio dos Santos Cabral, o dom Cabral, transforma-a em base para a Universidade Católica de Minas Gerais (TORRES, 1972, p.163). O acolhimento dessa nova iniciativa tem lugar no Seminário Coração Eucarístico de Jesus, que se tornará o principal campus da futura Universidade. Antes de ser propriamente instituída como UCMG houve o processo de fusão de diversas instituições através da Sociedade Mineira de Cultura, de 1948, que já no ano seguinte recebe a Faculdade de Filosofia, Ciências e Letras Santa Maria e a Faculdade Mineira de Direito. Em 1951 somam-se a Escola de Enfermagem Hugo Werneck e a Faculdade de Ciências Médicas. Em 1952 a Escola de Educação Física. E em 1954 é a vez da Escola de Serviço Social, fundada pelo padre. Agnaldo Leal. A UCMG procurava reproduzir, em Belo Horizonte, o exemplo das universidades católicas que já haviam sido criadas no Rio de Janeiro, em São Paulo e em Porto Alegre. Depois da liderança de Dom Cabral, a UCMG teve como primeiro reitor o padre José Lourenço da Costa Aguiar, e pela capacidade de articulação e resistência de dom Serafim Fernandes de Araújo recebeu em 1983 o título de Pontifícia.

A estreia de João Camilo na imprensa foi em *O Diário*, no Natal de 1936. Ao contrário das idas e vindas desde 1937, que teve na *Folha de Minas,* até pouco antes de falecer manteve coluna fixa n'*O Diário*, sendo ainda o responsável por muitos dos editoriais.[151] Assim como a Universidade, a fundação desse órgão de imprensa também partiu da iniciativa de dom Cabral.[152] A missão era ousada: "*um jornal tecnicamente feito por profissionais, que tivessem as mesmas seções que os demais, e cuja linha católica se patentearia no conteúdo e, não na apresentação*" (TORRES, 1972, p.155). Para o povo ficou marcado como "O Diário Católico", mas era apenas "O Diário", fundado em 1935, de fato se tornou uma ameaça ao poderio dos Diários Associados de Assis Chateaubriand. *O Diário* nos anos 1960 atingiu a maior tiragem de Minas Gerais, tornando-se inclusive "*o maior jornal católico da América Latina*".[153] E assim como as ações no ensino, o jornal englobava medidas de restauração da Igreja, que culminaram com a realização do II Congresso Eucarístico Nacional na capital mineira. Evento marcante que consolidava ainda mais a imagem de força do catolicismo mineiro, bem como a liderança de dom Cabral. O evento ocorreu entre os dias 03 e 07 de setembro de 1936, atraindo 30 mil pessoas, congregando ícones do clero e do laicato, como Alceu Amoroso Lima entre os convidados (OLIVEIRA, 2010, p.159).

O Diário tornava-se o pêndulo da vida católica belo-horizontina, tratando de temas corriqueiros do cotidiano da cidade, do país e do mundo, assim como entrando em altas polêmicas, como a relativa às mudanças intelectuais de Jacques Maritain. Mesmo com todo sucesso, no entanto, o jornal definha nos

---

151. O percurso de João Camilo na *Folha de Minas* foi marcado por oscilações. Obteve o emprego como repórter pelo intermédio do irmão, Luiz Camillo. Começa em janeiro de 1937, depois deixa o jornal por algum tempo quando vai ao Rio estudar filosofia e ter um emprego na Prefeitura do Distrito Federal, gabinete de Mário Casassanta. Depois volta, e é quando se casa. Larga novamente a *Folha de Minas*, mas por motivos políticos, já que era o jornal do governo, e João Camilo estava envolvido no *Manifesto dos Mineiros*. No governo Júlio de Carvalho, que era seu amigo, retorna. No governo Milton Campos termina como chefe da redação, junto dos amigos Cid e Jair Rebelo Horta. Com a eleição de Juscelino Kubitschek, larga o jornal para não mais voltar (TORRES, 2005, p.138).

152. *O Diário* surge com Sandoval Babo como primeiro diretor e Oscar Mendes como seu primeiro redator. Colaboradores de *O Diário*: Edgard de Godói da Matta Machado, João Franzen de Lima, Henrique José Hargreaves, João Etienne Filho e Guilhermino César (TORRES, 1972, p.159).

153. "*No início da década de 1960, o* Estado de Minas *era um entre os 13 jornais existentes em Belo Horizonte. A maior tiragem cabia ao* O Diário, *de propriedade da Cúria Metropolitana, que se apresentava como "o maior jornal católico da América Latina". Outras publicações de peso eram a* Folha de Minas, *o* Diário de Minas *e o semanário* Binômio, *aos quais se somou a edição mineira da* Última Hora, *de Samuel Wainer. Em vários momentos, nos anos de 1962 e início de 1963, as edições de* O Binômio *e* Última Hora *venderam bem mais que as do* Estado de Minas" (CARRATO, 13 jan. 2015).

anos 1970, quando, enfraquecido, perdeu seu nome e diluiu-se no irrelevante *Jornal de Minas* (WERNECK, 1992, p.96). Ao contrário das expectativas de João Camilo sobre os novos meios de comunicação católicos, jamais a Cúria atingiria novamente a potência de *O Diário*. O argumento de João Camilo para o fim do impresso era pela falta de uma constituição empresarial, e também por ser "marcado" como católico, "*não sendo um jornal ao leitor neutro, e muito menos para o hostil*" (1972, p.159).[154]

O jornalismo servia de ensaio ao desenvolvimento das obras de João Camilo, e assim aconteceu com diversos temas em que tomava da Igreja uma noção precípua à vida política e social. Um aspecto desse norte refere-se à Teologia da História através da religião cristã, da qual o autor pressupõe todo um movimento que lhe serve para caracterizar uma *Teoria geral da História* (TORRES, 1963b). JCOT queria chegar a uma visão cristã da História, como alguns autores já resenhavam em paralelo ao seu trabalho, entre outros, o padre Henrique Cláudio de Lima Vaz S.J. e todos marcados pela influência da Nova Teologia de Teilhard de Chardin (TORRES, 1968a, p.321).

A religião era tida como a fornecedora do sentido histórico porque reconhecia o jogo das liberdades humanas. Assim como procurava demonstrar aos homens como se podia executar as transformações a pedido do tempo e da história, conservando laços com o passado. João Camilo encontrou um meio de justificar as oscilações no pensamento brasileiro ao nominalismo, dentro da própria filosofia cristã, como através de Duns Escoto: "*assim, o nominalismo e o voluntarismo de Duns Escoto forneceriam a base metafísica para uma Filosofia fundada no modo de ser natural do brasileiro*" (1968a, p.324).

---

154. Antes da experiência de sucesso de *O Diário*, o ensaio de uma militância católica teve lugar com *O Horizonte*. Foi um periódico que agitou a imprensa mineira, sendo uma iniciativa leiga que buscava congregar o olhar católico e a disposição de notícias ao público. Nascido como órgão do Conselho de Imprensa, *O Horizonte* saiu pela primeira vez em 8 de abril de 1923, com artigo polêmico de Lúcio dos Santos. Em suma era um modesto semanário de oito páginas, com mais artigos do que notícias, e trazia muitos artigos doutrinários, contra protestantes, comunistas, maçons, etc., com um cabedal de temas tais como: eutanásia, educação leiga e mista, e coisas do gênero em evidência na época. A respeito dos colaboradores do jornal *O Horizonte*, João Camilo relata que "muita gente boa colaborou no jornalzinho, quer na direção, quer na redação", como os diretores Lúcio dos Santos, Olinto Orsini, Mário de Lima, Carlos Góis, Cristovão Santos e o padre Álvaro Negromonte, um dos mais assíduos e eficientes (1972, pp.154-155).

Ao compreender o tempo e a história era possível captar da religião os instrumentos das transformações seguras. Neste sentido, para driblar a força da ideologia socialista, que impregnara as esquerdas católicas, JCOT torna-se propagador do solidarismo. Trata-se de uma proposta de reforma social que remonta ao bispo de Mainz, Wilhelm Emmanuel von Ketteler (1811-1877), e aos católicos sociais franceses do século XIX, e "*mais um rol de excelentes intenções do que de incitamento concretos à ação*". Ou seja, o catolicismo social ainda era algo vago, ainda bem com bons propósitos. Clero e laicato teriam encontrado, através dos estudos da sociologia e da economia, a posição solidarista, realização concreta dessa vontade de ação, como se podia encontrar na obra do jesuíta Fernando Bastos de Ávila, S.J. (1918-2010).

O solidarismo comunga com o securitismo, pensamento defendido por JCOT, no âmbito da crise da previdência no Brasil dos anos 1960. São assuntos que figuram neste trabalho, em outros capítulos, 10 e 11. Primordialmente cabe observar como denotam o funcionamento do pensamento camiliano: norteado pelas orientações do laicato católico, especialmente via Alceu Amoroso Lima, de quebra, via Jacques Maritain; e das encíclicas papais. Os ensinamentos neotomistas e os documentos de Roma serviriam como caminhos à política nacional e mundial. Parte de sua obra, por sinal, é uma emulação de ícones do laicato, assim como da interpretação e tentativa de aplicação de importantes documentos da Igreja na metade do século XX. Na primeira coluna pode-se citar ao menos duas publicações seminais: *Harmonia política* (1961a), *Natureza e fins da sociedade política* (1968c). Quanto à segunda, outras duas que já no título se propõem a tratar do assunto a partir dos escritos papais, *Desenvolvimento e justiça. Em torno da encíclica Mater et Magistra* (1962a) e *O ocaso do socialismo. À margem da Popularum Progressio* (1970).

1.6.2 A universidade e a educação como libertação

A preocupação com a universidade remonta ao primeiro livro de João Camilo: *O sentido e a finalidade do ensino universitário* (1940). A sugestão para o trabalho havia sido dada pelo Frei Damião Berge, o mesmo que o incentivara a escrever sobre o positivismo. No texto de 1940 o autor emula a luta do então reitor da Universidade de Chicago, Robert Maynard Hutchins, que tentava reformular o currículo sob a marca aristotélico-tomista.[155] Ao mesmo tempo, tratava-se de um réquiem sobre a Universidade do Distrito Federal (UDF), quanto ao pesar sobre o seu fechamento, marcando o desandar da missão cultural das Faculdades de Filosofia.[156] João Camilo havia sentido o baque, voltou para Minas, e até tentou prosseguir no curso de Direito, porém lhe faltou motivação (2005, p.97). A UDF lhe era singularmente marcante, legando-lhe "*um espírito aberto, anti-especialista, de um gênero que talvez seja necessário defender no mundo de técnicos em que vivemos*" (2005, p.98).[157]

João Camilo lamentava o fim da UDF porque era, mais uma vez, a quebra de um projeto universitário no país. Foi um solavanco civilizatório. O estudo sobre o positivismo havia lhe descortinado a importância do projeto intergeracional sobre a mentalidade brasileira. Afinal, o positivismo se tornou "*uma das filosofias ordenadoras do pensamento brasileiro [sendo] natural que tenha influído decisivamente para a formação da mentalidade pedagógica do país*" (TORRES, 1957b, p.195).

---

155. O caso da reforma do reitor Robert M. Hutchins (1899-1977) começa pela descrença que passou a ter pela capacidade de a pesquisa empírica nas ciências sociais poder resolver os problemas sociais, de modo que se aproxima do aristotelismo e do tomismo, inclusive pelo marcante contato com Mortimer Adler. Nesse bojo Hutchins procura, a partir dos anos 1930, reformar o currículo da Universidade de Chicago sob linhas aristotélico-tomistas. O projeto de reforma acaba não indo adiante, sendo rejeitado pelos membros da faculdade três vezes. Porém, a polêmica se tornou mundialmente conhecida. JCOT explicava que a grandiosidade do projeto Hutchins era a concepção da universidade como um todo orgânico, de modo que "*as faculdades da Universidade sejam distribuídas pelos diferentes compartimentos da escala das ciências, cada uma chefiada pela ciência específica que lhe corresponde, a Biologia para a Faculdade de Medicina, a Física e a Matemática para a Politécnica, e a Sociologia e a Ética para a Faculdade de Ciências Jurídicas e Sociais. A Faculdade de Filosofia seria como que a cúpula e remate de todo o edifício*" (1949, p.46).

156. Para JCOT era equivocado o processo centralizador promovido pelo Ministério da Educação, que encerrou a instituição municipal (UDF) e a absorveu na Universidade do Brasil. Pois o motivo do fracasso das reformas educacionais no Brasil era devido ao descuido com a missão cultural precípua das Faculdades de Filosofia, a preparação de professores secundários e de técnicos, a partir dos problemas locais até os mais abrangentes. O erro era marcante pois era perdido de vista que "*o ensino cabe menos ao governo que às famílias, escolas e professores*" (TORRES, 1949, p.45). Portanto, quanto mais descentralizada a execução do ensino, melhor, mesmo que fosse louvável a criação de padrões e sistemas gerais.

157. A UDF surge em 1935, pelo decreto municipal nº 5.513, como fruto da administração Pedro Ernesto, interventor e depois prefeito do Distrito Federal, que tinha Anísio Teixeira na direção do Departamento de Educação. Tratava-se de uma experiência pioneira e original na história da educação superior brasileira. Sofrendo as oscilações da política nos anos 1930, a instituição cai com o golpe que instaurou o Estado Novo, já que destoava do projeto acalentado no Ministério da Educação por Gustavo Capanema, de fortalecimento da Universidade do Brasil. Inclusive os alunos da UDF foram incorporados aos quadros da Faculdade Nacional de Filosofia, que formaria parte da Universidade do Brasil, criada em 1939. A nova instituição, que deveria ser dirigida por Alceu Amoroso Lima e se submeter ao controle doutrinário da Igreja católica, acaba sendo entregue a Francisco Clementino de San Tiago Dantas.

Se não bastasse a profunda influência que exerceu nas escolas militares, os adeptos dos positivistas intervieram contra a criação de uma universidade, no tempo do ministério Saraiva (1882). O historiador Barão Homem de Melo foi o organizador daquela que seria a "Universidade D. Pedro II". A intenção do governo era boa, porém o projeto era precário, chegava a prever uma faculdade de Teologia sem um único curso de Filosofia. Tornava-se clara a falta de orientação na nossa cultura, argumentou João Camilo a respeito (1957b, p.197). E assim ficou fácil detratar a ideia, como fez Teixeira Mendes em artigos na *Gazeta de Notícias*.[158]

Pensar a universidade dizia respeito à preocupação com o desenvolvimento cultural para formar uma elite intelectual no país, voltada ao ensino e à pesquisa para demandas democráticas. Este era o foco de João Camilo, conforme expressou em *Educação e liberdade* (1958b). Impressionava o vazio do país nessa matéria, a começar pela demora para se fundar uma universidade local. Se na Colônia podia não ser um grande problema já que Coimbra funcionava como o lugar de encontro das elites portuguesas, pós-1822 torna-se algo grave.[159] Segundo Roque Spencer Maciel de Barros, a Universidade só surge no Brasil em 1920, quando se criou a Universidade do Rio de Janeiro, cujo motivo foi diplomático, antes que pedagógico - era preciso criar uma instituição superior para conceder o título de doutor *honoris causa* ao rei Alberto I, da Bélgica, que visitaria o país no Centenário da Independência.[160]

A disputa simbólica quanto à origem da universidade no Brasil pode surgir entre uma instituição ou outra. Porém, o fato é que a concretude de um projeto de redefinição da civilização brasileira com base no ensino superior só acontece a partir da

---

158. A abordagem crítica de Teixeira Mendes sobre uma proposta de universidade no Brasil Império foi compilada em livro, intitulado *A Universidade* (1882, edições do Apostolado Positivista no Brasil). Para João Camilo, tratava-se de um dos mais interessantes estudos publicados no Brasil sobre o assunto da questão universitária, identificando os erros de origem da Universidade D. Pedro II. Teixeira Mendes escancarava como os defensores do projeto apenas conheciam o nome do que queriam, mas no fundo mal sabiam o que estavam a defender (TORRES, 1957b, p.197).

159. O não estabelecimento precoce de universidades no Brasil é um dos elementos de completa diferenciação a respeito dos demais países das Américas. Para José Luis Romero, em *América Latina: as cidades e as ideias* (2004), a especialidade do caso brasileiro era identificada, entre outros motivos, pela ausência da universidade local na composição das elites, tal como se deu nos demais países, como o Peru, que já no século XVI contava com instituições de ensino superior.

160. A Universidade do Rio de Janeiro, criada em 1920, de universidade propriamente nada tinha. Conta Roque Spencer que "*mais não foi do que a reunião das escolas de Medicina, Engenharia e Direito, mantidas pelo governo federal, com o objetivo, informa-nos Heládio Cesar Gonçalves Antunha, de conceder o título de Doutor 'Honoris Causa' ao rei Alberto I, da Bélgica, 'como parte das homenagens que lhe deveriam ser prestadas, particularmente por ocasião de sua visita oficial, dentro do quadro das comemorações do Centenário da Independência*" (MACIEL DE BARROS, 29 jan. 1984, p. 10).

Universidade de São Paulo (USP), em 1934 – a primeira a ser homologada depois do decreto federal que elaborou o Estatuto das Universidades Brasileiras, em 1931.[161] Por outro lado, não significa que não existisse uma "mentalidade universitária" antes do surgimento desse projeto bem-sucedido. O próprio Maciel de Barros descreve que a disputa que atravessa o Império e adentra a República é constituída por três concepções: "católico-conservadora", "liberal" e "cientificista". A católico-conservadora procurava adequar o país real ao país oficial, pretendendo fazer do Brasil um baluarte da monarquia e da catolicidade.[162] Os liberais e cientificistas, particularmente os positivistas, marcavam o esforço de reforma da ilustração brasileira, propondo-se a aproximar o país nominal do real e ambos da humanidade (MACIEL DE BARROS, 1986, p.197).

Essas disputas intelectuais apareciam concretamente nas diatribes políticas. Um dos motivos para o malogro das várias tentativas de criação de universidade ao longo do Império foi o tema da centralização política. Já na República nenhum projeto vinga até os anos 1930, pois há uma espécie de conluio tácito entre liberais e positivistas em prol do "ensino livre", que blinda propostas à criação de universidades. Foi mantida a tônica de faculdades isoladas, e a ideia dominante acabou sendo a da "liberdade de ensino", convertida em desoficialização do ensino. Daí que foi só num ambiente de unidade e vontade política casado com um ideal superior de longo prazo que vingou a semente da Universidade no país, justamente o caso da USP.[163]

---

161. Em 1931, foi promulgado por decreto federal o Estatuto das Universidades Brasileiras. Como até então a Universidade do Rio de Janeiro não chegava a ser uma universidade, o Estatuto se referia, de fato, às possíveis universidades que poderiam ser instituídas e não a qualquer instituição existente ou que se pretendesse pôr em funcionamento de imediato. Nesse sentido em que aponta o Estatuto é lícito afirmar que a Universidade de São Paulo, criada pelo Decreto n. 6.283, de 25 de janeiro de 1934, foi, efetivamente, a primeira universidade do Brasil (MACIEL DE BARROS, 29 jan. 1984, p. 10).

162. Os apologistas católicos, fosse nas instâncias políticas, no laicato ou no clero, demonstravam a contradição de um país de franca maioria e bases católicas propiciar à juventude uma educação literária feita em oposição à religião cristã, argumentava o ultramontano Cândido Mendes de Almeida, que defendia a criação de uma universidade católica no país (MACIEL DE BARROS, 1986, p.25). Uma abordagem a respeito da crítica ultramontana de Cândido Mendes ao Império, por não ser capaz de estabelecer a formação da elite com base na fé católica, e assim deixando de integrar o país das elites ao país do povo, é apresentada nesse capítulo de livro, *O horizonte civilizatório do ultramontanismo no Brasil oitocentista*" (RAMIRO JUNIOR, 2019, pp.65-98).

163. A compreensão da criação da USP está no bojo das ideias de Júlio de Mesquita Filho, que contou com valiosos colaboradores, Armando de Salles Oliveira, Francisco da Fonseca Telles, Fernando de Azevedo, Cristiano Altenfelder da Silva, Teodoro Ramos e outros. A inspiração de Júlio de Mesquita Filho foi dentro do melhor espírito bandeirante e, politicamente voltado, após o malogro da Revolução Constitucionalista de 1932, para a construção e modernização do Brasil a partir da liderança cultural e moral de São Paulo, "derrotado pelas armas mas indomado no espírito". A Universidade representaria a erige de um "roteiro da revolução", pacífica e democrática, que ao mesmo tempo conduz a educação e se apoia sobre o seu êxito. Júlio de Mesquita Filho sabia que a construção do nosso edifício pedagógico não podia ser sério sem um ensino verdadeiramente universitário (MACIEL DE BARROS, 29 jan. 1984, p. 10).

Há uma semelhança dessa radiografia de Roque Spencer com uma exposição de João Camilo, feita em artigo dando sugestões sobre educação ao futuro governo de 1961 [do presidente eleito Jânio Quadros]. No mesmo tom que encarava o drama histórico da falta de valorização do governo nacional em matéria de educação e cultura, salvando apenas a memória de D. Pedro II como grande mecenas da cultura nacional, JCOT acusava igualmente liberais e positivistas por terem atravancado o desenvolvimento cultural. De um lado o pensamento liberal economicista foi faltoso por não enxergar na ciência, na educação e na pesquisa desinteressada um investimento e uma fonte de transformações. De outro, o positivismo e o tecnicismo geraram não apenas o preconceito contra os estudos teóricos e literários, e o desprezo pela atividade intelectual, mas também sérios anacronismos, como a defesa industrialista antes que tivéssemos mão de obra formada.[164]

Para JCOT a pedra de toque da transformação prática do país era cultural: "*a Brasília do futuro governo (muito menos onerosa e mais útil) deve ser a transformação do Brasil numa nação de primeira classe no plano cultural*" (30 ago.1960). Nesse mesmo texto sugeria ao governo que envolvesse a Cultura no Ministério da Educação, pela criação de um Departamento Nacional de Cultura. Tinha em conta que a palavra "cultura" abrangia a produção de ciência, dentro de um composto civilizatório. Aqui, mais uma vez, é declarada a aproximação com Gilberto Freyre, ao colocar a cultura num patamar fora da "*fase de amadorismo que a vem caracterizando*". O exemplo empregado era exatamente as pesquisas de valorização do patrimônio nacional brasileiro, daquilo que nos é específico, o "*luso-tropical, como diria Gilberto Freyre*" (TORRES, 30 ago.1960).

O apelo culturalista de João Camilo não é menos ou mais importante do que o político institucional. São dimensões complementares, que interligadas dizem respeito à cultura política, feita de um processo pedagógico. A ordem de transformação do país requeria um sistema nacional de educação, que completasse e alicerçasse os vínculos familiares e religiosos. Desse modo JCOT comemora que o governo federal possa dispor de leis de diretrizes e bases, assim como meios de intervir em todos os planos da educação. Igualmente, aponta para a filiação

---

164. O trecho em questão é este: "*O atual governo [JK] procurou fomentar indústrias; mas, não possuímos ainda escolas suficientes para o preparo de técnicos para estas indústrias. Isto, por si, é o suficiente para mostrar que estamos terrivelmente atrasados*" (TORRES, 30 ago. 1960).

católica como base do ensino no país.[165] O próprio senso de educação como fonte de liberdade recairia nessa predileção, a começar pelo ensino elementar. No já mencionado *Educação e liberdade* (1958b), o autor expressa como o fundamento moral humano está na educação. A escola é apresentada como extensão do ensino familiar, sendo quem delega à escola, diretamente ou por intermédio do Estado (instituição pública), a competência de ensinar. A primeira camada de formação é moral, marcando o caráter e a personalidade da pessoa (TORRES, 1958b, p.35). A análise camiliana é sociológica, observando os pontos que comprometem essa formação moral, primordial. Depara-se com três problemas/crises: da habitação - a precariedade da moradia na maior parte do país; dos vínculos - a desestruturação familiar pelo desquite, separação, que já antecipavam o divórcio formal; e da autoridade - fruto da "democratização" da vida familiar, que desnorteava o senso hierárquico nas famílias.

O horizonte católico fornecia o feixe de esclarecimento e um ponto de equilíbrio às críticas de JCOT, tanto contra o Estado quanto a respeito de ideologias políticas. Levando em conta a "Declaração de Goiânia" dos Bispos brasileiros nos anos 1950, mostra que a Igreja repele o modo intervencionista do Estado na educação, cuja prova de mediocridade era a escola secundária, que vinha sendo encampada pelas províncias. A razão de tal ineficiência era o tipo de escola estatal: "*regulando tudo*" (TORRES, 1958b, p.55). Por outro lado, não abraça uma interpretação liberal, preferindo uma "*resposta puramente sociológica*", no que diz respeito à relação entre ensino e religião, base da vida moral saudável, em que cabe ao ente público "*optar pelo apoio à religião historicamente ligada à civilização do país e pela colaboração com ela*" (TORRES, 1957b, p.72). O mote do argumento era uma reclamação que remonta às que dom Macedo Costa fazia ao Império: a colaboração irrisória ao ensino ministrado pelas escolas católicas, pois eram as que amplamente arcavam com boa parte do ensino no país, e eram desconsideradas pelo governo a ponto de o próprio ensino religioso sofrer hostilidade das autoridades constituídas. Por isso que, ao contrário do que se pensava, o ensino religioso era defendido por ser uma contribuição da Igreja ao bem comum do

---

165. O surgimento do pressuposto no Brasil de que a educação elementar é atribuição do governo local vem do Ato Adicional à Constituição do Império, que mantinha o arcabouço da Regência. Para D. Pedro II isso era um mal, pois impedia um sistema nacional de educação, além de outros inconvenientes, como os parcos recursos dos orçamentos das províncias (TORRES, 30 ago. 1960).

Estado, e envolvia a própria sobrevivência da vida democrática: "*sem ensino religioso de base o regime democrático é uma farsa, uma mistificação (...) o Estado que precisa do ensino religioso para evitar que seja mal governado, e não a Igreja*" (TORRES, 1958b, p.68).[166]

A educação refere-se a um caminho de liberdade, de ampliação de responsabilidade, e, portanto, patamar civilizatório, pois alicerça os indivíduos. A argumentação moral de JCOT era coberta por um senso de antídoto contra as ideologias, contra a desordem do mundo. Servia a educação para preparar o homem a uma base, ordenando-o. Nesse sentido, a melhor forma de evitar que o comunismo se tornasse senso comum entre nós era educando as massas. Eis o porquê do tom moralista: no limite, era uma preocupação política.

1.6.3 De professor a intelectual público

Pode-se inferir que JCOT escapa dos limites da cátedra por ter feito de certos temas verdadeiras bandeiras cívicas e intelectuais. No capítulo 2 desta obra, sobre as Restaurações, isso poderá ser observado com maior precisão. Mas cabe antecipar que esse ponto de chegada, restaurador, é feito segundo o fundamento acerca daquilo que o autor compreende como cultura, ensino e religião.

O sentido do projeto camiliano é deliberadamente cultural, mais por sua acuidade teórica do que por sua ampla pretensão. O trabalho de João Camilo era o de interpretar a realidade, os movimentos históricos, e propor orientações segundo a história nacional e o pensamento católico. Por isso se diferenciava de Gilberto Freyre, de quem acolheu muitos ensinamentos e "*o sétimo céu em matéria de prazer de leitura*" (TORRES, 2005, p.104). A diferença é que Freyre estava mais envolvido com o debate sobre a "modernização" do país, ou melhor, contrário à renovação modernizadora que surge nos anos 1920. No caso de João Camilo o próprio termo "moderno" pouco aparece. Cabia-lhe uma resignação. Neste sentido o historiador mineiro seria "menos conservador" do que o colega

---

166. Voz reconhecida entre os principais jornais do país, João Camilo foi título de nota do *Jornal do Brasil* a respeito de uma decisão do governo mineiro sobre o ensino religioso: "*João Camilo louva decreto de Magalhães que institui ensino religioso em Minas*", eis o título da matéria (JORNAL DO BRASIL, 19 dez. 1965). Na opinião de JCOT, já era tempo de alguém regulamentar o que já constava na Constituição Estadual: "*dou graças a Deus por ter alguém tido a coragem de fazer o que já deveria ter sido feito há muito tempo*".

pernambucano. Mas na visão ampliada há uma clara similaridade, ambos constatam a dificuldade de se ter ordem no país, dados os constantes dilemas da construção nacional, de modo que a melhor compreensão era a de que a ambivalência, a oscilação, a plasticidade não seriam problemas, e sim o elemento natural do brasileiro. Mas, ao passo que Gilberto Freyre entendia que o elementar era formar uma cultura a ser compreendida por uma elite engajada, algo que a certa altura propunha até que fosse realizado por meio de uma ditadura (1979, p.252), no caso de João Camilo o importante era sintonizar a malta com as transformações, ao mesmo tempo que munisse civicamente o povo de uma consciência histórica calcada no significado da formação nacional e tendo a religião como vínculo permanente. Mesmo porque "*a cultura é uma projeção do Verbo de Deus em ideias*" (TORRES, 1949, p.45). Para JCOT, o religioso é anterior à cultura, e não elemento composto dela, como na sociologia freyriana.

O pressuposto democratizante era sintomático em João Camilo, isso dentro de um propósito de esclarecimento e conscientização pública. As três linhas de atuação a esse respeito foram: (i) a atividade como historiador e sociólogo, oferecendo ao público obras importantes à história e ao pensamento político brasileiro; (ii) como intelectual público em diversas frentes, em trabalhos ao público infantojuvenil, na imprensa como jornalista, nas associações intelectuais, e na publicação de textos basilares de educação moral e ciência política; e (iii) docente no ensino superior e intérprete da interseção de ensino e religião no Brasil (como exposto anteriormente).

João Camilo foi não apenas um apologista da educação, mas um protagonista.[167] Por isso é importante ressaltar as ideias do autor sobre o tema, bem como a própria atuação como professor, pesquisador e intelectual público. Em sua autobiografia, JCOT esclarece que nunca foi professor em tempo integral, e que sempre se considerou pouco eloquente, muito itabirano na comunicação,

---

167. JCOT era tido como um dos grandes escritores mineiros, segundo a imprensa nacional já desde o final dos anos 1950 (DIÉGUES JÚNIOR, 10 fev. 1957). A presença era marcante tanto na parte pedagógico-acadêmica quanto na política. Onde lecionava, na Universidade de Minas Gerais (depois, UFMG), foi o responsável pela criação do Centro de Estudos Mineiros, destinado a estimular pesquisas, promover cursos de informação cultural e publicar livros selecionados (CONDE, 19 abr. 1963). Na política mineira, uma das atuações cívicas mais relevantes de JCOT era o incentivo aos movimentos municipalistas (O DIÁRIO, 18 jul. 1956). No ano anterior, em fevereiro de 1955, junto de conterrâneos, assinou manifesto contra a candidatura de Juscelino Kubitschek (TRIBUNA DA IMPRENSA, 12-19 fev. 1955).

e nada brilhante, preferindo escrever a falar (2005, p.142).[168] Como pesquisador de História e Sociologia, de fato pode ser tido como um clássico do Pensamento Político Brasileiro, sobretudo a respeito do conservadorismo no Brasil.[169] Legou ainda textos marcantes que redefiniram discussões na academia, como a respeito da história política do Império, do positivismo, do federalismo, e outros assuntos que são analisados ao longo deste trabalho. Na historiografia, além da robusta contribuição a uma teoria da história, João Camilo se considera o fundador da História das Ideias entre nós (2005, p.141).

Preocupado com a manutenção da "*nossa tradição democrática e cristã*", JCOT escreveu compêndios que explicassem a alunos do ensino fundamental a realidade da formação brasileira, numa demonstração de apego à ciência e amor à pátria, venerando o passado nacional - como explicou num de seus prefácios (1965a). Em alguma medida eram obras que também cumpriam com as lacunas da educação básica no país, como no caso da brochura *Estudos Sociais Brasileiros* (1968d), em sequência a *Educação Moral e Cívica* (1968f), e cumpriam com as demandas do programa da Secretaria de Educação de Minas Gerais para o ensino médio. A atuação nesse gênero, vale notar, é típica de escritores católicos, e João Camilo pode ter sido pioneiro, pois o formato

---

168. Além do início na Faculdade Santa Maria, depois UCMG (hoje PUC-MG), João Camilo lecionou na Faculdade de Filosofia da Universidade Federal de Minas Gerais (UFMG), na cadeira de Ética, e, mais tarde, demovido para o Departamento de História. Em ambas as casas acabou fundando a cadeira de História de Minas Gerais.

169. JCOT era muitas vezes citado nos jornais como "Sociólogo", e assim se apresentava em algumas ocasiões também. O primeiro congresso nacional de Sociologia aconteceu em 1954, mas curiosamente consta na imprensa dois eventos diferentes. Um deles foi o mais famoso, e que se tornou o marco inaugural da Sociedade Brasileira de Sociologia, o realizado em São Paulo, na Faculdade de Filosofia da Universidade de São Paulo, em junho de 1954. Este foi o I Congresso Brasileiro de Sociologia, em que os jornais deram destaque ao trabalho de Alberto Guerreiro Ramos sobre uma "Teoria da Realidade Brasileira" (O ESTADO DE S. PAULO, 26 jun. 1954). O outro evento noticiado pela imprensa data de janeiro de 1954, como o "*Primeiro Congresso Brasileiro de Sociologia*", em Curitiba. E neste JCOT é citado entre as referências na área. A nota do *Correio da Manhã* saúda o evento inédito no país: "*agora, já existe uma ciência que é, especificamente, ciência do Brasil. Reverenciamos os nomes de Tavares Bastos e Alberto Torres, grandes precursores. Depois, vieram os mestres Oliveira Vianna, o fluminense; Gilberto Freyre, o pernambucano; Aurélio Porto, o gaúcho. Também são notáveis as contribuições do paulista Caio Prado Jr. e do mineiro João Camilo de Oliveira Torres. Mas merece destaque especial a escola paulista, desde os primeiros ensaios sociológicos de Sérgio Millet até as recentes pesquisas sobre o padrão de vida e o inquérito da revista Anhembi sobre as relações raciais*". O jornal ainda elogia a iniciativa rara do então governador paranaense Bento Munhoz da Rocha, que na condição de sociólogo compreendia a relevância daquela ciência, ao contrário do desinteresse geral da classe política pela matéria: "*Em vez de aproveitar os resultados dos estudos, continuam emprestando a atmosfera do país com discursos de sobremesa. E o único mecanismo social que lhes inspira interesse é o das nomeações e demissões, senão o dos empréstimos no Banco do Brasil*" (CORREIO DA MANHÃ, 16 jan. 1954).

de seus livros é bastante semelhante ao dos livros didáticos de Organização Social e Política Brasileira (OSPB), que tiveram no também mineiro Frei Betto um importante autor.[170]

Naquilo que classificava como "educação cívica" e "educação política" João Camilo atuou noutros mecanismos indiretos de educação. Para o público infantojuvenil criou até um personagem para estórias de aventura, da memória do avô João Surrão surgiu "João Surrinha", e a partir de um convite de Sérgio Machado, editor da Record, escreveu diversos livros sobre matérias históricas para esse público, como *El Cid*, *A aurora da civilização*, *A Revolução Francesa*, *História de Minas*, *História do Império*.[171]

Na imprensa foi onde exerceu de forma complementar a tarefa de educador moral cívico, sociólogo político e defensor de bandeiras que lhe eram caras – o catolicismo, a monarquia, o parlamentarismo, o voto distrital, a revolução de 1964, a reforma da previdência. Foi notícia e escreveu nos principais jornais do país, como *Correio da Manhã*, *Diário de Notícias*, *Jornal do Brasil*, *O Globo*, *O Jornal*[172] e *Tribuna da Imprensa*, do Rio de Janeiro; *O Diário* e *Folha de Minas*, de Belo Horizonte; *O Estado de S. Paulo*; e *Correio do Povo*, de Porto Alegre. Assim como em diversas revistas acadêmicas e ao grande público, como *Kriterion*, *Revista Brasileira de Estudos Políticos* (UFMG),[173] *Alma Mater*, *A Ordem* e a revista da Editora Vozes.

A respeito da pedagogia política camiliana, uma lição era fartamente repetida: o Brasil continha em sua origem como nação uma espécie de "destino-manifesto", inscrito em suas leis e instituições principais. O Brasil tinha um sistema, a "democracia

---

170. A correlação entre a obra de João Camilo e a de Frei Betto é uma ilação distante, mas corroborada pelo filho de João Camilo, que nos contou sobre a proximidade do pai com o irmão de Frei Betto, pois todos viviam próximos em Belo Horizonte. Na principal biografia de Frei Betto não encontramos essa aproximação (FREIRE; SYDOW, 2016).

171. O reconhecimento público e institucional de JCOT na área da educação infantil era notório, e inclusive se tornou censor de revistas pelo Juizado de Menores de Minas Gerais, em 1957 (CORREIO DA MANHÃ, 09 mai. 1957).

172. João Camilo relata que ainda bem jovem manteve um rodapé em *O Jornal*, "*a convite de Alceu Amoroso Lima tendo encerrado a fase, pelas inovações revolucionárias que um jovem jornalista introduziu aí. Tinha fama de ser comunista e chamava-se... Carlos Lacerda. Mais tarde, por iniciativa de Ledo Ivo, escrevi muito tempo na* Tribuna da Imprensa, *do citado Carlos Lacerda*" (2005, p.139).

173. Dirigida pelo professor Orlando de Carvalho, uma das principais referências na formação das Ciências Sociais do país, a partir de Minas, era anunciado em 1957 o surgimento da *Revista Brasileira de Estudos Políticos*, da Universidade de Minas Gerais. A nota no *Diário de Notícias* informava que o número relativo a dezembro de 1956 incluiria uma plêiade de autores destacados nos estudos da vida nacional, como Gilberto Freyre, João Camilo de Oliveira Torres, Abelardo F. Montenegro, e, ainda, Hermes Lima, Guerreiro Ramos, Leslis Lipsen, Nélson de Sousa Sampaio, Gerald Hardy, Aziz Simão, Machado Neto e Carlos Elói Guimarães (DIÁRIO DE NOTÍCIAS, 03 fev. 1957).

coroada": "*a Constituição do Império não era apenas uma lei: consubstanciava uma doutrina*" (TORRES, 8 mar. 1951). Faltavam a devida compreensão desse desígnio, o cultivo desse projeto, a insistência nesse horizonte. As grandes referências de JCOT, em matéria de atuação política, de institucionalidade e de civilidade, vinham todas do Império. A composição histórica da origem nacional a partir de Portugal, os eventos da Independência, a Constituição de 1824, a consolidação do Império depois da Regência, a Guerra do Paraguai, as reformas, a Abolição, e, especialmente, o próprio Imperador, eram marcas a serem profundamente meditadas pelas gerações seguintes. D. Pedro II, em particular, foi apresentado como modelo de pedagogo político, num dos trabalhos mais elogiados de JCOT: "Cartas à Regente" – conjunto de orientações políticas que o Imperador deixava à filha, que seria a futura Imperatriz (1958c).

Nessa trilha dos estudos sociais e políticos, João Camilo procurou escrever obras que servissem tanto a agentes públicos como às pessoas comuns, que precisavam obter maiores esclarecimentos sobre as mudanças políticas que o país poderia enfrentar. Assim, escreveu uma cartilha sobre o parlamentarismo (1961c), uma análise da reforma da previdência (1954), obras robustas sobre o federalismo (1961b) e o presidencialismo no Brasil (1961d), análises das transformações sociais a partir de temas pós-modernos, como o lazer (1968b) e o cotidiano acelerado da vida urbana em choque com a religião (1961f). No fundo o propósito de JCOT era preparar a sociedade para o fluxo de democratização que acompanhava desde o pós-Segunda Guerra Mundial, tentando compreender e aplicar as diretrizes de renovação da Igreja junto ao mundo moderno.

Não menos importante era a dimensão do ensino e da religião no âmbito da sociabilidade da qual JCOT fazia parte. Manteve profícua atuação em associações e instituições intelectuais, formando ampla cadeia de contatos. Foi membro da Academia Mineira de Letras, do IHGB,[174] da Academia Portuguesa

---

174. Foi sócio correspondente do IHGB a partir de 15 de dezembro de 1959. Eram frequentes as cartas de Guilherme Auler e Hélio Vianna para que JCOT pedisse admissão ao Instituto. O IHGB era um reduto significativo para a defesa da memória histórica do Brasil, inclusive pela linhagem de seus membros, como fica compreendido nesta carta de Hélio Vianna: "*Dos primeiros signatários de sua proposta para o Instituto - Soares de Souza é bisneto do Visconde do Uruguai, Leão Teixeira bisneto do Marquês de Paraná, Wanderley Pinho neto do Barão de Cotegipe. Gente que preza suas reivindicações sobre a História do Império. Ildefonso Mascarenhas disse-me que coleciona seus artigos. O velho ministro Alfredo Valladão disse-me não poder assinar sua proposta por ser membro da Comissão de Admissão de Sócios, na qual dará ou assinará parecer favorável. É o mais velho historiador mineiro, creio, pois tem 83 anos e ainda é orador digno de atenção, grandemente zeloso das biografias de nossos comprovincianos e de sua Campanha da Princesa da Beira*" (30 jun. 1959, fl.4).

de História,[175] deu cursos a distância,[176] foi nomeado diretor do Arquivo Nacional,[177] marcou presença em eventos intelectuais e políticos pelo país, ensaiou a carreira de romancista,[178] seus livros figuravam nas listas dos mais vendidos,[179] foi premiado e saudado como escritor e cidadão,[180] e até militou em grupos profissionais – chegando a ser o redator do Código de Ética dos jornalistas mineiros.[181] No espectro do pensamento católico, fez parte do Centro Dom Vital, como correspondente contumaz da revista *A Ordem*.[182]

---

175. Sobre a admissão de JCOT, Hélio Vianna lhe respondeu: "*...aqui encontrei sua carta de 31 de dezembro, com seu curriculum vital, que prontamente encaminhei à Academia Portuguesa de História, para sua lenta admissão à categoria de membro correspondente brasileiro, com futura passagem para membro "de número", como dizem lá*" (14 jan.1969:fl.1)

176. A nota de Hélio Fernandes na *Tribuna da Imprensa* informava que o ex-governador Carlos Lacerda, em maio de 1966, daria aulas por correspondência, ou seja, a distância, sobre regime democrático e liderança política. Tratava-se de uma iniciativa do economista João Alberto Leite Barbosa, criador do *Boletim Cambial*, que era um centro de estudos que dentre as atividades trazia um curso de "formação e atualização política". Além de Lacerda a lista de professores contava com JCOT, Gustavo Capanema, Temistocles Cavalcanti, Américo Jacobina Lacombe, Evaristo de Moraes Filho, padre Bastos d'Ávila, Vitor Nunes Leal, Josafá Marinho, Cândido Mota Filho, Osvaldo Peralva e o coronel Andreazza, do gabinete do Ministério da Guerra, que falaria de segurança nacional (FERNANDES, 24 mai.1966).

177. Embora alçado ao cargo de Diretor do Arquivo Nacional em 1964, depois do golpe cívico-militar, João Camilo declina do cargo. Um ex-chefe do Serviço de Pesquisa Histórica, que havia trabalhado com José Honório Rodrigues, e fora exonerado, escreve lamentando o fato de JCOT não ter se tornado o novo diretor do Arquivo. "*Acabo de saber, com tristeza, de sua renúncia à direção do Arquivo Nacional*" (RUI, 20 jun.1964). Em sua autobiografia JCOT trata do caso como sinônimo de desprendimento. "*Fujamos ao desejo de brilhar. Não matemos o Mandarim. Fiquemos quietos. Não: é melhor ficar aí, ver os poentes e fugir à glória. Foi o que fiz. Não matei o Mandarim. Não sou diretor do Arquivo Nacional*" (2005, p.136). Quem seria o "Mandarim"? José Honório Rodrigues...?

178. JCOT é retratado ainda como ficcionista, em particular o romance *A hora azul*. Na nota o escritor informa que preparava um ensaio: "A ficção científica como fantasia pura" ou "Vingança de D. Quixote" (DIÁRIO CARIOCA, 16 fev.1961).

179. No dia 28 de junho de 1958 João Camilo recebeu o prêmio Joaquim Nabuco, na categoria ensaio, pelo livro *A democracia coroada* (TRIBUNA DA IMPRENSA, 25 jun. 1958). Já nesse ano o livro de João Camilo figurava entre os mais vendidos das livrarias, conforme apanhado da *Tribuna da Imprensa* em livrarias de Belo Horizonte e Rio de Janeiro (TRIBUNA DA IMPRENSA, 1958).

180. Citado como historiador que escreveu *História de Minas Gerais*, JCOT é mencionado em nota a respeito do título que receberia de Cidadão Honorário de Belo Horizonte (JORNAL DO BRASIL, 27 abr. 1969).

181. João Camilo foi o redator de uma sugestão de Código de Ética dos jornalistas, que foi levado pela delegação mineira em congresso nacional da classe, em Curitiba pelos idos de março de 1966 (CORREIO DA MANHÃ, 02 mar. 1966). JCOT, como autor do Código, que seria adotado pelo Sindicato dos Jornalistas Profissionais de Minas Gerais, defendia a criação de uma Lei de Imprensa no Brasil, que pudesse coibir os abusos e as distorções empregadas pelos jornais, sem que isso cerceasse a própria liberdade de imprensa. Para JCOT, no Brasil, infelizmente, "*jornalistas confundem a liberdade de imprensa com o falso direito de caluniar, de fazer onda ou para empregar a terminologia usada por eles próprios com a mania de sacar notícias ou – o que é gravíssimo – entrevistas de autoridades e personalidades de destaque*" (JORNAL DO BRASIL, 27 jul. 1966).

182. Foi graças a José Carlos Barbosa Moreira que escreveu por muito tempo na revista *A Ordem*, do Centro Dom Vital (TORRES, 2005, p. 139). Inclusive Barbosa Moreira mantinha João Camilo informado a respeito de tudo o que ocorria no Centro Dom Vital, como a briga de Antonio Carlos Villaça com Gustavo Corção (BARBOSA MOREIRA, 31 ago.1960).

1.7 O sentido do conservadorismo: libertação e movimento

> *"Penso que vocês concluirão que a ideia predominante de conservação é o princípio egípcio do repouso, mas que em nosso Partido Liberal nós possuímos a ideia grega de vida e de movimento."*
>
> Joaquim Nabuco (*Diários*, 14 jun. 1877)

O pensamento conservador de João Camilo de Oliveira Torres é fruto de um senso de libertação e movimento, como foi o próprio transcurso biográfico do autor. Não na base da anarquia tresloucada, mas de um particular senso de equilíbrio. Oscilou politicamente, na medida das transições nacionais e do patrimônio histórico de sua família. Teve passado saquarema, teve passado luzia – o bisavô paterno militou no Partido Conservador, o materno esteve na batalha de Santa Luzia do lado liberal. Foi situação, foi oposição – se opôs inicialmente à Revolução de 1930, depois foi a favor; fez coro pelo regime democrático de 1946, mas seria opositor ao conterrâneo JK; foi pró-Revolução de 1964, e anos depois crítico do regime. Escreveu como opositor, escreveu como defensor de situações e transformações políticas – estava com o irmão Luiz Camillo no *Manifesto dos Mineiros*, contra Vargas; e em 1964 sua obra legitimava as ações cívico-militares. Decididamente, o percurso de João Camilo, como seria o de qualquer pessoa, ainda mais inteligente, não é nada linear.

Quanto às características de um conservadorismo camiliano, duas são significativas. Primeiro, a fuga do ideário liberal, mas no sentido de libertação ideológica. Segundo, a perspectiva da mobilidade. Ambas se encontram na ideia de consciência histórica. Pode causar espécie esse caráter dinâmico a respeito do conservadorismo, pode-se supor algo de paradoxal. Mas isso nada mais é do que o produto da própria alteração dos *establishments* que vão surgindo na mudança dos ciclos políticos. O que há de permanente no âmbito do conservadorismo são os âmagos que norteiam tal pensamento.

Uma ideologia refere-se a um ponto de amarra dos conceitos, funciona como mecanismo de organização do pensamento, apontando para o inevitável formato da decisão política. É possível representar as diferentes ideologias a partir de um mecanismo morfológico, tendo em vista o lugar que cada conceito ocupa num ideário, segundo uma dimensão espacial. Nessa proposta apresentada por Michael Freeden (1996), são avaliados o âmago, os elementos adjacentes e os conceitos periféricos de uma ideologia. No caso de João Camilo os componentes que foram discutidos ao longo dos capítulos anteriores englobam esse universo conservador: a história, a doutrina católica, a teoria política em torno das ideias de legitimidade e democracia, o tomismo, o estado, o municipalismo, as peculiaridades de Minas Gerais, o ensino, as tradições religiosas, o papel do escritor católico.

O modo como cada um desses aspectos aparece muda conforme o texto e o momento. Mesmo o conjunto de obras que fazem parte de uma *História das ideias políticas no Brasil* (1969, p.xiv) contempla variações temáticas, enfoques diferenciados, por mais coerente que tenha sido o intuito do autor. Quanto ao tempo, implica a atuação de João Camilo como intelectual público, e, sobretudo, de acordo com a maneira pela qual enxergava uma espécie de sentido teleológico, democratizante e socializante. Essas conclusões sofrem um gradiente ao longo dos anos e se encontram com a própria atuação profissional de JCOT, quando foi delegado do INPS em Minas Gerais, a partir de 1966 – nessa época se acentua a preocupação quanto a políticas sociais que ocupem de um modo estável o rumo socializante do mundo. Nota-se que até no caso de um livro como *O ocaso do socialismo*, de 1970, em que uma penumbra é lançada sobre a ideologia socialista, o reconhecimento da socialização como movimento permanece.

A aplicação intelectual – conservadora – de João Camilo a respeito desses fluxos de transformação do mundo é no sentido de adaptá-los a algo coerente com as características religiosas e históricas do país. Portanto, a pressão socialista que pairava sobre o Brasil deveria ser recomposta para a formação de um solidarismo. A democratização no Brasil, por sua vez, que tivera início com a Revolução de 1930, precisava se reencontrar com os paradigmas monárquicos do Império, calcado ainda nas pesquisas modernas da Ciência Política, como em Seymour Lipset, que demonstravam como nas monarquias parlamentares a democracia e as liberdades fundamentais funcionavam melhor do que nas repúblicas (TORRES, 2016, p.55).

A teoria de que o conservadorismo funciona como uma "imagem refletida", como modo de reação ao oponente ideológico, deve ser observada com bastante cuidado no caso de João Camilo.[183] Justo porque o autor traz uma teleologia histórica, no calço do pensamento católico. JCOT assume uma posição valorativa, e mesmo nas análises contextuais não se despoja do paradigma conservador. Não se compromete com uma "neutralidade axiológica" weberiana, mas nem por isso distorcia fatos ou atuava de forma leviana. O sistema de reação ideológica de João Camilo pretendia promover o amálgama, a conciliação, o equilíbrio. O exemplo é aquele mencionado no parágrafo anterior, repaginando as expressões em voga, segundo aquilo que considera permanente à vida social e política.

O mecanismo de sintonia do conservadorismo camiliano é o catolicismo. Trata-se do coração de seu pensamento político. Outros dois aspectos que figuram no centro de interesses do autor, no âmbito do conservadorismo, são a cultura e as instituições políticas (particularmente o estado, no caso brasileiro). Ligadas a esses pontos centrais somam-se duas marcas metodológicas: (i) a valorização do senso comum popular, de atributos do homem comum; e (ii) a percepção realista dos fatos materiais, preocupado em escapar de idealismos e utopismos.

Antes de adentrar em cada um dos âmagos do conservadorismo camiliano - a cultura, a religião e o estado –, é pertinente responder a duas questões. Primeiro, de que maneira o pensamento político de JCOT é tributário do conservadorismo britânico, já que o paradigma a ser recuperado desse comportamento é o Brasil Império? E, segundo, como justamente esse período histórico emula a evolução política britânica?

1.7.1 Como o tradicionalismo sobrevive dentro do conservadorismo?

A diferença entre tradicionalismo e conservadorismo diz respeito ao modo de ação de cada ideologia. Segundo Mannheim (1959, p.105), "*o comportamento tradicionalista é quase que totalmente reativo. O comportamento conservador é significativo, e é ainda mais significativo em relação às circunstâncias que mudam de época para época*". De antemão João Camilo é um conservador, pois faz um

183. Para Michael Freeden (1996, p.336) a "imagem refletida" é uma técnica do modelo de ação conservadora. De uma ação no contrapé do opositor. O conservadorismo seria um contramovimento, como uma resposta a "auto-organização" e ao aglomerado "progressista". O que organiza o conservadorismo seria a sua condição reativa. Essa teoria remonta a Karl Mannheim (1968), cujas inovações metodológicas contribuíram sobremaneira aos estudos das ideologias, para tratarmos da inter-relação entre o sentido de uma ideia e o aspecto social a que ela remete. Mannheim propõe ainda que todo conhecimento histórico é conhecimento relacional, e só pode ser formulado com referência à posição do observador. Trata-se de uma proposta metodológica importante, que avança na noção de dinâmicas relacionais, o que é diferente de um mero relativismo.

trabalho de significação política em cada momento, conforme aportes que digam respeito a ordem, autoridade, legitimidade, base religiosa tradicional, cultura popular e uma tentativa de reconfigurar as instituições políticas dentro do paradigma original da construção nacional brasileira. Porém, o fato de JCOT adotar uma compreensão histórica com um traçado teleológico identifica a preocupação com a manutenção de uma tradição, marcadamente alinhada aos desígnios católicos.

Portanto, observar como no caso britânico o partido Tory se transforma ao longo do tempo em partido Conservador, mantendo dentro de si elementos do torismo, funciona como referência para expressar o pensamento conservador camiliano. Em João Camilo consta a preservação de um conteúdo tradicionalista dentro da noção de movimento político. Em outras palavras, a dinâmica política moderna não é antagônica à preservação dos elementos caros à tradição, e que são bandeiras tories. O projeto final de restauração é realizado dentro de um sistema, desenvolvido pelo partido Conservador – tanto na Inglaterra quanto no Brasil Império, que ao mesmo tempo consegue acolher os desígnios das necessidades modernas, do progresso, da liberdade, da democracia, como permite manter o âmago da tradição – a religião, a cultura e as instituições da autoridade política e social.

O termo Tory atualmente é um apelido para o partido Conservador britânico.[184] Mas até a década de 1830 o próprio partido Conservador chamava-se Tory. De um jeito ou de outro o termo permaneceu. A reforma eleitoral de 1832 alterou a dinâmica dos partidos, levando à criação do partido Conservador moderno.

A construção desse conservadorismo moderno é, paradoxalmente, fruto da obra de um Whig – Edmund Burke (1729-1797), através de suas críticas à Revolução Francesa de 1789. A visão burkiana, de que uma nação precisa reformar-se para poder se conservar, significou a postura moderna do conservadorismo, de uma compreensão histórica envolvida com a mudança. Antes, a ideologia conservadora na Inglaterra, nascida entre os anos de 1710 e 1720, de uma concepção estática da "Antiga Constituição", ainda estava bastante carregada pela visão cíclica da história.

---

184. Originalmente, Tory designava os ladrões de gado irlandeses. O termo entra na arena política como apelido jocoso, dado pelos oponentes àqueles que apoiaram o rei Carlos II (1660-1685) e reivindicavam suas raízes junto aos Realistas – que lutaram por Carlos I um quarto de século antes. Essa fidelidade à monarquia sofre um revés no final do curto reinado de Jaime II (1685-1688), quando os tories tiveram que tomar uma ingrata decisão: a lealdade ao rei ou a aliança com a Igreja anglicana. Na ocasião, tanto tories como whigs assinaram o convite secreto a Guilherme de Orange para invadir a Inglaterra e salvar a Constituição protestante. Curiosamente, o que manteve os tories apoiando o novo monarca foi a impossibilidade de apoiarem um rei católico numa nação reformada. Assim, os tories aceitaram o princípio da exclusão a que eles mesmos vigorosamente se opunham até 1679.

O caminho percorrido pelo partido Tory britânico confunde-se, mas não é algo linear que vai chegar ao conservadorismo. O torismo foi capaz de concentrar em si as angústias conservadoras quando os partidos políticos se organizaram, porém o paradigma conservantista, burkiano, não estava concentrado no partido Tory. Burke é apropriado pelos tories, mas nunca foi o teórico oficial do partido. Seu caso é exemplar para se depreender o modo como um autor é incorporado e reproduzido, mesmo pelo partido nominalmente inimigo.

A voz inflamada do político irlandês contra a Revolução Francesa, expressa em *Reflections on the Revolution in France* (1790), não se voltava ao partido Tory; ao contrário, o desejo de Edmund Burke era reaver o controle intelectual do seu partido, o Whig (MITCHELL, 2009, p.viii).[185] No entanto, sua análise crítica da Revolução Francesa era construída à luz da tradição britânica.[186] Como resultado, acabou legando aos conservadores um raciocínio argumentativo. O pessimismo fundamental que caracterizou o líder conservador vitoriano Lord Salisbury, por exemplo, foi marcado pela concepção burkiana de uma natureza orgânica da sociedade. Há ainda uma série de publicistas conservadores que são gratos a Burke, por este lhes ter dado uma base respeitável de "fé" política.[187]

Burke foi importante para que o torismo se modernizasse e se tornasse o partido Conservador do século XIX. Isso se deu sob a liderança de Robert Peel (1788-1850),

---

185. Burke é um moderado, que passou boa parte de sua carreira tentando limitar o poder do governo, condenando Warren Hastings (governador-geral da Índia entre 1773-1785) por abusos de poder colonial, e o seu apoio (*socially conservative*) à Revolução Americana – mesmo sabendo que isso era mais danoso aos interesses específicos britânicos que a revolução de 1789 na França (RAMSDEN, 1998, p.25).

186. Burke foi leitor de um autor caro à tradição Tory – talvez o primeiro dessa linhagem –, o teólogo anglicano Richard Hooker (1554-1600), bispo de Exeter no reinado de Elizabeth. Em pleno contexto da Contrarreforma, e justificando o anglicanismo, Hooker escreve *Law of Ecclesiastical Polity* (1594), onde desenvolve uma teologia política subjacente ao caso anglicano da "via media", entre o autoritarismo e a democracia, acentuando o empiricismo e o excepcionalismo inglês. Foi contra esse modelo, numa proposta mais teorética, lógica, racionalista, que John Locke fez de Hooker um de seus principais arquirrivais. Outrossim, positivamente, Hooker foi tomado como fonte às obras de Bolingbroke – o mais tory dos escritores da primeira metade do século XVIII (RAMSDEN, 1998, p.23).

187. Apesar dessa marcante influência burkiana, a historiografia oficial do partido Conservador inglês escamoteia o nome de Burke e explica a modernização do torismo para o *Conservative* como algo próprio. Em um pequeno opúsculo sobre a história do partido Conservador, prefaciado pelo primeiro-ministro até meados de 2016, David Cameron, o nome de Burke nem sequer é mencionado (COOKE, 2010). O *Novo Torismo* teria sido construído nas primeiras décadas do século XIX, marcadamente por Lord Liverpool (primeiro-ministro entre 1812 e 1827), e por uma geração que se via herdeira de William Pitt e William Wilberforce, o primeiro marcava o orgulho pelo país, e Wilberforce o zelo pela causa humanitária. Ademais, já em Pitt o torismo se tornava o partido da ação política pragmática, haja vista que o primeiro-ministro do rei Jorge III inspirou-se em Adam Smith para estreitar os interesses comerciais e abrir o livre mercado na consolidação de base para a prosperidade moderna.

que foi o único tory no poder a levar seriamente em conta o mantra burkiano, de que uma nação precisa reformar-se para poder se conservar.[188] Por outro lado, a fidelidade às tradições do país – à monarquia, à Igreja anglicana, à terra – fazia com que os tories se sentissem o partido nacional da Inglaterra. Mas para que o sistema de Westminster viesse a existir, como passou a figurar depois das sucessivas reformas eleitorais, era preciso que entre os partidos houvesse uma concordância em todas as matérias essencialmente importantes, deixando-os livres para disputar tudo o que não fosse essencial. Portanto, já na década de 1830 a etiqueta *conservative* estava estabelecida como uma descrição geral, de todos aqueles que queriam a preservação das instituições estatais contra as inovações radicais (GASH, 1985, p.160).[189]

Em suma, o universo político britânico que expressa o desenvolvimento do conservadorismo representa uma antevisão dos acontecimentos. Há inúmeros casos de como se verifica essa exemplaridade do desenvolvimento político. Sobre a defecção de um membro do governo do Marquês do Paraná na sessão de 1854, Nabuco de Araújo resgatava a situação dos tories com Peel para explicar como, no Brasil, era impossível querer restaurar o antigo exclusivismo conservador e que as monarquias precisavam ter tolerância, sendo capazes de reunir em si todas as capacidades:

> Seria, senhores, um anacronismo hoje um Saquarema de 1842 a 1849, como um luzia dessa era. Não está mesmo no poder de ninguém fazer que volte o tempo que já passou. É um trabalho insano, mas um trabalho sem fruto, querer constituir uma opinião real do país contra as ideias, contra os interesses, contra as circunstâncias da atualidade. Seria imitar a tenacidade e resistência dos *tories* contra sir Robert Peel, para cair como eles sob o peso da opinião pública (...) (*apud* NABUCO, 1997, p.180).

188. No âmbito desse processo de modernização é significativo o *Tamworth Manifesto*, documento lançado por Robert Peel em 1834, que lança as bases do conservadorismo britânico moderno. No texto não há sequer uma menção aos termos "tory", "conservative", "conserve", ainda que tampouco tenha empregado termos como "whig" ou "liberal"; mas termos como "King", "Church", "Government" e "Reform" abundam o texto. Realmente, o Manifesto, apesar de proclamar o retorno dos conservadores ao poder, para Peel isso não motivaria uma noção de retorno, também deixa claro que é sensível aos possíveis abusos das reformas. A estratégia era compactuar com o novo estado de coisas, sem que isso significasse uma traição ao torismo, e de outro lado tomaria as dores dos que se sentiam acuados com as reformas. Para Ramsden (1998, p.56), a ausência do termo "Conservative" diz muito, e algo que a propósito, em um artigo da *Quartel Review*, John Hookham Frere apontou sobre essa recomposição do conservadorismo britânico: *"um Conservador é somente um Tory que tem vergonha de si mesmo"*.

189. Na mesma linha, em 1844 Disraeli descreveu a ideia do governo conservador como o de "*Tory men and Whig measures*" ou "*an organized hypocrisy*". Não por menos, tory passa a significar algo ligado a um compromisso puro, que o novo guarda-chuva "Conservador" abrigou e tornou-se o novo nome do partido.

É justamente esse caráter evolutivo que faz parte do pensamento camiliano. Mas o fato de João Camilo não ser propriamente um político, e ser católico, impõe a pergunta básica: ele era tradicionalista ou burkiano?

O tradicionalismo pretende defender uma tradição, cuja identificação é sobretudo católica, e que não transige com a revolução e o liberalismo em nome do resgate de uma ordem pré-moderna. Admite que a revolução é má, o liberalismo é pecado, e que a adesão à modernidade é mais do que um engano, é uma traição. Diferentemente, o movimento intelectual aberto por Burke é coetâneo à percepção de uma transformação histórica, ainda que tenha condenado a Revolução Francesa, não se desvincula de uma filosofia do progresso histórico que imprime alterações estruturais no mundo, inclusive no sentido moderno. Embora haja fortes indícios de que Burke fosse católico,[190] e que boa parte de suas críticas servisse à defesa da Igreja, o fato é que não se trata de um autor que está no flanco tradicionalista, mas justamente é o pioneiro do conservadorismo moderno.

Perante esses dois blocos, João Camilo parece transitar por ambos. Por um lado reconhece que há algo de permanente, subjacente e transcendente no mundo, em que a Igreja é a responsável maior por sua preservação. O resultado desse fenômeno atravessa as dimensões políticas. Nesse sentido João Camilo seria propriamente um tradicionalista. Porém, quanto à visão política de transições, conciliações e aclimatação das renovações filosóficas à estrutura política do momento, definitivamente se aproxima do modelo britânico de conservador. É também verdade que JCOT não se resume a repetir uma receita, é justamente a adesão ao catolicismo que o retira de um tipo ideal burkiano. Mais do que isso, a suposta indiferenciação entre conservadorismo e tradicionalismo, advogada pela literatura ao tratar dos casos ibéricos, pode bem ser fruto da relação com a Igreja católica.[191] Assim, fica ainda mais complicado destrinchar João Camilo como sendo uma coisa ou outra. O que mais o distancia do tradicionalismo é a abertura a certos apelos democráticos e socializantes, ausentes em outros

---

190. Burke foi um defensor da liberdade religiosa dos colonos norte-americanos e também da tolerância em favor dos católicos contra os colonos metodistas. Himmerfarb (2008, p.83) revela que Burke era suspeito de ter professado culto católico, justificando a caricatura que dele faziam como jesuíta. Irlandês de pai convertido ao anglicanismo antes de seu nascimento, o mesmo tendo acontecido com sua mãe e sua esposa.

191. A literatura aponta que no caso ibérico conservadorismo e tradicionalismo não propriamente se opõem, diferenciam-se quanto ao lugar de execução. Neste ponto o conservadorismo é uma atitude psicológica hostil a mudanças, e o tradicionalismo é uma ideologia política (MACEDO, 1979, p.228).

autores contemporâneos do pensamento político católico, como José Pedro Galvão de Souza (MACEDO, 1979, p.236).

A obsessão de JCOT era pela dinâmica da política. Como fenômeno contingente da vida humana, a política contemplaria determinadas circunstâncias, entradas e saídas, e, sobretudo, conflitos. Quando JCOT dizia que a falta de um pensamento conscientemente conservador era justamente resultado da falta de partidos ideológicos e da ausência de verdadeiros socialistas, pretendia demonstrar que a política é feita de polos opostos que interagem. Até porque "*o conservadorismo (...) não se confunde com o reacionarismo*" (TORRES, 2016, p.45). As possibilidades de saída política para políticas conservadoras são feitas, segundo o autor, na base das reformas – e assim se evitam as revoluções. O ponto-chave é que o conservadorismo camiliano é integralmente histórico, o que para ele contrastava "*com as posições anti-históricas do imobilismo (que nega a transição e o progresso), do reacionarismo (que pretende negar o tempo, e a irreversibilidade da História) e do revolucionarismo, que postula um futuro construído no vazio*" (2016, p.51).[192]

Assim, a transformação do partido Tory em Conservador vem a calhar porque demonstra o modelo original de leitura política camiliana. No sentido em que o torismo permaneceu dentro da filosofia política conservadora, como preservação de certos bastiões da nação britânica, remontando também a uma noção religiosa, e contemplando uma evolução que faz parte da natureza política. O caso é exemplar porque antecipa aquilo que João Camilo enxerga como original da política brasileira imperial. A "revolução" brasileira de 1822 seria equivalente a esse processo que na Inglaterra refere-se ao englobamento do torismo na prática conservadora. Nos dois casos há a modernização realizada *pari passu* a uma restauração – o que na Inglaterra fica mais marcante como mera manutenção de estruturas.

A repercussão da histórica britânica é sensível em JCOT. A principal lição é a de como a Inglaterra foi bem-sucedida ao manter os bastiões da defesa tory ao passo que implementou reformas liberais, democráticas e sociais. Não que JCOT lamentasse a situação brasileira olhando a Inglaterra, jamais faz isso porque encara que a chave do sucesso está na própria história do Brasil Império. No entanto,

192. O senso estético de JCOT pela era medieval não o coloca como um medievalista, pelo contrário – e este é outro argumento que incorpora a exposição sobre o sentido reformista do conservadorismo camiliano – ele negava o medievalismo. "*Mas, de fato, há muita gente que, tendo a nostalgia da Idade Média, lamente sinceramente não haver mais castelos nem torneios. Não nego a beleza da Idade Média (no cinema...), mas estamos no século XX e os problemas são outros*" (2016, p.53).

reconhece que os desencontros também foram gerados nesse mesmo passado. A saber, o Império: (i) criou uma rusga central com a Igreja católica na Questão Religiosa; (ii) não foi capaz de manter o apoio da aristocracia da terra depois da abolição da escravidão, que empreendeu uma reforma social contra a base econômica de muitos fazendeiros; e (iii) permitiu que uma ideologia alienígena - o positivismo - adentrasse na formação do Exército e gerasse um contrabando político da instituição, formando apoio fundamental ao golpe de 15 de novembro de 1889.

Diante do que restou, a hipótese é que João Camilo traça uma linha de restauração, modernizadora, contando inclusive com o fluxo renovador que marca a própria Igreja católica a partir da Nova Teologia, que atinge o auge com o Concílio Vaticano II (1962-1965). Por isso se torna integrador pensar o conservadorismo camiliano como burkiano, sem que fosse indiferente ao pensamento católico conciliar. Ou seja, o centro principal do pensamento de João Camilo é o catolicismo. Mas na configuração do século XX encontra-se despreocupado da tarefa de reintegrar uma tradição, na medida em que a própria Igreja fez esse movimento. Ou ainda, identifica a tradição dentro de um sentido teleológico progressista, que, embora seja de fato incoerente, é plenamente palatável à proposta de JCOT. Seu rumo de restauração pretendia equilibrar a vida católica na modernidade, transformando os fatores ligados à cultura e a instituições políticas. A trinca cultura, religião e Estado envolve os três pilares do conservadorismo, sendo a interpretação sobre os rumos da Igreja católica a parte central. Trata-se de algo coerente com o sentido integrador e moderador da história luso-brasileira.

1.7.2 Conservadorismo pelo culturalismo

O "conservadorismo culturalista" é um dos pressupostos do conservadorismo camiliano. Refere-se a uma forma de defender um patrimônio cultural contra movimentos modernistas e vanguardistas, e outras modas estrangeiras, que tenham por objetivo contestar e/ou negar uma determinada formação civilizacional brasileira.

O culturalismo é uma proposta positiva de reconhecimento do passado nacional, pelo viés da cultura. O maior responsável por essa concepção, que gerou esse modelo de conservadorismo a partir da cultura, foi o sociólogo Gilberto Freyre. Desde sua *magna opera*, *Casa-grande & senzala*, cuja primeira edição é de 1933, e duma série de outros trabalhos, Freyre apresenta a centralidade da assimilação racial na formação cultural do Brasil. Quando o argumento foi lançado, havia uma acirrada disputa contra tendências racialistas-biologicistas-deterministas, que viam na raça um caráter biológico e menos culturalista. A antropologia freyriana, ao contrário, orientada por Franz Boas, buscava fugir da "psicologia racial", afeita a autores como Lapouge, Gobineau e, no Brasil, Euclides da Cunha, e personalidades proeminentes dos anos 1930 e 1940, como Jorge de Lima e Oliveira Vianna. Tratava-se de uma leitura otimista da relação entre brancos, pretos, pardos e amarelos no Brasil, a ponto de ter formado uma "democracia racial". A matriz portuguesa teria permitido esse caráter assimilativo, integrador de povos. Essa composição, que constituíra a verdadeira forma de ser do brasileiro – a de um povo mestiço –, compunha um elogio à diferença, e que tal deveria ser preservada – contra ameaças arianistas, soviéticas e americanistas (FREYRE, 2010b).[193]

Gilberto Freyre foi bastante criticado por parecer querer transformar padrões culturais brasileiros em mitos.[194] Os críticos identificavam na "democracia racial" algo de utópico, embuste que escondia a opressão do branco sobre o negro e sobre o índio, como impedia processos de transformação e luta de classes, que por tabela gerava uma alienação. Contudo, a proposta de Freyre não representava uma apologia a uma vida social paralisada. Colocava-se contra as formas biologicamente estáticas do homem e do grupo.[195] Ou seja, a importância da obra de Freyre foi fundamental ao fornecer uma forma flexível de lidar com um tema tão engessado, e que levaria o pensamento político a formas reacionárias de organização social. Freyre demonstra que quanto mais misturada, mais dinâmica era a raça (o termo é empregado sempre como cultura). Sua perspectiva é apresentada como libertadora "*do determinismo étnico, como do geográfico e do econômico, e vendo na raça, como no meio físico e na técnica de produção, forças que condicionam o desenvolvimento humano, sem o determinarem de modo rígido e uniforme*" (1990, p.657).

---

193. A referência aqui recai diretamente sobre a coletânea de textos de Gilberto Freyre apresentadas em *Uma cultura ameaçada e outros ensaios*, de 1940 em diante. Freyre faz a defesa e propaganda da cultura luso-brasileira, contra as ameaças americanistas, soviéticas e o que ainda havia de arianismo.

194. Foi Florestan Fernandes em *A integração do negro na sociedade de classes*, de 1964, quem criticou a tese da "democracia racial", tratando-a como uma mitologia.

195. Freyre desmistifica a perspectiva racialista, que inferiorizava o negro. É adepto das teses de Franz Boas sobre essa questão, de modo a não estampar na cor da pele a inteligência ou uma evolução mental. Diferentemente, propõe que as especializações são geradas por hábitos culturais (1954, p.515).

A defesa de uma cultura "tropicalista" brasileira, ou melhor, luso-brasileira, não ficou restrita às discussões acadêmicas, teria repercussões no pensamento político. Não existiu um partido "tropicalista", é certo, mas tanto posições à esquerda quanto à direita se apropriaram dessa perspectiva otimista sobre o povo brasileiro, como respectivamente um Darcy Ribeiro e um João Camilo, por exemplo. Freyre foi bastante mobilizado também por parte do governo de Oliveira Salazar em Portugal, a partir dos anos 1950, na relação com as colônias e ex-colônias, de modo a promover um elogio do "*mundo que o português criou*" (FREYRE, 2010a).[196]

A remissão a Freyre é essencial pois João Camilo acolhe a tese da "democracia racial" e do luso-tropicalismo. Tal exposição é explícita em *Interpretação da realidade brasileira* (1969), onde procura ler o "mito" da democracia racial à moda de Sorel: "*a democracia racial, pode terminar criando a consciência de uma posição de fato existente, mas obscura – a valorização da mestiçagem*" (1969, p.97). O objetivo era que essa teoria servisse para realçar no brasileiro a hostilidade ao purismo racial.[197]

Além de defender a "democracia racial" como *in fieri*, ao longo de sua principal obra de análise sociológica sobre o Brasil (1969), João Camilo trata de outras práticas culturais afinadas à ótica freyriana. Faz uma ode ao "jeito" e ao humor brasileiros, bem como ao costume de fazer piadas e outras formas de se adaptar à realidade. A dureza e dificuldade da vida cotidiana eram parcialmente superadas pela capacidade plástica do brasileiro, quanto à cordialidade, ao modo carinhoso de se relacionar – com o "inho", e mesmo o estilo "pernas

---

196. Além da trilogia, *Casa-grande & senzala*, *Sobrados e mucambos* e *Ordem e progresso*, em praticamente toda a obra freyriana há algo que remonta à tese da "democracia racial", do tropicalismo como uma formação cultural a ser compreendida e explicada como objeto científico, e toda noção de assimilação de raças. Vale mencionar um livro em que o tema é abordado de forma mais direta: *Interpretação do Brasil – aspectos da formação social brasileira como processo de amalgamento de raças e culturas*, de 1947. Quanto à relação de Freyre com Portugal, destacam-se algumas obras que revelam essa descrição de uma civilização luso-tropical: *O luso e o trópico* (1960), *Um brasileiro em terras portuguesas* (1951-1952) e *O mundo que o português criou – aspectos das relações sociais e de cultura do Brasil com Portugal e as colônias portuguesas* (1940). Para uma análise recente sobre o perfil conservador do governo salazarista, ver: *Perfiles maurrasianos en Oliveira Salazar* (ESCOBAR, 2014).

197. Qualquer proposta ou militância racialista é vista negativamente por João Camilo, fosse ela proposta por autores geniais, como Oliveira Vianna; ou de modo apologista, pois reconhecia o tom conciliatório da cultura nacional como positiva: "*a posição que o brasileiro médio, assim dito o de origem tradicional, tem a respeito de raça é que uma tentativa de apologia da negritude, à moda de Senghor, seria, no Brasil, uma posição antibrasileira, como o seria um racismo nórdico, semita ou nipônico*" (1969, p.97).

tortas" de jogar futebol. Basicamente JCOT fazia uma aproximação com o homem comum, num olhar sobre a realidade do senso comum, e menos para o comportamento das elites.

No campo das ideias a preocupação de João Camilo era a de retirar a pecha de "reacionário" sobre Gilberto Freyre, revelando-o como aquele que nos deu um senso de orgulho, que fez da "*principal das 'vergonhas nacionais', a mestiçagem*", um mérito. A partir de Freyre o pensamento brasileiro soube reconhecer o negro como detentor de uma posição legítima, numa sociedade de brancos e negros, retirando a ênfase sobre as oposições. Freyre empreendera uma verdadeira "*revolução cultural, pelos métodos e pelos temas*"; e seu senso de brasilidade não deveria ser confundido com reacionarismo. "*O ser permanente do Brasil é a democracia racial – são antibrasileiros os comportamentos registrados por Florestan Fernandes em São Paulo*", a respeito da tese do escritor pernambucano, conclui João Camilo (1969, pp.300;306;308).[198]

Nesse cabedal de contribuições freyrianas que são tomadas pelo conservadorismo de João Camilo, um dos apelos é a valorização da cultura social, o que inclui a religião. Mas se para Gilberto Freyre o lugar da Igreja católica era marcante porque representava o senso comum do povo brasileiro, para João Camilo a questão é mais profunda. A religião é algo que vai além do atributo culturológico, e não se resume a algo estético ou politicamente convencional. Trata-se do eixo de determinação do destino de pessoas e instituições.

1.7.3 Conservadorismo pela religião

Tudo aquilo que é considerado como fundador de um povo pode ser tomado como eixo do conservadorismo, por isso em toda parte a religião pode assumir esse caráter, e de diferentes maneiras. Pela cultura, o próprio Gilberto Freyre tratava da "*grande cultura ameaçada: a cristã*" (2010b). Pelo moralismo, no sentido de ter na religião o principal norteamento moral do indivíduo e da sociedade, escritores conservadores nos países de língua inglesa já defenderam sua importância social, e sua posição contra o racionalismo iluminista ainda presente no século XX – como em *Moral Man and Immoral Society: A Study in Ethics and*

198. Em várias outras obras João Camilo subscreve as teses de Gilberto Freyre, como em *O presidencialismo no Brasil*, em que trata da "democracia racial" como um mecanismo que pode permitir o fácil "abrasileiramento" de outros povos 1961d, p. 23). Também em *O homem e a montanha* (2011 [1944]), são frequentes as remissões a Freyre para tratar da descrição da vida interiorana, rural do brasileiro.

Politics (1932) de Reinhold Niebuhr.[199] Pela identidade nacional de uma igreja, Roger Scruton - ícone do conservadorismo contemporâneo - escreveu *Our Church - a Personal History of the Church of England* (2012) para demonstrar a presença visível da instituição religiosa na formação do caráter britânico.

Mas nenhum desses modos de tomar a religião para uma atitude conservadora se iguala à proposta católica. Pois o catolicismo forma uma atitude política propulsora de uma *reação*, *condenação* ou *diferenciação* com relação ao mundo moderno. Os pensadores que reagiram à vaga revolucionária nos séculos XVIII e XIX foram, de alguma maneira, tocados pelo catolicismo.[200] Sob o manto do *Syllabus Errorum* de 1864 a Santa Sé compilou os dogmas contra a filosofia moderna e suas ideologias - naturalismo, socialismo, racionalismo, liberalismo etc. Reforçando essa condenação e numa postura de defesa religiosa vieram o Concílio Vaticano I (1870) e outras publicações eclesiásticas até a metade do século XX.[201] Foi só com o Concílio Vaticano II (1962-1965) que a Igreja apresenta uma mudança de rumo: não a negação do mundo moderno, mas uma proposta de harmonização, por meio de uma alternativa católica de vida comum.[202]

---

199. Niebuhr (1932, p.19) enfatiza a primazia do lado emotivo e impulsivo do homem: "His social impulses are more deeply rooted than his rational life. Reason may extend and stabilise, but it does not create, the capacity to affirm other life than his own". Para ele a religião é mais poderosa que a razão. O agir correto depende menos de um cálculo estratégico, e mais dessa natural consciência humana para buscar o que é devido. Nesse sentido prega que a religião deve ser uma influência dominante na sociabilidade humana, contribuindo para o espírito de contrição, como o sentimento íntimo de estar em um escrutínio em que há um olho onisciente sobre si.

200. A referência é a respeito de Joseph de Maistre, Louis de Bonald, Juan Donoso Cortés, Louis Veuillot, e inclusive Edmund Burke, como se explica no artigo "Secularização e contrarrevolução" (RAMIRO JUNIOR, 2013).

201. A tradição reativa do catolicismo contra as revoluções modernas começa pelo próprio Concílio de Trento, que representava a articulação da Igreja contra a ascensão do protestantismo. No século XIX, pós-Revolução Francesa, o pontapé inicial desse processo de condenação das teses modernistas pode ser marcado pela encíclica *Mirari vos* (agosto de 1832), do papa Gregório XVI.

202. Em síntese, para o catolicismo a religião é aquilo que dá o senso de absoluto, de vida sobrenatural, do que é prioritário e mais importante. Todo o resto deve girar em torno da alma. A religião, portanto, não é um mero instrumento para somar-se a um conjunto cultural, a uma compostura moral, a uma nacionalidade, ou a uma vida boa no mundo, mas é exatamente a espinha dorsal a que o homem deve somar-se para tornar sua vida íntegra, e a partir daí integrar-se socialmente, mas estando munido de virtudes, até mesmo para que, se preciso for, resistir ao mundo - e assim, ser dele, sem viver para ele. Por isso a doutrina católica prega que, ou a política é católica, ou o propósito da política é imperfeito, no sentido tomista: só com a união entre o temporal e o espiritual é que se pode formar uma comunidade perfeita - de que a política completa o seu propósito de bem comum, já que o Estado por si só não é capaz de tal realização, tampouco a sociedade sem a religião (DEVILLERS, 2012, pp.19-20).

Em uma palavra, a religião fornece à dimensão política um senso de eternidade, do que deve ser permanente. Além dessa noção, de que a percepção, o caminho e o destino para o eterno devem ser preservados na vida material, o pensamento católico traz consigo uma instituição que representa Jesus Cristo na terra, a Igreja. Surgem dois aportes que alimentam o ideário conservador: (i) a defesa da própria religião e seus preceitos, em suas diferentes posturas com relação à modernidade - reagindo, condenando ou diferenciando-se; e, paralelamente, (ii) a presença de uma instituição religiosa com intrincadas relações com o Estado moderno dentro do país.

A reação e condenação da Igreja perante o mundo moderno tiveram seu capítulo na história do Brasil. O auge dessa *saída da religião* se deu com a Questão Religiosa (1872-1875), que "*foi a nossa Questão das Investiduras*" (TORRES, 1968a, p.142), incrementada pela presença da maçonaria. Nessa ocasião foi conflagrado o desacordo entre poder civil e poder eclesiástico, algo novo desde a expulsão dos jesuítas pelo Marquês de Pombal em 1759, e fez eclodir inclusive uma unidade política ultramontana - que fazia críticas ao próprio partido Conservador, então no poder sob o gabinete do Visconde do Rio Branco.

Chama atenção a narrativa desenvolvida em *História das ideias religiosas no Brasil* (TORRES, 1968a), em que João Camilo sustenta a existência de uma sintonia entre o Império e a religião católica. O autor chega a ser reticente quanto ao radicalismo dos bispos ultramontanos na Questão Religiosa, e estrategicamente acolhe a posição de d. Viçoso - bispo de Mariana.[203] Também defende

---

203. É curioso que mesmo sendo um pleno conhecedor da história religiosa no Brasil, João Camilo não gasta muitas páginas para tratar do evento da *Questão Religiosa* (ou *dos Bispos*, expressão que o autor emprega). Em *História das ideias religiosas no Brasil* justifica que o assunto já fora bastante estudado, e apenas levanta algumas conclusões principais, entre as quais uma bastante polêmica para quem transitara pelo Centro Dom Vital e escrevia na revista *A Ordem*, a de tomar a posição do bispo de Mariana, d. Ferreira Viçoso, a respeito do combate travado pelos bispos ultramontanos D. Vital e D. Macedo Costa, contra o governo imperial. O argumento de d. Viçoso era o de defesa da Constituição do Império, que esse era o papel da Igreja, inclusive porque tal instrumento político que projetava um dos pilares da formação política do Brasil havia sido inspirado por um doutor da Igreja, o jesuíta Francisco Suárez. Indiretamente d. Viçoso, repetido por João Camilo, fazia uma crítica à postura "revolucionária" de d. Vital e d. Macedo Costa, que encontrava na Câmara e no Senado um laicato católico que tomou a disputa para condenar o Gabinete Rio Branco. A saída "estratégica" de João Camilo a respeito desse tema tão espinhoso é central para resolver um aparente conflito entre seu conservadorismo gerado a partir do catolicismo e aquele impulsionado pela linhagem saquarema, pois ao assumir a posição de d. Viçoso consegue conciliar uma coisa a outra, mantém-se fiel à Igreja, especialmente a um bispado mineiro, e através dele justifica a defesa do *statu quo* imperial. A respeito de detalhes sobre o caráter político da Questão Religiosa no Brasil, ver: *Entre o Syllabus e a Constituição moderna: debates políticos em torno da Questão Religiosa (1872-1875) no Brasil* (RAMIRO JUNIOR, 2014).

que d. Pedro II era católico praticante acima da média da população, e que parte da propaganda republicana contra a Princesa Isabel se dava por seu fervor católico. João Camilo procurou defender uma conciliação entre monarquia e o espírito católico.

O golpe contra d. Pedro II teria sido também contra a religião; e naquele vazio que se abriu com o 15 de Novembro de 1889, a ideologia positivista tentava ser um substituto espiritual do cristianismo (TORRES, 1943).[204] Mesmo assim, em vez de valorizar os choques entre a Igreja católica e o positivismo no Brasil, João Camilo aponta para um catolicismo latente na obra de Augusto Comte, e que, embora o filósofo francês tivesse errado gravemente ao negar a divindade da Igreja, levava em conta a sua missão histórica.

O que tornava Comte simpático ao conservadorismo camiliano era algo além do fato de ter sido influenciado por dois mestres católicos - Joseph de Maistre e Louis de Bonald. João Camilo percebeu que um discípulo implícito do positivismo acabou reunindo, além do próprio ideário comtiano, a renovação do catolicismo militante no século XX e o pleito monarquista - tratava-se de Charles Maurras. A tese de João Camilo é a de que Maurras "*descobre o rei, em Comte*". Fundamentos do positivismo seriam no fundo doutrinas e dogmas católicos secularizados, e que no caso do nacionalista francês teria promovido um retorno ao âmbito católico.[205]

Maurras mobilizava uma série de ideias que João Camilo e sua geração compartilhavam: o elogio e a tentativa de retorno ao medievo, a aplicação da política do "bem comum", a utilização da obra do historiador Guglielmo Ferrero, que

---

204. José Murilo de Carvalho em *A formação das almas - O imaginário da República no Brasil* (1990) descreve até que ponto o Apostolado Positivista chegou, os líderes do positivismo ortodoxo no Brasil, Teixeira Mendes e Miguel Lemos se vestiam de sacerdotes, literalmente, como mostram as imagens apresentadas no livro, e assim podiam ser facilmente confundidos com padres.

205. Essa análise camiliana de afinidades entre positivismo e catolicismo já foi demonstrada, como em *Brasil: Igreja contra Estado*, de Roberto Romano, ao demonstrar (1979, p.127) que mesmo no início da Primeira República, porque os positivistas estavam mais bem organizados que os católicos, em vários pontos capitais houve coesão contra posições liberais, como na defesa da indissolubilidade do casamento, contra o divórcio, na Constituinte de 1890. O positivismo enxergou na "tradição católica" brasileira uma possibilidade para um projeto político autoritário e racional, mas como o catolicismo era visto como algo muito romântico e feminino - segundo a visão de Miguel Lemos, por exemplo, era preciso superar esse caráter "passivo" da religião. Para algo mais específico a respeito da ligação entre Maurras e Comte, ver o livro de Michael Sutton (1982), *Nationalism, Positivism and Catholicism. The Politics of Charles Maurras and French Catholics, 1890-1914.*

tratava da questão da legitimidade,[206] a saudação da monarquia. Algo também comum a esse período da virada do século foi o revigoramento do tomismo no papado de Leão XIII (1878-1903), quando declarou a Filosofia de Santo Tomás como a oficial das escolas católicas, e lançou a encíclica *Aeterni Patris* (1879), fazendo despertar ainda mais o interesse por essa doutrina.

Comte - ou este através da experiência maurrasiana - teria realizado, em termos práticos e seculares, aquilo que João Camilo preconizava como situação dinâmica para o conservadorismo: apresentar algo avançado, envolvente e ativo, que reintegrasse uma ordem perdida. Mesmo sendo um dos primeiros críticos do positivismo no Brasil, JCOT tinha em Augusto Comte um raro exemplo de intelectual conservador, pelo realismo e senso prático:

> ele [Comte] aceitou a destruição da ordem antiga como um fato; e propõe construir uma outra com os materiais em uso. Não admitia qualquer renovação, mas a construção. No Brasil, usado como argumento contra a ordem existente, sua filosofia foi transformada em metafísica, no sentido pejorativo que adotava... (2005, p.182).

O papel que JCOT tomou para si procura levar em conta essa dimensão efetiva da leitura política. Tratava-se de fazer a transposição apropriada dos discursos filosóficos e teológicos para a conjuntura política, como a positivação está para o direito natural. Assim como o direito natural por si só não basta como regra de vida, prescindindo do direito positivo, consuetudinário ou legal, sancionado pela autoridade competente, e isso sendo trabalho de juristas; de modo análogo o papel do intelectual católico era compreender os desígnios religiosos para os explicar à opinião pública leiga. Concomitantemente, defendia o direito natural como

206. O escritor italiano Guglielmo Ferrero (1871-1942) é um dos mais mobilizados nas obras políticas de João Camilo, especialmente o livro *Pouvoir, les génies invisibles de la cité* (FERRERO, 1945[1943]). Discípulo de Assis Chateaubriand - como João Camilo, e exilado por conta das indisposições com o fascismo de Mussolini, Ferrero publica sua principal obra nos Estados Unidos em 1943, procurando traçar uma história política através do conceito de legitimidade. Demonstra que legitimidade é um desses princípios relativos a vidas políticas, que nascem, crescem, envelhecem e morrem. São como ciclos vitais e suas lutas são o fundo invisível da história. Esta invisibilidade se explica porque a humanidade tem dificuldade em compreender esses ciclos, como acontecia no entreguerras em que ninguém compreendia as razões daquele novo tempo que se iniciara com a Grande Guerra em 1914. No fundo as lutas são as erupções dessas disputas entre esses princípios de legitimidade.

instrumento de esclarecimento do senso de realidade, que é comum e perceptível na medida em que se desvencilha de opiniões, ideologias e racionalismos. O direito natural refere-se "*a uma disposição natural do intelecto prático para conhecer os primeiros princípios diretivos do agir humano*" (SOUSA; GARCIA; CARVALHO, 1998, p.180).

O direito natural é uma das pedras de toque da política católica, e não poderia ser diferente em JCOT. Ocorre que a evolução filosófica do quadro de referências do autor, sobretudo Maritain, Alceu Amoroso Lima e Teilhard de Chardin, lhe propôs uma senda de conciliação com a filosofia moderna, o que consequentemente desvirtuou o caráter estável e tradicional que tinha como pressuposto o direito natural. A mudança filosófica da Nova Teologia levou a um caldo de reconfigurações no século XX, gerando revisões sobre como o direito natural era levado em conta.[207]

1.7.4 Conservadorismo político brasileiro: saquaremismo

Esta seção trata da explicação camiliana do tipo próprio de conservadorismo político brasileiro: o saquaremismo[208] - em que o Estado é o protagonista na formação e desenvolvimento da nação, antecipando-se à sociedade para lhe dar ordem e organização. Ao estudar a história política brasileira, João Camilo se dá conta do valor intelectual daqueles que considerou como sendo os "construtores

207. Uma das críticas mais contundentes contra a teologia de Jacques Maritain, Alceu Amoroso Lima e Teilhard de Chardin é a apresentada por Gustavo Corção em *O século do nada* (1973). Um dos exemplos do completo desvirtuamento do senso natural das coisas a partir do pensamento neoteológico é quando demonstra um esquema que Teilhard de Chardin teria inventado: "*O Deus para cima dos cristãos, e o Deus para a frente dos marxistas, eis o único Deus que doravante deveremos adorar em espírito e verdade*" (*apud* CORÇÃO, 1973, p.88). Essas novidades teriam gerado repercussões na própria apreensão da realidade natural, já que a base interpretativa estava maculada pelo corte com a tradição teológica tomista, pré-adesão modernista que tomou conta da Igreja a partir do Concílio Vaticano II.

208. *Saquarema* - o termo surge nos idos de 1845, "quando os liberais ocupavam de novo o governo do Império de a Província do Rio de Janeiro era presidida por Aureliano de Sousa Coutinho, um certo Padre José de Cêa e Almeida exercia as funções de subdelegado de Polícia na vila de Saquarema. Querendo garantir o triunfo nas eleições também naquela localidade, o Padre Cêa teria expedido uma ordem onde autorizava até mesmo o assassínio do eleitor que recusasse as listas do governo. Relatam também que Joaquim José Rodrigues Torres e Paulino José Soares de Sousa, chefes conservadores, com grande parentela naquela localidade, onde eram também proprietários de terras e de escravos, teriam conseguido livrar seus protegidos dos desmandos daquela autoridade, e que, desde então, a denominação 'saquarema' passou a ser dada aos protegidos deles. Relatam, por fim, que muito rapidamente a nova denominação estendeu-se aos adeptos do partido em todo o Império, de tal modo que no ano seguinte surgia o jornal *O Saquarema* na Província de Pernambuco, e dois anos depois órgão homônimo na de São Paulo" (MATTOS, 1987, pp.16-17).

do Império" (1968c), justamente os ícones do pensamento saquarema, estatista.[209] Define-se, assim, uma compreensão do conservadorismo brasileiro, cujo sentido não é o de retorno a um suposto "Antigo Regime", mas a manutenção das bases da formação nacional para uma agenda de reformas e ordem democrática. Acompanhando as análises de Oliveira Vianna, João Camilo também se coloca como um "neossaquarema", e monta um sistema de defesa do paradigma do Brasil Império, calcado em cinco partes: (i) a tarefa pedagógica, de explicar e valorizar o monumento erigido pelos conservadores; (ii) a identificação das qualidades desse ideário político – realismo em oposição a alienação e utopismo; (iii) o sentido reformista do saquaremismo; (iv) o viés democratizante; e (v) a confiança no serviço público, tendo a monarquia como a maior servidora da nação.

Essa adesão saquarema envolve um processo de convencimento. Inclusive a principal obra de João Camilo a respeito da história e teoria política do Brasil Império, *A democracia coroada* (1964a), começou com um pendor liberal, mas "*terminou sendo de cunho nitidamente 'saquarema*'", dissera a respeito Afonso Arinos de Melo Franco (TORRES, 1968c, p.XIII). JCOT confessa que se rendera aos porta-vozes do conservadorismo ao ler as obras de Uruguai, Pimenta Bueno, Braz Florentino, Bernardo Pereira de Vasconcelos. Todos da grei saquarema, todos autênticos estadistas:

> (...) esses homens estranhos, que haviam caído quase no olvido, tinham construído um Império e, a partir de dados bem frágeis, conseguiram fazer dos antigos domínios portugueses na América uma Nação. Então, através do estudo do Regresso (talvez a época mais importante da História do Brasil), senti a importância de debates como o da criação do Conselho de Estado, ou da obra do visconde de Uruguai, que em 1841 funda a máquina da autoridade no Brasil, criando uma aparelhagem policial de certo modo ainda em vigor até hoje, e depois, em 1862 e 1865, publica livros notáveis estabelecendo a teoria da centralização sem a qual, dizia ele, não haveria Império e, ou melhor dito, não haveria Brasil, hoje (TORRES, 1968c, p.XIV).

209. A particularidade histórica brasileira tornou o protagonismo estatal uma realidade necessária, desde os primeiros momentos da Independência, pela tradição do despotismo ilustrado, em pais fundadores da nação, como José Joaquim Carneiro de Campos e José Bonifácio de Andrada. No entanto, o saquaremismo só surge no final da Regência (1831-1840), e perpassa o período de Consolidação (1840-1853) e de Apogeu (1853-1871) da ordem imperial. Tratava-se de uma substituição à forma desagregada e centrípeta de organização política do período regencial, formando um Estado centralizado, cuja expansão se dava nas várias direções. Horizontalmente – de maneira lenta e progressiva, por vezes por meio das redes de alianças familiares e incorporação de outros monopolizadores, como o caso dos charqueadores sulinos, por exemplo. E, verticalmente, ampliando a burocracia estatal, o emprego público com tabeliães, médicos, advogados, professores, jornalistas, guarda-livros, caixeiros etc.

O mérito do Partido Conservador do Império, foi, portanto, o de ter consolidado a obra da Independência, a unidade territorial, o edifício constitucional, a formação e consolidação das instituições, e o fornecimento de um sentido político a longo prazo. Esse senso prático não apenas criou, mas evitou que a própria realidade nacional fosse objeto de dúvida: "*os conservadores admitiam que o sistema político, vigente no Brasil, soube ser legítimo, era útil e vantajoso para o fim supremo: a unidade nacional fundada sobre a democracia liberal*" (TORRES, 1968c, p.9). O elogio do conservadorismo era justamente uma ode à prudência política (TORRES, 2016, p.47).

> Podemos dizer que os conservadores partiam do princípio de que o Brasil era aquilo que estava ali e, portanto, não interessava sair correndo atrás de teorias para o modificar. Com o tempo, por si, as coisas mudariam. Os liberais queriam que as práticas inglesas se adaptassem ao Brasil, e não só eles como também os conselheiros queriam estar em dia com a Inglaterra: O coronel Manuel Monteiro Chassim Drummond, chefe liberal de Itabira, comerciante em grosso e varejo, era leitor assíduo do *The Illustrated London News* e outras prestigiosas publicações britânicas, conforme tive ocasião de verificar quando da liquidação de seu espólio (TORRES, 1968c, p.33).

Dentro do binarismo da disputa política nacional, entre liberais e conservadores, luzias e saquaremas, recaia sobre os primeiros uma atitude marginalista, e mesmo alienada. Ao se oporem à prática conservadora, e buscarem ideias exógenas, legislações abstratas, doutrinas e utopias, consequentemente, distanciavam-se das características comuns à nação. Tratava-se de um problema crônico, cujo levantamento já havia sido feito por Oliveira Vianna, a quem o historiador mineiro toma como referência intelectual de destaque acerca da teoria política brasileira (TORRES, 1969, p.144).

O problema entre saquaremas e luzias não residia propriamente na proposta política de cada um, mas como havia algo presente em uns e ausente no lado oposto: um senso de responsabilidade sobre o que deveria ser mantido. Se por um lado os ideais do partido Liberal eram: a descentralização, um sistema eleitoral compatível com as suas finalidades, a independência do Judiciário e a abolição do 'Poder Pessoal', do lado oposto, os conservadores propunham a unidade nacional, o respeito à autoridade, a ordem e a hierarquia (TORRES, 1964a, p.295). Eram esses os fatores que asseguravam a permanência do regime, e, por conseguinte, as próprias reformas. Tanto assim que foram os conservadores os principais reformistas. João Camilo explica que "*muitas vezes uma reforma é conservadora. Entre outras razões, pelo fato de evitar uma solução revolucionária. A monarquia parlamentar foi uma reforma e uma reforma de certo modo conservadora, pois evitou a república*" (2016, p.48). Em suma, a implementação das reformas passava por uma análise prévia das circunstâncias, de modo a obedecer pelo menos a dois pressupostos: ser verdadeira sem modificar as estruturas essenciais; e obedientes aos princípios tradicionais, não quebrando a continuidade entre passado, presente e futuro (TORRES, 1968c, p.4).

Cumprindo com esses requisitos, a prática conservadora no Brasil Império não se furtou em realizar sonhos liberais, desde gradativamente o *selfgovernment* até a liberdade da pessoa humana – ao ter aprovado a Lei Áurea em 1888. A democratização foi descrita por João Camilo como "*a grande tarefa*" dessa empreitada conservadora – mas não a democracia liberal, e sim a de raiz suarista, aquela que teria como fim uma democracia solidarista,[210] num sentido próprio de liberdade. Recorda, a propósito, que os conservadores também eram liberais, ao terem recebido os princípios gerais e os grandes dogmas da fé liberal. O próprio *background* ideológico saquarema era marcado por autores do cânon liberal francês, como Montesquieu, Benjamin Constant, François Guizot. Liberais todos eram, com moderação e a seus modos. João Camilo assegura que até mesmo no caso de Braz Florentino, discípulo dos tradicionalistas, propalador de Louis de Bonald e Donoso Cortés, ainda assim era liberal em muitos pontos (1968c, p.190).

A renovação política a partir do influxo liberal não era um problema entre as alas políticas no Império. A inclinação era até bem-vinda, contanto que se

---

210. João Camilo distinguia dois conceitos de democracia. Primeiro, o da escola de Rousseau – *democracia individualista* –, em que o sujeito da soberania é o indivíduo tomado isoladamente. O papel do Estado nesse ínterim é garantir a soberania e os direitos individuais. Daí que numa eleição, sob esse ponto de vista, decidem-se acerca de seus interesses e não a respeito do bem comum. Segundo, o *conceito solidarista de democracia*, cujas raízes estão nas doutrinas de Suárez, em que o sujeito da soberania é a nação, uma comunidade de homens livres, com existência própria e distinta de seus componentes (1968c, pp.11-12). Era esta segunda forma de democracia que deveria ser perseguida. Contudo, algo irresoluto permanece no desenvolvimento teórico de João Camilo: como pretender chegar a uma democracia tradicional, de base solidarista, católica, se o aporte liberal que permeava inclusive os autores conservadores negava essa proposta? Não à toa, o resultado é exatamente oposto àquele desejado por João Camilo, no caso do fim da monarquia em que se consolidou uma oligarquização do regime político. Talvez o ideal de restauração monárquica do autor tenha como fundo manter essas formas democratizantes em disputa, já que fora desse regime original o desafio é maior.

mantivesse o "pacto originário" que fundou o Brasil. O diferencial desses políticos saquaremas era como se importavam com as instituições, como no caso da contrariedade de Braz Florentino ao parlamentarismo, em que o jurista pernambucano estava tentando evitar uma oligarquização do governo monárquico pelos ministérios-parlamentares. Ou, como antes, o Visconde do Uruguai condenara a aplicação no Brasil da fórmula "*o rei reina, mas não governa*", e Itaboraí a reforçara dizendo enfaticamente que "*Sua Majestade o Imperador reina, governa e administra*" (TORRES, 1968c, pp.191-192). Ambos analisavam que era preciso consolidar a discricionariedade imperial para não deixar o próprio país fragilizado.

O principal engajamento dos saquaremas era pela construção nacional, fardo que o conservadorismo nos países latino-americanos estava fadado a carregar, o que lhes dava um caráter progressista, diferente do de seus congêneres europeus (LYNCH, 2015, p.316). As elites políticas precisavam agir a respeito do modo pelo qual o país iria se constituir, desenvolver e progredir. Nessa vertente a manutenção de uma estabilidade institucional, com a monarquia e a Igreja oficial, servia como plataforma da própria definição e consolidação do país num horizonte democrático, pois não haveria como fazer uma abertura sem uma ordem. Para João Camilo, a remissão ao "democrático" refere-se a uma noção de fundo neotomista, comunitarista, em que o sujeito da soberania é a nação, como comunidade de homens livres, com existência própria e distinta de seus componentes, e, sobretudo, contrário à tirania.[211] Na democracia rousseauniana, por outro lado, o sujeito da soberania é o indivíduo tomado isoladamente (TORRES, 1968c, pp.11-12).

Uma última observação sobre o significado desse conservadorismo saquarema, o qual João Camilo abraça: representava um elogio ao serviço público, cujo maior exemplo era o próprio Imperador. Preliminarmente esse assunto já desbanca as teses que negam a origem da administração pública no Brasil Império, como se antes dos anos 1930 tivéssemos apenas uma "pré-história" do serviço público nacional.[212] Segundo JCOT, a Constituição de 1824 e a prática política imperial tornaram reais os dois grandes feitos do século XIX: a *restauração* das práticas tradicionais da democracia limitada da Idade Média; e uma *revolução* gerencial, com

---

211. Em *Do governo régio* (1958d), João Camilo demonstra que todo poder é oligárquico, e que democracia na verdade significa maior participação do povo no poder, no sentido em que os governados podem, num melhoramento quantitativo e qualitativo, consentir com o governo.

212. É o caso das abordagens de SARAVIA (2006) e SOUZA (2006), dentre outros.

o aparecimento da *noção de administração pública num governo nacional* (1964a, p.17), que teve no Visconde de Uruguai o seu principal formulador. A estrutura estatal contava com o pleno exercício do serviço público para seu sucesso, pois era inclusive a forma com que horizontalmente fazia o estado acessar a população. A identificação de João Camilo com o serviço público atinge tanto o reconhecimento teórico como sua vida particular, tendo sido servidor do Instituto Nacional de Previdência Social, na condição de delegado em Minas Gerais.

O monarca, por seu turno, estava na condição de servidor público número 1, aquele que obrigatoriamente se dedica à função pública, no sentido mais nobre da palavra *servir*. O papel de fiador da unidade nacional legava à Monarquia as atribuições políticas e sociais: de encarnar o Estado de modo pessoal e atual, e a promoção do progresso e da cultura (TORRES, 1958d, p.108). No caso brasileiro, d. Pedro II soube ser o retrato ideal do funcionário público, que, embora tenha errado, sempre fora esmerado cumpridor da lei, possuindo moralidade e respeito para com a opinião e a coisa pública (TORRES, 1964a, p.447).

2

CRISES E RESTAURAÇÕES

"A crise atual, portanto, vem de que há uma crise no Estado brasileiro, crise que provém, principalmente, de não haver o Estado, e de muitos dos homens responsáveis adotarem crenças segundo as quais o Estado é um mal, e que a democracia se funda na fórmula americana, inaplicável ao Brasil: 'quanto menos Governo, melhor Governo'. O brasileiro não aceita isso, mas os intelectuais e políticos de formação liberal acham que deve ser assim e com isso complicam tudo."

João Camilo de Oliveira Torres, em *A ideia de revolução no Brasil* (1981)

A trajetória deste capítulo apresenta um compasso feito de dois movimentos interdependentes, o diagnóstico das crises e as propostas restauradoras. A restauração é produto do reconhecimento de que há uma crise, uma queda, um tropeço. A partir de então procura-se a reconstituição de algo dilacerado. A crise, por seu turno, é separação. Significa que desde o momento em que constata algo errado – em crise – o observador já está estabelecendo uma organização, um esquema que se volta a solucionar aquele problema. Trata-se de um evento humano, "*só o homem tem consciência do seu estado de queda (da* descensio*), só ele pode construir as normas, as regras, ordens, o rito*" (SANTOS, 2017, p.98). Portanto, a relação entre crise e restauração é lógica. Quem constata uma crise percebe um dilema, se espanta, se incomoda, e, naturalmente, não se acomoda com esse estágio de coisas. Consequentemente, parte para o reparo.

A tomada de consciência a respeito da crise é edificante. A própria religião surge dessa maneira, "*e quanto mais profunda é essa consciência, mais profunda é a sua religião*" (SANTOS, 2017, p.106). Toda restauração é uma chance de religação. Nesse panorama a cena que reside na filosofia humana é salvífica, e explícita em todo caminho cristão. O homem escravizado, amarrado, atormentado, envolto por seus erros, pecados, desvios e vícios, tem a chance de se reintegrar através de uma confiança, de um trabalho de caridade, do amor. O mesmo acontece na sociedade, nas instituições, no Estado e na Igreja. A restauração se torna uma reviravolta, uma retomada da aliança perdida. Essa superação da crise ganha o enredo libertador, cujo sentido último é metafísico, mas materialmente é dinâmico, ocasional, inesperado, e até desordenado. Em outras palavras, não há como presumir da teologia da história, com controle e segurança, os dados da própria história. Eis o plano de trabalho de João Camilo, que veicula secularmente aquilo que em seu consciente, numa compreensão filosófica, é puramente religioso, transcendental.

A crise não é um problema quando sobre ela se lança um esclarecimento adequado. Daí a importância dos fundamentos. Munido de uma consciência clara sobre os problemas a serem enfrentados, João Camilo fornece propostas restauradoras. Conta para isso com um cabedal de bases históricas sobre a realidade brasileira, e tem como baliza de movimento o patrimônio cultural e institucional da religião católica. João Camilo não está sozinho, se dispõe a ser tradutor de três grandes chaves de leitura: a história, a religião e, através dessas duas, uma terceira, a política.

O resultado é a criação de mecanismos, concretizados em propostas políticas, que procuram substituir as tendências de crise por formas reintegradoras. Não se trata de um retorno, mas de restaurar – "*re, 'de novo',* staurare, *'ficar'*". Levando em conta a fatalidade, a irreversibilidade e a transformação ordenadora da história. A novidade em história é feita de reconfiguração, toma-se com fidelidade a Palavra: "O que foi tornará a ser, o que foi feito se fará novamente; não há nada novo debaixo do sol" (Eclesiastes 1:9). Para João Camilo, a história é "*ciência do efetivo, do que realmente houve, e não do ideal, do que convinha que fosse*" (2016, p.108). Do mesmo modo não se restabelece situação anterior, "*mas sim o seu valor dominante, o seu elemento ordenador*" (TORRES, 2016, p.71).

O que será possível analisar neste capítulo é o modo como João Camilo aplicou essa operação de reconhecimento de crises, conforme seus fundamentos, e instauração de medidas, propostas, sugestões e críticas, no sentido restaurativo. Daí que o conservadorismo de JCOT é otimista, é progressivo, é reconfortante. Quiçá era o cumprimento da descoberta agostiniana, de que o mal era a ausência do bem, então sobre a penumbra que surgia era preciso lançar luzes. Não à toa João Camilo falece em 1973 na mesa de trabalho, debruçado sobre a aplicação de uma Previdência Social no país, envolvido como intelectual público nas diferentes bandeiras que levantou, o voto distrital, o municipalismo, o parlamentarismo, a monarquia.

A organização dos tópicos a seguir foi premeditada conforme a pesquisa incorporou o modo de pensamento de João Camilo. Como o balanço entre crise e restauração é um movimento teleológico, de transformação, o primeiro capítulo procura apresentar as dimensões do desenvolvimento político e da noção de uma missão histórica que reside nas instituições e nos homens. Trata-se de uma espécie de introdução aos demais assuntos.

Em seguida entra o tema da crise espiritual do mundo no pós-Segunda Guerra Mundial e como João Camilo acompanha as modificações da Igreja romana. O intuito é apresentar a constatação sobre uma crise flagrante, por parte de todo o clero e laicato. Ocorre que as resoluções tomadas a partir dos problemas da crise de fé e da necessidade de renovação pastoral da Igreja, tendo em vista o CVII, encaminharam a Igreja para mais crises. Por mais que o otimismo de João Camilo não encarasse uma desarticulação da Igreja católica com o seu sentido original – de instrumento para a santificação humana, para se tornar um objeto da mundificação humana –, é certo que ele está apoiado numa linhagem do pensamento católico. Sobre isso será pertinente perceber as articulações do autor, como assumiu um caráter ambíguo, ao mesmo tempo fiel a lideranças que marcaram a transformação da Igreja no meio do século, como Alceu Amoroso Lima, e, por outro lado, intelectual reconhecido no meio católico como um ícone da sensatez, do equilíbrio e da contrariedade ao esquerdismo dentro da Igreja.

Não há indícios de que João Camilo tenha se dado conta da falência do CVII, do qual foi entusiasta. Não porque lhe faltaram alertas, seus interlocutores lhe escreviam com espanto sobre a "modernização" da Igreja. Seu teólogo predileto, Teilhard de Chardin, era posto em questão até mesmo por outra de suas referências, Jacques Maritain (CORÇÃO, 1973, p.88). Outrossim, João Camilo acaba compenetrado num reduto que é fruto de seu entendimento católico, a dedicação ao solidarismo.

Uma das propostas deste trabalho é expressar o conservadorismo social camiliano. A principal fórmula nesse sentido foi a substituição do apelo socialista pelo engajamento solidário, como forma de cristianizar uma ideologia política. Mais do que a aplicação do conservadorismo camiliano, a importância desse mecanismo era o foco sobre a questão social.

Neste capítulo já se expõe já expõe uma das principais soluções restauradoras de João Camilo, e que faz parte de sua trajetória biográfica, de seu projeto de vida, a Previdência social. Outros caminhos restauradores surgem, em especial a militância em torno do voto distrital, do municipalismo, do parlamentarismo e pela restauração da monarquia. Mas antes de tratarmos dessas frentes de atuação, o texto traz o diagnóstico camiliano sobre a realidade brasileira. Primeiro no que tange ao contexto da metade do século, sobretudo os idos de 1964, e ainda a sorte de encontros e desencontros da política partidária e ideológica. Segundo no aspecto sociológico, de como uma nova revolução brasileira só pode acontecer a partir de um "instinto de nacionalidade" - parafraseando a obra de Machado de Assis, que atente para o sentido próprio de sua formação. O Brasil não é tratado como um enigma, mas é constantemente produto de enigmas, pois se procura negar o óbvio. Em suma esta é a mensagem camiliana. Em uma palavra, a redenção pela redescoberta.

2.1 Desenvolvimento político e missão histórica

> *"A vida é como um rio: leva do berço uma inclinação natural para os seus fins, que são o leito em que ela corre, e poucos têm a força de desviar o curso de suas próprias águas de modo a melhorá-lo. Realmente a liberdade é um fato no detalhe, mas no todo, a liberdade de todos forma margens de pedra dentro das quais cada um tem que correr."*
>
> Joaquim Nabuco, *Diários*, 6 ago. 1877

A história é a sucessão de eventos, sem desencadeamento prévio, formada por sendas abertas e determinados agentes que atentam para as ocasiões, agem providencialmente, e, a calhar, até podem acelerar determinados processos. O Brasil é fruto desse fenômeno, porventura precipitado – a prova é que os próprios "pais fundadores", como Visconde de Cairu, Marquês de Caravelas e o próprio José Bonifácio, num primeiro momento, achavam que o melhor não era se separar de Portugal. Ainda assim, tratou-se de algo surpreendentemente revolucionário, no sentido que João Camilo aponta, como gerador do restabelecimento da ordem, e de quebra restaurador, daquilo que Portugal estava perdendo acossado pela Revolução Vintista.

A lição dessa narrativa camiliana é sobre como os fluxos históricos criam situações, arranjos e desarranjos, encontros e desencontros, para todo e qualquer estabelecimento político. Partidos, grupos políticos, estadistas, pensadores, instituições, conspiradores, situacionistas e oposicionistas requerem certa leitura para reconhecer o movimento do tempo, e se sintonizarem com aquilo que está em voga, ou o que virá como vaga. A vitória fica com quem melhor processar o caldo de informações, e, dentro de um sistema de oportunidade dada pelas circunstâncias, se tornar capaz de promover a ordem na legitimidade. Estes são termos veementemente repetidos por João Camilo: ordem e autoridade. Não se trata de uma volição pessoal, mas de um dado, uma condição pela qual a política se instaura no terreno da estabilidade. Definitivamente a visão conservadora de JCOT serve como roteiro à fuga das confusões. Perante as tensões do mundo era possível realizar conciliações, quebrando o que houvesse de mais rígido nas premonições filosóficas a partir da curvatura da História. "*A História, não nos esqueçamos, é musical, não pictórica. E se alguém me pedisse uma imagem gráfica da História, eu daria, para Hegel, a Tocata e Fuga em Ré Maior de Bach e para Spengler, o Bolero de Ravel*" (TORRES, 1962a, p.45).

O primeiro tópico deste capítulo refere-se à mensuração sobre o significado primordial do cabedal de crises que são observadas no século XX, ao final da Segunda Guerra Mundial. Trata-se em suma da crise civilizacional. Há um colapso no sentido da vida ocidental, que atinge frontalmente o eixo de organização da sociedade – o fundamento religioso. O deslocamento da religião cristã como centro individual e institucional era um processo que se desdobrava ao longo dos últimos séculos, mas até os anos 1930 e 1940 a resistência, sobretudo por parte da Igreja católica, era catalisadora de respostas e expressões de sociabilidade capazes de destoar de um vínculo modernizante. Uma "nova Igreja" aparece, edificada no CV-II, descaracterizando os desdobramentos que a instituição eclesiástica assumia até então, de resistência ao mundo moderno.

A parte relativa à Igreja e à crise espiritual ficará para a seção seguinte. O foco por ora será no significado político dessa quebra civilizacional. Um fenômeno torna-se perceptível e que marca uma espécie de fim do mundo aristocrático, tal qual conhecido até os anos 1930, e surge um vetor de mobilização e identificação política maior: a democracia. Ou melhor, não a democratização, refere-se à própria politização de todas as esferas da vida, é algo que surge *pari passu* a amplificação do Estado moderno.

A história passa a ser mobilizada conforme esse vetor de movimento. A democracia é inclusive uma evolução da flecha liberal que atravessa a era moderna, e que consequentemente transforma as estruturas das formas sociais. A política precisa se adaptar, assim como complexos familiares, escolas, universidades, homens e mulheres.

No Brasil a evidência dessa reconfiguração corresponde ao surgimento da "Era Vargas", que se manteve como paradigma nacional até pelo menos o governo Fernando Henrique Cardoso em 1994. João Camilo de Oliveira Torres é um dos sujeitos que pensaram caminhos para um modelo político e social brasileiro que esteve em disputa antes, durante e depois dos dois governos de Getúlio Dornelles Vargas. Mas o "guarda-chuva" que amparava a modernização brasileiro fora dado pelo líder gaúcho que amarrou o cavalo no obelisco da avenida Central.

A tarefa de João Camilo foi a de reconhecer as transformações, encarar meios de prevenção daquilo que era mais importante e ocupar-se da readequação das novas demandas conforme os fundamentos nacionais.

A segunda seção trata do desenvolvimento político do Estado moderno, que em João Camilo acompanha dois ângulos de análise diversos. Primeiro, o senso crítico, de condenação do Estado moderno, que tem como raízes o pensamento católico ou mesmo libertário de indisposição com a escalada de domínio público, que se exacerba a partir da Segunda Guerra Mundial. Segundo, a evolução do Estado moderno é observada como meio para fazer uso de um instrumento central a fim de executar políticas públicas, tendo em vista a composição social que se apresenta – massificação, urbanização, industrialização, demanda por meios de comunicação e todo um gigantismo que requer grandes agentes, ações de grande vulto e que inicialmente requerem centralização. De certo modo JCOT transita entre esses dois movimentos, que curiosamente podem se anular, mas segundo o autor ganham uma sincronia e um sentido, já que observados no caleidoscópio das demandas brasileiras. Nesse sentido, o Estado é tido como um fenômeno natural e parte integrante da evolução brasileira, sem o qual o país estaria muito aquém daquilo que se tornou, e nem ao menos teria tido condições de se manter unido, minimamente coeso e organizado.

Na sequência, aborda-se o tema da missão histórica camiliana. O mantra da história como mestra da vida cabe tanto no sentido pedagógico com que a história traz lições políticas como também fornece leituras sociológicas. O argumento da missão histórica traz ainda a ponderação sobre o destino histórico em que JCOT pensa Minas e o Brasil.

2.1.1 O fim do mundo aristocrático e a era democrática

Em diversas ocasiões João Camilo se refere a nossa civilização como "faustíca", e que já na primeira metade do século XX estaria vivendo o apogeu de uma crise.[213] "*A impressão que se tem é de que estamos assistindo aos estertores de um mundo que morre e aos vagidos de outro que nasce*" (1949, p.166). A constatação de que a crise é civilizatória abriu possibilidades sobre a reconfiguração temática do mundo moderno. Embora a perspectiva democrática e, consequentemente, da socialização fosse algo aberto desde o século XIX, foi só no período posterior à Segunda Guerra Mundial que isso se tornou acachapante.

Um dos intérpretes mais representativos desse fluxo de mudanças foi José Ortega y Gasset (1883-1955), em *A rebelião das massas*, de 1926.[214] A obra retrata as grandes transformações do século XX na Europa, tendo em vista o crescimento das massas urbanas. O mundo aristocrático até então conhecido ia sendo engolido pelas multidões e aglomerações. O escritor espanhol observa os efeitos da vida burguesa agigantada e o surgimento de uma espécie de "império das massas" que passou a dominar. A crise cultural do Ocidente seria produto dessa dominação. A Revolução Russa, a ascensão do fascismo e todo o cataclisma que dividiu a Europa não eram mais do que reflexos. Diante disso a preocupação era justamente com relação ao valor das elites culturais, se conseguiriam manter uma responsabilidade sobre o padrão civilizatório. Mas não, conclui-se que a tarefa era impossível. A descrição é contundente, de modo cabal era avistada a inexorável derrocada de um mundo aristocrático.

A essa altura o tema do destino da civilização, nestes termos, ainda ocupava a primeira ordem das discussões. O século XIX fora o seu apogeu.[215] A noção

---

213. O adjetivo "fáustico" representa o triunfo do pensamento técnico sobre os grandes problemas. Remete ao romance *Fausto*, de Goethe, que é o retrato de toda uma cultura, que representa uma escalada mortal, de um romantismo byroniano. Fausto é um dos heróis mais solitários de todas as culturas. A tragédia faustíca decorre da própria morte do herói, que alcançou seu fim. "*O fim do mundo como cumprimento de uma evolução interna, necessário: e aqui reside o ocaso dos deuses. Tal significa a teoria da entropia, concepção última, concepção irreligiosa do mito*" (SPENGLER, 1966, p.14).

214. JCOT atesta essa influência no Brasil: "*Ultimamente, houve uma salutar invasão espanhola, desde os dias de Ortega y Gasset e o grupo da Revista del Ocidente. Também os autores portugueses eram lidos, mas como predominava em Portugal uma hostilidade ao passado de cultura lusitana e os estudos clássicos assumissem entre nós uma feição principalmente gramatical, nós perdemos a notícia de grandes autores antigos – a filosofia política portuguesa, por exemplo, continua, até hoje, desconhecida, aquém e além-mar*" (TORRES, 1961e, p.287).

215. No caso brasileiro há uma série de situações históricas em que se percebe a disputa em torno do horizonte civilizatório brasileiros. Conflitos que são observados na arena política, como a respeito das direções a serem tomadas no contexto da Questão Religiosa, em que quatro "partidos" procuraram influir: os ultramontanos, o regalismo do *establishment* imperial (conservadorismo saquarema), os liberais moderados (como Nabuco de Araújo) e os liberais radicais (como Saldanha Marinho e o jovem Rui Barbosa). Cada um abordava o tema da civilização de forma própria, como entre conceber a civilização brasileira como católica ou que a civilização no país só se constituiria se aderisse à liberdade religiosa (RAMIRO JUNIOR, 2016).

de civilização demonstrava um caminho ascendente e constante, capaz de expressar "*a consciência que o Ocidente tem de si mesmo*" (ELIAS, 2011, p.23).[216] Apenas depois das duas Grandes Guerras é que se consolida um elemento substitutivo, capaz de nortear a modernização ocidental: a democratização. Até então, o mundo assistia à derrocada da primazia inglesa, o fim da *Pax Britannica* - símbolo de uma ética de empreendedorismo e progresso baseada na lei e no parlamento. No contrapé a proeminência alemã, breve e fatídica. No fim das contas o resultado acabou sendo a ascensão americana no mundo ocidental - como coisa fatal, mesmo que tida como precipitada para alguns intérpretes.[217]

No bojo desse declínio civilizatório sendas são abertas, com descobertas e redescobertas. Uma delas é o caminho de Roma, com os papados de Leão XIII e São Pio X, a retomada de linhas do pensamento medieval, através dos encaminhamentos filosóficos da neoescolástica.[218] Mesmo não se constituindo como uma ação direta de um poder eclesiástico sobre o civil, as consequências eram marcantes: críticas ao Estado moderno, renascimento do direito natural, demandas corporativistas, desconfortos com a economia de mercado e o modo como alterava o comportamento coletivo, e um conjunto de objeções à modernidade.

---

216. Uma das análises sociológicas mais importantes sobre o "processo civilizatório" é de Norbert Elias (2011), que lida com uma noção de "sentido histórico", de "*longue durée*". Um dos aspectos mais interessantes é o destaque para o efeito desse processo sobre os comportamentos, para a mudança nos sentimentos de vergonha e delicadeza. Elias aponta ainda como "Muda o padrão do que a sociedade exige e proíbe. Em conjunto com isto, move-se o patamar do desagrado e medo, socialmente instilados. E desponta a questão dos modos sociogênicos como um dos problemas fundamentais do processo civilizador" (ELIAS, 2011, p.14). A noção civilizatória, ampla, cosmopolita, é obra que remonta a Kant. Elias explica o quão especial, neste sentido, é a obra de 1784: *Ideia sobre uma história universal, do ponto de vista de um cidadão do mundo*. Destaca-se ainda que o trabalho de Elias encara como há o desdobramento político estrutural dessas mudanças, como a própria constituição do Estado moderno é alterada.

217. Sobre a americanização no pós-II GM é pertinente a abordagem de James Burnham que observavam a precocidade da civilização americana para exercer um domínio tão amplo sobre o mundo (BURNHAM, 1948, p.15). Argumento que é retomado pela Nova Direita Europeia, como em Tomislav Sunic (2007). Trata-se ainda de uma análise, ou preconceito, que parte da elite anglo-saxã também cultivava desde o século anterior, como em Oscar Wilde quando disse: "*America is the only country that went from barbarism to decadence without civilization in between*". Mas no século XX, até a II GM, ainda que fosse patente a avantajada economia americana, sua supremacia política sobre o mundo não chegava a ser algo crível entre muitos pensadores da época, como no caso de um bastante lido por João Camilo, o italiano Guglielmo Ferrero que escrevia em 1927: "*Les États-Unis sont devenus une formidable puissance industrielle, financière et navale. Sur ce point, chacun est d'accord. Mais il n'est pas pour cela démontré qu'ils pourront prendre la direction des affaires mondiales*" (FERRERO, 1927:37).

218. Exemplo desse percurso, segundo um intelectual contemporâneo de JCOT, é a obra *Caminhos para Roma. Aventura, queda e vitória do espírito*, de 1934, do austro-brasileiro Otto Maria Carpeaux (2014).

João Camilo bebeu dessas análises, as replicava e as tomava como parte de seus argumentos. Ao longo do tempo, sem se tornar contraditório, amadurece a expectativa de um desenvolvimento histórico caudatário de dois fenômenos marcantes no século XX: a democratização e o imperativo socializante. Em suas obras, progressivamente diminui a aposta num revival medievalista *tout court*, tradicionalista, de cunho sobrenatural, e pende à aceitação dos pressupostos da vida moderna, contanto que os readequando na chave de pensamento católica.[219]

A ambiguidade camiliana era relativa à própria indefinição da cultura ocidental. A concepção de um tempo de crise já aparecia em inúmeras obras desde a virada do século, mas foi só com as guerras e a quebra do otimismo liberal pelo *crash* de 1929 que as coisas ficaram a olhos vistos. O desafio analítico até os anos 1950 era apresentar uma definição sobre o reencaminhamento do Ocidente. Uma das teses mais pertinentes é a de que a crise era muito mais profunda do que se imaginava, não se resumindo a um mau ajustamento cultural, mas propriamente a uma desintegração de difícil recuperação. Era algo que limitava as índoles integrativas, lançando um ceticismo quanto a retomadas "integrais" do medievo. O desafio era reprocessar um sistema que demanda uma crença no valor-eixo de uma cultura, quando o problema central era justamente o próprio pressuposto da crença (SOROKIN, 1992).[220]

No fim das contas a democracia acaba sobrando como principal valor síntese da cultura moderna do pós-Segunda Guerra. É tomada como valor total, embora jamais fosse algo pleno, incólume, sem intermináveis rusgas, contrapostos e contratempos. Mark Mazower (2001, p.9) define bem como a democracia

---

219. Parte dessa questão será retomada mais adiante, quando tratarei da reconfiguração da Igreja e do sonho solidarista de João Camilo.

220. O sociólogo russo Pitirim Sorokin (1992) apresentava duas percepções sobre a crise: (a) a progressiva decadência do senso de cultura, sociedade e homem; e (b) a emergência gradual dos primeiros componentes - ideais e idealísticos - da nova ordem sociocultural. No plano religioso Sorokin verificava dois movimentos antagônicos, crescentes: (a) o ateísmo militante; e (b) o *revival* religioso. Na política, outro duplo processo, resultante de: (a) proliferação de vários tipos de ditaduras tirânicas; (b) o gradual esmorecimento de movimentos para o estabelecimento de governos competentes, honestos e moralmente responsáveis do povo, pelo povo e para o povo. No fundo dessa radiografia há quase que uma visão apocalíptica, mas que o mesmo Sorokin demonstra que pode ser evitada, pela emergência de forças criativas que fortaleçam a transformação humana em uma outra magnificência histórica. Embora a obra fosse de 1941, o prefácio de 1957 tinha um tom mais otimista do que o resto do livro. No todo, a tese era a seguinte: a crise da cultura e da sociedade até os anos 1940 e 1950 consistia exatamente na reintegração do sistema sensitivo dominante da cultura moderna euro-americana. A crise, portanto, não se resumia ao mau ajustamento, mas sim era o dilema da desintegração. Referia-se a algo muito maior do que ser "totalitário" ou "integral", a natureza do problema era mais profunda.

moderna, e o Estado-nação, "*é basicamente o produto da longa experimentação nacional e internacional que se seguiu ao colapso da antiga ordem europeia, ocorrida em 1914*". Até a Segunda Guerra as três ideologias rivais em confronto - a democracia liberal, o comunismo e o fascismo - julgavam-se destinadas a refazer a sociedade, o continente e o mundo, numa nova ordem para a humanidade. Todas tinham em comum o desejo de apresentar a própria utopia como um Final para a História.[221] Não é de surpreender que o nazismo e o fascismo tenham sido rapidamente sepultados na Europa do pós-45, dada a crença num "*triunfo inevitável da liberdade*"(MAZOWER, 2001, p.13).[222] Curioso é que o fascismo havia sido o mais europeu dos regimes, o mais antiamericano e antibolchevique.

Em vez de se jactar de uma platitude, o ímpeto democrático já surge em meio a crises. Na Europa o colapso dos velhos impérios assinalou o triunfo do nacionalismo, e não da democracia.[223] O liberalismo era massacrado pelas mais diversas vertentes de pensamento como algo demasiadamente individualista,

---

221. Não à toa os anos 1940 carregaram o signo da "guerra total". Ao passo que pelo menos no solo europeu, o pós-Segunda Guerra Mundial foi o de uma preparação de uma guerra que não era para acontecer no próprio continente, a não ser fora dele, em que a preocupação era o bem-estar dos cidadãos e a promoção do crescimento econômico e a prosperidade material (MAZOWER, 2001).

222. A mudança dos fatores da mobilização histórica não necessariamente é capaz de destituir a sua estrutura. A prova reside nessa presunção definitiva e inexorável da crença moderna, que se repete sob diferentes roupagens. "*A cultura ocidental trabalhou com base na suposição, muitas vezes não averiguada, de que seu próprio legado, o elenco de seus reconhecimentos identificatórios, era de fato 'o melhor do que já foi dito e pensado'*" (STEINER, 1991).

223. Sobre a dissolução dos impérios no entorno da Grande Guerra, duas estratégias foram traçadas diante do avanço do nacionalismo: I) A criação de novos impérios nacionalistas - turquinização do império otomano, russificação das terras do czar, e magiarização da parte húngara da monarquia dual dos Habsburgo. Essas políticas tinham como foco a criação de impérios modernos, centralizados; e II) A estratégia para lidar com nacionalismo através de uma política de divisão e regras. Assim, as autoridades otomanas exploraram as diferenças entre gregos e búlgaros criando uma Igreja ortodoxa búlgara separada, enquanto os Habsburgo - não dispostos a erigir seu próprio nacionalismo imperial, enquanto não havia austríacos - jogou nacionalistas alemães contra os tchecos. Esta estratégia, obviamente, abriu possibilidades para grupos nacionalistas ganharem concessões, e não é de estranhar que mesmo governantes imperiais se viam diante de demandas por reformas constitucionais, ampliação do sufrágio e linguístico, assim como de direitos educacionais. O caso mais explícito de desenvolvimento de social-democracia como um império que abraça aspirações nacionais é a Áustria. Os Habsburgo estavam diante de um paradoxo: primeiro, o nacionalismo era uma força política que não podia ser ignorada; segundo, o estado-nacional era um anacronismo no mundo moderno, desde que o progresso econômico requeria estados organizados em unidades mais amplas. Os britânicos argumentam que conseguiram combinar esses dois anseios através da Commonwealth. A saída soviética para a questão das nacionalidades foi mais bem-sucedida do que a austríaca. Fez-se na Rússia um sistema federal que combinava um estado austro-marxista com a centralização do Partido Comunista. Foi isso o que se chamou a União Soviética. Para Mazower a estratégia russa (2001, p.51) foi suficiente para fazer do país o último poder imperial europeu.

ante as demandas de uma era coletivista. Isso para não falar do grande número de católicos, ortodoxos e nacionalistas que tinham em comum o senso de comunidade, levando-os a objetar a democracia liberal nos anos 1920.[224]

Importa lembrar que a crise do liberalismo não se confunde com a interrupção de seu sentido histórico. As bases da política moderna já se orientavam pelas demandas liberais. Ao longo do século XIX praticamente todas as doutrinas místicas do Estado haviam sido depostas sob a égide da soberania do povo e do racionalismo político (FERRERO, 1927, p.57). O que se refere aos desequilíbrios que irrompem em batalhas, as mais contundentes da humanidade, surge de uma singular incompletude moderna: a secularização. A saída da religião é condição necessária ao advento da democracia, como explica Marcel Gauchet em sua trilogia (2007a;2007b;2010).

O aprofundamento das dimensões histórica, política e jurídica no século XX desemboca no ideal democrático. Não apenas como regime político, tal qual na tipologia antiga, mas sobretudo, e, como a inteligência de Tocqueville já havia demonstrado em 1830, na compreensão da democracia como comportamento, como *ethos* social (GAUCHET, 2007b, p.36). O sinal do triunfo do paradigma democrático, como equivalente daquilo que o ideal civilizatório outrora havia sido, aparece quando o próprio regime acaba criando o seu revés, ou seja, quando a democracia cria a contrademocracia (ROSANVALLON, 2006). É certo que essa fase de expansão vitoriosa do fato democrático se dá entre os anos de 1980 e 1990, mas os desdobramentos são anteriores, sob diversos aspectos: ao se sobrepor formas

---

224. A maioria dos países europeus tinha pouquíssima tradição democrática, a saída do mundo aristocrático não era uma via direta e linear. A análise liberal tampouco ajudou pelo menos até os anos 1940, pelo modo como enxergava qualquer suposto inimigo da liberdade como "*um simples tirano, um déspota*" - primeiro monarcas, depois ditadores. O flanco foi deixado aberto no campo opositor, como se viu pela ascensão dos estados corporativos. A revista *Fortune* de 1934 apontou que o "estado corporativo" é para Mussolini o que o *New Deal* é para Roosevelt (*apud* MAZOWER, 2001, p.28). Era o caso mais candente de políticas de cunho antiliberal. No caso do fascismo é bem verdade que o corporativismo era usado como disfarce, para a dominação sobre os trabalhadores e sua colaboração com a elite dirigente. Mas o apelo deu certo, por algum tempo, pois envolvia uma forma menos divisiva e mais orgânica de agregar a representação política. A justificativa fascista era a de que a política corporativista emanasse a existente estrutura sindical nacional. O caso mais prolongado de prática corporativista na Europa acaba sendo o de Portugal. Em 1933 António Salazar introduz uma nova Constituição em que declara o país como uma república corporativa e unitária. No documento constavam limitação de direitos em nome do "*bem comum*", um vestígio de parlamentarismo e o banimento de partidos. O primeiro-ministro governava por decretos-lei. A Áustria de Dollfuss segue o modelo português, e depois o repercutiu na Eslováquia, Espanha, Grécia, Croácia e na França de Vichy, assim como a tônica da direita na Polônia, Hungria e Romênia, explica Mazower (2001, pp.29-30).

autocráticas, como a "sacralização da política" sob Mussolini;[225] ao se tornar até mesmo objeto de apelos conservadores, como na proliferação de partidos "democrata-cristãos"; ou mesmo ao se tornar um ícone inatacável, sendo o eixo da vida política moderna, como outrora havia sido o cristianismo.

Decididamente, o mundo do pós-guerra assiste a uma abertura democrática.[226] As mais variadas "emancipações" e liberalizações ganham lugar de destaque - a mulher, os homossexuais, os proletários, os jovens, os apetites, o povo. Esse colorido passou a dar o ritmo do novo século (KATSIAFICAS, 1987). Contudo, é oportuno insistir, jamais de forma insuspeita e ausente de contradições. Por mais que o conteúdo orientador da vida moderna fosse democrático, sua estrutura ainda remontava ao fundamento religioso - neste sentido a secularização pode ser tida como inacabada.[227] Foi nesse ínterim que se manteve uma abertura para a reinserção dos apelos tradicionais.

2.1.2 A virada brasileira e a perspectiva intelectual de João Camilo

No Brasil o ponto de virada para a modernização política, do declínio de uma sociedade oligárquica para os primeiros passos da democratização, surge a partir da Revolução de 1930. Melhor dizendo, é na "Era Vargas" que as bases do Brasil

---

225. A sacralização da política tratava-se exatamente do culto ao líder, fosse ele o Duce, Hitler ou Stalin, ajudando a unificar e integrar populações e reconciliá-las sobre outras formas de regimes impopulares. O poder coercitivo foi mais forte na URSS do que no regime nazista: "campos de concentração nazista nos anos 1930 abrigaram de 25 a 50 mil prisioneiros, enquanto os Gulags soviéticos comportaram milhões (MAZOWER, 2001, p.37). O fundamental sobre esses regimes era que eles nem foram postos pelo povo, e tampouco podiam ser depostos pelo povo - era a total anorexia da democracia.

226. Nesse aspecto é fundamental o entendimento da revolução cultural que se desenvolve entre a segunda metade dos anos 1940 e as décadas seguintes. A partir de 1945 a Europa Ocidental redescobria a democracia, assim como um mundo em franca socialização. Uma *Pax Americana* foi criada junto à elite do Oeste Europeu, e a influência americana realmente se fez presente, desde o Plano Marshall e pelas décadas seguintes. "*In the 1950s, the homogenization of patterns of living across national and social boundaries seemed of patterns of living across national and social boundaries seemed to many people to mark a loss of identity, and the evolution of a typically American model of society. (...) So far as most American policy-makers were concerned, Americanization was indeed the goal. In other words, they regarded the USA as providing a model for the resolution of social and economic conflicts which should if possible be applied faithfully to western Europe: this was the conviction underlying the productivity drive, the promotion of European federalism and free trade, and the advocacy of new types of technology (such as TV) and marketing (scientific management, aggressive advertising)*" (MAZOWER, 1998, p.313). Mas não se tratava de um modelo homogêneo, e sim de uma oferta variada de opções aos europeus e demais espaços de influência.

227. Cabe aqui menção às reflexões empreendidas por Pedro H. Villas-Bôas Castelo Branco (2011) sobre política e direito em Carl Schmitt, tendo esse manto de uma "secularização inacabada".

contemporâneo são lançadas.[228] Por quase cinco décadas o país viveu em torno das teses gestadas nos governos de Getúlio Dornelles Vargas (1882-1954). O político gaúcho foi o líder da tomada do poder contra a República Velha em 1930, manteve-se no período de indefinições até a Constituição de 1934 e, depois, foi o ditador do Estado Novo (1937-1945), e retornou como o 17º presidente da República, eleito pelo voto popular, em 1951, fechando o ciclo em 24 de agosto de 1954, quando se suicida.

Se a Revolução de 1930 procurava redefinir as pontas soltas da política anterior, ou seja, superar os entraves políticos que esgotaram o ciclo da República Velha, o Estado Novo de 1937 encerra a Revolução para justamente executar o que permanecia até então latente. A interpretação é a de que a quebra de uma jornada política, dentro da tradição brasileira, não representa o sepultamento dos desígnios anteriores. Eis a forma camiliana de enxergar as revoluções: uma reviravolta política serve para melhor incorporar aquilo que estava atravancado no *establishment* predecessor. Não à toa João Camilo começa objetando a Revolução de 1930, mas logo adere. A ligação com o irmão Luiz Camillo e o fatídico fim da UDF, no entanto, o tornam opositor do Estado Novo.[229] Mas é num dos ícones da intelectualidade varguista – Oliveira Vianna - que encontra seu principal ponto de apoio intelectual para a defesa do Estado nacional.

Há três aspectos que merecem ser assinalados sobre essa virada brasileira nos anos 1930, em que cada um guarda relação com JCOT. Primeiro, acerca da abertura de possibilidades políticas com a Revolução de 1930. Segundo, a particularidade da relação entre intelectuais e o Estado Novo. Terceiro, como a consolidação de Vargas no poder resultara justamente da compreensão de certas bases permanentes da realidade brasileira.

---

228. As bases nacionais modernas foram forjadas nos governos de Getúlio Vargas, e se prolongaram até praticamente o discurso de posse do presidente Fernando Henrique Cardoso, em 1994. Mesmo os intérpretes que analisam Vargas como o ditador implacável contra os comunistas e integralistas, mas admirador do fascismo e patrocinador de uma política de propaganda dirigida a sua imagem, assim como aquele que foi o artífice de legislação controladora do movimento sindical e do sistema laboral brasileiro, também o reconhecem como o grande líder nacionalista, o criador da Petrobras, da Companhia Vale do Rio Doce, da Companhia Siderúrgica Nacional e do CNPq; assim como reformador social, preocupado com os dilemas dos trabalhadores, e de toda questão social (FERREIRA, 2012, p.296).

229. Jorge Chaloub (2015, p.19) conta como Luís Camillo de Oliveira era da ala mais ressentida e antigetulista da UDN, até pela punição que havia sofrido por ter sido um dos líderes do *Manifesto dos Mineiros*. Em festa de instalação da UDN, em 1945, Luís Camillo teria demonstrado esse ressentimento ao gritar "Basta de gaúchos!", o que gerou um clima de mal-estar que desnudava o passividade de seus correligionários em derrubar o Estado Novo.

É bem verdade que João Camilo tergiversa sobre adesões ou críticas ao nome de Vargas, a não ser nas condenações a regimes autocráticos e num claro desgosto pela ditadura estado-novista.[230] Independentemente disso, parte importante de sua formação política e intelectual se deu no período varguista. Foi ao longo da juventude de João Camilo que o Brasil estava sendo ponderado pelas diversas vertentes de pensamento nos anos 1930. Por alguns anos não se sabia qual seria o destino do país, nem mesmo a Constituição de 1934 foi capaz de apaziguar os ânimos. No ano anterior, Gilberto Amado organizava uma obra significativa desse impasse, o título era uma pergunta feita a coqueluche da opinião pública da época: *Para onde vai o Brasil?* (AMADO, 1933). Havia respostas para todos os lados, comunismo, fascismo, integralismo, democracia, socialismo, federalismo, ditadura. Mas praticamente todas as previsões estavam erradas. O mais interessante acabava sendo as análises sobre o que faltava ao país ou o que os rumos do mundo forneciam como antecipação histórica. Gilberto Amado acusava a falta de "política nacional" no país (1933, p.53). Octávio Tarquínio de Souza, ministro do Tribunal de Contas – sobrinho de Braz Florentino de Souza e José Floriano de Souza –, revelava o óbvio: o Brasil vai para onde vai o mundo ocidental. Ao passo que aquele que seria o mais influente e próximo de JCOT, Tristão de Athayde (Alceu de Amoroso Lima), escritor e chefe da Ação Católica, relatava a preocupação em defender o patrimônio católico brasileiro contra seus críticos, e que a fórmula para um Brasil brasileiro era a adoção integral da lógica católica. Mesmo que não pudesse ser pela norma explícita, seria possível a lógica implicitamente católica (*apud* AMADO, 1933, p.61).

No fim das contas o mais certeiro apontamento do livro de Gilberto Amado estava no posfácio: ninguém sabia ao certo para onde iria o Brasil. A resposta correta seria dada pela realidade do gênio político de Getúlio Vargas, quando na prática sintetiza as respostas daquele livro. Até porque as publicações do período preocupavam-se em dar alguma direção ao movimento, mas, como eram heterogêneas e nenhuma conseguiria adquirir suficiente ascendente sobre as demais, a saída consequentemente foi que o temperamento fleumático do líder político

---

230. As revelações amargas contra o Estado Novo encontram-se sobretudo em sua autobiografia, *O homem interino* (TORRES, 2005).

conseguiu envolver todas elas dentro de sua plataforma política.[231] Chama a atenção que no período subsequente, no Estado Novo, permanece uma tônica de influência intelectual sobre os destinos do governo, mas já envolvidos pela comum adesão ao *establishment*. Perduravam as diferenças, mas dentro de uma coluna mestra. Mesmo na tríade dos mais influentes sobre Vargas - Oliveira Vianna, Francisco Campos e Azevedo Amaral -, as teses não eram uníssonas, porém se complementavam. Boa parte da intelectualidade se colocou na qualidade de partícipe de um projeto político-pedagógico. O primo de João Camilo, por exemplo, o poeta Carlos Drummond de Andrade, foi chefe de gabinete do Ministério Capanema, na Educação, e que também reunia outros paladinos do modernismo, como Lúcio Costa, Oscar Niemeyer, Candido Portinari, Mário de Andrade (VELLOSO, 2017, p.149).

Verifica-se que as possibilidades sobre os encaminhamentos políticos do país foi num primeiro momento abertas e desconexas, mas posteriormente envolvidas no varguismo. A fórmula reproduzia a tradição política castilhista de intervenção do Estado, proeminência do líder, modernização autoritária e centralizada que domasse as oligarquias e desenvolvesse economicamente o país, além da ênfase sobre questões sociais e trabalhistas (BASTOS; FONSECA, 2012, p.14).

O governo revolucionário havia obtido sucesso no lançamento de novas bases para o país, de modo consistente e permanente. No caso, a política trabalhista foi a principal medida de confluência entre Estado e sociedade brasileira. Suas bases estão sintetizadas em poucos traços fundamentais: a Consolidação das Leis do Trabalho - CLT - de cunho antiliberal; a gama de direitos sociais a partir da inserção no trabalho urbano; a liquidação da liberdade sindical - o controle sobre esses órgãos passou para o Ministério do Trabalho, que podia ou não reconhecer as diretorias eleitas; a criação de um "peleguismo" sindical - em que verdadeiros burocratas sindicais se eternizavam nas diretorias e funcionavam como verdadeiros intermediadores pró-governo (BASBAUM, 1968, p.30).

Da parte de João Camilo, apesar de suas análises contextuais sobre política e sociedade estarem concentradas nos anos 1960, há alguns apontamentos que podemos considerar sobre as décadas anteriores. Primeiro, a crítica ao

---

231. Quanto às publicações e tendências diversas, além dos autores que fazem parte da coletânea de artigos de Gilberto Amado (1933), há uma série de outros, como a ala católica representada por Alceu Amoroso Lima, os militares em Góes Monteiro, o nacionalismo industrialista de Azevedo Amaral e o próprio senso unificador de Getúlio Vargas, que publica seus discursos como manuais doutrinários de seu governo.

liberalismo naquele que foi o primeiro livro de JCOT sobre política, *A libertação do liberalismo*, publicado em 1949. Nele o autor já revela o signo dessa libertação, católica – como apresentada na mensagem do papa Leão XIII na encíclica *Libertas Praestantissimum*, em que a liberdade é tratada como uma dignidade dada por Deus ao gênero humano, e não como uma ideologia que beira a licenciosidade e a desobediência (TORRES, 1949, p.8).

Nessa mesma pegada cristã aparece a questão da democracia. Aliás, a afirmação do paradigma democrático é outra marca da ponderação camiliana sobre o mundo moderno. Significativa a esse respeito é sua obra-prima, *A democracia coroada*, de 1958, cujo interesse deliberado era informar e formar o leitor a respeito das bases democráticas do país, munindo os interessados na política nacional a reencontrarem o caminho da liberdade política. Até porque a democracia estava contida nas tradições brasileiras, conforme demonstrou num singular artigo de 1949 (04 dez. 1949).[232]

Esse texto é importante pois traz uma combinação de elogios e críticas a um dos ícones da intelectualidade da época, mentor do Estado Novo, o sociólogo e jurista Oliveira Vianna. Se por um lado JCOT referenda a defesa da ação do Estado como instrumento de reformas sociais, por outro refuta a crítica de Oliveira Vianna ao espírito clânico. Inclusive o desafia a provar que os ingleses desconhecem o "*espírito de clã*". Em outras palavras, como se poderia descarterizar algo tão presente naquela sociedade, a mesma que foi o embrião e o modelo das liberdades modernas? (04 dez. 1949).

Outra ressalva que demarcava a oposição de JCOT a formas autoritárias era a respeito do sufrágio universal. Opondo-se a Oliveira Vianna, afirmava que "*o sufrágio universal é mais democrático em sua forma e não em suas consequências*" (04 dez. 1949). E que também era ilusão propor, através dos sindicatos, uma espécie de classe de privilegiados sem que isso não desse origem a uma aristocracia. No fundo JCOT critica a opção por se criar, ao fim e ao cabo, uma aristocracia artificial, oriunda da demiurgia estatal.

---

232. Nesse artigo – "A democracia e as tradições brasileiras" – JCOT enxerga que em *Instituições políticas brasileiras* Oliveira Vianna acaba fazendo uma "*profissão de fé de materialismo histórico, embora de tom não marxista, mas racista, conforme expressamente declara o autor no devido lugar*". Em seguida fazia um alerta: "é bom que se recorde não ser o marxismo o único tipo de materialismo histórico. São tantos quantos são os fatores materiais de formação social". Conclui ainda que o sociólogo fluminense era vítima de uma situação paradoxal, comum a defensores do determinismo social: "*após proclamarem a autonomia dos fatos e a sua força criadora inabalável, lançam bases de reformas de acordo com as suas próprias ideias...*" (04 dez. 1949).

> Entre as sugestões dignas de comentário há que registrar a afirmação de que estamos assistindo à eclosão de novo tipo de eleitor, o 'eleitor socializado', que é aquele que vota de acordo com a consciência coletiva elaborada pelos sindicatos e outras constituições. Não compreendemos como e por que o sr. Oliveira Vianna deposita suas esperanças nesses eleitores, a experiência mostra-nos que o eleitor dos coronéis acerta melhor do que o eleitor dos sindicatos, a experiência das várias eleições de 1945 para cá bem demonstra o fato. Poderíamos recordar, igualmente, a defesa da distinção clássica entre 'ius sufragium' e 'ius honorium'. Defende aqui o sociólogo fluminense a formação de pessoas elegíveis perfeitamente caracterizadas, que isto produziria uma classe de privilegiados sem dar origem a uma aristocracia (04 dez. 1949).

Aquilo que mais agrada JCOT sobre as *Instituições políticas brasileiras* (1974a;1974b) de Oliveira Vianna é a defesa da organização das liberdades civis como garantia da liberdade política. "É justa a observação do autor, enquanto perdurar o sistema vigente, no qual a justiça e a polícia pertencem ao grupo dominante, e as leis existem para uns e para todos tudo o mais será letra morta" (04 dez. 1949). De modo que concorda que a solução mais apropriada era a federalização da justiça e da polícia, retirando da alçada dos governos locais.

Fica nítido como o tema da liberdade e da democracia era central no pensamento camiliano. A libertação dos homens, inclusive contra o próprio liberalismo, era condição sem a qual a democracia não sobreviveria. Era preciso conceber que o âmago da noção de liberdade "*consiste em ser cada um aquilo que* deve *ser*" (1949, p.66). Portanto, a democracia só estaria protegida a partir de uma consciência de liberdade condizente com a ordem e a realidade. Do contrário as pessoas seriam engolidas pelo novo mundo da "multidão", pois "*a sociedade moderna não é mais o agregado de indivíduos iguais da sociedade do século passado, nem o conjunto de estruturas hierárquicas do antigo regime*" (1958d, p.135).

2.1.3 O desenvolvimento político do Estado moderno

A concepção de João Camilo a respeito do Estado é positiva, contrária às abordagens negativas liberais e socialistas. Essa posição é, inclusive, um dos principais aspectos que o marcam como um neossaquarema. No trecho anterior observamos como a parte elogiosa da obra de Oliveira Vianna recai precisamente sobre a defesa da ação estatal diante dos dilemas da sociedade. Há um progressivo reconhecimento de JCOT acerca da natureza do Estado brasileiro como essencial instrumento de reformas e realização da justiça e ordem pública. Paralelamente, são mantidas as reservas quanto à evolução do Estado moderno, a respeito de seu gigantismo, da dificuldade da aplicação do corporativismo e da subsidiariedade.

Em suma, no pensamento camiliano há uma dupla abordagem acerca do desenvolvimento político estatal. Primeiro, aquela formada pelas influências católicas, e de autores críticos aos regimes totalitários, como Guglielmo Ferrero e Bertrand de Jouvenel. Segundo, uma identificação positiva que acompanha o desenvolvimento institucional do Estado, tanto por encontrar-se com a tradição brasileira - saquarema - como por ser um mecanismo importante às políticas públicas que atendessem as demandas sociais - tema caro ao autor.

Num de seus manuscritos não publicados, João Camilo trata da "sedução do Estado" (s/d ["A sedução do Estado"). [233] A condição ilusória do Estado tem a ver com o tema da alienação política, que se trata de uma condição real do homem.[234] A alienação política que JCOT apresenta refere-se à escravidão sob o Estado e o Nacionalismo, tomando como referência os escritos de Nicolai Berdiaev. A chave da superação da alienação política estaria no reconhecimento de que a existência humana é um tecido de situações envoltas pelas relações solidaristas. Solidariedade é como o oxigênio da vida social. Tal observação a respeito da política procurava escapar das concepções liberais e socialistas, que só pareciam encarar o homem sob dois ângulos: ou o indivíduo isolado, ou só o ente coletivo. Diferentemente, na visão realística, o homem concreto pertence a grupos, partidos, famílias, religião, classes. Eis a primeira condição de libertação da alienação política. Ou seja, para sair da sedução provocada pelo Estado JCOT aposta no fortalecimento das instituições médias mais próximas das pessoas.

Nota-se que o Estado como instrumento não se confunde com o Estado máquina, como objeto de concentração do poder. João Camilo acompanha as críticas a esse fenômeno moderno, como as feitas por Bertrand de Jouvenel (1978; 1972). O politólogo francês demonstra como ao longo da história o Estado foi adquirindo

---

233. João Camilo de Oliveira Torres, "A sedução do Estado", em *Colonização e colonialismo*, s/d, pp. 469-479.

234. A discussão sobre a alienação política tinha como um dos alvos os marxistas, que se viam fora desse dilema. Para João Camilo tratava-se de uma ilusão, pois para ele o marxista é um alienado que escreve sobre outras alienações, como "*um tratado de psiquiatria escrito por um demente*" ("A sedução do Estado", p.469).

mecanismos diferentes para justificar-se, e em todos os momentos a sociedade pagou um alto preço:[235] as guerras, o aumento dos tributos e a influência estatal sobre a formação moral das pessoas.[236] O Príncipe (como chefe político do Estado) venceu uma guerra concorrencial. *"Os reis procuram fazer com que o clero de uma parte, os senhores e as comunidades de outro, lhe dessem ajudas financeiras mais e mais frequentes"* (JOUVENEL, 1972, p.26). Não à toa a imagem do Leviatã é o monstro segurando o báculo e a espada, que retirou da mão do bispo e do nobre, respectivamente.[237]

A arte de governar da Antiguidade até a Idade Média havia sido a de conduzir, dirigir, a nave do Estado, de acordo com uma rota e em busca de um porto seguro. Michel Senellart (2006, p.22) explica que com as ideias de Maquiavel o Príncipe

---

235. O grande mistério refere-se ao autorreferenciamento da sociedade nessa condição política. O Estado moderno conseguiu se instaurar e crescer sob o artifício da guerra e da alta taxação de impostos, de modo que em ambos os casos o devedor foram os povos que se tornavam vítimas (JOUVENEL, 1972, p.31). Desse modo, a melhor máscara do "minotauro" seria o argumento democrático. Para Jouvenel, a democracia, tal qual praticada de modo geral - centralizada, regulamentada e absolutista -, é como uma incubadora da tirania, que nada mais faz do que esconder o exercício de um poder Estatal, que de modo algum corresponde aos interesses da sociedade.

236. As Guerras Mundiais do século XX teriam escancarado o quanto os governos cresceram; as batalhas que antes eram restritas, concentradas e isoladas dos civis, passaram a movimentar diretamente sociedades inteiras. Mesmo no século XIX, com Napoleão, ou antes, em nenhum outro momento a guerra foi total, tão íntima dos civis. Jouvenel explica assim esse progresso da guerra: "*A guerra não é necessariamente, nem sempre foi, isso o que nós vemos hoje* (fazia menção aqui à Segunda Guerra Mundial (1938-1945)). *Ela tomava na época napoleônica os homens de idade militar - mas nem todos -, e o Imperador habitualmente não convocava mais que um contingente. Ela deixava à sua existência ordinária todo o resto da população, não lhes demandando mais do que contribuições financeiras moderadas. Ela tomava menos ainda no tempo de Luís XIV; a obrigação militar era desconhecida, e o particular vivia fora do conflito*" (JOUVENEL, 1972, p.24).

237. Hobbes já descrevia o Leviatã como uma máquina. Sabemos que nem mesmo computadores modernos funcionam sozinhos. Quem o pensa, quem o monta, quem o programa, quem o manuseia são pessoas interessadas. O mesmo acontece com o Estado. Em *As artes de governar. Do regimen medieval ao conceito de governo* Michel Senellart (2006) explica que "governo" não se confunde com dominação. Pois aquele relaciona-se a um fim, ou a uma pluralidade e fins, exterior a ele mesmo, enquanto a dominação não tem outro objetivo senão reforçar-se indefinidamente. O governo é uma hábil e violenta tecnologia de dominação. Quem primeiro abriu a senda para essa concepção foi Nicolau Maquiavel no século XVI. "*Governar*", escreve Maquiavel, "é fazer *com que os súditos não tenham condições de nos prejudicar e nem sequer pensar nisso; o que se obtém seja tirando-lhes os meios de fazê-lo, seja dando-lhes um tal bem-estar que eles não desejem outra condição*" (*apud* SENELLART, 2006, p.20). A originalidade de Maquiavel foi a de ter reduzido o governo ao conjunto dos meios que permitem ao príncipe proteger-se de seus súditos. Outro italiano, no século XX, Antonio Gramsci, vai explicar que o Príncipe moderno é o Partido Político. Tanto um como outro ou qualquer outro ente que conquiste o poder passará a conviver com uma condição de hostilidade entre o seu governo e o povo. Antes de Maquiavel a relação era a de um pastor que apascentava seu rebanho, ou de um pai com sua prole. A partir de Maquiavel o pensamento político sepultou a lógica medieval e o povo passou a ser visto pelo príncipe como uma ameaça permanente. E de lá para cá toda a razão do Estado moderna afirma essa ideia de que governar é dominar.

passa a reinar num mundo sem objetivos, entregue às relações de força. Governar torna-se a arte de conciliar interesses particulares, de conservar a forma da república ou de realizar a maior soma possível de forças.[238] Como o Estado se tornou esse poderoso e ousado espaço ao exercício da dominação, as principais discussões na política se restringem ao lugar de controle e de quem o controla. Esquerda e direita, liberais e conservadores, socialistas e capitalistas, otimismo ou pessimismo antropológico são algumas das dualidades presentes nessas discussões sobre o poder do Estado.

A esse amplo panorama trazido por Jouvenel, três outros tópicos de crítica ao Estado moderno são perceptíveis na obra camiliana. Primeiro, o endosso ao corporativismo – o que de fato não se refere a uma negação do estatismo, mas sim à reconfiguração contra as perspectivas liberais. Segundo, a respeito da tecnocracia, como dilema consequente da evolução burocrática do Estado moderno. Terceiro, o desequilíbrio entre Estado forte e governo fraco.

O corporativismo era um instrumento político do Estado para contribuir com a prosperidade geral. João Camilo abraça a proposta sindical como uma possibilidade de exercício do princípio federativo no plano social. Os órgãos de representação profissional, denominados "corporação", seriam os locais ideais para a discussão sobre assuntos que impactam todo o conjunto, como questões econômicas relativas a preços, lucros, juros, etc. Para JCOT, a política econômica do governo deveria ser feita através destas "corporações" "*e de outros órgãos representativos da opinião como os congressos profissionais, em função consultiva em face do Parlamento e órgãos auxiliares do Poder Executivo*" (1961e, p.151).[239]

---

238. Em outro livro Bertrand de Jouvenel investiga o marco inicial da mudança de um regime tradicional e o advento de novos princípios para o Estado moderno. Inicia a análise a partir de 1800, mas acata que a controvérsia maior o leva a pensar em 1789. O Brumário representaria, segundo Jouvenel, o grande começo do Estado moderno, na medida em "que se caracteriza por uma poderosa estrutura administrativa que se estende por todo o país e torna onipresente a vontade do poder central" (1978, p.10).

239. A adesão corporativista é um efeito direto dos vínculos católicos, como foi o próprio desenvolvimento desse modelo de organização política e social. Historicamente, antes de ter se tornado parte official da política católica, era ventilada entre leigos. Por exemplo, na Alemanha e na Áustria, as ideias remontam a Adam Heinrich Müller (1779-1829), católico convertido. Em seguida, um dos nomes importantes foi o bispo de Mainz, Wilhelm von Ketteler, que inclusive teve influência direta sobre o pensamento do papa Leão XIII sobre o trabalho e a questão social. Na França, além de lideranças católicas, é possível afirmar que E. Durkheim e L. Duguit também fossem afeitos ao corporativismo, embora reativos ao catolicismo. Foi inclusive através de Duguit que o ideal corporativista chega à Espanha, tornando-se uma tônica ao longo do regime franquista – identificado com a Igreja (COX; O'SULLIVAN, 1988, p.131). Mas em nenhum outro lugar ganhou tanta envergadura quanto em Portugal, a partir do Estado Novo de Oliveira Salazar. Já no Brasil, além de ter figurado no centro das soluções varguistas para o Estado nacional, o corporativismo era anteriormente advogado pela militância católica, como por Tristão de Athayde, em "Política" (1932).

Apesar das bases a partir da legislação sindical, o corporativismo não se torna uma realidade no Brasil. O desenvolvimento do Estado se fez em torno da gestão pública, pois foi esse o modelo de organização e modernização que engajou o mundo na economia de guerra e depois na reconstrução europeia. Sobre esse aspecto JCOT observa uma encruzilhada: se o mundo não aderir a proposta securitista, de uma sociedade democrática pluralista e personalista, recairá na "managerial society", em que a propriedade cabe nominalmente ao Estado mas é exercida por gerentes (1961e, p.130). Neste ultimo caso, o drama se acentua se não houver a adoção do princípio federativo social, ou seja, o corporativismo ainda poderia equilibrar essa hiperconcentração de poder. A leitura sobre a "sociedade gerencial" é feita a partir de James Burnham (1905-1987), que descreve o processo de formação de uma espécie de totalitarismo pela entrega do poder econômico ao Estado. Na prática o poder fica restrito a uma camada de profissionais técnicos, uma espécie de oligarquia, gerando aquilo que José Pedro Galvão de Sousa chamou de "Estado tecnocrático", quando também levava em conta as lições de Burnham (1972, p.109).[240]

A tecnocracia gerava o contrário do apelo para que o Estado fosse instrumento da sociedade, e não um peso sobre ela. O tema seria fecundo ao longo da segunda metade do século XX em diversas partes. Na França, Michel Crozier também retratou a crise do Estado moderno devido à incapacidade de se tornar um "Estado modesto", menos burocrático e assim acompanhar a evolução da sociedade (1987; 1985). No Brasil, por parte de João Camilo, uma das expressões precoces desse fenômeno refere-se à identificação da crise do Estado moderno pela contradição do aparato estatal "*forte, poderoso, invasor, enquanto que o governo é fraco*" (16 mar. 1958). O aumento da força estatal, o acúmulo de atribuições, a concentração de pronto sepultam qualquer remissão ao princípio da subsidiariedade. Em vez disso vigora a noção de que "*o que pode ser feito pelo Estado deve ser feito por ele; tudo o que pode ser atribuído aos governos centrais, a eles se deve atribuir com prejuízo dos municípios, províncias, etc.*". O símbolo da exaustão moderna estaria nesse Estado, que, por desejar fazer tudo, "*vai terminar nada fazendo e naufragando no meio do caos*" (16 mar. 1958).

---

240. A base do argumento antitecnocrático de José Pedro Galvão de Sousa (1973) está na obra de outro escritor católico, que lhe era contemporâneo. Trata-se de Gustavo Corção em *As fronteiras da técnica* (1963).

A visao otimista de JCOT sobre o Estado não corrompe os apontamentos feitos anteriormente. Na verdade são questões complementares, pois entendia como coerente a defesa do modelo saquarema de instrumentalização do Estado, uma vez que o fim dessa grei política combinava com os apelos católicos, de progressiva abertura, democratização, e mesmo diminuição do Estado. Porém, JCOT acolhia o elogio ao centralismo burocrático, as intervenções da União em nome da justiça e segurança pública e outras teses que foram lançadas no Império, assim como neossaquaremas como Oliveira Vianna.

A percepção de João Camilo sobre o Estado leva em conta o arcabouço histórico, assim como uma consideração filosófica sobre o próprio caráter do poder, que não podia ser de antemão tachado de mau. O desafio era superar o conceito individualista da Política, fundada no desconhecimento sobre a existência do bem comum, que é específico e distinto dos bens individuais.[241] O alvo era a índole liberal, meio de descaracterização do papel do Estado.

> a maioria das doutrinas adota, como ponto de partida, uma posição pessimista com relação ao Estado. Quase sempre os filósofos partem do pressuposto de que o poder é desnecessário em si mesmo, sendo, assim, uma consequência, por exemplo, do pecado. E quando os autores procuram justificar o poder, como um bem, encontram quase sempre, dificuldades insolúveis, pois, o ponto de partida era falso e este ponto de partida, afinal, resume-se na redução do poder à mera coerção, em lugar de considerá-lo como possuindo finalidades específicas, além da sua ação coercitiva, em si mesma, secundária (TORRES, 1959e, p.111).

241. Nesse artigo JCOT apresenta duas colunas argumentativas, a primeira acerca da utilidade e necessidade do Estado, que deve ser pensado fora da noção de que homens são anjos ou deuses, mas que podem ser santos. E que as monarquias absolutas no passado foram eficientes enquanto o Estado era mero "gerente do bem comum", com o âmbito de ação do poder público bastante reduzido, fundando-se unicamente na "autoridade", na força moral e no respeito livremente consentido dos súditos – sendo assim um Estado sem "poder", sem força coercitiva. Esse Estado de homens perfeitos era justamente o modelo medieval, mas que não pode ser confundido com o despotismo moderno. É verdade que "*o rei absoluto somente não será um déspota se não quiser. Regime absoluto quer dizer que o rei é 'legibus solutus', isto é, permanece acima da lei, não depende da Lei*". Mas convém que esse não seria um problema num Estado naturalmente limitado (1959e, pp.111-112). O segundo argumento, que procura não contradizer o anterior, pela defesa das constituições, como leis destinadas a limitar a ação dos órgãos do Estado. Num mundo de imperfeições não é possível que os homens tenham poderes absolutos. "*Se o Estado é um bem, necessário e útil, o poder entregue a homens pecadores precisa ser limitado, cercado de garantias, protegido*" (1959e, p.114). Em suma, a teoria deve partir do princípio de que o Estado é um bem e existe para o bem comum; exercido por homens deficientes e sujeitos a quedas.

Esse balanço acerca das observações sobre o Estado moderno demonstra como João Camilo empreendeu uma história do desenvolvimento político. E o fez aferindo tendências, compreendendo a teologia dos ideários, repercutindo as dimensões circulares das transições de regime e reafirmando os valores perenes da vida política. A historicização do desenvolvimento político fornece uma visão panorâmica da própria ciência e como os instrumentos do universo politológico foram capazes de explicar as transformações e conformações políticas. A abordagem historiográfica é de fato um privilégio, ao pôr à prova os diagnósticos e prognósticos do pensamento político em dados tempo e lugar.

2.1.4 Missão e consciência histórica camiliana

"*A História é mudança, mas é persistência, ser é persistir*" (TORRES, 2005, p.88). Todas as instituições humanas sofrem com a mudança no tempo, e dentro dessa condição a tarefa camiliana era a de dar sentido à renovação dentro da tradição. Afinal, o mundo novo não é a negação do antigo, mas a renovação, que estaria dentro de uma "*dialética cristã, que não se funda na contradição, como a marxista, mas na continuidade, na renovação, podemos dizer, na ressurreição...*" (2005, p.134).

Marca indelével do pensamento camiliano é a consciência histórica. Trata-se do instrumento basilar para uma ação missionária através da atividade intelectual. É ainda condição por excelência do espírito conservador, que percebe na reforma o melhor meio à ordem e legitimidade. A fórmula é burkiana, mas o grande exemplo apresentado pelo historiador mineiro é o Partido Conservador do Império brasileiro.

Essa noção quanto à dimensão histórica não apenas configurou o modo de agir dos saquaremas como foi incorporada como método argumentativo de João Camilo. A permanente noção de retorno: da monarquia, a *parúsia*, a solução para a crise, e tudo o mais que procurava ligar passado - presente - futuro, estava marcado por essa apreensão histórica. A correlação com o passado é comumente renovada para a restauração, como algo análogo à maiêutica socrática, em que a civilização ocidental já contém os fundamentos para os seus próprios acertos. O Brasil, por sua vez, teria dentro de sua própria história a escapatória de suas crises. A tarefa camiliana compreende a própria redescoberta do fundamento nacional, de sua teoria subjacente. A continuidade histórica, portanto, nada mais é do que uma reformulação, a permanente reinvenção de uma tradição. Quando trata de "ruptura e continuidade", tanto em sua *Teoria geral da História* (1963b), como num artigo de *A Ordem* de 1960, João Camilo explica que há dois exemplos de continuidade histórica com desenvolvimento, sem estardalhaço, sem ruptura absoluta:

> As transformações políticas nascem de reformas, graças a processos de adaptação, de modo que o antigo permanece, mas retificado em face da nova situação. Casos há em que esta procura do novo como desdobramento e florescimento do velho nasce de um esforço consciente de eliminação da ruptura do passado – a Igreja Católica eis o grande exemplo. A Inglaterra, eis o segundo (2016, p.64).

O propósito reintegrativo, que tinha como pano de fundo esses dois grandes exemplos, era expresso através da redescoberta da história imperial e mineira, que seriam capazes de fornecer guias à recondução nacional. Disso resulta que João Camilo se torna um verdadeiro pedagogo político e sociológico, tendo como instrumento essa "missão histórica".

No caso do Brasil Império as práticas daqueles governos trazem uma lição elementar. A Abolição, por exemplo, teria demonstrado como um governo conservador pode atuar estruturalmente por uma política social. A grande referência nessa exposição era a obra de Joaquim Nabuco, *Um estadista do Império* (1897;1898;1899), que João Camilo considerava a "*Bíblia da historiografia brasileira*" (30 jul. 1950). Por isso a pesquisa sobre o Brasil Império era uma verdadeira escola de política (TORRES, 26-27 jan. 1957).

Duas instituições imperiais são tomadas como exemplares dessa compreensão histórica, modernizadora e ciosa da conservação. Uma delas é a própria casa monárquica. João Camilo destaca a atuação de D. Pedro II, por sua capacidade de transitar entre os partidos, na forma e no conteúdo, fosse na leitura diária dos jornais, fosse no propósito que o país tivesse algum dia eleições livres (embora não acreditasse nos resultados práticos das reformas eleitorais) e lisura na representação política. Mas, especialmente, os escritos deixados à princesa Isabel, em *Cartas à Regente* – documento que João Camilo teve o trabalho de introduzir e editar (1958c) – demonstram uma verdadeira pedagogia política do próprio chefe monárquico.

A segunda instituição é o Partido Conservador. João Camilo acreditava que a uma consciência histórica da parte dos conservadores servia de antídoto à condução política, resultando no desapego das fórmulas prontas, dos formalismos, dos idealismos utópicos e do imobilismo. Por isso a compreensão do Brasil real era um dado que se mostrava mais claro na cabeça dos conservadores do que na dos liberais. O Partido Conservador do Império estava encarregado de apresentar uma

> (...) posição política que reconhece que a existência das comunidades está sujeita a determinadas condições e que as mudanças sociais, para serem justas e válidas, não podem quebrar a continuidade entre o passado e o futuro. Podemos dizer que o traço mais característico da psicologia conservadora consiste, exatamente, no fato de que não considera viáveis as transformações e mudanças feitas sem o sentido da continuidade histórica — mais: o conservador acha impraticáveis e condenadas ao suicídio todas as reformas fundadas unicamente na vontade humana, sem respeito às condições preexistentes. Podemos reformar — por meio de um processo de cautelosa adaptação do existente às novas condições — nunca o estabelecimento de algo radicalmente novo (TORRES, 1968c, pp.1-2).

O descompasso entre o formal e o real era um drama sentido no Brasil Império, mas realisticamente aceito entre os conservadores, e, por outro lado, instrumento de crítica dos liberais. A diferença entre ambos estava marcada por essa noção a respeito do tempo para as mudanças. Enquanto os liberais queriam que as práticas inglesas se adaptassem ao Brasil, "*os conservadores partiam do princípio de que o Brasil era aquilo que estava ali e, portanto, não interessava sair correndo atrás de teorias para o modificar. Com o tempo, por si, as coisas mudariam!*" (TORRES, 1968c, p.33). Paralelamente, essa mesma consciência histórica que podia frear era dinâmica, pois evitava que o conservadorismo recaísse num imobilismo. O conservador é tradicionalista, mas não é reacionário (que nega o tempo, e a irreversibilidade da História) e muito menos revolucionário (que postula um futuro construído do vazio). O conservadorismo camiliano é irmão do progressismo, admite que a História é continuidade e persistência (TORRES, 2016, p.51).

Uma ponte importante entre a história imperial e a história mineira, nesse tema da missão histórica, refere-se à introdução que JCOT faz do livro das cartas do conselheiro Lafayette Rodrigues Pereira (1968h). Há ali um louvor às virtudes mineiras na política imperial, que teve em Bernardo Pereira de Vasconcelos seu maior ícone.

Esse apreço pelas particularidades mineiras procurava trazer lições à política brasileira. Entre as qualidades da vida social mineira estava algo raro no país, e que ainda é uma angústia nacional, o relativo equilíbrio entre campo e cidade (TORRES, 1968h, p.9). Um outro aspecto importante do destaque para o âmbito local, com desejo de projeção amplificada, é herdado do próprio irmão mais velho, Luiz Camillo de Oliveira Netto, que não só fez descobertas importantes à historiografia mineira como foi o exemplo vivo para João Camilo de uma virulenta ação política, congregando mineiros, voltada à arena nacional (OLIVEIRA NETTO, 1975).

A apreensão dos fatos passados não servia apenas para o raciocínio histórico, correspondia ainda a uma pedagogia sociológica. João Camilo abraça o lance sociológico de Gilberto Freyre quanto a uma futurologia. Não necessariamente se tratava de um uso da teoria freyriana, mas o que JCOT fez foi sair em defesa de Gilberto Freyre contra as minúcias da pretensa historiografia brasileira, aferrada em detalhes comezinhos e pouco produtivos. A sociologia freyriana, ainda que levada a exageros, era digna de elogios pois rendeu importantes conhecimentos para o Brasil e para as ciências humanas. Não só para o passado, mas sobretudo para lançar as bases de uma "civilização brasileira". E ainda contra as cerradas concepções sobre a projeção histórica, João Camilo argumenta que dentro do conceito do que é "*histórico (...) todo fato ou acontecimento que altera de maneira mais ou menos profunda as estruturas da convivência social*", o que põe em relevo os temas prediletos do autor de *Casa-grande & senzala* (TORRES, 18 jun. 1949).

2.2 Novo mundo, nova Igreja e o pensamento católico camiliano

> *"Não vos conformeis com este século, mas transformai-vos pela renovação do vosso espírito, para que possais discernir qual é a vontade de Deus, o que é bom, o que lhe agrada e o que é perfeito."*
>
> (*Carta de São Paulo aos Romanos* 12,2)

A pergunta que realmente interessa a respeito da história ou da filosofia da história é sobre o "fim". Isso é muito mais oportuno do que a questão sobre "*como as coisas se sucederam*" (PIEPER, 1955, p.12). Inversamente, a trilha da história não define, portanto, o seu escopo. Para um católico o foco é o fim, pois lhe cabe escapar do percurso dessa própria história que se lhe apresenta cotidianamente. Vive-se no mundo, mas não se é do mundo. É nesse sentido que João Camilo acolhe as lições do teólogo Josef Pieper como definidoras do sentido extra-histórico do cristianismo (19 ago. 1960).

Na contribuição da doutrina cristã para a teoria da história há três situações que não estão pressupostas na história, mas fora dela. A ressurreição dos mortos, o julgamento da humanidade em conjunto, a Nova Jerusalém. É o que se sabe, para além disso são segredos ainda não revelados, e que ao final a história passará como um filme, de modo que reconheceremos as intenções de todos os homens.

A grande questão no meio disso, e no que diz respeito ao pensamento católico, refere-se a como viver a vida "no mundo" em aliança com a Igreja? É algo complicado porque a instituição eclesiástica é a que serve (ou deveria servir) de instrumento para escape do próprio tempo. Em João Camilo, apesar de não termos uma resposta direta, o marco fundamental é a confiança. O problema é que o "tempo contemporâneo" era tido como dessintonizado dos apelos que outrora contribuíam para essa integridade. Já não tínhamos mais a noção trágica medieval, visível nos versos lúgubres do *Dies Irae*, como também não gozávamos do otimismo do cristão antigo, que esperava e aguardava a vinda do Senhor, não como um castigo, mas como uma realização de esperanças. Ao contrário, a percepção era de completo despreparo a respeito da Parusia. A mensagem era para que os católicos procurassem as respostas mais nesse Retorno do Senhor do que nas perseguições do Anti-Cristo (TORRES, 19 ago. 1960). Mas como fazer isso?

Para JCOT é através das reformas. A perspectiva histórica do autor justificava esse apelo, no sentido em que vê no reformismo um meio de proteção e reequilíbrio. Por parte da Igreja, de fato se averiguava um distanciamento entre o modelo de ação e as transformações do mundo moderno. A motivação para mudanças de cunho pastoral era ampla entre os membros da Igreja. Inclusive, um dos aspectos desse propósito de reorientação era responder a essa questão acerca da preparação dos fiéis para o "fim". No entanto, as medidas que foram tomadas e a consequência levaram a algo diferente, de embaralhamento com o novo.

O ponto de virada da Igreja romana se dá a partir do papado de João XXIII (1958-1963), quando uma série de inovações de ordem teológica, pastoral e litúrgica adentra no âmago da Santa Sé, a partir do CV II. Assim, não era mais a Igreja que num espírito missionário converteria o mundo, mas o mundo é que acabou convertendo a Igreja. Trata-se do "modernismo" que passa a dar sentido à Igreja católica.[242] A expectativa de João Camilo não era bem essa, esperava que nessa conjugação a síntese fosse a recristianização, e não o contrário.

É diante desse cenário que analisamos a posição e a disposição de João Camilo. O reconhecido escritor católico acolhe as mudanças da Igreja pela total confiança nos padres, e mais do que isso, acompanha suas referências teológicas, que estavam na ponta de lança dessas transformações. Alceu Amoroso Lima, Jacques Maritain, Teilhard de Chardin, Yves Congar (1904-1995), Jean Daniélou (1905-1974), Henri de Lubac (1896-1991), Heinrich Albert Rommen (1897-1967). Todos nomes significativos para o CV II, direta ou indiretamente. Não foi por ingenuidade que JCOT acreditou na fórmula oferecida para a superação da crise de fé e de conduta da Igreja no novo mundo, que fez mais do que reformas, gerou uma verdadeira revolução dentro da *Ecclesia Dei*.

A tese que cabe a este capítulo, observados como nos demais desta parte, através da dialética da crise e da restauração, e a partir dos fundamentos (capítulo 3), refere-se ao caráter ambíguo assumido por JCOT a respeito da crise da Igreja. Subscreveu com franqueza praticamente todas as modificações de antes, durante e depois do CV II, a ponto de ter lançado uma sequência de livros que basicamente são notas de rodapé das encíclicas conciliaristas.[243] Por outro lado,

---

242. Para a Igreja, segundo São Pio X, o modernismo é um sistema, feito por filósofos, crentes, teólogos, críticos, apologistas e reformadores, que cumprem de modo comum uma ação de destruição da religião verdadeira a partir da proliferação de erros que atingem a doutrina católica. O termo "modernismo", aliás, aparece oficialmente na Igreja com a Encíclica *Pascendi*, de 8 de setembro de 1907, onde o Sumo Pontífice explicava como aquilo se referia a algo complexo e feito de diversos matizes: "*quando se fala de modernismo, não se trata de doutrinas vagas e desconexas, mas de um corpo uno e compacto de doutrinas em que, admitida uma, todas as demais também o deverão ser*" (2016, p.87). Pio X procurava seguir a confrontação ante a vaga revolucionária, conforme fizeram seus antecessores, sobretudo Pio IX, que definiu o dogma da Imaculada Conceição (1854) e condenou os erros modernos com a encíclica *Quanta cura* e com o *Silabus errorum*, ambos de 1864. (DE MATTEI, 2012, p.33).

243. O próprio JCOT explica essas obras escritas com base nos documentos pontifícios. "*Sobre as doutrinas das encíclicas sociais de João XXIII v. além dos nossos* Desenvolvimento e Justiça *(Petrópolis, 1962), sobre a* Mater et Magistra, Natureza e Fins da Sociedade Política *(Petrópolis, 1968) sobre a* Pacem in Terris, *cuja doutrina foi completada com a da* Gaudium et Spes, *temos a edição monumental feita pela Livraria José Olímpio Editora (Rio, 1963) com substanciosos comentários de Luís José de Mesquita. Inspirado na* Populorum Progressio, *também o nosso* O Ocaso do Socialismo, *Rio, 1970*" (TORRES, 1981, pp.403-404).

revelava um desconforto a respeito dos mesmos problemas de fé que atingiam o mundo no pós-guerra, e que se tornaram ainda mais contundentes. Uma das provas nesse sentido é quando toca no assunto num de seus livros póstumos, de 1981. Um outro aspecto importante é a pressão dos seus interlocutores, aferida no conjunto das correspondências recebidas, em que João Camilo é questionado sobre as estranhas mudanças no clero e laicato ao longo dos anos 1960. Talvez isso gerasse um desconforto no autor, pois era reconhecido como um dos bastiões da tradição da Igreja contra a chamada "esquerdização". Contudo, a verdade é que o próprio João Camilo subscrevera os pressupostos que deram asas àqueles novos movimentos no seio da Igreja. Mais do que ambíguo, chegava a ser contraditório.

Diante da envergadura intelectual e do conjunto de informações de que João Camilo dispunha, é difícil acreditar que não tenha se dado conta do tamanho da crise em que a Igreja estava se embrenhando com o CV II. Mas o ponto é que a "adesão" já era prévia, pois envolve a inserção intelectual do autor, na abordagem do destino histórico que pautava a sua Teoria (1963b).

Inicialmente, cabe a descrição desse complexo de crises espirituais e da Igreja, que atingem o Ocidente, e como se dá a reforma interna no catolicismo. Nesse intercurso será possível depreender como João Camilo se alça à condição de interlocutor dos desígnios da Igreja, com obras de cunho político e sociológico repercutindo as novas teses.

Em seguida, cabe destacar o lugar de João Camilo no pensamento católico brasileiro, tendo em vista a atuação do escritor mineiro na elite do laicato dos anos 1950 a 1970, além de trazer um breve cenário da configuração da militância católica no país. Por fim, o objetivo é apresentar a compreensão camiliana de uma doutrina política católica, da superação da crise democrática, do significado do Estado cristão, do direito natural e da revolução moderna.

2.2.1 A maior das crises: a do espírito e a da Igreja

Dois grandes eventos nos anos 1960 produziram transformações contundentes no mundo contemporâneo, o Concílio Vaticano II (1962-1965) e o Maio de 1968. Ambos se tornaram pontos de virada na cultura ocidental. Numa análise desavisada se poderia presumir que um – porque religioso – seria oposto ao outro – cívico-político. Mas não. E o que lhes é comum não se resume aos efeitos, por terem produzido uma revolução, mas envolve também as causas. Democratização e socialização se tornaram eixos delineadores de um mundo novo que à época atingia o seu apogeu. Não porque depois de 1945 tivesse surgido algo estável. Ao contrário, a tônica dali para a frente foi a da promessa, da tensão permanente, dos idealismos, do ressentimento malcurado, da dialética, dos paradoxos. Para que esse estágio moderno fosse atingido era elementar fustigar o bastião da resistência de um antigo regime, a Igreja.

A contracultura, que é abraçada pelos jovens que se rebeleram em 1968, é análoga à contratradição que se fez presente no seio da Igreja católica alguns anos antes. A revolta estudantil, as greves operárias e as retomadas de controle por parte do Partido Comunista, na França, foram de certo modo ligeiras, terminaram em cinco minutos com o discurso do general De Gaulle, em 30 de maio de 68 (ARON; SCHAEFFER, 1974, p.59). Mas aquilo não era o termo de um processo, era apenas o começo. E o mesmo De Gaulle que não estava encerrando uma revolta dez anos antes havia atuado para um outro começo, quando pressionou o Conclave de 1958 para que um pontífice tradicionalista não fosse eleito, o que foi decisivo para o destino do futuro CV II (DE MATTEI, 2012, pp.94-95).[244] Com efeito, foi o Concílio de João XXIII (DAVIES, 2018). Poderia bem ter sido um acaso, mas as consequências não foram casuais. O CV II e 1968 foram desdobramentos de algo anterior, que numa retrospectiva se alinham. Tanto que um, que poderia ser pensado como o contrário do outro, acabou sendo o seu anteparo. Em uma palavra, as reformas da Igreja

---

244. O conclave é o processo de seleção do pontífice, e é feito entre um corpo de cardeais da Igreja. Em 1958 o papa Pio XII havia falecido, e em 24 de outubro um novo conclave foi aberto. "*Como todos os conclaves da história, também aquele que se seguiu à morte de Pio XII sofreu pressões e tentativas de ingerência política. A ação diplomática mais invasiva foi levada a cabo pela França do General De Gaulle, que não renunciava às suas tradições galicanas. De Gaulle ordenara ao seu embaixador junto da Santa Sé, Roland de Margerie, que fizesse o possível para impedir a eleição dos Cardeais Ottaviani e Ruffini, considerados 'reacionários' e ligados a Pio XII, o papa que tinha beatificado Inocêncio XI, um campeão da resistência da Santa Sé e Luís XIV. O 'partido francês', encabeçado pelo Cardeal Eugène Tisserant, o decano dos cardeais, via com bons olhos o patriarca de Veneza, Roncalli, que se tinha feito amar em França devido à sua jovialidade e independência.* 'Roncalli entrou no conclave bem seguro de que viria a ser Papa e não hesitou em comunicar esta sua quase certeza a alguns amigos', *recordará o cardeal Silvio Oddi*" (DE MATTEI, 2012, pp.94-95).

foram centrais para assentar as bases de um modelo de modernização do século XX, democrático e social.[245]

Não é o caso de se ventilar teorias conspiratórias, complôs ou simplificações sociológicas. Os registros históricos embasam a análise. Primeiro, 1968 consegue definitivamente aplicar de forma acachapante uma série de críticas e práticas modernas que haviam sido ventiladas no início do século, mas que por décadas estavam suspensas ou restritas a experimentalismos localizados. O amor livre, o poliamor, a quebra de laços familiares, a educação construtivista, o interacionismo, a crítica aos sistemas de controle, e uma sorte de idealismos, cujo primeiro ciclo de aventuras foi o período dos anos 1900 a 1930,[246] haviam sido interrompidos nessa época

---

245. Há uma série de referências que explicam esse processo, como a partir do próprio Antonio Gramsci (1929-35) em *Cadernos do cárcere* (2001), que identifica a Igreja católica como grande empecilho a uma revolução cultural. Conta ainda autores católicos que fazem esse mesmo tipo de leitura, mas do lado inverso, com lamento por terem visto um percurso de deterioração da Igreja servindo como combustível a uma nova era de comportamentos e ideias, como no caso de Gustavo Corção (2018), buscando recorrentemente recordar da encíclica *Divini Redemptoris - sobre o comunismo ateu*, de 19 de março de 1937, do papa Pio XI. Malachi Martin (1987) aborda a crise da Igreja como resultado de um conflito interno, entre a a Companhia de Jesus e a Santa Sé. Trata-se de um conflito cuja visibilidade se dá sobretudo nos resultados, e não de forma aberta. O primeiro ponto a respeito da guerra de poder na Igreja é sobre a autoridade: quem está no comando da Igreja católica mundial? O segundo ponto é o propósito: qual a intenção da Igreja neste mundo?. Outra forma de abordar a crise de fé do século XX se dá pela leitura dos que escapavam do regime soviético e traziam o relato sobre o esvaziamento religioso como condição para o estabelecimento do novo regime. Por exemplo, Alexander Soljenítsin e Alexander Zinoviev, que estão entre os mais famosos fugitivos da União Soviética, tinham em comum essa caracterização do esvaziamento religioso provocado pelo regime soviético. A explicação era a de que uma nova ideologia só se afirmaria com solidez com o desenvolvimento de uma sociedade antirreligiosa. "*Communist society is an anti-religious society. In itself, I repeat, (...). Naturally religion which is not encouraged and even at times persecuted in Communist countries cannot compete with ideology which is foisted upon people since birth by a powerful ideological apparatus. And that ideology is essentially antireligious. Although it does not rely on faith, it uses all the achievements of science and technology and all the means of art and propaganda in its own interests. It is concerned with the same problems as religion, but in the eyes of contemporary man in the Soviet Union it possesses a clear superiority in its treatment of them*" (ZINOVIEV, 1984, pp. 221-224).

246. A respeito da escola focalizada no aluno e não no professor, João Camilo discute incisivamente discorrendo sobre o dilema do fim da autoridade. "*A Escola nova, a escola ativa, visava, sempre, a abolir a autoridade e o caráter dogmático do ensino: a escola tendo por objeto fazer com que os alunos descobrissem por si a verdade, construíssem a verdade*", ou seja, era o mais puro construtivismo pedagógico, de uma educação ativa. JCOT já encarava as consequências dessa pedagogia: "*O problema, porém, é outro (...) criamos, de permeio, uma revolução que está sendo até hoje inculcada, não somente no âmbito escolar, como no doméstico: a abolição da autoridade. Para a filosofia subjacente a tal pedagogia (que nem todos aceitavam, é claro) devia-se abolir a base autoritária na educação. (...) somente se fala nos 'direitos' das crianças. Não me espantarei absolutamente se encontrar alguém que fixe as condições da obediência dos pais. Ora, essa educação liberal, começada nas escolas (no Brasil) na década de 20 – generalizada depois da Segunda Guerra Mundial, e agravada por certa independência real dos meninos pelo trabalho materno, somente poderia ter como consequência uma perda do sentido da disciplina e da obediência*" (1981, pp.340-341).

pelas guerras e pelas agendas dos países em modernização.[247] Na Igreja católica, ocorreu algo parecido. As principais concepções teóricas e práticas adotadas no CV II estavam num circuito alternativo e até mesmo proibido, desde o início do século XX. Como no caso dos movimentos intelectuais, teológicos e litúrgicos que produziram as reformas na Igreja.[248]

---

247. George Katsiaficas demonstra como 1968 é marco fundacional da "Nova Esquerda", de modo que englobou uma série de movimentos que buscavam retomar desenvolvimentos revolucionários que remontam a períodos anteriores. Tratava-se de algo fluido que envolvia um emaranhado de ideias cujo fator comum era uma reforma cultural global, que estava travada pelas burocracias partidárias, pelos rígidos sistemas da Cortina de Ferro e por uma geração que não fazia jus àquele primeiro ímpeto libertário dos anos 1910 e 1920. "Moreover, the aspirations of the New Left in the advanced industrialized countries were decidedly not a dictatorship of the proletariat, but "Power to the People" and "All Power to the Imagination" (KATSIAFICAS, 1987, p.17). Numa remissão mais recente, a tese de doutorado em Antropologia de Antonio Cerdeira Pilão, "*Por que somente um amor?: Um estudo sobre poliamor e relações não-monogâmicas no Brasil*", defendida no PPGSA (IFCS-UFRJ) em 2017, levanta a questão sobre como movimentos culturais como o poliamor foram objeto de discussões e práticas no início do século XX, depois nos anos 1960, e foram retomados recentemente no início do século XXI.

248. Segundo Roberto De Mattei (2012, p.33-70) são oito os principais movimentos que melhor expressam as teses do CV II: 1) o "método histórico-crítico" - abordagem filológica aplicada à Sagrada Escritura por alguns teólogos e exegetas que invocavam a autonomia da investigação científica relativamente ao Magistério eclesiástico, reivindicando a *interpretatio* autêntica. Tal movimento surge já no final do século XIX. 2) O princípio da imanência - tem como documento mais significativo o "*Programa dos modernistas*" (1907) que apostava que o método histórico geraria uma verdadeira "*Revolução cristã*", mas os dois nomes significativos dessa ideia foram: o sacerdote irlandês George Tyrrell, para quem a "experiência religiosa" do crente deveria substituir, a razão e a fé; e o filósofo Maurice Blondel, que propôs uma nova forma de apologética, através da imanência, gerando uma "religião do coração" com um pano de fundo subjetivista. O princípio da imanência havia alcançado tamanha repercussão que o próprio papa Pio X condena essa ideia, tanto na encíclica *Pascendi* (1907) como no decreto *Lamentabili*, pois foi considerada o núcleo do modernismo, dado que afirmava o primado da "experiência religiosa" (DE MATTEI, 2012, p.38). 3) O "Terceiro Partido" - proposta de via intermediária, entre as posições das autoridades romanas e os heterodoxos, entre antimodernismo e modernismo tendo no padre Lagrange um exemplo significativo, depois da morte de Pio X e com o arrefecimento do antimodernismo nos anos 1930, o "Terceiro Partido" é diluído entre os demais movimentos. 4) O movimento bíblico - embora Pio X houvesse condenado a distinção entre exegese teológico-pastoral e exegese científico-crítica, recomendando partir do sentido literal sem a ele se limitar, o estudo da Sagrada Escritura por parte desse movimento propunha uma exegese limitada à crítica textual, pela análise literária e do estudo comparado das múltiplas ciências auxiliares. O padre Agostino Bea é uma personagem importante nesse processo, de oposição ao método tradicional, fiel a São Jerônimo, e à defesa do método histórico, ainda que combatesse a "nova teologia" de matriz blondeliana, que propunha uma exegese espiritual dos textos sagrados, desancorada do sentido histórico-literal. Entre os representantes desta exegese tida como "pneumática", que se reclamava de Orígenes, estavam Joseph Coppens e dois teólogos prediletos de João Camilo, os padres jesuítas Jean Daniélou e Henri De Lubac. "*A 'nova teologia' tinha razão na reivindicação que fazia dos ensinamentos dos Padres da Igreja, abandonados pelos exegetas racionalistas; onde se enganava profundamente era no facto de pretender eliminar o sentido literal do Antigo Testamento, reivindicando apenas o sentido espiritual e 'típico'*". 5) o movimento liturgicista - a Alemanha foi um dos principais berços desse movimento, com a celebração da "Missa comunitária" em 6 de agosto de 1921, na cripta da abadia alemã de Maria Laach, na Renânia. Na Áustria o padre Pius Parsch, em 1923, começou a celebrar missa voltado para o povo e a traduzir os textos litúrgicos para o alemão. Outro germânico, o jesuíta Joseph Jungmann, exprime a ideia de uma "liturgia popular" que horizontalizasse a relação vertical com Deus.

(*continua*)

Mas, ao passo que o desígnio de 1968 é condizente com a amplificação democrática e uma revolução cultural socializada, com críticas ao capitalismo e à burocracia soviética, a trajetória da Igreja romana se torna contraditória. A reforma conciliar, originariamente pensada para resolver os problemas do mundo, através

---

Na Bélgica esse movimento se beneficiou da difusão da Ação Católica, em especial da JOC (Juventude Operária Católica), fundada em 1925 pelo padre Joseph Léon Cardjn. Mas é só nos anos 1950 que voltaram com maior força reuniões reservadas para a implementação dessas reformas radicais sobre a Missa. 6) O movimento filosófico e teológico - teve origem nos anos 1920 e 1930 a partir de uma corrrente filosófica designada por "tomismo transcendental", que criava inclusive uma ponte com a filosofia de Martin Heidegger. É preciso salientar que o tomismo havia sido realçado no mundo católico de forma contundente com a encíclica *Aeterni Patris* (de 4 de agosto de 1879), do papa Leão XIII, propondo a doutrina de Santo Tomás como base dos estudos superiores em filosofia, contra a filosofia moderna. Essa tônica é reforçada por Pio X. Mas logo na década seguinte surgiram padres que passaram a promover uma conciliação entre a escolástica e as correntes modernas, como no caso do jesuíta Joseph Maréchal, que, tendo como referência a obra de Blondel, realiza uma reinterpretação blondeliana do tomismo. Entre os dominicanos o padre Marie Dominique Chenu foi o responsável por uma reformulação metodológica a partir de 1937, criticando a teologia antimodernista em nome de um "Cristo da fé", que se conhece no "Cristo da história". A historicidade torna-se condição da fé e da Igreja, de modo que os teólogos precisavam estar em sintonia com "os sinais dos tempos", ou seja, com as manifestações da fé na história. O "manifesto" do dominicano francês, diretor da escola de Le Saulchoir, chegou a ser colocado no *Index* com um decreto do Santo Ofício em 1942, mas seriam recuperados por alguns ícones do CV II, como Yves Congar. Entre os jesuítas o centro do movimento filosófico e teológico foi a escola de Fourvière, situada nos arredores de Lyon, e que sofrera as influências de Blondel e do jesuíta Teilhard de Chardin, que em 1926 chegou a ser suspenso de suas atividades docentes e a Santa Sé recusou a dar o imprimátur a uma de suas obras. Blondel e Chardin tiveram em De Lubac um continuador, na linha do movimento. Outro teólogo que seria central no CV II também pertencera à mesma escola, e tinha na tríade Blondel-Maréchal-De Lubac os "três mártires da verdade" de seu tempo. Mais tarde, Danélou, discípulo de De Lubac em Fourvière, passa a desacreditar o tomismo, opondo a historicidade a escolástica. Em 1942 Lubac e Daniélou fundaram coleções editoriais à promoção dos Padres da Igreja, em implícita contraposição à escolástica, tendo como fundo o método histórico-crítico. Entre os leigos o píncaro da mudança foi na obra de Jacques Maritain, que pensava a "*nouvelle théologie*" como uma "*nouvelle chrétienté*", de modo a substituir a ideia de uma civilização cristã por uma *civitas humana* profana, entendida como '*um regime temporal ou uma idade de civilização cuja forma inspiradora será cristã e corresponderá ao clima histórico dos tempos nos quais vamos entrar*'. Era uma proposta de terceira via, entre o ideal medieval e o ideal liberal, com a tese da irreversibilidade do mundo moderno, e o postulado do agente histórico. A influência de Maritain nos Américas foi tremenda, inclusive no Brasil sobre a elite do laicato, e, em João Camilo não havia sido diferente. 7) O movimento ecumênico - católicos que nos anos 1940 e 1950 pretendiam alargar o conceito de Corpo Místico a todas as igrejas cristãs, entendendo-o em sentido lato. Grupo marcante desse movimento foi o Conselho Ecumênico das Igrejas (WCC), que em 1950, desde Toronto, elaborou uma "carta ecumênica" que pressupunha a ideia de uma igreja nascida da superação das diversas confissões cristãs, levando em conta a concepção escatológica de uma Igreja "povo de Deus", compreendendo a plena unidade numa futura Igreja síntese de todas. 8) associações secretas dentro da Igreja (?) - como não há provas cabais desse processo resta a dúvida, mas o próprio Pio X escreve em *Pascendi* que haveria organizações subterrâneas, dentro da Igreja, como verdadeiras "sociedades secretas", que inoculariam erros e filosofias modernas. Há ainda uma sorte de autores que expõem um verdadeiro complô para o enfraquecimento e destruição da Igreja, de modo que o próprio CV II, estranhamente, acolheu entre seus observadores diversos protestantes, membros da Igreja ortodoxa russa que eram ligados ao regime soviético, e outros que se soube depois eram ligados ao alto escalão da maçonaria (DE MATTEI, 2012, p.70).

de uma outra ação pastoral, leva a Igreja ao mesmo cadafalso, de dilemas e esfacelamento, que outrora condenava como exterior a ela.[249]

O CV II foi aberto pelo papa João XXIII em 11 de outubro de 1962, e seguido no ano seguinte por Paulo VI, que o encerrou em 8 de dezembro de 1965. A princípio se resumiria a um "Concílio Pastoral", que não definiria questões de Fé, mas não foi o que aconteceu. As mudanças, como a promoção de um novo formato de missa, na prática suprimindo a missa tridentina, alteraram profundamente o exercício da fé católica, inclusive de forma antagônica ao terceiro segredo de Nossa Senhora em Fátima, que, além do comunismo, já tratava da crise de fé.[250]

É oportuno observar que se até meados do século XX um dos principais inimigos da Igreja era o comunismo, chama a atenção o fato de o CV II ter se eximido do assunto. Ainda mais porque a presença de simpáticos àquele regime dentro da instituição era caso notório. No Vaticano, um prelado da Cúria, Giovanni Battista Montini, manteve relações amigáveis com os comunistas, apesar da expressa proibição de Pio XII. Monsenhor Montini foi então afastado de Roma, sendo indicado arcebispo de Milão (1954), o que lhe abriria, mais tarde, as portas da Cátedra de Pedro, tornando-se em 21 de junho de

---

249. Há uma alteração na postura da Igreja católica quanto aos organismos internacionais, vendo-os como cooperadores de um humanismo ecumênico. Até a metade do século XX era perceptível a concorrência de Roma com qualquer poder global, até mesmo uma desconfiança com relação aos Estados Unidos, para não falar de organismos multilaterais. Embalada pela proliferação dessa forma de unidade mundial, a Igreja aceita e contribui com esses entes, tendo os papas João XXIII e Paulo VI mencionado expressamente elogios a ONU, OIT, etc. Na análise de Mazower (2009, p.5) essa motivação era um rescaldo do pós-Segunda Guerra Mundial, em que a construção de comunidades globais se tornou, não apenas algo desejável, mas inevitável. A pavimentação desse terreno fora empreendida por Franklin Delano Roosevelt, para que o modelo liberal democrático americano tivesse caminho livre pelo mundo. Mas esse desígnio dura até o colapso de Bretton Woods nos anos 1970, quando surge um novo mecanismo de aproximação internacional, conhecido pelo institucionalismo neoliberal, cujos corpos principais foram o FMI, o Banco Mundial e a OMC. Diante desses, a Igreja atuaria em outros que criassem um contraponto ao liberalismo, pugnando pelos valores cristãos de solidariedade entre os povos.

250. Nas seis aparições da Virgem Maria em Fátima, além de pedir aos homens que fizessem penitência por seus pecados, que rezassem o Terço e que tivessem devoção por seu Imaculado Coração, foi além. Tratou diretamente sobre política e sobre o comunismo, que devastaria a Rússia naquele 1917. Informou que se os homens não se convertessem a Rússia espalharia seus erros pelo mundo, aniquilando muitas nações. Ademais, também apontou que uma grave crise de fé cairia sobre o mundo, partindo de dentro da Igreja. Esta, aliás, é a terceira parte do segredo e que deveria ser revelado ao mundo em 1960. Mas Pio XII morre em 1958, e a revelação não acontece (MAUNDER, 2016; ZIMDARS-SWARTZ, 2006). Para uma abordagem acerca das relações entre o efeito das aparições de Fátima, para além da dinâmica católica, e as relações com a Rússia, ver Giorgio Galli, *La Russia da Fatima al riarmo atomico. Politica ed esoterismo all'ombra del Cremlino* (2008).

1963 Sumo Pontífice, quando também assume a liderança do Concílio aberto por seu antecessor (WILTGEN, 2007).

A priori, o tom das demandas por um novo Concílio, ou a continuação do anterior, de 1870 - interrompido pela Guerra Franco-Prussiana - era uma ação da Igreja perante a sociedade em mudança e o enfrentamento das novidades teológicas que ganhavam terreno à margem do controle pontífice. Pio XII hesitará em abrir um Concílio, mesmo tendo realizado diversas consultas a respeito, como no caso da convocação de uma Comissão de Cardeais para estudar o caso. Outrossim, ponderava, pois temia divisões. Em substituição decide se concentrar em grandes encíclicas doutrinais, como *Humani Generis*, de 1950.[251] Muito diferente da tônica de conciliação e promoção do modernismo, que tomaria conta do CV II, Pio XII apresenta uma condenação da Nova Teologia, que estava sendo disseminada nos seminários e revistas católicas, e que seria a coqueluche conciliar. Ademais, foi Pio XII em 1950 quem proclamou o dogma da Assunção da Virgem Maria, com corpo e alma, ao céu - como consta na Constituição Apostólica *Munificentissimus Deus.*

Alguns livros descrevem que há duas correntes de interpretação sobre o CV II (GREELEY, 2004; LAMB; LEVERING, 2008). A primeira é aquela que o analisa como um evento, uma reunião entre bispos de todo o mundo, que elaborou algumas reformas e explicação de certas doutrinas. Teria sido um exercício de continuidade e não de mudança, pois eram necessários respostas e esclarecimentos, mas que nada teria alterado na natureza da Igreja. Um dos principais porta-vozes dessa corrente é o papa emérito Bento XVI (Joseph Ratzinger, que fez parte de Vaticano II na condição de perito). João Camilo segue essa linha, considerando que realmente não houve uma desintegração da tradição, não obstante Vaticano II ter feito uma opção antibarroca, tornando-se "*religiosamente antípoda do espírito tridentino e Contra-Reforma*", ou seja, "*do ponto de vista estético e histórico e, não doutrinário, o atual Concílio não 'condenou' o de Trento, nem tem sentido a coisa.*

---

251. Nas análises sobre a trajetória da Igreja em torno do CV II uma das maiores surpresas é quanto ao distanciamento a respeito da encíclica *Humani Generis*. Nunca antes, na história eclesiástica, uma encíclica dogmática havia sido desautorizada com tanta rapidez e tão completamente pelos mesmos que ela condenava. A mesma teologia que fora condenada em 1950, e que já haviam sido criticadas por São Pio X em Pascendi (1907), se convertera em teologia oficial do Vaticano II e do pós-concílio (BOURMAUD, 2006, p.187).

Mas, a mentalidade atual, o modo de encarar os valores religiosos, sim. O ethos, não o logos" (15 fev. 1964).[252]

A segunda interpretação assegura que o CV II foi um dos acontecimentos mais dramáticos e importantes na história do catolicismo, e que provocou praticamente uma revolução (GREELEY, 2004, p.43). Monsenhor Marcel Lefebvre, principal expoente de oposição ao CV II, entende que foi o equivalente *à* "*Revolução Francesa*" dentro da Igreja (2013).

O melhor meio para se conhecer a árvore é conhecendo os frutos. No caso do CV II, de fato os resultados foram catastróficos.[253] Há um cabedal de dados que o prova, como a perda das vocações religiosas, a diminuição de batizados, a queda no atendimento às missas dominicais.[254] O eixo da crise pesa sobre o CV II, pois até então a Igreja mantinha um ritmo de crescimento sustentável. Inclusive o propósito do CV II era "*evangelizar o mundo*", tamanha a potência

---

252. Provavelmente a última opinião de João Camilo sobre o CV II tenha sido dada ao jornal *O Estado de S. Paulo*, que em 18 de janeiro de 1973 lança uma reportagem de balanço dos efeitos das mudanças na Igreja católica. Um dos entrevistados foi João Camilo, que apresentou quatro temas que considerava os mais importantes das repercussões do Concílio: "*a) Com relação ao problema doutrinário, importa reatualizar doutrinas, com algo semelhante ao neotomismo do entre as duas guerras, quando houve bom trabalho de leigos como Maritain, Gilson, Chesterton, Bernanos etc., além de teólogos como Garrigou Lagrange, Journet etc.; b) Rever pontos de teologia a respeito dos quais há uma certa defasagem, mas sem comprometer a essência do cristianismo – os ensaios de frei Leonardo Boff sobre a morte e a ressurreição constituem, a meu ver, uma contribuição tremendamente valiosa, principalmente considerando que ele discute o fato capital, o que, na essência, coloca o tema religioso e produz as conversões; c) Aproveitar as reformas litúrgicas do Concílio, o diaconato e outras coisas no gênero para fazer o povo mais participante - há paróquias em Belo Horizonte, que a esta altura, desmentem todas as atitudes pessimistas, quer dos integrastes, quer dos progressistas; d) Reorganizar o laicato sem comprometimentos políticos, como foi a ação católica de Pio XI, que foi uma barreira à tentação direitista, não obstante. Talvez, fosse o caso de algo ao contrário, hoje*" (*apud* O ESTADO DE S. PAULO, 18 jan. 1973).

253. Michael Davies (2018, p.35) conta um caso, que leu na edição de outubro de 1997 da revista americana *The Latin Mass*, sobre um diácono que costumava dar aulas numa escola secundária e ficou um tanto intrigado quando um aluno se aproxima no intervalo e lhe pergunta: - "*Professor, qual foi exatamente o propósito do Vaticano II?*", no que respondeu com uma palavra: - "*Aggiornamento*", e explicou que o propósito era "*atualizar a Igreja, mas não no sentido de que a Igreja queria fazer-se igual ao mundo moderno, mas para encontrar maneiras melhores de pregar o evangelho no mundo moderno*". Em seguida veio o desconcerto do diácono quando o aluno replicou: - "*Professor, parece que não funcionou, não é?*".

254. Apenas entre 1962 e 1972, no conjunto da Igreja, 21.320 padres foram reduzidos ao estado leigo e entre 1967 e 1974 35 a quarenta mil padres abandonaram suas vocações. Nos anos 1950 a França ordenava por volta de mil sacerdotes por ano, desde os anos 1990 não há mais de cem por ano. Em 1958, 35% dos franceses assitiam à missa dominical, os dados dos anos 2000 dão conta de que o índice baixou para 5%. Enquanto nos anos 1950 mais de 90% das crianças nascidas na França eram batizadas, quatro décadas depois o índice já havia baixado para 50%. Às vésperas do CV II, 94% dos brasileiros eram católicos, em 2000 já havia caído para 74%, sendo que para menos de 60% nas metrópoles como Rio e São Paulo (GAUDRON, 2011, pp.11-13).

que a Igreja possuía (DAVIES, 2018, p.30). A Igreja visível - conhecida, influente na sociedade, na política, na cultura; a partir dos anos 1960 vai se tornando invisível - com seus membros envolvidos em ações políticas que mais afastaram do que agregaram cristãos, manchada pelos escândalos de pedofilia, o Banco do Vaticano sob suspeita, decadência moral, e a perda da importância social, política e cultural do catolicismo.

O próprio João Camilo constata que o triunfalismo do CV II deságua (1981, p.399). As previsões dos "reacionários" estavam corretas, como outras pessoas que se sentiram desiludidas com os acontecimentos perceberam, ainda nos anos 1960.[255] As crises continuavam e ainda por cima se avolumavam num ritmo avassalador. A Igreja praticamente abandonava a ação missionária, aquele propósito de santificação do mundo.

A suposta restauração, tão propalada por JCOT, é até decalcada dos princípios cristãos, mas opera plasmada na vida secular, nada devendo ao seu fundamento sobrenatural. E é sobre esses dilemas que aparecem os pontos nevrálgicos das ambiguidades do autor. Por exemplo, elogia a monarquia socialista sueca, a concretização da democracia social plena, mas admite que lá "*o povo é infeliz, pois, para enfrentar certos problemas, como o da mãe-solteira, aboliram-se as formas tradicionais da moral. O sueco é praticamente agnóstico*" (1981, p.357). Um outro caso refere-se à base teológica que João Camilo abraça: apreciador das visões místico-cosmológicas de Teilhard de Chardin, e de outros renovadores da teologia moderna, não obstante admite que aquilo que acabou emplacando na Igreja foram "*fontes impuras do materialismo moderno*" (1981, p.394).

João Camilo acreditava que o problema era geral, da falta de vigor perene nas mais diversas dimensões da vida. Talvez por ter falecido em fevereiro de 1973 não tenha se dado conta do impacto da crise da Igreja, que não curou, mas aprofundou a crise de fé. Pudera, o grande ente capaz de imprimir uma provocação no

255. Mesmo o papa Paulo VI chegou a demonstrar certa lamentação, quando em 1968 dizia que a Igreja estava engajada num processo de autodestruição (*autodistruzione*), e na Festa de São Pedro e São Paulo, em 1972, disse que algo demoníaco havia acontecido. "Pensamos", comentava o pontífice, "que após o Concílio viria um dia de sol para a história da Igreja; em vez disso, deparamo-nos com novas tempestades". Um professor americano, católico liberal, James Hichcock, e que havia sido entusiasta do CV II também estava desiludido, como demonstrou em uma publicação de 1971, onde viu as previsões negativas serem confirmadas. O padre Louis Bouyer, notável intelectual católico da segunda metade do século, que também fora um otimista antes do Concílio e proeminente no movimento litúrgico, já em 1968 estava completamente desiludido e publicou *The Decomposition of Catholicism*, no qual retrata a decomposição acelerada do catolicismo a partir do CV II (DAVIES, 2018, pp.26;29).

mundo ocidental à dimensão sobrenatural entra justamente no circuito da vida secular. A expressão disso é o sacerdócio religioso: o padre deixa de ver na sua ocupação uma atividade santa – como o representante de Jesus na terra, vivendo em Cristo e para Cristo – e busca não mais que uma "carreira", uma profissão como outra qualquer, secularizada. Ou ainda, se dispõe como agente histórico de movimentos políticos e sociais, mais do que agente à vida do espírito.

Definitivamente, o dilema spengleriano da decadência civilizacional seguia presente. João Camilo reproduzia uma lista de fatores que dão conta dessa situação. E em cada tópico encontra-se a ambiguidade do autor, pois o otimismo e patrocínio das reformas modernas não deram direção às soluções dos mesmos problemas modernos. Por exemplo, quando trata da falta de Fé como um drama coletivo, além de observar o agravamento a partir do gosto pela competição que a liberdade traz, relata que o problema estaria inclusive na religião, que assistia ao visível aumento de agnósticos e ateus, e promovia o "*horizontalismo religioso*" e a proliferação de cristãos que "*de certo modo, se pejam em confessar o caráter transcendente, místico, do Cristianismo*" (17 mai. 1969).[256]

O próprio autor se dá conta das permanentes contradições, em que pese não ter acusado a confiança traída. Pois o problema é fundamental, reside na própria filosofia da história que João Camilo estava envolvido, e que se reflete na leitura

256. Os demais fatores, da decadência moral do ocidente, tratados nesse artigo de 1969, são os seguintes: 2) A ausência de firmeza e confiança em valores perenes. Ao contrário de todas as gerações que reverenciaram algo clássico, o mundo contemporâneo sepultou o permanente, não havendo autores tidos como definitivos, e tampouco há uma época à qual se atribui um valor perene. "*Não há valores perenes. O passado é alienação e o futuro, negação*"; 3) Conspiração consciente ou involuntária de toda a mídia em favor da destruição dos valores perenes. Refere-se a um processo que tem início no pós-II Guerra Mundial, constata JCOT. A Igreja católica, a monarquia, as universidades tradicionais, a estrutura social econômica e política que for tradicional, etc. caem na vala do desprezado, já que nesse processo de destruição do que é perene, aquilo que veio do passado, logo é mau. Lamenta o autor que "*mesmo jornais, revistas e empresas conservadoras colaboram com semelhante afã de destruição*"; 4) "*Intelectuais comunistas, que elogiam a União Soviética e a China por sua austeridade, não se importam de escrever peças obscenas*"; 5) "*Há uma crise religiosa. Mas, creio que há interesse em acentuá-la, agravá-la, para combater a Igreja católica*"; 6) Ausência de uma solução conservadora, ou melhor, "*verdadeiramente conservadora, que procurasse preservar a ordem social reformando-a, que procurasse reviver a democracia tornando-a praticável e eficiente, que procurasse elevar a sociedade acentuando a dignidade da moral que não é apenas tradicional, mas natural e válida universalmente, que procurasse defender a religião atualizando-a, mas não a desorganizando, que procurasse uma reforma das instituições políticas no sentido de estabelecermos bases autênticas para a vida nacional*". Lamentavelmente, argumenta JCOT, um programa assim seria "*combatido à direita e à esquerda, e de maneira mais eficiente. Não por meio de críticas, que seria focalizá-lo, mas pelo total silêncio*"; 7) A hostilidade de direita e de esquerda surge, por exemplo, se alguém de modo sério propugnasse a restauração da monarquia no sentido do Império liberal de D. Pedro II, "*adaptado às condições do mundo moderno, aberto às reformas*" (17 mai. 1969).

que fez do CV II. Apostou que segundo as "eras" da Igreja Vaticano II determinaria o fim de uma delas, superando a "Igreja constantiniana", aquela que teria assumido as tarefas políticas da sociedade civil com a queda do Império Romano. No entanto, alega que "*o anunciado fim da Igreja constantiniana foi mais uma batalha de Itararé: não houve, como a outra*" (1981, p.400).

O centro do problema camiliano a respeito da sequência histórica do catolicismo está justamente na perseguição de um sentido imanente para tal, quando basicamente não há. Para um católico o que há é o fim da história, que é transcendental (LEFEBVRE, 2013, p.137). O percurso é secular, imanente. Como o próprio João Camilo descreveu: "*a ideia do Reino de Deus [está] além da História, mas realizado através da História*". Porém, pensava que o projeto a ser realizado pela Igreja era o de trazer "*uma forma realista e objetiva de transcendência*" (1981, p.390), quando essa adaptação trazia a inversão da relação imanente-transcendente, de modo que a projeção daquilo que procura o transcendente para um circuito temporal incorreria consequentemente num reducionismo. Em outras palavras, não foi a Igreja num acesso místico e santificado que promoveu uma leitura histórica aos homens, foi a leitura secular, etapista, feita de uma filosofia do progresso histórico, que imprimiu ao conciliarismo católico do século XX um sequencialismo.

De que modo alguém, como João Camilo, tão cioso da retomada da filosofia tomista, da necessidade de resgate da metafísica, e mesmo de se reassumir os princípios do cristianismo medieval, esteve envolvido nessa ordem de confusões? Uma resposta razoável já foi dada, recai no signo da confiança sobre o cabedal filosófico que lhe marcava o pensamento. A base de sua leitura histórica estava em Maritain, que havia proposto uma proeminente filosofia da história católica (DICKÈS-LAFARGUE, 2005, p.192). Não só João Camilo, como o pensamento católico brasileiro em peso levava em conta a neoescolástica de Maritain, mas enquanto de um lado Alceu Amoroso Lima até extrapola essa devoção ao mestre, o considerando muito conservador, Gustavo Corção desconfia. Mas no caso de João Camilo, o que conta é Alceu - e isso resume tudo.

2.2.2 A confiança na filosofia católica renovada

Até agora tratamos da crise da Igreja envolvendo os antecedentes e as consequências do CVII, em paralelo algumas percepções de João Camilo sobre o assunto.

Logo adiante o intuito é compreender melhor a confiança de João Camilo na "Nova Cristandade", bem como algumas contradições cruciais entre essa percepção otimista e a própria tradição da Igreja.

A ideia de uma "Nova Cristandade" é lançada por Jacques Maritain às vésperas da Segunda Guerra Mundial. Parte da constatação de que a Cristandade Medieval foi sepultada, mas que há disposição e elementos que poderão desencadear a Nova Cristandade (TORRES, 1981, p.367).[257] Segundo João Camilo havia indícios que demonstravam a possibilidade desse feito, pois acreditava numa civilização do século XX que reconhecesse a legitimidade do fato religioso, considerado como dimensão essencial do homem. Tratava-se do "*rompimento entre o catolicismo saudosista da Idade Média e o que se projetava sobre o futuro (uma "Idade Nova", não uma "Nova Idade Média" como dizia um livro de Berdiaeff então muito lido e mal entendido)*" (TORRES, 1968a, p.230). A falência das ideologias levaria à conclusão geral de que a religião é um elemento basilar da antropologia humana. Contudo, essa ideia não seria tratada em termos exclusivamente católicos, pois a "*Cristandade será ecumênica. Isto é, reconhecerá a todos o direito de praticar sua própria religião, considerará como legítimo o direito de todos e aceitará a colaboração de todos para a obra comum*" (TORRES, 1981, p.368).

Essa noção de Cristandade continha particularidades de fundo, que representa uma outra concepção católica. Maritain acreditava que tanto a cristandade medieval como a nova tinham em comum a própria noção de cristandade, mas com essências absolutamente diferentes (DICKÈS-LAFARGUE, 2005, p.229). Esse pensamento era um dos pontos de quebra com o catolicismo tradicional, sendo o próprio Maritain um dos principais promotores dessa cisão no século XX, sobretudo a partir da publicação de *Humanismo integral*, de 1936, que foi a mais lida de suas obras, e até mobilizada para uma das encíclicas conciliares - *Populorum Progressio* (1967), de Paulo VI.

Maritain havia sido militante da Action Française, fiel a Charles Maurras, e tomou partido da contrarrevolução. Mas desde 1927 expressava uma nova identidade de pensamento político, o que se tornaria ainda mais revelador a

---

257. João Camilo explica que foram três os impactos que sepultaram a Cristandade Medieval: "*a multiplicação das igrejas cristãs; a entrada no 'concerto dos povos' de nações não-cristãs dos continentes não-europeus; a secularização da sociedade e da cultura, que estabelece faixas enormes na sociedade fora da ação da Igreja*" (1981, p.367).

partir da década seguinte. Resultou dessa sua transformação um pensamento que era o meio caminho entre a intransigência reacionária de início e a democracia moderna (DICKÈS-LAFARGUE, 2005, p.165). No lugar da "politique d'abord" e do "nacionalismo integral" maurrasiano, e sem chegar à democracia liberal anglo-saxã, Maritain propõe uma nova forma de humanismo - "integral", cristão, teocêntrico.

O percurso intelectual de Maritain é central para que se possa entender o sentido do pensamento católico camiliano. Deliberadamente João Camilo segue os passos do mestre francês, o que também acontece através de Alceu Amoroso Lima. A proximidade com o líder católico brasileiro é inclusive direta, pessoal, com trocas de correspondências afetuosas desde os anos 1940 até a morte de João Camilo.[258]

A propósito de Alceu, o que há de mais representativo dele no pensamento camiliano é a sede pela cristianização integrada ao apelo pelo novo. Sobre o primeiro aspecto, João Camilo repercutia as diretrizes de Alceu sobre a "Ação Católica", que buscava o amálgama entre a vida civil e a vida religiosa, reintegrando o mundo civil na Igreja, e a instituição de um tipo de apostolado leigo. O intuito de Alceu, segundo JCOT, era o de transformar todo católico em "praticante" e todo "praticante" em católico militante, confessor da Fé disposto a dar seu testemunho. Esse ativismo fogoso de Alceu, fugindo "*de um ativismo estéril*", era naturalmente uma aposta novidadesca (TORRES, 12 out.1947).[259] O ideal parecia ter dado resultado, pois fora a tônica do Concílio, e em João Camilo permaneceu como pleito em seus artigos, como num de 1969, em que seguia defendendo a participação mais intensa do leigo na vida da Igreja, "*abolindo a menoridade e a inferiorização do não clérigo*". A essa altura contava com um incentivo ímpar, "*foi vitoriosa no*

258. Encontram-se no Fundo João Camilo de Oliveira Torres, no Centro de Memória e de Pesquisa Histórica da PUC-Minas, trinta correspondências de Alceu Amoroso Lima a JCOT, entre os anos de 1944 e 1965. Lamentavelmente a análise desses documentos foi prejudicada pois seria preciso uma pesquisa mais técnica sobre a grafia de Alceu, pois era muito própria e ilegível para um leigo, e que não conhecesse o estilo do autor.

259. A aposta de Alceu sobre a cristianização do mundo moderno escapava da índole tradicionalista, pois procurava repercutir aquilo que fosse o "novo". Eis a tônica de seu pensamento. "*Idade Nova, costumo dizer, talvez forçando um pouco a idéia, que é uma tradução antecipada de New Age. Alceu sempre estava à espreita do novo, um novo romancista na Paraíba, uma jovem escritora no Ceará, um poeta no Sul, uma nova prática social ou eclesial, as Comunidades Eclesiais de Base, uma nova maneira de pensar a Fé, de seu mestre Maritain, passando por Teilhard de Chardin, para chegar à Teologia da Libertação*" (COSTA, 2006, p.12).

Vaticano II [a tese] que reconhece uma posição de realce ao leigo, como jamais se vira antes" (14 jun.1969).[260]

Quanto a Jacques Maritain, João Camilo escreveu que seu grande mérito foi a coragem de ter saído da metafísica para enfrentar filosoficamente a vida comum. Maritain deixou "*os ares puros e os horizontes límpidos da metafísica*", para lidar com "*as cavernas escuras e os pantanais lamacentos onde os horrendos animais forjados pelos sub-conscientes dos povos travam as suas batalhas colossais*" (20 fev. 1944). Maritain foi o "pai intelectual" da elite católica brasileira, e considerado por João Camilo o máximo na renovação do tomismo, que atualizava essa filosofia aos contextos do pensamento católico no século XX (1968a, p.229). Isso teria feito dele não apenas uma das maiores referências filosóficas, mas o "*melhor*" filósofo do século, "*o que nos ensinou melhores caminhos*", e quem trazia suavidade diante das trevas: "*Pensar que somos contemporâneos de Maritain nos consola de saber que somos contemporâneos de tantas tragédias*" (TORRES, 19 nov. 1972).

Mal se deu conta de que o próprio Maritain poderia estar contido na tragédia. Pelo menos assim o demonstrou Gustavo Corção (1967; 1973). A mudança de Maritain era a revelação de um homem duplicado. Como Henry Bars, amigo e confidente, o provocou com o título: "*haverá dois Maritains?*", usado por Corção em *O século do nada* (1973). Livro este que aliás é um choro, sobre o modo como Maritain tão facilmente se desfez daquilo que fez parte, da Action Française, das lições de Charles Maurras. O propósito de Corção é identificar a contradição e a extensa falibilidade do pensamento de Maritain. A "Nova Cristandade", por exemplo, seria uma falácia, cuja síntese era mais hegeliana do que tomista. O problema estava na formulação filosófica de Maritain, a de síntese, por acréscimo ou integração. Outrossim, o verdadeiro humanismo, integralmente cristão, seria conquistado "*por uma conversão de critérios e valores, como a que, contrapondo carne*

---

260. Chama a atenção que nesse mesmo artigo João Camilo apresenta o resultado de uma pesquisa que realizou em Minas e no Rio, com católicos de diversos setores. Através dela verificou que "*o leigo se acha frustrado e adotando uma posição reticente em face do clero, mas afirmativa em face da Igreja*". Além de se desfazer da ideia do horizontalismo nessa relação entre leigos e o clero, em nome da preservação da ordem hierárquica, JCOT traz as duas conclusões de suas pesquisas que foram justamente contrárias àquilo que o espírito do CV II gerou à Igreja. Segundo JCOT os leigos preferem que as reformas: a) "*visem aperfeiçoar a religião e aprofundar nosso progresso espiritual, aproximando-os de Deus*"; e, b) "*sejam determinadas hierarquicamente, de modo que se saiba que foi ordem do Papa, e que portanto sejam uma reforma de Igreja e, não, uma rebelião*" (14 jun.1969). Por esses resultados percebe-se como o laicato acabava sendo até mais sensato do que o próprio clero reformador. O que reforça a tese sobre um esquema revolucionário contido em Vaticano II, pois se trata de uma vanguarda que se sobrepõe ao senso comum elementar.

a espírito, homem exterior a homem interior, homem velho a homem novo, constitui o ensino essencial da dialética paulina" (CORÇÃO, 1973, p.258).

O mais surpreendente dentre os autores em que João Camilo confiava, no panteão das referências para seu pensamento católico, é certamente Teilhard de Chardin. Dotado de uma obra ambígua e até mesmo condenada pelo Santo Ofício (30/6/1962), Teilhard de Chardin acabou sendo "salvo" por De Lubac e Urs von Balthasar (LEAL, 1965, p.57), ambos teólogos destacados no CV II, e também por todos os papas até Francisco.[261] Em que pese Alceu ter se tornado um teilhardiano, tendo sido o primeiro a trazer a obra do jesuíta ao Brasil (COSTA, 2006, p.139), a relação do paleontólogo jesuíta com o tomismo, e logo com o próprio catolicismo, era flagrantemente antagônica - o que o próprio Maritain havia destacado.

Quando Alceu perguntou diretamente ao filósofo o que achava do artigo em que punha Teilhard de Chardin como continuador e alargador de Tomás de Aquino, Maritain respondeu rejeitando "*categoricamente a validez de tal aproximação e explicava a Amoroso Lima que Teilhard de Chardin não era um autor sério. Sua obra não passava de 'fábula e moeda falsa'*" (CORÇÃO, 1973, p.54). Por essas soa estranha a contínua aproximação de JCOT, ao mesmo tempo, com Maritain, Alceu e Teilhard. Sem dúvida é esquisita, mas não é incomum, até porque se tornou "oficial". Nas encíclicas conciliares, *Mater et Magistra* e, sobretudo, *Pacem in Terris*, o eco do pensamento teilhardiano é sentido, ainda que seu nome nem tenha sido pronunciado no CV II, a não ser na terceira sessão. Maritain chama de gnose e de metacristianismo o projeto teilhardiano - que queria inverter o cristianismo a assentá-lo não mais na Trindade e na Redenção, mas no Cosmos em evolução - pois se coloca à "direita" nas teses conciliares. Teilhard de Chardin seria a "esquerda". Alceu o segue, tentando intercâmbio com Maritain. João Camilo, por sua vez, pretendia um justo meio. O que para Corção não deixava de ser uma mediação bizarra: "*E no Brasil? Para infelicidade nossa, o passeio nas nuvens se eleva ao quadrado, e temos progressistas que se afirmam ao mesmo tempo discípulos de*

---

261. Participantes do Pontifício Conselho para a Cultura já haviam pedido que o Sumo Pontífice retirasse o "monitum" emitido pelo Santo Ofício em 1962 sobre os escritos do padre Teilhard de Chardin. Até porque todos os papas anteriores até os anos 1960 haviam feito referências explícitas ao autor, Paulo VI, João Paulo II, Bento XVI e inclusive Francisco. "*Papa Francisco vai retirar a 'advertência' dos escritos de Teilhard de Chardin?*", 24 nov. 2017. Disponível em: <http://www.ihu.unisinos.br/78-noticias/574010-papa-francisco-vai-retirar-a-advertencia-dos-escritos-de-teilhard-de-chardin>.

Maritain e de Teilhard de Chardin!" (1963, p.364). A alfinetada era contra Alceu, que realmente assumia uma posição progressista.

Apesar de João Camilo ser visível nessa radiografia de contradições apresentada por Corção, ele não entra em cheio no repertório do "progressismo católico". Pode-se mencionar alguns motivos: o anticosmopolitismo; o reforço aos valores locais, telúricos; a defesa de políticas mais conservadoras, como a Revolução de 64; o anticomunismo e a crítica aos movimentos católicos radicais; e, sintomaticamente, o próprio modo como mantém a ambiguidade quanto aos efeitos das renovações da Igreja. Ou seja, João Camilo não toma de primeira mão as adesões conciliares. Embora intelectualmente o vínculo seja com a trinca de filósofos mencionados, o mais importante elo era com a própria Igreja, com Roma, com o que dizia o padre, o bispo, o papa. Nesse sentido, seria até possível encarar João Camilo como um "militante das duas cidades" - a de Deus e a dos homens, que "*deseja fervorosamente um mundo melhor e mais humano, e acima disto deseja uma cristandade mais santa; por isso mesmo, e na medida desse ardor, há de combater as linhas de progresso de coisas e de estruturas sociais que contrariam aqueles ideais*" (CORÇÃO, 1963, p.370).

Ainda assim, a sintonia com as ideias de Maritain, Teilhard e Alceu cria dificuldades para a coerência do pensamento católico de João Camilo. Contudo, isso pode ter lhe oferecido uma vantagem especial como cientista político. Enquanto Maritain e Alceu tiveram em suas biografias intelectuais uma reviravolta, a respeito do pensamento político e católico, João Camilo, diferentemente, e talvez por ter sido espectador desses câmbios, proporcionou ao seu leitor uma obra concatenada, quase plana e integral. O resultado não é de todo perfeito – como vimos anteriormente e na seção anterior; e quando as contradições são mais flagrantes acusam traços da adesão às suas fontes filosóficas. Mas o detalhe é que essas influências podem tê-lo ajudado a formar a plasticidade de seu pensamento político, desapegado do reacionarismo e afeito a um conservadorismo católico de tom dinâmico, social, cuja apreensão pela renovação é análoga aos horizontes de cristianização de seus mestres. A diferença universal é que, para o caso da restauração política brasileira, por se tratar de algo imanente, a base é quase toda documentada e a interpretação é direta, sendo o grau de contingência apreensível, enquanto no âmbito da religião essa contingência humana, acerca do início e do fim, é incomensurável.

Particularmente sobre esse último ponto, cabe colocar que o desequilíbrio se amplifica quando as dimensões da política e da religião católica se entrecruzam. E aqui entra discussão sobre a democratização, uma das pontas de lança das crises e restaurações da contemporaneidade, e que figura no âmago do pensamento camiliano. Acontece que a Igreja católica adota, como linha de atuação contra a era revolucionária dos séculos XVIII e XIX, uma postura oposta à índole democrática que sobretudo terá vez no CV II.[262] É notável que diante da Revolução Francesa e ainda mais no contexto do CV I, sob o plano doutrinal eclesiológico como pastoral e político, a Igreja seja contrária ao modelo de futuro tocquevilliano, tendo no lugar um foco sobre a recuperação da autoridade numa correlação entre soberania e infalibilidade (PRODI, 2015, p.40). Isso explica por que no meio tradicionalista a democracia não é um valor em si mesmo, e nem sequer é um fim que se sobrepõe à ordem e à hierarquia. O tema da democracia é, a propósito, um dos pontos de inflexão entre as correntes do pensamento católico brasileiro.

2.2.3 João Camilo e o pensamento católico brasileiro

A presença da Igreja católica no Brasil é comum a todo o período de ocupação da América portuguesa, e foi fundamental na própria construção do país independente. Os jesuítas, em especial, foram pioneiros na ocupação do solo e na evangelização de povos indígenas, assim como os primeiros a terem organizado a educação no país. Tivemos padres no topo da cultura, como o jesuíta Antonio Vieira, envolvidos em conspirações, como o padre Rolim, revolucionários, como frei Caneca, e até um chefe de governo, como na Regência o padre Diogo Feijó. Na Constituinte de 1823 e ao longo de todo o Império a presença de eclesiásticos na cena política era marcante.

Por ocupar um espaço necessário à organização social, política e jurídica do país, a instituição católica era um dos pontos fundamentais da estabilidade nacional. Quase todo o assistencialismo social era feito pela Igreja, assim como as paróquias serviam de lugar de votação e as legislações eclesiásticas, como a Constituições Primeiras do Arcebispado da Bahia (1707), regulavam parte da vida civil

---

262. Alguns analistas simpáticos ao CV II irão observar que até os anos 1960 a Igreja era eminentemente autoritária, e que a partir do Concílio a instituição se torna democrática, ou pelo menos se dispõe nesse sentido (GREELEY, 2004, p.0180).

quando o país nem mesmo contava com um Código Civil – instituído apenas em 1916. Por esse conjunto de relações uma crise relacionada à Igreja logo atingia em cheio toda a nação, até porque a relação entre Império brasileiro e Igreja era paradoxalmente tênue, muito mais tácita do que enraizada em dispositivos legais. Pairava uma série de dúvidas e lacunas jurídicas nesse relacionamento.

João Camilo destaca três pontos de conflito envolvendo religião e política nesse contexto. Primeiro, o reconhecimento oficial do padroado se dava numa chave regalista, de controle da Igreja por parte do poder público imperial. Segundo, as classes dirigentes adotavam de modo ascendente pontos de vista liberais, de modo a pôr em xeque a autoridade eclesiástica. Terceiro, o surgimento no clero brasileiro de opiniões ultramontanas, mais aderentes à Santa Sé e fiéis à tradição católica, ao contrário de uma tônica na Igreja brasileira de bastante relaxamento moral e doutrinal (TORRES, 1968a).

Esses três aspectos se tornam candentes no curso da Questão Religiosa (1872-1875). Trata-se do ápice do processo de secularização do Brasil. Ao mesmo tempo, marca o surgimento de um "pensamento católico brasileiro", minimamente coerente e organizado, e que gerará efeitos a longuíssimo prazo. A Questão Religiosa foi um conflito entre bispos e o governo imperial, tendo os bispos dom Vital (1844-1878) e dom Antonio Macedo Costa (1830-1891) como os pivôs de uma indisposição da Igreja com a maçonaria, e com a própria autoridade civil. Processados e sentenciados, os clérigos se tornam ícones do catolicismo nacional. Em torno deles se consolidava uma opinião católica (ultramontana) que legou uma lição de protagonismo e fidelidade à Igreja. Nesse ínterim João Camilo destaca o político e jurista Cândido Mendes de Almeida (1818-1881), que defendeu os bispos no Senado e no julgamento no Supremo Tribunal de Justiça.

Mas aquele que melhor se parece com o ideal de ação católica de João Camilo é Braz Florentino Henriques de Souza (1825-1870), político, professor e jurista do Recife. Embora tivesse morrido dois anos antes do grande evento que elevou o catolicismo brasileiro, Braz Florentino é elementar para o tradicionslismo brasileiro, pois foi um dos raros a se colocar claramente como católico em sintonia com a defesa dos fundamentos políticos do Império, daí ter sido um dos melhores defensores constitucionais do Poder Moderador (SOUZA, 1978). Para João Camilo ele não era um "Veuillot brasileiro", pois queria o regime representativo, mas buscou preservar um Imperador à frente da nação (1961d, p.97).

Com a República a Igreja comemora o fim do regalismo, mas sofre um período conturbado contra positivistas, liberais e filosofias materialistas, que logravam influenciar nos destinos políticos e intelectuais do país. Nesse período de virada do século, não só no Brasil, mas no mundo todo, os principais instrumentos de resistência católica contra os ideários concorrentes envolviam dois pontos: a pregação do Direito Natural conforme a filosofia tomista; e a divulgação da literatura contrarrevolucionária. Mas a entrada de uma consciência católica organizada não se deu diretamente por essas duas portas, e sim através da filosofia espiritualista de Farias Brito (1862-1917). Pois foi a partir desse contato que Jackson de Figueiredo (1891-1928) se converte ao catolicismo no ano de 1918. Jackson se tornaria o primeiro líder de uma militância católica entre o laicato, que retomará o espírito de luta de Dom Vital e Dom Macedo Costa, marcando uma posição de destaque na intelectualidade brasileira, expressando ideias e posições políticas católicas.

Em 1916, a Carta Pastoral de Sebastião Leme já dera o pontapé para uma militância católica no Brasil, mais aguerrida e preocupada com a questão política. Mas foi Jackson de Figueiredo quem abriu a senda para uma linha de organização católica pela revista *A Ordem* (1921) e pelo Centro Dom Vital (1922). *Catolicismo*, *contrarrevolução*, *moralismo*, *nacionalismo*, *autoridade* e - sobretudo - *ordem* eram as palavras-chave dessa mobilização, que procurava influenciar a elite política.[263] A fim de resistir ao processo de secularização, procuravam manter a autoridade da Igreja sobre a sociedade civil, em luta pelos direitos dos católicos - como na tentativa de aprovação das emendas constitucionais favoráveis à religião em 1926, e contra o divórcio no Brasil,[264] assim como influir nas eleições - como

---

263. Mainwaring utiliza o termo "neocristandade" para tratar do período que vai de 1916 a 1955, em que a Igreja, especialmente através de seus líderes religiosos em coalizão com líderes do laicato, desenvolveu um meio de atuação junto às elites governantes para defender e difundir a religião católica. O modelo da neocristandade que teve início com a Carta Pastoral de 1916, de dom Sebastião Leme, e atinge seu apogeu de 1930 a 1945, quando Getúlio Vargas foi presidente. "*Os líderes eclesiásticos trabalhavam diretamente com a administração e davam apoio a Epitácio Pessoa (1918-1922) e a Arthur Bernardes (1822-1926), mas as relações com Getúlio Vargas eram de uma proximidade excepcional*" (2004, p.47).

264. A primeira iniciativa para a instauração do divórcio no Brasil foi com a proposta do deputado Érico Marinho, em 1893. Martinho Garcez também entrou com projeto em 1900, tendo sido duramente criticado por ninguém menos que Rui Barbosa, mostrando em artigo no jornal *O Imparcial*, de 06.08.1900, que a medida era impopular e resultaria na destruição da família brasileira (BARBOSA, 2008, p. 23). A iniciativa renova-se na Câmara e no Senado, nos anos de 1896 e 1899. O Código Civil de 1916 permitia o término da sociedade conjugal pela via do desquite, amigável ou judicial; o vínculo matrimonial, no entanto, permanecia. Em 1934, como um sinal da reaproximação entre líderes católicos e Vargas, a Constituição de 1934 dispõe como preceito constitucional a indissolubilidade do casamento. E só em 1977 que o divórcio foi oficialmente instituído por emenda constitucional.

no apoio ao candidato Arthur Bernardes em 1922 (IGLESIAS, 1981, pp.146-147) [265]. Além dessas bandeiras, outras se somaram ao longo dos séculos, como anticomunismo, antiateísmo, condenações ao espiritismo e à maçonaria, defesa de uma política católica e do corporativismo, assim como a difusão da doutrina social da Igreja.

Com o falecimento precoce de Jackson de Figueiredo a direção do CDV e da revista fica com outro jovem convertido, Alceu Amoroso Lima (que também adotava o pseudônimo Tristão de Athayde). Alceu procura dar melhor acabamento à parte doutrinária do catolicismo brasileiro, pela aplicação do neotomismo e na defesa do Direito Natural. Uma das obras representativas desse esforço foi *Política,* de 1932.[266] Na verdade, a transição da tônica política de Jackson ao neotomismo de Alceu foi identificada por João Camilo como o equivalente a uma mudança que ia "*De Maurras a Maritain*" (1968a, p.189).[267]

Enquanto nos anos 1910 e 1920 forma-se o embrião do pensamento católico, é nas décadas de 1930 e 1940 que ele se enrobustece, com conversões e o surgimento de uma geração de intelectuais alinhados, da qual João Camilo faz parte.[268] Mas é também nesse período que surge uma díade fundamental, entre as lideranças de Alceu e Corção. Este, convertido em 1939, representava a volta ao espírito combatente de Jackson, ou, ainda, reincorporava a tônica de Veuillot e de Maistre, enquanto Alceu seria o equivalente a Newman e Maritain (VILLAÇA, 2006, p.19). A unidade era mantida pelo CDV, até que os dois rompem em 1963, Alceu permanece na presidência, enquanto Corção (então vice-presidente e editor de *A Ordem*) sai e em 1968 fundaria a *Permanência.*

---

265. Marcante nesse caso é o livro de Jackson de Figueiredo: *A reação do bom senso – contra o demagogismo e a anarquia militar* (1922), feito de artigos reunidos e publicados no periódico *O Jornal* do Rio de Janeiro, entre 1921 e 1922, onde o líder católico emitia suas posições sobre a política nacional, fazendo a defesa da candidatura de Arthur Bernardes (1875-1955).

266. Nesse livro, *Política* (1932), Tristão de Athaíde (Alceu) aplica a Filosofia Tomista à análise da política brasileira pós-Revolução de 1930, procurando apresentar o sentido de uma Política Integral, de como Santo Tomás preconizou um Estado Perfeito, ou seja, aquele que cumpre com sua tarefa, e os erros e acertos para uma política e economia do Bem Comum no Brasil.

267. Em artigo de homenagem aos 90 anos de Jacques Maritain, João Camilo revelava que o seu tomismo era todo maritainiano (19 nov. 1972).

268. Segundo João Camilo, "*a década de 30 foi talvez a época mais brilhante da Igreja no Brasil. A crise veio depois de 1960*" (*apud* O ESTADO DE S. PAULO, 18 jan. 1973).

No caso de João Camilo, era ligado ao CDV e escrevia com frequência na revista *A Ordem*. O elo de proximidade havia sido feito com Alceu, e nos anos 1960 manteve profícua troca de cartas com o jurista José Carlos Barbosa Moreira, que lhe comunicava sobre as reuniões do CDV no Rio. Em Minas o grupo do qual JCOT fazia parte formou-se nos anos 1940, chamava-se "O Diário", sendo vanguarda no progressivismo católico, "*passando a defender posições então ousadas*" (TORRES, 1968a, p.189). Além da defesa do corporativismo, da doutrina social da Igreja, outra frente importante dessa militância foi em torno do catolicismo social e da legislação trabalhista.

Pela data da cisão do CDV é fácil perceber que o CVII incide profundamente no destino do pensamento católico brasileiro. Na análise de João Camilo, a partir de então, surgem duas correntes, a dos integristas e a dos progressistas. O integrista contempla dois fundamentos: a) o caráter perfeito da Revelação; e b) o caráter catastrófico da História. Essa descrição de integrista por João Camilo tinha um alvo claro, o chefe do grupo da TFP, Plínio Correia de Oliveira.[269] O integrismo não se confundiria com o autêntico conservadorismo - em que o "autêntico" é o de Burke, aquele que reconhece as mudanças. "*Para o Integrismo, portanto, nada pode ser mudado, (...) tudo são dogmas: a Presença Real e o uso do latim, o Tomismo como a crença na Santíssima Trindade, horário de Missas e a Imaculada*" (TORRES, 1968a, p.221).

A divisão era clara quanto aos rumos do catolicismo brasileiro. Para João Camilo a ocasião era para um balanço, atentando para a necessidade de renovação diante do mundo moderno, reconhecendo um estágio de crise religiosa. Entre os sérios defeitos do catolicismo brasileiro tradicional - os aspectos mágicos, a falta de conteúdo intelectual e a baixa participação na liturgia oficial e na vida religiosa - e as grandes virtudes - a confiança na Providência Divina, o culto a Nossa Senhora e a profunda Fé na Igreja católica como depositária da Verdade - o caminho era a adaptação progressiva ao novo, conforme as linhas do CV II (TORRES, 1981, p.354).

O progressismo tinha como ponta de lança a "*renovação católica*". Segundo João Camilo essa ideia central era inspirada em Pio XI, a partir do apostolado leigo, com a santificação do ambiente para além da atuação clerical. As contundentes mudanças

---

269. No texto João Camilo apresenta quem eram os "integristas". "*Se a posição integrista em religião está no Brasil claramente apoiada pelo jornal do Bispo de Campos, D. Augusto de Castro Mayer — O Catolicismo, a sua ação política de massas está a cargo do movimento chamado Legião em Defesa da Tradição, da Propriedade e da Família, dirigida pelo prof. Plínio Corrêa de Oliveira, e cujos movimentos, de jovens com pavilhões com o leão rampante em campo vermelho são bem conhecidos*" (1968a, p.225). JCOT trata os seguidores de Plínio Correia de Oliveira como imaturos, pois acabaram elevando os comunistas, e se tornaram as presas mais fáceis da repressão ao comunismo.

do século teriam proporcionado uma situação nova que levou à retomada de posição, em bases diferentes, segundo certos aspectos: a) hostilidade às formas tradicionais de civilização; b) radicalismo político-social; c) diálogo com os marxistas; d) procura de fundamentos teóricos em Teilhard de Chardin (TORRES, 1968a, pp.231-232). O motor desse progressismo era uma filosofia da História produto do neotomismo: aí estaria a chave da "virada" católica. Para JCOT o maior celeiro dessas mudanças era a Companhia de Jesus, "*dotada de nítida consciência das novas dimensões da alma cristã, e que no Brasil, entre os seus representantes o mineiro Henrique Claudio de Lima Vaz, S.J.*" (1968a, p.233).

Além do CVII, outro importante motivo de cisões entre os católicos no Brasil foi a posição quanto ao radicalismo de esquerda e a repercussão da Revolução de 1964. Sobre a primeira questão João Camilo trata do que chamava "*malograda experiência da AP*". A princípio, a Ação Católica, fundada por Pio XI em 1929, e no Brasil em 1938, tivera como motivo inicial substituir a Action Française, e em todo o mundo serviria de organizadora dos diversos movimentos católicos. No pós-Segunda Guerra há a criação da JUC, assim como da JOC, JEC, etc. E na ânsia por um caráter "*prático*" e de "*ação no mundo*", jovens católicos largam a JUC e fundam a AP, que não precisava da chancela eclesiástica, e serviria "*para lutar no campo da cidade temporal...*" (TORRES, 1968a, p.241).[270] Para João Camilo era uma opção radical. Mesmo com a tomada de consciência de uma visão histórica global – e nisso JCOT chega a conceber uma superioridade do marxismo (*sic*), pois conta com uma Filosofia da História, "*enquanto as demais ideologias e doutrinas não cuidam disto*" –, os jovens da AP, partindo de uma crítica ao capitalismo, terminaram por sugerir

---

270. Inicialmente, os estudantes da Ação Católica, organizados na JUC, opuseram-se aos comunistas e pretenderam derrotá-los eleitoralmente, o que provocou a ira da esquerda nacionalista. Os mais radicais criticaram a interferência da Igreja, que era mais próxima da linha política da UDN. Portanto, a formação da Ação Popular, em junho de 1962, foi a maneira encontrada pela ala mais radical de se desvencilhar da dependência dos bispos e formar um grupo à parte, que pudesse colaborar, na UNE, com as esquerdas. A evolução da JUC, da oposição à colaboração com os comunistas, foi rápida, de 1959 a 1961. A transformação contou com o apoio de sacerdotes, como o padre Almery Bezerra. O propósito geral era atuar na propaganda pelas "reformas de base" e da necessidade "união" de todas as forças para realizá-las. De 1960 a 1964 os representantes da UNE foram jovens da JUC e da AP. Era notório que nos anos antecedentes à revolução de 1964 a direção da UNE era feita de católicos e comunistas, juntos por iniciativas da extrema esquerda, como participação em comícios de Brizola, Max da Costa Santos, Correia, Dante Pelacani e outros, e o lançamento de manifestos de solidariedade à Revolução Cubana, depois de Castro ter se declarado comunista. A força da militância católica que foi transformada em militância de esquerda veio de uma "*máquina que produziu esse híbrido (...) a 'Frente Única', que reunia elementos da JUC, da AP, do PCB, do MRT (Movimento Revolucionário Tiradentes) e da POLOP (Política Operária). A 'Frente Única', por sua vez, fazia parte da FMP (Frente de Mobilização Popular), que reunia outras organizações de esquerda*" (FLORIDI, 1973, p.103).

uma revolução. No fundo, a AP era uma forma de socialismo, que sofria influência da propaganda comunista, ainda que temesse o caráter totalitário e o amoralismo.

A mesma opinião que nutria sobre os integristas à direita, João Camilo tinha dos apistas à esquerda, isto é, os tinha como imaturos politicamente. A AP chegava a ser mais devota à militância que os próprios comunistas, que sabiam que não haveria revolução social no Brasil, e, portanto, eram discretos. Inclusive é essa imprudência que levaria muitos apistas a terem dificuldades a partir de março de 1964. Aliás, dentre os católicos, não apenas os radicais da AP se colocaram na trincheira contra a Revolução de 64, o próprio Alceu destilou severas críticas ao movimento que destituiu João Goulart. João Camilo descreve que mais uma vez era flagrante a divisa entre o esquerdismo de Alceu e o anticomunismo de Gustavo Corção. Mas, explica que muitos, como ele, foram fiéis aos ideiais antigos "*de ordem legal (contra a legislação revolucionária) e a ordem social, contra o comunismo, mas de maneira discreta*" (1968a, p.250). O primado da ordem, na visão camiliana, não redundava em autoritarismo e limitação do ideal social, pelo contrário, "*o próprio Solidarismo do Pe. Bastos de Ávila, S.J. é considerado 'legado da ordem' e, [por isso], recebe críticas severas*" (TORRES, 1968a, p.253).

O moderantismo camiliano era reconhecido por membros do clero e da intelectualidade. Ao mesmo tempo João Camilo se comunicava frequentemente com personagens que tendiam à esquerda - como o próprio Alceu, José Carlos Barbosa Moreira,[271] padre Francisco Lage[272] Pessoa e Ernest Koser,[273] e também com os que condenavam a

---

271. Mesmo Barbosa Moreira, que nos anos 1960 passa a assumir posturas mais progressistas, admitia no início daquela década o que acontecia nos grupos católicos da juventude. "*É fora de dúvida que há uma infiltração 'esquerdizante' na JUC e em outras instituições e grupos católicos. Se você acompanhasse o 'Metropolitano', veria como isso é intenso em nossos meios estudantis*" (31 ago.1960).

272. O padre Francisco Lage Pessoa tinha o provocador título de "Cristo e Marx", era comunista, polêmico defensor da integração entre a Sagrada Escritura e a obra de Karl Marx. Ao final da vida mudou do PDT para o PT, e chegou a ironicamente escrever um livro sobre sua atuação que teve como título: *O padre do Diabo* (1988).

273. Ernest Koser, que esteve em Roma acompanhando o andamento do CV II, escrevia a João Camilo entusiasmado com as novidades, compartilhando ainda a proposta filosófica de unir São Francisco a Duns Scott, bem como a necessidade de reformas sociais no Brasil (15 abr.1964). Sobre as vitórias conciliares, enfatizava as vitórias sobre os mais conservadores: "*Por aqui estamos já com uma semana da terceira sessão do Concílio. Esta primeira semana correu bem (...). O fato de os padres conciliares terem vencido os abrolhos do tema marial sem que houvesse choques de opinião, me parece uma coisa verdadeiramente sensacional (...) temia-se com razão um choque de grandes proporções*" (KOSER, 19 set.1964). O tema Mariano no CV II foi um dos poucos pontos em que os progressistas não avançaram tanto quanto gostariam, mas cuja tática de ação deu certo para que a devoção Mariana fosse arrefecida, e acabaram evitando a proclamação do título de Maria, "Medianeira de todas as graças" e de "Mãe da Igreja", sob argumento ecumênico, para evitar constrangimento com os protestantes, e ficou apenas o título "Medianeira" (DAVIES, 2018, pp.150-153).

radicalização à esquerda do catolicismo – como Américo Jacobina Lacombe, João de Scatimburgo e diversos padres e bispos, os quais também se queixavam da crise de fé e da revolução de costumes que atingia os seminários.[274] Eram comuns as lamentações dos que achavam Alceu "esquerdista demais",[275] enquanto o próprio JCOT tinha em Corção um enigma.[276]

---

274. Uma carta de dom Oscar Oliveira, arcebispo de Mariana, a João Camilo contém uma plena caracterização dessa crise. O arcebispo reclamava das críticas que recebia de *O Diário*, dado que o jornal o tinha como demasiado tradicionalista e fora dos conformes do CV II, no que dom Oscar se defende perante JCOT, demonstrando como os seminários haviam se tornado rebeldes, com apelos a novos costumes, ao sexo e à quebra de ordem e hierarquia. A ponto de o clérigo retomar as bases do antigo Concílio: "*se fosse observado tal Concílio Tridentino no que diz à piedade, à submissão, a reverência, à santidade, aos estudos sérios, não se verificaria tal crise! (...) A crise é muito mais profunda, é crise de Fé, crise de idealismo sacerdotal*" (OLIVEIRA, 4 out.1966).

275. João de Scatimburgo era um dos mais queixosos quanto à militância de Alceu Amoroso Lima, comentando com João Camilo que estavam a lutar por "*causas perdidas, como da monarquia no Brasil e da Igreja, e que o único consolo era a frase de Chesterton, "As causas perdidas podem ter salvado o mundo*" (SCATIMBURGO, 23 mar. 1970). Em uma das cartas do ano seguinte Scatimburgo trata diretamente sobre Alceu, "*Que lástima, o Tristão de Athayde decair tanto. Está irreconhecível, na sua defesa da Liberdade, como abstração, do socialismo democrático, uma contradição nos termos, e da Verdade, que para ele não é mais Cristo, mas Karl Marx travestido*" (4 fev.1971). Outro amigo de João Camilo, o também historiador Américo Jacobina Lacombe, relatava a avantajada proliferação da esquerda católica, e pior, de um clero ateu, e como tudo isso criava problemas, inclusive a ele na PUC-Rio, onde lecionava: "*Estou em plena crise com a PUC daqui, dentro da qual foi colocado um cavalo de Tróia, ou antes um burro, que me impede de exercer uma ação razoável. Mas consola-me saber que em Pernambuco a situação é ainda pior. Ao que me afirma um professor do Instituto Teológico de Recife, a nova geração de padres é de completos ateus. Teilhard de Chardin é um 'bigot', muito borocoxô para todos eles. Que é que nos espera? E que diz a da crise seu amigo Pe. Vaz, que leva tanta água para o moinho da esquerda? Muitas saudades e abraços confiantes do A. J. Lacombe*" (15 mar.1970).

276. Corção era uma esfinge na intelectualidade da época, com a verve polêmica de defensor da tradição católica comprou brigas e não foi compreendido por muitos de seus companheiros de Centro Dom Vital. O próprio João Camilo havia perguntado a Luís Washington Vita sobre o que ele achava de Corção, no que o professor paulista respondia de modo indecoroso contra o fundador da *Permanência*: "*Em resposta à sua carta, na qual me solicitava uma 'definição' de Gustavo Corção, redigi a resenha crítica inclusa. Se V. achar meios de publicá-la aí em Belo Horizonte, bote este título: 'Sob o signo de Onan...'. O Nilo Scalzo, diretor do SL [Suplemento Literário] do "Estado" [O Estado de S. Paulo], está perplexo e não sabe como descalçar a bota do pé de chulé desse safadíssimo esclerótica que exonera toda manhã um artigo, como quem defeca com regularidade, e com o mesmo odor fétido*" (VITA, 26 jun.1968). Embora João Camilo tivesse tido boa amizade com a *Permanência*, tendo inclusive se correspondido com Alfredo Lage, que foi diretor da revista e que lhe pedira para publicar um artigo sobre a crise de fé no Brasil (LAGE, 6 nov.1968), não há informação sobre encontros ou qualquer proximidade com Gustavo Corção. No entanto, nos diversos relatos de José Carlos Barbosa Moreira, que frequentava assiduamente o CDV, recorrentemente Corção era mencionado como personagem central do pensamento católico nacional. Por exemplo, em agosto de 1960 Barbosa Moreira explicava a saída de Antonio Carlos Villaça como gerada a partir de um conflito com Corção, e que atingira a todos, inclusive dr. Alceu e o próprio JCOT. Explicava que, embora não fosse simpático às ideias de Corção, demonstra que Villaça estava errado, pois criara uma rusga no grupo católico a fim de extravasar uma hostilidade antiga contra Corção (31 ago.1960).

Diante dos avanços marxistas dos grupos católicos João Camilo era mobilizado como arma de defesa.[277] Era o que fazia Ulisse Floridi, S.J. (1973, p.21), quando reproduzia os argumentos do historiador mineiro contra a ideia do padre Joseph Comblin sobre a história católica no Brasil, para quem "*a canonização de Anchieta não interessa aos brasileiros*". Também sobre o tema da reforma agrária, a voz camiliana era tida como sensata, pois defendia a necessidade de uma, mas que o modelo radical empunhado pelas Ligas Camponesas era mero instrumento de luta revolucionária (FLORIDI, 1973, p.55; TORRES, 1964b, p.148).

As queixas que recebia quanto às contradições da Igreja traziam mais do que informações habituais sobre encontros e desencontros entre católicos. Há uma perceptível diferença na estrutura do problema. Até o CVII uma das queixas dos mais à esquerda era como a Igreja controlava os movimentos, no caso da AC, sendo subserviente à UDN.[278] A discórdia referia-se ao modelo de politização da Igreja, comumente mais reticente a aventuras políticas do que os leigos.[279] Contudo, a partir das novas teses conciliares, o clero se torna promotor de inovações e movimentos políticos, o que é percebido pelos católicos e se torna motivo de desconforto.[280]

---

277. A referência em João Camilo, como intelectual católico prudente, era feita especialmente a partir de seus artigos em *O Diário*, como mostra esta carta de um bispo de Belo Horizonte, que havia se proposto a não ler mais *O Diário* "*por motivo da tendência comunistóide que difunde e desenvolve. E ainda por causa dos ataques contínuos a Franco e Salazar. E, em terceiro lugar porque em geral cala as grandes notícias católicas (...)*". Mas, acolhe com entusiasmo a defesa feita por João Camilo dos governos de Franco e Salazar, por estarem empenhados numa construção de rumos cristãos. "*Isto não sou eu quem o afirma senão os três papas últimos, que só tiveram palavras de louvor para esses dois grandes homens.*" E termina salvando JCOT, "*a sua pena, Sr. Torres, lavou um pouco das imundices de* O Diário" (SOUSA, 23 mai.1960).

278. Os membros do CDV eram praticamente todos ligados diretamente, ou indiretamente, à UDN, proferiam palestras e repercutiam na revista *A Ordem* a política udenista. O próprio Carlos Lacerda chegava a publicar suas palestras feitas na sede da UDN como artigo de *A Ordem*, como na edição de jan.-fev. de 1950, em que publicou "A Reforma Social", onde disserta sobre o pensamento católico democrático, a posição anti-imperialista da Igreja, a diferença entre corporativismo e fascismo, a compreensão católica do Trabalho, os sindicatos, os partidos, entre outros assuntos. Em suma, Carlos Lacerda consegue trazer em linguagem política e abrangente algo da intelectualidade católica (LACERDA, 1950).

279. De Salvador, o amigo e parente de Minas Gerais, padre Francisco Lage Pessoa, escrevia em meados de 1947 reclamando do envolvimento da Igreja com a UDN, que estava cassando mandatos de deputados comunistas. Ou seja, padre Lage Pessoa criticava o exagero dos udenistas católicos, e como eles dominavam o partido, de modo que a Igreja acatava. Dispara ainda contra a Ação Católica, também por ser estar contaminada com "*o mesmo espírito detestável que os padres da Companhia divulgam pelo Brasil*" (a essa época os jesuítas ainda eram tidos como conservadores, o que logo irá mudar) (LAGE PESSOA, 6 jul.1947).

280. A revista *Hora Presente*, dirigida por José G. M. Orsini, de São Paulo, trouxe na capa da edição de outubro de 1970 uma contundente indagação a um dos mais famosos bispos do rango "progressista", e franco defensor do conciliarismo: "*Causas da Rebelião Humana. O que pretende D. Helder*".

O suprassumo dessa índole militante a partir do próprio clero é a TL.[281] Tal concepção teológica realiza o marxismo dentro da Igreja católica, a partir de 1968.[282] Por sinal, essa radicalização da Igreja, com clero e laicato envolvido no marxismo, geraria o que João Camilo já previa, que os católicos serviriam de massa e ponta de lança de partidos socialistas, como no Brasil acontece com o PT.[283]

O ponto de equilíbrio de João Camilo, que o levou a ser tão amplamente aceito, por pessoas tão diferentes, era o ideal democrático cristão. Seu objetivo era produzir as bases de uma democratização cristã, tanto liberta do liberalismo (1949, p.61), como longe das amarras comunistas. Nesse sentido seguiu, ainda que não de forma integrada, o Movimento de Resistência Democrática, que esteve ligado ao CDV em 1945, na luta pela extinção do Estado Novo.[284] Assim como em 1964 defendeu a Revolução, como meio necessário à restauração da

---

281. João Camilo, apesar da aproximação com a Nova Teologia, sempre foi peremptório em afirmar uma condenação ao marxismo no catolicismo. "*O diálogo entre Cristianismo e marxismo, a menos que haja uma revisão completa das posições na área socialista, isto é, a menos que o marxismo se modifique, é algo de completamente impensável*" (1976, p. 357)

282. Para Gilberto A. Angelozzi, "*as definições do Concílio Vaticano II foram importantes para o desenvolvimento da teologia latino-americana, porém, os novos rumos foram definidos a partir da II Conferência Episcopal Latino-Americana de Medellín [1968](...). Foi a partir de Medellín que se desenvolveu a Teologia da Libertação, e as definições da Celam serviram para que Gustavo Gutierrez escrevesse a obra que deu origem a essa teologia latino-americana*" (2017, p.131). Do que averiguou sobre essa postura entre os católicos mais radicais, a posição de JCOT era crítica, demonstrando em artigos indisposição com o seu xará, padre Camilo Torres, pioneiro da Teologia da Libertação na Colômbia, e que chegou a pegar em armas pela da revolução (21 jun. 1961).

283. Quem explica esse processo é um dos clérigos mais importantes da esquerda na América Latina, Frei Betto, mineiro, cujo irmão era bastante próximo de João Camilo. Frei Betto foi preso no regime militar entre 1969 e 1973, por auxiliar o movimento revolucionário liderado por Carlos Marighella, e sempre esteve próximo do Partido dos Trabalhadores. Quando Lula ascende ao poder, passa a ser uma espécie de conselheiro pessoal do presidente, e ligado aos movimentos sindicais. Frei Betto se torna também conselheiro das Comunidades de Base no Brasil, como já consagrado teólogo da Libertação (LÖWY, 2007, p.510). Em *Cristianismo y Marxismo*, de 1986, Frei Betto torna clara a relação da nova índole católica com o processo revolucionário. "*En este sentido, el marxismo y los marxistas no pueden ignorar el nuevo papel del cristianismo como catalizador de la liberación de las masas oprimidas de América Latina*" (p. 511).

284. O Movimento de Resistência Democrática congregava tanto membros do CDV quanto os que integrariam a UDN. "*Em seu manifesto-programa, a organização ressaltava a vitória contra o totalitarismo obtida na Europa ao final da Segunda Guerra Mundial, pregando ao mesmo tempo a necessidade de se travar internamente a luta contra o regime totalitário de Vargas. O documento propunha ainda a volta ao estado de direito, o respeito aos direitos humanos e a convocação de uma assembléia nacional constituinte. Entre seus signatários destacavam-se José Barreto Filho, Adauto Lúcio Cardoso, Genolino Amado, Heráclito Fontoura Sobral Pinto, Murilo Mendes, Gustavo Corção, Jaime Ovalle, Oto Lara Resende e Paulo Mendes Campos. Funcionando clandestinamente, o Movimento de Resistência Democrática dedicou-se sobretudo às atividades de propaganda contra o regime através de manifestos que eram publicados nas edições dominicais do* Diário de Notícias" (CARONE, E. Estado; Ordem (7/12/61); SILVA, H. 1945). (Disponível em: <http://www.fgv.br/cpdoc/acervo/dicionarios/verbete-tematico/movimento-de-resistencia-democratica>).

ordem, sem a qual não poderia haver democracia (1964b). E para além dos posicionamentos diante dos eventos políticos cotidianos, João Camilo procurou defender a democracia cristã através da exposição de sua doutrina, como será observado na seção seguinte.

2.2.4 A visão cristã do Estado democrático

Após encararmos os dilemas da Igreja católica no pós-Segunda Guerra, as reviravoltas com o CVII, um sintético panorama do pensamento católico brasileiro e a relação de João Camilo a respeito desses assuntos, cabe caracterizar a visão cristã do Estado segundo o autor (TORRES, 1968g). JCOT apresenta uma concepção católica da democracia, inspirada na doutrina de Francisco Suárez,[285] e atualizada pela neoescolástica do século XX, por Maritain, Simon, Rommen - nomes que repercutiram inclusive no Brasil.[286]

O livro em que João Camilo apresenta de forma mais conclusa que a DSI é *Natureza e fins da sociedade política. Visão cristã do Estado* (1968g). A construção do argumento procura combinar as lições neotomistas sobre a política, as atualizações contemporâneas da Igreja a partir das encíclicas e o pano de fundo da história do Brasil. Seguindo a tônica de toda a obra camiliana, a base de teorização política recai no contexto da história nacional. Nessa abordagem, o pensamento político católico está estruturado sobre as seguintes vigas: a Democracia, as noções de Paz e Ordem, os Direitos, o Bem Comum, e a própria estrutura do Estado.

A principal diferença desse livro de 1968 para outro semelhante em que João Camilo também dispõe sobre a teoria política católica - no caso, *Harmonia política*, de 1961 - é o efeito do CVII. O próprio ritmo de *Natureza e fins...* acaba sendo muito mais fluido, há uma evolução no sentido de abarcar a recomposição da Igreja conciliar. O autor percebia como o catolicismo oficial se atualizava,

---

285. As obras do padre espanhol mais recorrentes nos escritos de João Camilo são: *De Legibus ac Deo Legislatore*, de 1612 e *Defensio Fidei Catholicae et Apostolicae adversus Anglicanae Sectae errores*, de 1613. Esta última foi traduzida em edição compilada, *Defesa da Fé Católica* (SUÁREZ, 2015).

286. Rommen era uma das maiores autoridades sobre política tomista, e foi sugerido a João Camilo por um amigo que lhe escreveu. Em carta José Vicente de Souza pedia enfaticamente para que João Camilo lesse "*El Estado en el pensamiento catolico - Tratado de Filosofia Política*", de Heinrich A. Rommen, católico bávaro, que ensinava na Universidade de Georgetown, de Washington, que era dos Jesuítas. Segundo José Vicente o próprio Rommen lhe teria escrito dizendo que Pio XII, em audiências privadas, relatou ter lido todos os livros, no que fez rasgados elogios (SOUZA, 4 out.1960).

através de renovações teológicas, alterava a atuação no mundo. A habilidade de João Camilo estava em esclarecer esse novo patamar, e traçar paralelos com o plano político.

O sentido da democratização e socialização é mais uma vez apreensível nessa abordagem camiliana. A Igreja ultramontana, que através de Vaticano II se torna conciliar, democratiza-se; a Monarquia constitucional, que se torna Monarquia parlamentar, socializa-se. De forma legítima em todos esses movimentos estariam um início e fim democrático social. A Igreja é para o povo de Deus, e é o lugar de integração do povo com a Unidade. A Monarquia é popular por seu fundamento, e em sua evolução voltada a formas de participação mais plural, parlamentarizando-se.

Essa exposição, inspirada no CVII e em pensadores que se tornaram referências do neocatolicismo, vale lembrar, representava uma quebra com a perspectiva católica anterior. Outrora o apelo democratista não era o suprassumo da DSI, e o Estado era visto, sobretudo, como instrumento em prol da cristianização, mais do que garantidor de direitos individuais e sociais.[287]

O grande empenho de João Camilo é apresentar rumos a um Estado cristão, democrático, social, ordeiro e pacífico, cujos direitos estão fundados na lei natural

---

287. Como já apresentado em outros momentos desta tese, a variação no pensamento católico, como a partir de João Camilo, não acontece apenas no CVII, é um processo que já começa com a consolidação do neotomismo de Maritain e de toda a carga de renovação teológica a partir dos anos 1940, sobretudo. No caso de João Camilo é marcante um artigo de 1947. Em "Religião e Política" (19 set.1947), JCOT acredita que "*o Estado pode ser cristianizado, mas não é instrumento de cristianização*". Essa mera passagem, que concluiu um argumento em prol da devida diferenciação entre a dimensão religiosa e a política. O que se explica pela forma como a Igreja conciliar, a partir dos anos 1960, passa a demandar que os países deixem de adotar o catolicismo como religião oficial, perante a liberdade religiosa, que passa a ser promovida – e não mais tolerada, como outrora. Mesmo oficial, consequentemente, a medida é logicamente antagônica à tradição católica, dado até o CVII o Estado era entendido como algo passível de cristianização, como a política em geral, justamente para servir de instrumento à conversão, como protegendo os dias santos, livrando o domingo de concursos públicos, e demais ações em prol da religião. A seguir, nesse mesmo texto, JCOT observa que Cristo recusou a tentação da realeza terrestre, conforme trata do tema N. Berdiaeff, que nos lembraria de duas verdades "*a) o domínio do temporal não é essencial à Revelação; b) não podemos dar valor e conteúdo religioso à atividade política*". Ou seja, João Camilo acentua a ideia de uma era secular, ainda que seja coerente dispor a independência da Revelação cristã quanto aos aspectos materiais, e que se trata de medida de precaução não fazer da política objeto de culto, a questão é a demarcada separação entre as esferas, e que já não são pensadas em prol de uma conciliação a partir dessa própria Revelação, mas que justamente têm dois caminhos. A teoria histórica camiliana, por seu turno, seguirá pregando que é preciso que a Igreja acate e cristianize os resultados das demandas modernas, de modo a aceitar que a ação católica viva a reboque da ação secular. Em outras palavras, o protagonismo da Igreja seria o de "correr atrás" para reconfigurar o que surge de novo, já que não se vê mais capaz de corresponder ao *timing* da nova era (TORRES, 19 set.1947).

e a autoridade civil e da Igreja seja respeitada. Uma observação essencial é que a ênfase sobre a democracia leva a discussão da DSI mais para o campo político-estatal, há por assim dizer um deslocamento do campo de interesses. Uma expressão dessa mudança é a diminuição no debate acerca do corporativismo.

O corporativismo era o principal instrumento de aproximação da era moderna com a organização social medieval através do trabalho. Para uma Igreja conciliar que se via mais aberta ao futuro do que fincada nos modelos do passado, o corporativismo poderia trazer mais problemas de argumentação do que resultados positivos. Ainda que João Camilo jamais tenha deixado de observar as qualidades do modelo, pouco trata do assunto em *Natureza e fins...*, e mesmo em *História das ideias religiosas no Brasil*, também de 1968, a preocupação é demonstrar que, apesar dos excelentes efeitos do sistema corporativo medieval para a substituição da luta de classes, e para a substituição do regime de representação de aguados e incolores partidos, o fato é que as experiências corporativistas foram frustradas por vários motivos (TORRES, 1968a, pp.193-194).[288]

O século XX, que prometia ser o do corporativismo, torna-se o da democracia. Ainda assim, a defesa democrática, por parte da geração a que João Camilo pertencia, era um grande desafio, uma espécie de superação. "*A nossa geração formou-se sob o signo da crise da Democracia (...) não se acreditava numa transformação da Democracia, numa solução dentro dos quadros do que se chamava então, pejorativamente, 'liberal-democracia*'" (TORRES, 1968g, pp.19;25). O pós-Segunda Guerra, portanto, havia retomado essa busca. Para isso era preciso ainda se libertar do liberalismo, da mácula individualista, do

288. A qualidade do corporativismo foi amplamente reconhecida e fez desse regime o significativo de uma época, que logrou inspirar uma farta literatura corporativista fundada nos seguintes itens: "*a) substituir a luta de classes pela associação em vista da unidade de interesses nas mesmas atividades; e, b) substituir o regime de representação de aguados e incolores partidos por uma representação de interêsses reais — classes. Assim, os sindicatos da mesma categoria se associariam, unindo empregados e patrões, abolindo-se a luta de classes e a concorrência desenfreada. Estas corporações, ademais, seriam os órgãos da representação política, em câmaras corporativas em que cada grupo se representaria*" (TORRES, 1968a, p.193). Contudo, João Camilo discorre que o corporativismo não teve sucesso por vários motivos: a) Sindicalismo tornou-se mais atraente, mais condizente com a sociedade industrial; b) Os fascismos ao lançarem mão da ideia corporativista desvirtuaram-na, desmoralizando a própria palavra; c) As corporações medievais eram, realmente, comunidades profissionais, congregando pessoas da mesma profissão, em graus diferentes, e não classes diferentes da mesma atividade. Daí que uma verdadeira restauração das corporações medievais só teria lugar em estruturas estritamente profissionais, no gênero de Ordem dos Advogados, Conselhos de Medicina, de Engenharia, etc.; e d) Especificidade da representação política. Divisão dos atores a partir dos problemas políticos. Multiplicidade de influências (1968a, p.194).

absenteísmo, das falsas explicações metafísicas, e da hostilidade ao princípio da autoridade.[289] E compreender que César não era mais o déspota em Roma, mas o Povo nas ruas (TORRES, 1968g, p.40). Do mesmo modo que a democracia não se circunscrevia ao momento eleitoral, até porque "*nem todos os órgãos* são escolhidos convenientemente por meio de votações" (TORRES, 1968g, p.114).[290]

A retomada do sonho democrático tinha como requisito uma doutrina política. Nesse sentido a encíclica "*Pacem in Terris – sobre a paz de todos os povos na base da Verdade, Justiça, Caridade e Liberdade*", de 11 de abril de 1963, do papa João XXIII, teria logrado responder a essa inquietação, acerca de uma exposição política católica, alinhada com a democracia e com o mundo contemporâneo (TORRES, 1968g, p.19).[291]

A encíclica de João XXIII demonstrava o caráter equilibrado e dinâmico da Igreja. Desde a instituição da festa de Cristo-Rei (*Quas primas*, 11 de dezembro de 1925, pelo papa Pio XI), a Santa Sé explicitava como "*há valores humanos que não estão sujeitos ao Estado, [e] a ordem política é subordinada à lei divina*" (TORRES, 1968g, p.20). Eis o pontapé para outros documentos que condenavam o fascismo, o nazismo e o comunismo.[292] No mesmo plano a Igreja não deixa de reconhecer a autoridade pública civil, de modo que os documentos que foram publicados nos papados de João XXIII e Paulo VI demonstraram como o Estado pode ser igualmente um promotor da conquista de direitos (TORRES, 1968g, p.24).

---

289. Em *A libertação do liberalismo*, João Camilo procura salvar não só a liberdade, como a democracia e a preocupação com os problemas sociais, dos liberais (1949, p.76). No texto, demonstra ainda que libertar-se do liberalismo não se faria pela sua supressão, mas por sua correção – através da ótica tomista – bem como por sua renovação, como estavam fazendo alguns autores estrangeiros mobilizados no livro, tais como Walter Lippman, W. A. Orton e Ramsay Muir (TORRES, 1949, p.243).

290. Há posições mais radicais, contemporaneamente, que chegam até mesmo a questionar as eleições como propósito da democracia, como no caso do livro – quase um manifesto – de David Van Reybrouck, *Against Elections. The Case for Democracy* (2016).

291. *Pacem in Terris* conclama a promoção dos "direitos da pessoa", demanda harmonia nas relações entre as comunidades políticas, e até mesmo trabalha com a noção de "tratamento das minorias". Trata-se de uma encíclica do âmbito conciliar, que procura integrar a tradição com aquilo que chama de "sinais dos tempos". Portanto, integra lições sobre o "princípio de subsidiariedade", que levam à noção de autodeterminação dos povos, em meio a uma época de pós-colonialismo, bem como elogia a fundação da ONU (26 de junho de 1945), e abraça a Declaração Universal dos Direitos do Homem, de 10 de dezembro de 1948, como um "*ato de altíssima relevância*".

292. A respeito cita a condenação da Action Française em 1926, a carta *Non abbiamo bisogno*, de 29 de junho de 1931, em que criticava aspectos do fascismo, a de 14 de março de 1937 (*Mit brennender Sorge*) que condenava o nazismo, e cinco dias depois (*Divini Redemptoris*) condenava o comunismo (TORRES, 1968g, p.20).

A Igreja fornecia um sentido ético para os direitos, de forma global. Se havia a retomada de direitos amplos, humanos, logo a melhor forma de emplacar a força eclesiástica era retomando o lugar da lei natural. Isso aparece nas encíclicas de João XXIII e Paulo VI, e é levado em conta por João Camilo quando sustenta que o sumo da DSI está na defesa dos direitos: "*quando se postula um direito do homem, não se reconhece legalmente uma situação de fato, mas proclama-se uma vocação a situação perfeitamente caracterizada*", em outras palavras, é uma forma de reposicionar o homem em sua condição natural: "*os direitos naturais, civis e políticos não são meros reconhecimentos por parte da autoridade de que há situações definidas, mas sim o anúncio de uma vocação humana caracterizada*" (TORRES, 1968g, p.55).

Essa leitura era uma recomposição do tomismo, como forma de recompor a sociedade como um todo, assim como fizera Suárez, igualmente lendo a escolástica, ao prever a destituição e morte do rei tirano.[293] "*Como disse um político inglês, 'o primeiro whig (liberal) não foi o diabo, e sim Santo Tomás de Aquino*'" (TORRES, 1949, p.95). Nessa linha, Suárez apresenta praticamente uma noção de "contrato social", denominado "*pactum subiectionis*" (pacto de sujeição), no qual toda a sociedade política se funda.[294] O poder vem de Deus, pelo povo. Em outras palavras, por graça divina, o poder está na comunidade política soberana, na "república" (entendida como a nação), e esta, não querendo ou não podendo exercitar por si mesma o governo, o transfere a um rei, a um senado, a magistrados eleitos. Eis o fenômeno da *translação*, a transmissão originária do poder do povo a uma autoridade, e forma-se um pacto de mútua sujeição entre as partes. João Camilo quer demonstrar que esse pacto originário é permanente, assim como nos países de língua inglesa que admitem a tese da imutabilidade da Constituição, para não se romper o *convenant.* A história trará modificações, mas dentro da mesma linha, em respeito ao pacto original (1968g, p.135).

---

293. A possibilidade do tiranicídio, segundo Santo Tomás de Aquino (1225-1274), consta especificamente na obra inacabada, *De Regno* dirigido ao rei de Chipre (2011, p. 23). Uma discussão sobre o assunto está bem posta por Michel Senellart, *Artes de governar. Do* regímen *medieval ao conceito de governo.* (2006[1995]).

294. Essa origem popular do poder, em que o Corpo Político é praticamente oriundo de uma "democracia direta", que organiza as instituições políticas, tinha como objetivo combater a tese do Direito Divino dos Reis, defendida na Inglaterra por Jaime II. Trata-se de uma abordagem alternativa às teorias contratualistas modernas, de Hobbes, Rousseau e Locke. João Camilo lembra que a translação é uma "alienação" e a delegação é um "mandato", temporário e revogável. Agora, o Estado é por definição uma instituição perpétua (1968g, p.131).

2.3 O conservadorismo social camiliano

> *"Mas em Iglesias, onde os sardos trabalham nas minas, não vi mais alegria nem rebuliço. Vi o nada do cansaço cotidiano. Cansaço que serve para um naco de pão, e naco de pão que serve ao cansaço. Como escravos numa cava cartaginesa."*
>
> Elio Vittorini
> (*Sardenha como uma infância*, 1932-1933)

Os antigos gregos perceberam que uma sociedade sem elite está ameaçada a desaparecer. Sócrates, Platão, Aristóteles, o auge da Filosofia helena, teve como um de seus principais motores de pensamento a crise da democracia. Nenhum previa o soerguimento pelo mesmo regime decadente. Na era moderna, o impulso à reconfiguração política era quase o oposto, de sobreposição ao paradigma aristocrático rumo ao democrático. As independências nas Américas, a libertação da Irlanda dos ingleses, as independências sul-africana e indiana, as Revoluções russa e chinesa, a descolonização africana no século XX, e diversas revoluções nacionais tiveram como apelo basilar, mesmo que retórico, a vontade popular, os direitos dos povos, o ideal da liberdade política. O que se passava a seguir era a recomposição de estruturas análogas às de outrora, com novas elites no poder.

A história política feita à luz da circulação de elites compreende uma abordagem realista, peculiar ao senso conservador.[295] A essa análise cíclica, diante do desenvolvimento político democrático e socializante que marca o século XX, se impõe um desafio capital: identificar as novas elites, os novos comandos, os novos lugares na constituição do poder político e social.[296] O fenômeno das multidões, a

---

295. Texto de referência a respeito da teoria das elites, enfrentando sinteticamente a controvérsia entre elitismo e democracia, é o livro de Cristina Buarque de Hollanda (2011).

296. Para uma abordagem teórica estrutural de como as ordens sociais se renovam a depender do tempo e lugar/sociedade, destaca-se a obra de Luís Salgado de Matos, *O Estado de Ordens* (2004). A tese remonta à teoria das almas de Platão, de modo que a organização social lhe é correspondente, e é possível encontrar recorrentemente três instâncias, mesmo que com nomes e tratamentos diversos, mas sempre dentro de três esferas: a primeira ordem é simbólica e identifica as demais, onde incide a dimensão religiosa e intelectual; a segunda ordem é securitária, envolvida com a defesa, com as armas, com a guerra; e a terceira ordem é econômica, onde está o povo, a parte produtiva e reprodutiva das sociedades.

urbanização, o mundialismo, as instituições globais, a comunicação de massa, as megacorporações e os imensos aparatos estatais de poder e políticas públicas - e o mais importante: toda sorte de revoluções culturais que conformaram a vida contemporânea, elevaram o patamar de análise ao limite. Situa-se entre a mera constatação de um desequilíbrio momentâneo de posições até a percepção da insolvência dos paradoxos modernos, ou mesmo a conclusão de que as mudanças na estrutura organizacional se tornaram irreversíveis e únicas.

João Camilo está justamente numa dessas divisas, entre a identificação da recomposição das instâncias de poder e a reflexão sobre uma ordem social. Encara o novo tempo como marcado pela civilização do trabalho, pelas novas elites gerenciais, pelo espraiamento da democratização nas mais variadas esferas e pelo ideal de socialização de bens e direitos. Essa reconfiguração social é tão estrondosa que quase escapa da apreensão analítica. A preocupação de JCOT com uma sociedade de risco que se avizinha, porventura incapaz de restabelecer algum patamar de segurança. Pois a própria ideia parecia ter dificuldade de encontrar estabilidade.

O otimismo cristão levou João Camilo a procurar um reduto de equilíbrio que atravessasse as pressões políticas, liberais e comunistas. Chega então aos mecanismos de seguridade social, como a previdência, que fundariam o grande elo de solidariedade nacional, caracterizando o "securitismo". Não se tratava de uma alternativa reacionária, pelo contrário, estava em diálogo com o novo mundo, porque entendia que era preciso se abrir para enfrentá-lo, ou melhor, para abraçá-lo. A neocristandade alavancada com o CVII, que dera o impulso necessário e a chancela espiritual que faltava.

O edifício filosófico que fundamentou a percepção histórica de João Camilo, da qual ele também se tornou produtor e reprodutor, não promoveu a estabilidade e consenso que se esperavam. A ideia de uma configuração comum a instâncias naturalmente inconciliáveis, gerando um outro estágio societário, de ampla abertura e compreensão, foi frustrada. Pelo menos desde anos antes do falecimento de JCOT até agora, essa esperança de integração entre a nova era moderna dos anos 1960 e a tradição da Igreja se mostrou irreal.

Nesse sentido, percebe-se que a arquitetura da superação da crise, pelo conteúdo da proposta restaurativa, não leva a resultados efetivos devido a problemas de fundo. A desconexão era flagrante, ainda que os nomes das demandas fossem comuns. Por exemplo, a democracia. A ideia tomista, através de Suárez, que era atualizado por Maritain, Rommen, etc., abarcava um conteúdo conceitual completamente diferente da proposta moderna de democracia, avistava no século XX. A diferença estava sobretudo nos efeitos, pois a preocupação da fórmula tomista era relativa à legitimidade da origem, sem qualquer dimensionamento a uma sociedade de massas, em que a preocupação é acerca da legitimidade em todas as particularidades das ações políticas. Isso quer dizer que a proposta de restauração, por assim dizer, entrava num intrincado impasse, pondo em risco a própria concisão do termo "conservadorismo social", que será explicado adiante, pois é produzido a partir de um idealismo católico. Dentro do feixe que compreende uma aposta sobre a sociedade moderna, em comum acordo com os desígnios da tradição cristã – que remontam a determinados paradigmas de ordem, autoridade, bem comum, e mesmo democracia –, a assertiva camiliana pode levar a certos engodos, não pela leitura da tendência histórica, mas pela junção desse fator com a herança católica. Assim como disposto no capítulo anterior, é o próprio autor quem acaba repercutindo esses desencontros.

Em que pesem essas anotações críticas, certamente o objetivo não é fazer um tribunal das ideias de João Camilo, mas sim apresentar o seu pensamento político. Vale o seu esforço na caracterização da dinâmica social acelerada e transformista, na sociedade e na política. Nota-se como a própria produção literária de João Camilo reflete essa dinâmica, que é o tom mais sociológico na argumentação. Isso se verifica nos quatro principais livros em que o autor trata da questão social. Há três pressupostos em JCOT que convergem para esse fenômeno. Um é o próprio surgimento de uma agenda de reformas sociais, trabalhada numa linha alternativa à das tendências revolucionárias. Dois, o fim das grandes guerras trouxe uma recomposição dos rumos mundiais e locais, a ponto de os intelectuais públicos se virem na condição de tradutores desse novo momento, com a apresentação de caminhos e desafios. Três, até mesmo as encíclicas papais dos anos 1960 trazem consigo um esquema explicativo de cunho sociológico, identificando-se inclusive com "a sociedade" como um todo. Através desses diversos influxos o texto camiliano tornou-se menos ensaístico e mais sistemático.

Um mundo em busca de segurança (1961e), *Desenvolvimento e justiça* (1962a), *Estratificação social no Brasil* (1965c) e *O ocaso do socialismo* (1970) contam com a mesma estratégia, e, a partir de uma combinação de História e Sociologia, apresentam rumos à reorganização da sociedade brasileira. Em todos o autor repete o ideal do "*securitismo*" ou "*socialismo da segurança*", e em dois - nos de 1962 e 1970 - toda a proposta é feita a partir das encíclicas papais. Ademais, é possível delimitar algumas perguntas que norteiam essa parte da produção camiliana. De que modo a superação da sociedade aristocrática seria enfrentada no Brasil? Quais os meios para o ideal securitista ser realizado? Como realizar a expansão democrática com certo equilíbrio, em face do desenvolvimento econômico e industrial? Qual a configuração do catolicismo com a hiperbólica urbanização?

As respostas englobam uma linha de pensamento camiliana denominada "conservadorismo social". Trata-se do desdobramento da principal fonte inspiradora de João Camilo: a religiosidade católica, a qual abarca tanto a filosofia cristã leiga como as lições eclesiásticas, lhe fornecendo insumos a uma visão histórica, sociológica e política do Brasil e do mundo. O conservadorismo social funciona como uma ideologia, e como tal provê um acesso à formação e à natureza da teoria política, bem como sua riqueza, suas variedades, suas sutilezas (FREEDEN, 1996, p.1). Ou seja, esse trato com a questão social não afasta a dimensão política do assunto.

Primeiro, o que seria um socialismo possível para João Camilo, o solidarismo cristão - materializado na prática pela Terceira Via sueca e pelo trabalhismo inglês - é caudatário de uma espécie de reformismo conservador. O socialismo da segurança é um ponto de chegada que apresenta um cenário condizente com o caso particular brasileiro, num compromisso de equilíbrio para o país.

Em segundo lugar a defesa do securitismo acompanha a evolução de uma empreitada aberta pelo Partido Conservador no Brasil Império, a de democratização e que atingiria reformas sociais. O compasso da tarefa democrática no século XX se confundia com o desenvolvimento social originário do país. Se até os anos 1930 o objetivo era purgar o país dos estrangeirismos oriundos do liberalismo, a partir de então uma nova fase seria possível: demonstrar a falência das respostas alienígenas, trazidas por liberais e socialistas. Essa obra de percepção e ação sobre a realidade levava em conta a lei natural e os fundamentos religiosos de uma sociedade. A Igreja católica era dotada de voz participante nesse processo, ao enfatizar um apostolado que, evitando competir com os governos, conclamava a participação e colaboração para um ideal cristão de justiça social. João Camilo é mobilizado por esse chamado católico de orientação política ao Estado solidarista.

Este capítulo está dividido em duas seções. A primeira procura apresentar como se deu o desenvolvimento do socialismo, como oposto a individualismo, e fora da teoria marxista. É um percurso que vai do liberalismo social ao socialismo da segurança. A seguir explico de que modo João Camilo observou o ocaso do socialismo em meio a um cenário de crises, e a necessidade de uma "*Seguridade Social Global*" (1981), realizável no paradigma solidarista, segundo uma lógica restauradora procura-se confrontar uma crítica liberal cabível ao ideário camiliano e, por outro lado, linhas comuns e convergentes, como outras expressões de solidarismo católico e de conservadorismo social. O destaque neste último ponto é sobre a crítica ao capitalismo no Brasil, tendo em vista um drama sociológico que organiza a proposta restauradora, a superação do insolidarismo – algo que remonta à sociologia de Oliveira Vianna.

Uma observação: o tema da previdência é sem dúvida o apogeu da transmissão da DSI para o pensamento político de João Camilo. Porém, pela envergadura do assunto e como perpassa uma parte singular da própria biografia do autor, será trabalhado como um dos caminhos restauradores, apresentado no último capítulo.

2.3.1 Do liberalismo social ao socialismo da segurança

A palavra socialismo refere-se a coletivização, distribuição de bens, oposição ao individualismo, ao liberalismo, ao capitalismo e ao conservadorismo. Há pelo menos dois caminhos que explicam o desenvolvimento da ideologia socialista. O primeiro e mais difundido é a partir da teoria de Karl Marx, que privilegia a sociedade e a economia, criticando o papel do Estado. O segundo diz respeito à noção de socialismo como oposição a individualismo, sem propriamente abandonar os vínculos com a economia de mercado e a conservação de tradições, tendo ainda o Estado como elemento estratégico a um bem-estar social. João Camilo denominou formas "ortodoxas" e "heréticas" do socialismo. Marx teria estabelecido a forma ortodoxa, "*enquanto que os demais movimentos, alguns (como cristão sociais) de fontes completamente aparte, e outros, por assim dizer heresias marxistas, que sempre existiram, (...) passariam a simples 'reformismos*'" (TORRES, 1970, p.50).

O socialismo monárquico de João Camilo remonta a uma dessas "heresias" socialistas, que é a experiência alemã com Otto von Bismarck. Mas para uma noção mais ampla daquilo que formou o seu pensamento social, é fundamental prestar atenção a outras fontes, como o *liberalismo social*, e o *conservadorismo social* - como aquele representado pelas teorias distributistas do início do século XX. Todos esses estavam em posição não marxista, de crítica ao capitalismo e dos exageros do liberalismo individualista, assim como das consequências da vida moderna, e variavelmente defendendo intervenções governamentais na sociedade e na economia. As duas formas de atuação - liberalismo social e conservadorismo social - por vezes concorreram, e ambas sofrem influências cristãs. Esses e outros apontamentos contribuem para a formulação da "teoria do securitismo", proposta por João Camilo em *Um mundo em busca de segurança* (1961e). Trata-se de um intento de conquistar a segurança material e espiritual do indivíduo, dentro de um espírito de missão solidária.

O pensamento socialista no século XIX, fosse o "científico", fosse o utópico de Robert Owen, Fourier, Saint-Simon, fosse o de mero caráter anti-individualista, surgia como etapa de desenvolvimento e resposta crítica às revoluções que sepultavam o Antigo Regime. Nesse sentido é que as revoluções na Europa em 1848 estavam marcadas para serem uma espécie de complemento das burguesas, como apontou Karl Marx no *18 de Brumário de Luís Bonaparte* (1968[1852]). O emblemático 1848 demonstrou que a paz e a guerra precisavam ser encaradas de modo mais complexo, por trás da revolução política encontrava-se uma revolução social, inescapável e difusa em todas as camadas sociais. A dimensão do "social" tornava-se patente, e não exclusivamente na ótica de liberais sociais, anarquistas e socialistas dos mais diversos matizes, como Louis Blanc, Proudhon e Karl Marx. O pensamento católico do século XIX também lidava diretamente com esses dilemas sociais, de forma prática, com assistencialismos - hospitais, escolas, orfanatos, creches. No entanto, além do espírito de caridade cristão, sendo o dever de amor ao próximo, não havia uma doutrina social definida. Neste sentido havia um descompasso maior diante dos demais críticos do liberalismo individualista.

É no papado de Leão XIII, de 1878 a 1903, que a situação se altera. A encíclica *Rerum Novarum* (1891) - sobre a questão operária - marca a tomada de posição da Igreja sobre a questão social e do trabalho. Desde o pontificado anterior,[297] de Pio IX, católicos do clero e laicato alertavam a Santa Sé sobre a crise social, como o Cardeal Gibbons de Baltimore, Edward Manning de Westminster e o industrial francês Leon Harmel, que inclusive influenciaram obras conservadoras e paternalistas de aristocratas, como as de Albert de Mun[298] e de Rene de la Tour du Pin[299] (HENNESEY, 1990, p.133). Na Alemanha, o destaque sobre o assunto era o bispo de Mainz e integrante do Partido do Centro alemão (oposição católica a Bismarck), Wilhelm Emmanuel von Ketteler, reconhecido como o pioneiro nas teses que figuram na encíclica *Rerum Novarum*. Em *Freiheit, Autorität und Kirche* Ketteler demonstrava que o papel do Estado, auxiliado pela Igreja, era o de harmonizar os interesses (1862, p.31), evitando assim o egoísmo que emergia das revoluções (1862, p.39).

Com a encíclica de 1891, Leão XIII apresenta o início de uma *doutrina social da Igreja*, que agrega um fator essencial na atuação política do catolicismo romano: a problematização da questão social, tendo em vista a condição dos operários. O objetivo era dar uma saída católica ao tema, em vez da socialista e sindicalista, e reconhecendo a necessidade de organização dos trabalhadores para que estes adquirissem seus direitos, através de termos mútuos de ajuda, e de grupos benevolentes na sociedade (COPPA, 2008, p.65). A proposta de

---

297. O pontificado de Pio IX (1846-1878) não previra a sociedade proletarizada, e deixou de agir socialmente, tal qual se fez posteriormente, o que deixou um vazio de atuação doutrinal da Igreja na sociedade (AUBERT, 1952, pp.454-455). Em uma palavra, faltava a Pio IX uma resposta direta ao tema do "social".

298. Albert de Mun (1841-1914) inclusive teve papel direto no desencadeamento da posição da Santa Sé sobre a questão social. Em 15 de outubro de 1887, em audiência no Vaticano, De Mun evoca uma intervenção do papa na área da legislação internacional do trabalho. E como já era do desejo de Leão XIII, no ano seguinte, publicar uma encíclica sobre as questões sociais, ele se entusiasma e pede que o pontífice atue como um árbitro da Europa nessa questão. O que acaba não acontecendo, contudo. A encíclica *Rerum Novarum*, tratando da questão é publicada em 1891 (TICCHI, 2002, p.54).

299. René de la Tour-du-Pin (1834-1924) foi um dos primeiros teóricos do retorno do corporativismo e da monarquia tradicional francesa, foi mestre de Maurras e inspirador de uma parte da direita da Segunda Guerra Mundial. Foi influenciado pelos teocratas franceses, Bonald, De Maistre, e por católicos conservadores alemães e austríacos, assim como por Frédéric Le Play, que o introduz na sociologia. Sua ideia fixa era destruir a obra nociva da Revolução. Em seus *Aphorismes de Politique Sociale*, La Tour-du-Pin (1930, p.14) coloca que as linhagens políticas podiam se resumir em: jacobinos vermelhos (revolucionários), jacobinos azuis (liberais) e jacobinos brancos (reacionários). Para ele a política do XIX foi baseada nesses três grandes atores, saltando de um a outro indefinidamente sem se aproximar da verdade do poder. Porém uma última escola possível era a dos "Renovadores", na qual o autor se colocava, segundo explica Quiriny (2013, p.308). E, diferentemente das demais, esta não cairia nos erros de ser complacente com a Revolução, mas assegurando um sentido de reformas que desse sobrevivência aos princípios conservadores da sociedade, paradoxalmente a partir de certas mudanças.

Leão XIII é clara no sentido de projetar uma harmonia *capital-trabalho-poder estatal* com base na Lei Natural, em que cada parte ou corpo social deve exercer determinada função natural para o bem comum.[300] Daí porque a condenação da luta de classes, bem como a omissão do Estado em garantir o bem comum. O intuito era que o ente público agisse em seu papel subsidiário nas relações, intervindo, mas sem se arvorar como dominador da sociedade (HENNESEY, 1990, pp.133-134).

Antes mesmo dessa tomada de posição doutrinária por parte da Igreja católica, por volta da metade do XIX, em diversos países europeus, surge um conjunto de concepções políticas que destoam do liberalismo clássico. A tônica dos direitos individuais permanece, porém certos pensadores passam a considerar as condições em que ela pode se desenvolver. A essa altura surge na França a sociologia de Émile Durkheim, como instrumento científico da sociedade para superar o positivismo e o liberalismo individualista. O jurista Léon Duguit, por seu turno, buscava na expansão do serviço público um meio de integração de instituições e sociedade. Na Inglaterra, o novo liberalismo ou liberalismo social teve entre seus representantes Thomas Hill Green, John Hobson e Leonard Hobhouse, cuja empreitada era atenuar o individualismo, através de uma política pública intervencionista do Estado a fim de reduzir a desigualdade material (LYNCH, 2011a, p.91). Inclusive, essa doutrina liberal democratizante influiu no governo do primeiro-ministro William Gladstone (1868-1874 e 1880-1885), que procurou transformar a política britânica em uma democracia de massas, ampliando o serviço público e a educação primária e fazendo uma reforma agrária. Situação semelhante se dava nos Estados Unidos: um movimento progressista no mesmo período permitiu que a taxa de analfabetismo, em torno de 50% em 1800, descesse aos 13% no final do século, junto a um processo de urbanização e industrialização (LYNCH, 2011a, p.92).

---

300. Ainda que concordasse com a avaliação sobre a concentração do poder econômico, e que o individualismo liberal da burguesia gerava boa parte dos males sociais, o Pontífice repudiava a teoria socialista da propriedade coletiva como prejudicial aos próprios trabalhadores e à sociedade como um todo. A proposta de encaminhamento por parte da Igreja era diferente, apontava que "o primeiro princípio a pôr em evidência é que o homem deve aceitar com paciência a sua condição", acentuando a resignação, as saídas conciliatórias e não conflitivas, e a fuga da tônica da luta de classes. "O melhor partido consiste em ver as coisas tais quais são, e, como dissemos, em procurar um remédio que possa aliviar os nossos males" (LEÃO XIII, 1891, pp.6-8). A orientação para tratar dos dilemas da sociedade era a reintegração de instituições do cristianismo, numa busca pelas origens voltada ao reencontro com o fundamento da sociedade, do contrário seguiremos perdidos, argumentava o Sumo Pontífice.

No Brasil, o representante desse liberalismo social foi Joaquim Nabuco, que espraiava sua índole dentro do argumento de defesa do regime monárquico: "*sou monarquista por causa do povo, porque vejo no prestígio, na tradição e na força adquirida da monarquia a alavanca de que o liberalismo precisa para altear o proletariado nacional*" (NABUCO, 1989, p.384). De fato o monarquismo de Nabuco desviava-se de seu núcleo reacionário, e perpassava clássicos do liberalismo, como alguns intérpretes da monarquia constitucional inglesa e francesa – Burke, Hume, MacCauley, Montesquieu, Constant, Bagehot. Mais do que um liberal social, João Camilo avistava em Nabuco "*o germe de um império descentralizado e mais ou menos socialista...*" (1969, p.232). A subscrição de JCOT às propostas de Nabuco se dava pela via saquarema, encarada como a mais propícia à realização das reformas sociais. Nesse pressuposto camiliano seria bem-vinda uma espécie de despotismo ilustrado, em caráter instrumental, urgente e interventor, sob a batuta do Imperador. A monarquia era capaz de garantir a efetividade das reformas, pois contava com um elemento neutro, livre das amarras políticas e econômicas, acima dos interesses materiais que permeiam a classe política.

Havia uma interpenetração do liberalismo social com o catolicismo. A percepção mais "social" do catolicismo, a partir de Leão XIII, chegava aos publicistas liberais sociais, como o próprio Nabuco, que se entendiam como católicos liberais (RAMIRO JUNIOR, 2017). Ao mesmo tempo, com o incentivo ao medievalismo em Leão XIII, consequentemente difunde-se uma alternativa corporativista. Paralelamente aparece a preocupação geral com base no conceito de justiça social. Nessa época a Igreja se dera conta de que a classificação de justiça a partir da escolástica, sem a devida atualização, era insuficiente diante das transformações temporais, pois nas sociedades modernas surgiram problemas desconhecidos dos pensadores dos séculos anteriores (ROJAS, 1944, p.16). Ainda assim, foi pelo próprio neotomismo que a geração de católicos, de nascimento e convertidos, difunde uma proposta que incorporava esse sonho de uma justiça social, chamada distributismo (ou distributivismo).

O distributismo pode ser entendido como um pensamento socioeconômico advindo de conservadores, e que aqui usamos *conservadores sociais* – entre os quais G. K. Chesterton (1874-1936), Hillaire Belloc (1870-1953), Fulton Sheen (1895-1979), e, no Brasil, a primeira geração do CDV, especialmente Tristão de Athayde em *Política* (1932) e Gustavo Corção em *Três alqueires e uma vaca* (1953).

Trata-se de uma indisposição quanto à opressão do capitalismo e do comunismo, e uma proposta humana de existência, na forma de relação com as coisas materiais de forma proporcional, sem os grandes monopólios e sem a extrema pobreza que torna as pessoas escravas de governos e empresas. Em *Um esboço de sanidade. Pequeno manual do distributismo*, de 1927, por exemplo, Chesterton apresenta o bom senso humano iluminado pela doutrina católica, e propõe uma alternativa de organização social. De um lado, ataca o modo como a economia de mercado estava sendo organizada, o que ela acabava gerando, hiperconcentração: "*A verdade é que aquilo que chamamos capitalismo deveria chamar-se* proletarianismo. *O ponto disso não é que algumas pessoas possuem capital, mas sim que a maioria das pessoas têm salários simplesmente por não possuírem capital*" (CHESTERTON, 2016, p.10). Por outro lado, apesar do apelo social, o autor precisava se defender na Inglaterra contra os socialistas, que viam a sensata proposta distributista como coisa de utópico. "*A primeira crítica que recebemos veio dos mais brilhantes Fabianos, especialmente do Sr. Bernard Shaw. (...) de que nosso ideal era pura e simplesmente impossível. Era uma simples questão de credulidade católica em contos de fada*" (CHESTERTON, 2016, p.13). Chesterton, por sinal, era um crente em contos de fadas.

Como Cristo falava através de parábolas, Chesterton toma o estilo de abordar os assuntos mais espinhosos através de estórias. O que no fundo referia-se a algo simples e verdadeiro, um senso de proporção na relação do homem com as riquezas materiais. O amigo, Hilaire de Belloc, também já havia explicado o distributismo em *The Servile State*, de 1912. Belloc explica como os indivíduos se tornaram servos do Estado moderno, e de que maneira o Estado distributista era uma saída política e econômica à condição capitalista.[301] Já em *Economics for Helen* (1924),

301. Mais que uma possibilidade, tratava-se de um retorno, pois toda a mazela moderna tivera início com a supressão da posição da Igreja sobre a estrutura econômica, no caso inglês. Belloc explica que a falência do Estado Distributivo começa quando a revolução econômica do século XVI, através da Coroa, passa a tomar conta de possessões, sobretudo de monastérios e ordens religiosas. Até então, cerca de um quarto das terras pertencia à Igreja, a instituição era "senhor" de algo em torno de 25 a 28% ou até 30% das terras na Inglaterra de comunidades agrícolas, e na mesma proporção da produção agrícola do país (BELLOC, 1912, p.60). Em torno do ano 1700 a Inglaterra já havia se tornado capitalista, transformando grande parte da população em proletária, dando condições à Revolução Industrial (BELLOC, 1912, p.68). A crise da distribuição se dá ainda com a crise dos pequenos proprietários, que logravam certo equilíbrio produtivo em forma de guildas mais desenvolvidas, já no período capitalista. A capitalização que significou a busca de aumento no poder concentrado de meios de produção concorreu deslealmente contra os meios de trabalho cooperativo, e assim a concentração de recursos econômicos em poucos possuidores foi o meio de destruição das propriedades comuns (BELLOC, 1912, p.75).

Belloc preocupa-se com a efetividade do Estado Distributista, e percebe que entre outros problemas, numa competição com o Estado Capitalista ou mesmo com o Estado Servil, o modelo Distributista teria desvantagem na capacidade arrecadatória de realizar algo de grandes dimensões. Por outro lado, é o único Estado em que a propriedade dos meios de produção está nas mãos de agentes humanos livres, que encontram sua força, não no apelo a um Estado que os torne servos ou junto a poucos empresários detentores do capital, mas a partir da organização em diversas famílias e corporações.

Sobre o distributivismo João Camilo se via como herdeiro e elogioso desse conjunto de ideias. O mesmo acontecia a respeito do corporativismo: o defendia conforme a doutrina de Pio XI na *Quadragesimo Anno*, "*a transformação do contrato de trabalho em contrato de sociedade, não imposta pelo estado, nem deixada ao critério das companhias individuais; mas, regulamentado pelas associações profissionais*" (1961e, p.135). Em outro livro tentou justificar por que foi confusa a aplicação do corporativismo nos anos 1930:

> O ideal corporativo não pode ser confundido com formulações que assumiu por volta de 1930, visando não somente organizar classes e profissões como, também, problemas de economia dirigida e de representação política. O que se chamou corporativismo no período entre as duas guerras na verdade era uma bem intencionada confusão de coisas disparatadas: as corporações políticas, que se representam nos parlamentos, são os partidos; o planejamento econômico não é questão dos corpos intermediários mas de órgãos do Estado (1970, p.175).

No Brasil, a repercussão do paradigma corporativista, ao que consta, remetia à doutrina católica. O objetivo era atenuar os choques entre capital e trabalho. Oliveira Vianna, que foi um dos pensadores mais influentes do Estado Novo, imputava a atuação do direito do Trabalho como meio apaziguador entre sindicatos e empresas (LYNCH, 2014, p.96). No entanto a consequência também foi desequilibrada, hipertrofiou o Estado, e a maioria da população não conseguiu se inserir no conjunto de corporações que porventura se fortaleceram, que também foram raras.

De todo modo, embora um modelo desafiador de ser cumprido no século da democracia, o corporativismo era tratado por João Camilo como um estágio no desenvolvimento do socialismo da segurança. Com efeito, corporativismo, distributismo, liberalismo social e todo o fundo solidarista cristão apontavam para esse mesmo sentido, uma organização social que respondesse adequadamente à demanda por segurança, e que na forma mais bem acabada resultaria no securitismo, que é uma teorização do ideal solidarista (TORRES, 1970).

A emergência de toda a temática socialista no século XIX prenuncia algo ainda mais grave no século XX seguinte, a crise de insegurança. Pois a nova dinâmica de socialização surge numa situação em que as expectativas quanto ao futuro não são mais tão sólidas. João Camilo traça um raio X das causas principais desse fenômeno, de ordem subjetiva e objetiva: (i) o choque da guerra e os extremismos da vida moderna, tendo o homem se deparado com o fim do arsenal de crenças "infalíveis", logo depois de um sistema de equilíbrio liberal que havia prometido uma série de "certezas"; (ii) objetivamente, a nova ordem econômica que promoveu a desmaterialização da moeda, formando uma economia baseada no crédito, através de relações abertas, livres, marcadas pela fluidez de riquezas numa velocidade assustadora; e (iii) a iminência do conflito total, mundial (1961e, pp.31-33).

Em meio a esse cenário de crise, de opressão do indivíduo, das formas comuns de viver, a preocupação do autor era a de como implementar esse ideal de segurança. Para João Camilo, a partir de meados do século XX o mundo, a filosofia, a política poderiam estar superando a época do desespero, da angústia, das incertezas, em síntese, da insegurança. João Camilo acreditava que dali para a frente seria possível formular uma autêntica filosofia do ser, o securitismo (1970). Para isso fazia-se necessário compreender o novo modo de organização da sociedade.[302] E esclarecer que a chave para a efetivação de um Estado de

---

302. Para explicar esse fenômeno recorre à teoria da *managerial revolution* (revolução dos gerentes), apresentada em 1942 por James Burnham (1972), bem como no livro *The Modern Corporation and the Private Property*, de Berle e Means (1991 [1965]). [), e que no comunismo acontece através da camarilha burocrática do Partido Comunista, como mostrou Milovan Djilas (1959 [1957]). No caso das sociedades capitalistas, os autores apontam que a sociedade do pós-guerra trouxe uma multiplicação das formas de atividade dentro da empresa, quebrando com a noção antiga de patrão e empregado, assim como a dissociação entre a propriedade formal e oficialmente considerada e o domínio útil, criando um mundo do trabalho cujo predomínio é dos gerentes. As principais consequências foram, para o empregado: a) "desproletarização" do operário; b) o aparecimento do técnico; e c) a própria "revolução dos gerentes" (TORRES, 1961e, pp.24-26). Um dos problemas capitais dessa "revolução dos gerentes" é que não apenas ela encapsula todas as variantes ideológicas, até mesmo a alternativa socialista, ou sobretudo ela, como encaminha a sociedade para tecnocracias. Burnham observa que ainda de modo primitivo o New Dealismo já significa um tipo de ideologia americana "tecnocrática" (1972, p.46). A descrição é de um caminho inexorável, de que o "controle gerencial" passava a ser a tônica das grandes empresas no século XX, e que a tendência era de que o movimento gerencial abarcasse toda a dominância social (1972, p.60).

bem-estar social passava pela compreensão do nacionalismo. Era preciso defender não apenas o indivíduo, mas o ente coletivo também, pois aquele está necessariamente implicado na projeção deste. A alternativa ao vínculo nacional seria lançar o indivíduo ao desprotegido âmbito do mercado, algo que mal ou bem nem mesmo estava consolidado no Brasil do tempo em que JCOT vivia.

O caminho da segurança do indivíduo e da nação passava necessariamente pelo reconhecimento da DSI. Pois trata-se de dar corpo e alma, bem como corresponder à origem do ideal solidário. Ainda que nem todas as transformações que iam em direção a "*um mundo em busca de segurança*" fossem necessariamente cristãs, João Camilo conclui que "*o 'securitismo' na verdade realizou os ideais econômicos e sociais implícitos no ensinamento da Igreja, muito embora seus fautores fossem homens influenciados por doutrinas acatólicas*" (1961e, p.75). Quer dizer que através da publicidade, do espraiamento dos princípios cardiais cristãos, do ideal de justiça social, a Igreja ainda norteava o substrato do sentido solidário da vida humana. No fundo o lugar-comum desse processo de securitização é a própria libertação do homem, que remonta também a algo que não conseguiu ser secularizado.[303] Para João Camilo os homens buscam nesse mundo "seguro" uma Redenção, um Resgate (1961e, p.160). Uma das provas que o autor gostava de repetir é a respeito da alienação, em que a vontade de se superar essa condição é flagrante, mas segundo os próprios intelectuais socialistas nenhum regime, mesmo os do socialismo real, realizou esse feito.[304]

Nem toda aspiração à segurança é meramente espiritual, daí que a própria Igreja passa a ser fonte de uma proposta de equilíbrio. Para mencionar um exemplo, João Camilo discute a questão da reforma agrária no Brasil. Assim como outros pensadores católicos, o intelectual mineiro é favorável à proposta como condição para uma democracia autêntica no Brasil, e porque a justa e equitativa distribuição da propriedade tornara-se um fator de segurança social.

303. A esse respeito é instigante a discussão que Pierre Rosanvallon desenvolve em *La crise de l'État-providence* (1992), sobre o termo "Estado Providência", que remonta a uma noção não secularizada, de uma entidade provedora, quase que sobrenatural.

304. João Camilo utiliza mais de uma vez o caso do relato apresentado por Leoncio Basbaum em "Alienação e Humanismo", de 1967. Nele há um testemunho, de um crente no comunismo, de que o socialismo, em suas diversas formas, não aboliu a Alienação. "*O socialismo, de qualquer tipo que seja, resolve certos problemas econômicos, sociais, educacionais, mas não o problema do homem, isto é, o da alienação*" (TORRES, 1981, p.404).

O sentido de uma reforma agrária, no entanto, seria o de promover classes médias rurais - como algo que ainda ocorria em alguma medida no sul do país (TORRES, 1961e, p.162). Era preciso resolver o problema dos latifúndios e da monocultura no Brasil, e isso só seria feito com alteração da natureza da produção agrária brasileira. Há uma situação econômica que força as regiões do país a formarem grandes propriedades. Ainda sobre o assunto, além de propor que o começo de uma reforma agrária fosse feito segundo o aproveitamento das terras devolutas, apresenta um programa de educação e formação para o pequeno fazendeiro e sua família (TORRES, 1961e, pp.168-169).

Para realizar esse *socialismo da segurança* a questão nacional precisava ser trabalhada. No caso o nacionalismo é um elemento por excelência do pensamento conservador, e aqui liga-se a uma demanda social. O fato é que João Camilo encontra na própria tradição de formação nacional do Brasil, a partir do reino português, formas de organização econômica e social que nos são próprias, modernas e permanentes.

A tese que norteia a seção seguinte, sobre a crise do socialismo marxista e o otimismo do solidarismo, embora concebesse uma tendência global, tinha como âmbito de realização o nacional. A realização dessas experiências de Estado de bem-estar social se deram justamente dentro de marcos fundacionais da nacionalidade, a começar pela Alemanha de Bismarck, quando se fez o primeiro sistema público de aposentadoria nos anos 1880. Este talvez seja o mais representativo de políticas de Welfare State *ad hoc*, prévias às sistematizações do século XX. O modelo que inspira mais diretamente João Camilo começa a aparecer com as primeiras vitórias da social-democracia europeia, como na Suécia, em 1932, com a vitória do Partido Trabalhista (PRZEWORSKI, 1991).[305] Com efeito, a Suécia foi o plano-piloto desse modelo, desde antes da Segunda Guerra, realizando a combinação do Estado de bem-estar, o jogo combinado de transferência de recursos da segurança social e do imposto sobre a renda. Ademais, os suecos lograram uma duradoura estabilidade política, em que o Partido Social-democrata dominou até 1976, o que muito provavelmente impressionou João Camilo.

---

305. Tratava-se do que alguns autores também chamaram de "reformismo", edificado nesse mesmo período de governo sueco, com o pacto de Staltsjöbaden, concluído em 1938 e assinado pelas confederações operárias e patronais. "*As duas partes se comprometeram a se esforçar para solucionar todas as suas diferenças através do caminho da negociação*" (DUVERGER, 1982, p.163).

Há uma extensa discussão no campo da economia política acerca do Estado de bem-estar social, em especial por sua ligação com a teoria de Keynes, que surgiu quase que ao mesmo tempo, como réplicas à grande depressão econômica dos anos 1930 (DUVERGER, 1982, p.164).[306] Mas mesmo essa discussão apenas reitera a grande finalidade dessa formulação política: a segurança dos cidadãos. Pierre Rosanvallon aborda o assunto explicando que o desenvolvimento do Estado protetor em Estado providência (termo mais usado na França) correspondeu a uma necessidade de se corrigir e de se compensar os efeitos de um certo "desalojamento" social, para retomar a linguagem de Karl Polanyi (1992, p.22).

2.3.2 A penumbra do socialismo e a claridade do solidarismo

A aposta de João Camilo para lidar com a questão da segurança social passava pelo exemplo das monarquias democráticas. Quem informava o autor da confiabilidade desse processo era Seymour Lipset, ao desenhar a íntima ligação entre monarquia e democracia, exemplificados pelos êxitos sociais dos reinos escandinavos, do trabalhismo do tipo britânico na Grã-Bretanha, na Austrália e na Nova Zelândia (TORRES, 1970, p.58).

É preciso notar que o esclarecimento sobre o socialismo perpassa a discussão a respeito da democracia. João Camilo procura resolver uma dualidade entre a sociedade moderna e as formas tradicionais. Aposta na promoção de um amálgama, entre os apelos por desenvolvimento e progresso, e uma noção de ordem e senso tradicional do mundo antigo. Melhor, perfaz que o novo no Brasil já é feito de uma aliança com as tradições. Nesse pensamento a abordagem de Seymour Lipset vinha bem a calhar, pois trabalhava com a diretriz elitista da democracia, através de autores caros a essa teoria, e mesmo retornando a Walter Bagehot.

A alegação primordial é a de que "*Max Weber e Joseph Schumpeter insistiram que a característica distintiva e mais significativa da democracia seria a formação de uma elite política mediante um esforço competitivo pelos votos de um eleitorado em sua maioria passivo*" (LIPSET, 1961, p.20). A percepção da democracia de

---

306. Entre as principais literaturas a respeito desse assunto, e que acabam explicando o porquê da ascensão dos modelos de Welfare State, está o livro de Karl Polanyi (2000). Nele há uma clara demonstração sobre a dilaceração humana a partir da crise da economia de mercado durante os anos 1930, como a sociedade foi sendo processada naquilo que o autor chamou de "*moinhos satânicos*" (2000, p.10). A ênfase do livro recai sobre o papel da economia na transformação política e social.

Lipset cabia bem às fundações do pensamento democrático camiliano, que estava preocupado com a legitimidade originária da democracia e a eficiência social do sistema, e menos com uma democratização no sentido de tonificar o elemento da participação irrestrita e ascendente. Recorrendo ao constitucionalismo bagehotiano, Lipset reflete um senso de hierarquia e ordem que não girava fora da dimensão democrática, pois justamente nascera dela: "*Pode parecer estranho, mas existem nações onde a maioria pouco sensata deseja ser governada por uma minoria sensata*" (W. Bagehot, *The English Constitution*, p. 233 *apud* LIPSET, 1961, p.24). Nesse sentido, o reconhecimento dessa minoria se dava pela tradição, sob o signo da legitimidade tradicional. Eis uma característica de árdua obtenção, e que "*só poderá ser criada por uma eficiência prolongada, isto é, por um governo que mostre poder satisfazer o maior número de vezes a maior parte do povo*". Acontece que essa amplificação do poder, no sentido de popularização, arrisca a estabilidade política, e consequentemente o próprio regime. A resposta ao problema aponta que o elemento elitista é imprescindível à realidade democrática: "*Schumpeter argumenta que a aristocracia constituiu um 'stratum protetor' para os trabalhadores, influindo na instituição do sufrágio e em várias medidas de reforma social*" (LIPSET, 1961, p.27).

A ausência dessa amarra política traz complicações incomensuráveis ao projeto solidário. Daí que João Camilo combinava uma perspectiva de desenvolvimento político democrático a partir de horizontes restauradores - voto distrital, parlamentarismo, monarquia, coetâneo com o reformismo social católico. Na prática mirava essas monarquias social-democratas, escandinavas e anglo-saxãs. Pois nessas nações, todas democráticas, mas que mantiveram consagradas as bases políticas tradicionais, de fato a quantidade de conquistas foi tamanha que realizaram de forma mais realista o socialismo do que qualquer país do então socialismo real. Basta mencionar três pontos, resultados de uma eficiência política e social nesses países: a) promoção de melhorias nas condições de existência, assistência, previdência; b) salários reais e pleno emprego; e c) luta contra desigualdades, através do imposto de renda e da elevação de tributos. Eis o caminho para um socialismo sem totalitarismo.

O êxito da "revolução silenciosa", em curso na Inglaterra e nos países escandinavos, era explicado também por seu caráter nacionalista, diferente do marxismo. Para João Camilo, a falácia do marxista não se resumia ao nacionalismo, havia um problema de caráter: esse ideário socialista não era libertador, o que fazia era apenas alterar a opressão. E de qualquer maneira, esse modelo de socialismo estava entrando num ocaso, a partir de dois desvios por que passou no século XX: (i) a redescoberta do valor do Estado como instrumento revolucionário, em que o próprio Lênin teria sido importante, quebrando a ortodoxia marxista; e (ii) a profusão do socialismo por uma classe intelectual. A teoria marxista vinha mostrando sinais de desgaste, de insuficiência, e foi tanto a constituição de um pensamento estatista do socialismo bem como formulações intelectuais do socialismo que mantiveram a chama dessa ideologia acesa. Ainda assim, as contradições teóricas eram graves, como nesse caso do conceito marxista de classe, que JCOT considera "*algo abstrato e esquemático, é o que se pode chamar de abstração bem-sucedida*" (1970, p.95). O mais importante é que João Camilo procurava demonstrar que sem passar pelos caminhos apontados por Marx era possível chegar ao sonho de Marx. A Suécia seria uma prova disso, em que a indistinção social entre os que produzem e os que recolhem os frutos do trabalho era quase total.

Toda a preocupação crítica a respeito dos conceitos marxistas tem o propósito de debater com a intelectualidade da época, e ainda demonstrar que essas deficiências representavam momentos da penumbra do socialismo no século XX. Prognosticava – ou mais, almejava – o colapso do marxismo e de todo o mundo racionalista, frio, cartesiano. No lugar ansiava pelo (res)surgimento da dimensão humana, não afeita a técnicas abstratas, que incorporasse o homem do campo. Eis a utopia idílica de João Camilo. O que não era um idealismo inconsequente, tratava-se de algo mapeado a partir do que a Igreja anunciava como "situação nova", segundo as três encíclicas conciliares: *Mater et Magistra*, *Pacem in Terris* e *Populorum Progressio* (TORRES, 1970, p.226). No fundo, o mais relevante dessa perspectiva solidarista é que ela resgataria o papel da Igreja no mundo e para o homem: o de libertar o ser à dimensão sobrenatural.

O solidarismo seria ainda uma possibilidade concreta de escapar do problema da revolução. Em vez de propor a evolução do capitalismo – no sentido de uma expansão vertical, em que a população se torna beneficiária dos resultados desse progresso, a saída para se sobrepor à economia de mercado que envolvia toda a forma de viver das sociedades modernas era através da mimetização desse solidarismo escandinavo e do trabalhismo britânico, tendo em vista a aplicação de: impostos diretos e altos, redução dos lucros, serviços sociais desenvolvidos, etc. Trata-se de uma tônica redistributista. O que é diferente do distributismo, como no caso soviético, que nada mais era do que um capitalismo de Estado (TORRES, 1964b, p.249).

A proposta solidarista tinha outra vantagem, a de não imputar sobre o mundo rural um ritmo de vida que lhe era incomum. A sociedade industrial, moderna, é "histórica", ao passo que o campo sofre a história. Resolver essa dualidade campo-cidade era uma das grandes tarefas do século, e, na medida em que se adotasse uma proposta de vida coletiva para a cidade, as chances de conflito com a noção de coletividade no espaço agrícola seriam menores. Ou seja, uma das possibilidades para evitar o choque entre esses dois mundos era através de reformas pautadas num estado social capaz de criar mecanismos similares aos do solidarismo interiorano, mas agora na urbe.

É preciso salientar que a publicação de *O ocaso do socialismo* (1970) reflete um otimismo de João Camilo sobre o socialismo da Terceira Via sueco, e do trabalhismo britânico. Sendo que esse ocaso não era a ausência de socialização, muito pelo contrário, tratava-se de um outro patamar de amplitude do social, dentro de uma exigência qualitativa. O solidarismo teria ofuscado o socialismo marxista, e a questão social se espraiado a tal ponto pelo tecido social que acabava amainando os conflitos – ao invés de provocá-los, isto é, diferente do que previa Karl Marx.

Para encerrar o balanço sobre essa teoria do solidarismo cabe refletir sobre dois aspectos. Um, acerca de uma vicissitude na projeção camiliana do solidarismo, e, por outro lado, a relação com uma abordagem neossaquarema sobre a economia brasileira. Quanto ao primeiro aspecto, uma chave de leitura é a crítica dos liberais ao fundamento da redistribuição, modelo tão afeito aos países social-democratas europeus. Sobre o mérito do ideal solidarista, o importante é demonstrar como há um elemento dentro do PPB que vai além de uma comunhão com o pensamento católico, como se expressa em propostas análogas a partir de outros membros da Igreja no Brasil – como por exemplo o grupo do "Economia e Humanismo" do padre Louis-Joseph Lebret (1897-1966), ou ainda a militância do padre Fernando Bastos de Ávila, S.J. (1918-2010). Embora o historiador mineiro não cite exaustivamente Oliveira Vianna nesses textos sobre o "socialismo da segurança", de fato a leitura sobre o lugar do Estado nacional no Brasil é tributária do sociólogo fluminense. JCOT se enxergava como neossaquarema, inclusive em decorrência do próprio impacto da obra de Oliveira Vianna. O que se atenta aqui é sobre um aspecto comum entre eles, a crítica ao liberalismo econômico no Brasil.

Por parte da literatura liberal há uma refutação dura ao substrato da proposta redistributiva. Com base em uma leitura de Bertrand de Jouvenel seria possível enxergar que o projeto de João Camilo apresenta um verniz conservador sobre uma aventura idealista. A demanda camiliana de fato é moralista, mas para Jouvenel esse tipo de proposta acaba recaindo numa utopia, pois não é capaz de reconduzir os comportamentos, os hábitos humanos. Não se trata de questionar o fim do socialismo, seja lá de qual tipo, mas compreender que o seu destino não completa o que promete. "*O Socialismo tem objetivos até mais elevados do que o estabelecimento de 'mera' justiça. Ele procura estabelecer uma nova ordem de amor fraternal*" (JOUVENEL, 2012, p.29). Sendo que o problema remonta ao modo como isso acontece, redundando numa restauração equivocada ou falsa: "*O socialismo busca restaurar essa unidade sem a fé que a causa. Procura restaurar o compartilhar como se compartilha entre monges, porém sem o desdém pelos bens mundanos, sem reconhecer a falta de valor destes*", completa Jouvenel (2012, p.32). A percepção é a de que o apelo emocional na demanda por justiça nos tempos modernos foi alavancada, o que não seria realista, mas idealista: "é um hábito moderno muito comum chamar de 'justo' qualquer coisa que seja desejável emocionalmente" (JOUVENEL, 2012, p.34). O que na prática se torna um desajuste da própria sensatez que marcava o espírito cristão, pois incorre na promoção de uma inviabilidade econômica. É bonito, desejável, agradável utopicamente, mas não é concreto, e pior, faz com que essa ética da redistribuição crie um monstro em nome de seus ideais solidários.

> O equilíbrio geral é um optimum estético e matemático que os economistas estiveram propensos a igualar, quer expressamente ou por implicação, a um optimum de satisfações. Para os economistas, essa era uma necessidade intuitiva, até. (...) Quanto maior a redistribuição, maior o poder do Estado" (JOUVENEL, 2012, pp.44;52).

Curiosamente João Camilo não deixa de refletir sobre esses riscos, como ao abordar o domínio técnico no mundo moderno, a partir da "revolução dos gerentes", de Burnham. Ou seja, ele reconhecia os limites de sua tese solidarista, mas ainda assim não refez o percurso. Mantém a aposta sob o primado de uma antropologia positiva, e de que a caridade cristã seria maior. Porém, na visão liberal, e até mesmo tradicionalista - como a de um Gustavo Corção -, tratava-se de uma inocência, pois mesmo o conteúdo dessa abordagem caritativa havia sido maculado, através da neocristandade conciliar que aderira aos valores do mundo moderno, ao invés de demonstrar um escape perante eles.

João Camilo não estava sozinho, outros movimentos até mais expressivos que angariavam a tônica solidarista se faziam presentes no Brasil. Um deles era inclusive aclamado pelo próprio autor, identificando que a saída política da crise da civilização industrial passava pelas lições do padre Bastos de Ávila, S.J. (TORRES, 2005, p.232). Para JCOT o mérito do padre Ávila foi ter sintetizado o conceito de solidarismo, através da crítica do comunismo, mas sem ter caído no reacionarismo. Mais do que uma revelação teórica, o livro *Neo-capitalismo, socialismo, solidarismo* (ÁVILA, 1963) alavancava um movimento que encarnava um sistema. "*O Solidarismo é uma doutrina, portadora de uma dinâmica tendente a projetá-lo em um movimento e a encarná-lo em um sistema (...) não é uma doutrina imanentista. Mas não é também uma doutrina 'evolucionista'*" (1963, p.9). A abordagem é semelhante à de João Camilo, pois compreendia dois aspectos, histórico e sociológico. Uma nova condição histórica, de esclarecimento dos agentes sobre o papel histórico, ou seja, a constatação de uma "*aceleração dos processos sociais*" que levou o homem a se ver como "*sujeito, agente da história*" (1963, p.15). E, a leitura sociológica de que a socialização era um processo pelo qual o indivíduo se equipa dos meios indispensáveis para viver em sociedade, portanto, globalmente se estabelecia uma "*interação crescente*", a qual estava sendo observada pela encíclica *Mater et Magistra* (1963, pp.57;58).

Um segundo exemplo de movimento correlato ao pressuposto solidarista de João Camilo, cuja repercussão no Brasil foi ampla, se deu nos anos 1950 e 1960 com a estratégia do "desenvolvimentismo católico" do padre Lebret (GODOY, 2016, p.189). O movimento "Economia e Humanismo" foi liderado por Lebret e trouxe uma série de propostas e ações práticas para o país, no trato com os favelados, em projetos de industrialização e urbanização, etc. JCOT reconhece no padre Lebret um católico social, precursor da doutrina do solidarismo (TORRES, 1981, p.318). Contudo, não relata acolher a militância do frei dominicano que se encaminhava a uma heterodoxia católica próxima do marxismo, o que para o historiador mineiro era demais. Lebret era a esquerda de Maritain, e contribuiu para que a partir dos anos 1970 se fundasse a Teologia da Libertação.

A diferença é que os padres Ávila e Lebret eram até mais progressistas que João Camilo. Aquele que mais se assemelha e chega a ser um pilar importante do pensamento camiliano é Oliveira Vianna, este sim um conservador social. A convergência entre os dois corresponde a todo o cabedal neossaquarema que é trazido pelo sociólogo fluminense, desde a interpretação sobre a crise da aposta liberalista até as proposições e modelos. Claro que um elemento singular que necessariamente precisa ser enfatizado é o tempo, Oliveira Vianna ainda transita numa era pré-democratização no Brasil, entre os anos 1920 e 1940, quando produz grande parte de sua obra, e faz constatações condizentes com esse momento do entreguerras. Mas a percepção que mais interessa a esta discussão, sobre a solidariedade no Brasil, seguiu valendo, quiçá até hoje.

No cenário de crise do homem individualista a tendência parecia ser a da ampliação das coletividades, Oliveira Vianna era um dos homens no Brasil que patrocinavam o corporativismo. O foco de sua obra era avaliar os meios pelos quais a centralização política seria capaz de organizar a nação, e que o Estado completasse a tarefa de construção da Nação, já que a síndrome do povo brasileiro era o insolidarismo (OLIVEIRA VIANNA, 1974a;1974b).[307] Oliveira Vianna acreditava no "*reaparecimento do espírito de serviço*", como quase uma reforma medieval no século XX (OLIVEIRA VIANNA, 1974c, p.11). Os idealismos sociais do Ocidente estariam respaldados em dois horizontes, o cristianismo e o nacionalismo. Mas para que isso se concretizasse era preciso um espírito de ação, pois a interação social não estava sendo dirigida num sentido de solidariedade, e sim pela agressão, pelas relações de força. Desse modo Oliveira Vianna apresentava um

---

307. Oliveira Vianna caracteriza que o brasileiro é "*fundamentalmente individualista; mais mesmo, muito mais do que os outros povos latino-americanos. Estes ainda tiveram uma certa educação comunária de trabalho e de economia. É o que nos deixam ver as formas do coletivismo agrário praticadas durante o seu período colonial e que, ainda hoje, de certo modo, subsistem ali - como se observa nos ejidos do México ou nos ayallús bolivianos. Nós, não. No Brasil, só o indivíduo vale e, o que é pior, vale sem precisar da sociedade - da comunidade*" (1974a, p.126). A avaliação era de um baixo sentimento de coisa pública no Brasil, o que quase impossibilitava o pensamento de um *self-government* comunal. Por outro lado, João Camilo não tomava de forma tão acachapante o problema, avaliando que a proposta centralista de Oliveira Vianna era boa na medida em que protegesse o que havia de solidariedade no âmbito local, sobretudo municipal, e reparasse os insolidarismos nos rincões do país. Ou seja, a percepção era mais heterogênea por parte do historiador mineiro. Acredita-se que essa diferença de percepção seja, em parte, pela influência da obra de Gilberto Freyre, que balanceava com o sociólogo fluminense a formação sociológica camiliana.

papel às elites, como responsáveis por desenvolver uma consciência coletiva.[308] Essa elite era eminentemente política, para que o princípio da autoridade fosse proeminente ao princípio da liberdade, inclusive para tutelar a elite industrial, que sofria a pressão do mercado e pendia para um individualismo atomizado.

O reconhecimento de que a origem da tônica corporativa e do Estado social vinha da DSI indicava um projeto de construção nacional sob o vínculo cristão (OLIVEIRA VIANNA, 1974c, p.89), o qual contemplava um horizonte democrático, na medida em que a sindicalização, primeiro exercício de vínculos corporativos no Brasil, representava maior inserção política e social dos indivíduos. Garantia Oliveira Vianna que o corporativismo era uma receita mais eficaz para derrotar o marxismo do que o liberalismo (1974c, p.121). Até porque o propósito era restaurar o ideal de grupo, para que uma outra forma de individualismo tivesse lugar: o "individualismo grupalista" (1974c, p.126).

Para Oliveira Vianna, bem como na cabeça de João Camilo, o grande opositor de um desígnio solidarista era o individualismo liberal. Para JCOT era definitiva a influência do espírito católico, inclusive na hostilidade do próprio D. Pedro II com relação ao regime capitalista e sua forma agressiva, principalmente quando assumia ares de imperialismo econômico e intervencionista (TORRES, 1964a, p.118).[309] No caso de Oliveira Vianna, o desdém quanto ao capitalismo de certo

---

308. No fundo a interpretação da realidade brasileira feita por Oliveira Vianna coloca-se como uma pedagogia para as elites dirigentes, a fim de que encarassem a contribuição objetiva das instituições no aprimoramento, ou mesmo na construção de um espírito público. Essas premissas eram oriundas da *Escolha de Ciência Social*, de Le Play, que também foi marcante na percepção sociológica de João Camilo, e já haviam influenciado Sílvio Romero, e, por conseguinte Alberto Torres, assim como Euclides de Cunha e a linhagem política saquarema que formam o âmago da intelectualidade de Oliveira Vianna. O único ponto de desconfiança de Oliveira Vianna quanto à escola leplayana, e que foi tomada de uma ressalva de Alberto Torres, foi a respeito do clericalismo em Le Play que deveria ser levado em conta, e, portanto, evitado. De todo modo Oliveira Vianna explica que Le Play tinha a melhor escola para entender o Brasil.

309. Uma ressalva importantíssima: a hostilidade de D. Pedro II com relação ao capitalismo, que para João Camilo remontava a mesma indisposição do mundo feudal e da Igreja a certas formas de organização social, não se confunde com desprezo pela Economia. Muito pelo contrário, neste sentido há uma defesa do Imperador, demonstrando que as pesquisas sobre a história econômica dão conta do cuidado do chefe de Estado quanto ao assunto. Uma das mencionadas é a de Guilherme Aulher sobre a viagem de D. Pedro II a Pernambuco, e como em seu diário demonstrava interesse quanto aos reais progressos econômicos na região. Também se observa a ênfase que o Imperador dava no desenvolvimento econômico e infraestrutural do país como um todo, representado na ampla expansão da malha ferroviária. João Camilo ainda apresenta um comparativo orçamentário. No de 1889 a Fazenda englobava 68,3% das despesas, acima da Agricultura, Viação e Obras Públicas, que absorvia 44,1%, o que era muito diferente de meados do século seguinte, quando em 1949 a Fazenda só contava com 22,4% e o outro ministério citado, 22%. Os custos da Família Imperial, somados aos do Parlamento, dos presidentes de Províncias, do Conselho de Estado, etc., pesavam ao país 1,6%. Em 1949, só a Presidência da República absorvia 5,99%, muito mais do que era a dotação do Imperador (0,5%). No Império a atribuição do ensino primário era provincial e no caso de Minas atingia cerca de 30% das despesas (1964a, pp.118-119).

modo embalava um discurso político de defesa do Estado Novo, como tendo sido capaz de abrir – de forma contrária ao mercado que apelava ao atomismo individual – o "*desenvolvimento de uma mentalidade solidarista*" (OLIVEIRA VIANNA, 1991, p.376). Mas para além dessa circunstância conjuntural – a qual não era tão confortável para João Camilo, cujo irmão era um humanista ferrenhamente crítico do varguismo – um ponto de encontro pacífico diz respeito ao artificialismo do liberalismo capitalista no Brasil. O espírito capitalista nunca teria chegado a ser um traço cultural no povo brasileiro, porque a "questão social" – que é produto das sociedades de regimes capitalistas – surgira antes, justificando uma política socializadora de primeira ordem. Antes de o Brasil ter uma fase de "grande capitalismo", da paixão pelo lucro, assim como no revés o cortejo de reivindicações sociais, passou a sofrer com dilemas que lhe seriam próprios (OLIVEIRA VIANNA, 1974a, pp.24-25). A tarefa, portanto, era de ajuste solidário. Oliveira Vianna argumenta que não precisaríamos nos sujeitar a um modelo que requer uma mudança estrutural na cultura brasileira. Em vez de um "grande capitalismo", a renovação nacional, que articulasse o novo e o original a respeito de Brasil, seria empreendida pela "grande política". O autor reconhecia uma supremacia ética dos valores que remontavam ao pressuposto medieval e cristão, de interesse público, coletivo, da cidade e do povo (OLIVEIRA VIANNA, 1974a, pp.25;31).

O principal dessa argumentação anticapitalista de Oliveira Vianna refere-se a identificar seu desencontro com o Brasil. Na verdade eram dois "Brasis", um industrialista, que buscava o "supercapitalismo sombartiano", e a ampla maioria do país de então, numa realidade "ainda imóvel" em mentalidade pré-capitalista. Desse modo o *rush* capitalista que move praticamente a maioria dos indivíduos nos Estados Unidos no Brasil não tinha vazão. A psicologia do brasileiro, mesmo de sua elite, seria ainda a do pré-capitalismo, mais ligada à *leisure class* (classe ociosa) descrita por T. Veblen (OLIVEIRA VIANNA, 1974a, p.50). O estigma do *status* ainda prevaleceria no país, mesmo em São Paulo e Rio onde se encontravam experiências supercapitalistas: "(...) *o tom geral da sociedade é ainda pré-capitalista. Tanto que os valores espirituais – a inteligência, a cultura ainda contam por si sós, como valores autônomos – e não instrumentais, em função da produção*" (OLIVEIRA VIANNA, 1974b, p.196). O propósito dessa constatação, portanto, era mostrar que o país precisava de uma política social, e que tal precisava ser protegida dos apelos capitalistas.

Por mais que a proposta de Oliveira Vianna fosse convergente com um estágio do desenvolvimento brasileiro, o que importa é como seu pensamento resultou num método. Assim, pode-se dizer que João Camilo incorpora parte desse concatenamento de ideias para conformar o seu conservadorismo, de valorização da autoridade política, da proteção estatista, de um ideal corporativo e da concretizaçãoo da proteção social. A propósito, o que há de "socializante" em Oliveira Vianna e JCOT é quase que todo não secularizado, a pretensão de cientificidade em ambos não era maior do que a de catolicidade.[310]

2.4 Novos tempos e velhas crises brasileiras

> *"O nosso problema, o problema que temos, é político. Resolvido o problema político, tudo o mais virá por acréscimo."*
>
> João de Scatimburgo (carta para João Camilo de Oliveira Torres, 13 jan. 1964)

O diagnóstico da crise é um fator essencial para a provocação revolucionária. O que inclusive se torna um moto-contínuo de transformação política. Países em desenvolvimento como o Brasil parecem conviver com uma contínua promessa, pois estão em permanente crise, e isso é que o mobiliza - a superação dessa condição aquém daquilo que ser alcançado. A discussão é afeita a uma sociologia das crises, que ao parafrasear Clausewitz explicita como esses fenômenos são fundamentais na geração de impulsos políticos: "*a crise (política) é a continuação das relações políticas por outros meios*" (DOBRY, 2014, p.46).

A hipótese é a da continuidade, de modo que as crises são tanto mobilizações quanto transformações de Estado, ou melhor, de sistemas sociais. Para que se

310. Talvez a secularização ideológica do socialismo seja um outro processo inacabado. Em *Os laranjais do lago Balaton,* Maurice Duverger termina a apresentação da primeira parte com uma frase central sobre isso, ao demonstrar que o socialismo dito científico tornou-se, então, um socialismo religioso: "*o comunismo não seria uma igreja, se o marxismo não fosse uma teologia*" (1982, p.13). O socialismo se funda sobre uma esperança, de modo que o marxismo socialista é também fruto da crença progressista do século XIX, o que seria comum ao positivismo.

possa projetar uma reconfiguração nesse sentido a precondição é decifrar as lógicas de situação em determinado contexto (DOBRY, 2014, p.46). Diante das diatribes políticas dos anos 1950 e 1960 João Camilo percebia que estava em curso uma reconfiguração da sociedade, o que não se resumia a algo oriundo de uma cena política palaciana, mas envolvia uma articulação com a sociedade como um todo. Como observado anteriormente, a própria "sociologização" das análises apontava para esse olhar mais holístico, de uma caracterização democrática dos temas nacionais. Do mesmo modo era preciso equilibrar esse compasso, e sintonizá-lo com uma dinâmica civilizacional amplificada, a qual era trazida por JCOT através da explicação das mensagens de Roma sobre o novo tempo.

Por mais que a democratização e a socialização fossem realidades cada vez mais presentes no país, era preciso fornecer um senso de direção. Esse era o papel de João Camilo como intelectual público. O autor pretendia transitar entre duas posições: a de formulador de perspectivas para as reformas políticas e a de escritor católico capaz de falar a um público mais ampliado. Essa dupla atuação fazia de JCOT uma figura importante na cena política e intelectual, capaz de interpretar e mediar aquilo que ia do circuito das elites para o âmbito do homem comum. Os jornais e a ampla rede social de contatos que possuía comprovam essa condição de agente intermediário da sociedade. E dessa forma procurou incidir sobre o universo de expectativas sobre as mudanças. A receita era simples, fazer com que a classe política proporcionasse a satisfação real das necessidades segundo os fundamentos da vida política nacional, somadas as diretrizes da DSI, cujo horizonte incidia sobre a construção de uma sociedade solidária no Brasil. Esse era o sentido revolucionário camiliano: combinar a linha das concretizações políticas com a das demandas da clientela, para que se mantivesse uma margem tolerável (DOBRY, 2014, p.59). Com efeito, o intuito era conquistar a estabilidade para que se pudesse realizar as reformas sociais. A revolução só seria democrática com o pressuposto da ordenação nacional, ou seja, era preciso vertebrar a direção política, dar a coesão que o sistema partidário de 1946 não havia sido capaz de oferecer. Nesse tom é que JCOT se tornaria um dos defensores do golpe civil-militar de 1964 – como será observado no capítulo seguinte.

Uma das angústias dos intérpretes do Brasil é perceber como a política criava um entrave à vida social. Em João Camilo a origem desse problema era simples, a ausência de uma consciência histórica. No complexo século XX a preocupação sobre os rumos do Brasil se hiperbolizava, pois entrávamos num torvelinho de dilemas que parecíamos incapazes de resolver. O arado da política não havia preparado a terra de modo a proteger a plantação das chuvas e tempestades. As observações de JCOT sobre os dilemas do mundo moderno no Brasil e quanto à própria política eram desoladoras, e tinham como centro o problema político.

O Brasil passava a fazer parte das sociedades em vias de modernização do século XX. Enfrentava ou iria enfrentar os mesmos processos com que países cêntricos haviam se deparado, quando ninguém havia obtido uma saída terminativa. Os problemas eram globais, humanos: a explosão demográfica; a crise da sociedade urbana pós-industrial; a questão da segurança; o lugar da mulher no mundo contemporâneo, o tema do ócio e do lazer. Mas ao invés de considerar uma condição de terra arrasada, de desolação ou desespero, a trilha aberta por João Camilo tinha como propósito a superação da crise através de uma apologia reformista, como meio de chegada a uma restauração.

2.4.1 Novos dilemas do mundo moderno no Brasil

Em 1950 a população brasileira atingia 51.975.994 habitantes, e o número de mulheres já era superior ao de homens, 26 milhões contra 25,8 milhões. Em cem anos (1850-1950) o crescimento demográfico do país foi de 618%. A taxa de natalidade era uma das mais altas do mundo, entre 42 e 44 por mil habitantes. O ritmo de urbanização era intenso, pelo êxodo e pelo aumento da população que vivia nas cidades. Ainda assim o Brasil seguia sendo majoritariamente rural em 1950, com 69,2% do total, enquanto a população urbana e suburbana compunha 30,8% (TORRES, 1965c, pp.154-155). Enfim, tratava-se de uma sociedade jovem e em intensa reconfiguração. João Camilo, e toda sua geração, foram testemunhas da saída de um mundo mergulhado nos padrões aristocráticos para uma sociedade em vias de democratização.[311]

---

311. A seguir dois trechos em que João Camilo faz um apanhado sobre as transformações sociais a partir dos anos 1920-1930: (i) "*No início do segundo quartel do século XX, a família patriarcal começou a diluir-se no Brasil, por efeito das transformações modernas - trabalho feminino, começo de industrialização, facilidades de comunicação (que fizeram, entre outras, uma revolução que jamais foi considerada - casamentos contraídos por iniciativa única dos parceiros, e não, no círculo de relações das famílias), tudo veio, aos poucos, solapando o velho esquema da família patriarcal*" (1981, p.340); (ii) "*Na década de 1930 passamos a entrar na fase de desenvolvimento, com rápido processo de urbanização e industrialização. Qualquer pessoa de minha geração viu, de um salto, passarmos do carro de bois aos aviões a jato. Temos várias cidades de mais de um milhão de habitantes, dezenas de mais de cem mil. As universidades se multiplicam em número de estabelecimentos e tipos de escola. Compare-se Belo Horizonte em 1933 e 1968 para se ver como progredimos nesta parte. Nossa imprensa e nosso movimento editorial - atividades terciárias que, portanto, dependem de outras várias e de nível elevado de cultura - tornam-se desenvolvidas e não fogem à comparação com as de outro país (E não possuíamos quase editoras em 1933). E o nosso parque industrial é o mais importante do Continente: em 1933 importávamos tudo*" (1981, p.354).

O surgimento das massas e multidões no Brasil traz novas preocupações sobre a ordem política. Um dos primeiros trabalhos de João Camilo para que a natureza da política fosse mantida, tendo como fundo a prudência, em meio às novas técnicas de comunicação ampliada, foi a respeito da propaganda (1959a). A opinião pública atingia um novo estágio perante a vida urbana, em que se tornou fácil e rápido produzir aglomerações, reuniões, protestos, grupos de pressão e diversas formas de reunir pessoas. Nesse sentido era preciso compreender o fenômeno da propaganda política como algo diferente de uma mera divulgação, de informação, publicidade ou educação, pois tratava-se diretamente de uma tática de convencimento, em que os partidos assumiam linguagens políticas definidas. A propaganda torna-se um moderno instrumento de imputação de ações coletivas, voltadas à multidão (TORRES, 1959a, p.23). Até porque conta com mecanismos de difusão completamente novos, como o rádio e a TV, e que, muito mais do que os jornais impressos, criavam tensões às decisões coletivas. A tentativa de demonstrar os limites, morais, políticos e psicológicos da propaganda política tinha como propósito maior resolver um paradoxo moderno: do Estado que ampliava o poder ao passo que os governos perdiam a sua autoridade (TORRES, 1959a, p.100).[312] A crítica maior sobrava para as doutrinas socialistas e comunistas, que afastavam a opinião pública de uma sensatez em nome da agitação e da manipulação dos discursos, embora tivessem justeza em certas demandas sociais.

Outro objeto das preocupações de João Camilo era a crise da sociedade urbana pós-industrial. É certo que o tema aflora com maior intensidade nos anos 1970, e no Brasil até mais tarde, contudo, tratava-se do desdobramento de um cenário previsto com antecipação.[313] No pós-Segunda Guerra evidencia-se a crise que se sobressai, tanto nos poucos países cêntricos do Ocidente que conseguiram

312. A argumentação de João Camilo sobre os efeitos da propaganda política era feita com base em autores que percebiam um processo de "*violação das consciências*", como Tchaklotine – russo discípulo de Pavlov, e ainda Walter Lippman, Driencourt, Domenach, etc. Mesmo as contribuições de Freud e da teoria da Gestald eram trabalhadas para tratar da hipótese da "hipnose coletiva" através da propaganda de massa. JCOT faz uma verdadeira anatomia do assunto, abordando as fases do processo da propaganda: penetração, expansão, consolidação e decisão. Como se tratava de um processo inexorável, dadas a própria expansão da imprensa e sua importância na vida cotidiana, era preciso atingir dois objetivos. Primeiro, estudar as leis da propaganda política, que eram as seguintes: (1ª) a simplificação do inimigo único; (2ª) a repetição; (3ª) a variação temática; (4ª) a desfiguração; (5ª) a transfusão; (6ª) a unanimidade e o contágio; (7ª) o contraste; (8ª) a identificação; (9ª) a reivindicação; (10ª) a causalidade afetiva; e (11ª) a simpatia. Segundo, era preciso tornar isso público, deixar as pessoas cientes dos riscos da manipulação e ainda enfatizar os limities da propaganda (1959a).

313. A esse respeito entraria toda a literatura crítica a respeito das promessas de modernidade, desde o século XIX e início do século XX, como a partir do próprio Max Weber (1999).

consumar uma revolução industrial, como na quebra da expectativa positiva dos que mal haviam entrado nesse processo. É nessa época que surge tanto uma literatura distópica, de catastrofismo quanto ao futuro - Aldous Huxley, George Orwell, Philip Dick, etc. -, quanto trabalhos teóricos de restauração, como na superação de uma razão moderna utilitarista a partir de Eric Voegelin, e que depois fora acolhida na sociologia das organizações de Alberto Guerreiro Ramos (1981).[314]

A sociedade brasileira estava fadada a enfrentar, ao mesmo tempo, os percalços da entrada na civilização do trabalho e, quase que antecipadamente, as consequências de seu colapso. João Camilo observava o grande ponto de transformação na estrutura social moderna, que marcava o fim das classes ociosas de outrora, para uma ocasião em que "*todas as classes trabalham*" (1962a, pp.105-106). Se por um lado isso refletia uma evolução humana, a decadência de alguns valores nobres assinalava uma outra condição da crise. A honra, por exemplo, sofria um desvirtuamento dentro duma sociedade baseada no dinheiro. Sem a permanência de um senso apropriado para esses valores a própria restauração política seria perdida, e a democracia tornar-se-ia negócio ou ascensão dos medíocres (TORRES, 1962a, p.109).

Mas a maior preocupação de João Camilo a respeito do novo mundo era quanto à adaptação do catolicismo. A sociedade parecia ter se transformado tanto que a religião teria perdido o compasso. No turbilhão da vida urbana, numa sociedade em desenvolvimento, onde o tema da economia tornava-se primordial, a Igreja parecia estar deslocada. O erro, segundo João Camilo, era se aventurar na ordem temporal. No máximo a Igreja deveria ser uma grande escola cívica de assistência social, de cultivo da solidariedade. Porém, isso gerava efeitos sobre o

---

314. Os elementos atribuídos à noção clássica de boa sociedade, encontrados no projeto restaurador de Voegelin, são os seguintes: (1º) uma boa sociedade é aquela em que a vida da razão se torna a soberana força criadora, sendo que a sede da razão reside na história e não na psique humana; (2º) uma boa sociedade é fundada na hierarquia, de modo que isso possa reparar os errados sentimentos democráticos da idade contemporânea, cujo propósito é de igualitarismo absoluto, o que é oposto a uma vida da razão. Numa boa sociedade as pessoas devem ser reconhecidas e legitimadas como consequência da diversidade na capacidade objetiva dos seres humanos, sendo que *status*, riqueza, raça e sexo não deveriam servir de critérios para alocação de autoridade e poder; (3º) a qualidade de uma sociedade é condicionada pelas circunstâncias empíricas, tais como recursos e o tamanho da população. A constatação é a de que a extrema amplificação da vida urbana não trouxe maior racionalidade e serenidade nas decisões, de modo que o próprio teórico da democracia Robert Dahl em *After the Revolution?* demonstra como a sociedade moderna passou a se orientar entre diferentes tipos de irracionalidade, e não dentro de um ambiente comum de comunicação e entendimento; e (4º) evidenciando o realismo da visão clássica de uma boa sociedade, a vida social está sujeita à lei cíclica da decadência e da queda, o que retira os indivíduos da condição de contínua promessa, expectativas e espírito revolucionário. O resumo desse resgate também está na valorização do senso comum, que conteria em si certo grau de racionalidade (GUERREIRO RAMOS, 1981, pp.15-18).

aspecto espiritual do catolicismo, perdendo no sentido vertical da relação divina, embora pudesse se sobressair no horizontal. Ao mesmo tempo não se tratava de retomar a religião antiga – que "*não era errada, era bela e adequada aos tempos*"–, mas sim recompor a religião nas novas condições (1981, p.357).[315]

A crise de fé era o maior indício de uma grave crise de segurança. O Estado liberal moderno impôs ao homem uma condição de indivíduo desintegrado. A tarefa das forças sociais, em resposta a esse processo deletério, foi restabelecer o elemento central da segurança, através de diversos mecanismos, o que incluía toda a noção de planejamento, a seguridade social, a atuação do Estado social, a ação católica pela DSI e demais meios que tivessem por base dois ideais éticos: a solidariedade e a justiça (TORRES, 1961e, p.76). O modelo de análise camiliana correspondia a uma preocupação quanto ao risco do isolamento humano imposto pela proposta liberal, assim como o atrofiamento do indivíduo dentro do comunismo. Por isso o argumento de que o projeto securitista era um socialismo herético e sem totalitarismo. Ademais, não seria exagero dizer que JCOT já trabalha com a noção de uma sociedade de risco como uma nova configuração da modernidade, semelhante ao que mais tarde conceberia Ulrich Beck (1992).[316]

---

315. João Camilo observava que essa tarefa de renovação estava sendo bem atendida pela Santa Sé a partir do CV II. Era necessário, segundo o autor, fazer adaptações para oferecer aos católicos uma religião mais viva, atuante e participativa, para evitar que procurem, "*como está acontecendo, a solução de seu problema religioso fora da Igreja Católica*". O crescimento dos protestantes e do espiritismo era resultado do descompasso por parte da Igreja católica. A superação do subdesenvolvimento era um fato social que demandava uma religião mais participante, "*uma explicação do ministério da vida e da morte, uma regra saudável*". Como havia assinalado em *Teoria geral da História*, "*a industrialização e a urbanização, dissolvendo as estruturas sociais tradicionais, impõem o aparecimento de novos estilos de vida política e religiosa. Como o fator religioso é específico, temos uma crise de Fé, pois os esquemas ideais que antes possuíam vigência não funcionam mais. Cabe-nos procurar palavras novas para traduzir ideias eternas aos homens da idade moderna*" (1981, p.355).

316. Em João Camilo a questão da sociedade de risco era um problema pelo tema da estabilidade, de modo que a chave de superação não era numa linha filosófica moderna, pois diagnosticava o problema, inclusive o colapso da sociedade industrial em garantir a devida segurança ao indivíduo, mas procurava restaurar configurações sociais antigas para realizar o "securitismo", uma espécie de restauração social. Diferentemente, o argumento acerca da "sociedade de risco" de Ulrich Beck em *Risk Society. Towards a New Modernity*, é um pouco diferente, embora semelhante no diagnóstico. Beck está preocupado em reconceituar a modernidade, demonstrando que ela só vive do contínuo fluxo de riscos, e não de uma noção estabelecida da modernidade. A tese da modernização reflexiva clássica é confrontada, pois pretendia acomodar a tensão essencial entre a indeterminação humana e a inevitável tendência a objetificação e naturalização da nossa produção institucional e cultural. Porém, esse modelo de reflexividade estava colapsado, e um outro desenho de modernidade deveria ser pensado. Em essência a sociedade industrial, na visão de Beck, era uma sociedade revolucionária permanente, e nesse clima fora erigida a sociologia moderna. A superação desse processo, no entanto, não seria o fim da própria ideia de uma modernização, pois a aposta era sobre a sua reconfiguração. A diferença é que na sociedade pós-industrial o foco consta sobre a avaliação dos riscos, com a sociedade girando em torno disso. Sai de cena a ideia de produção para a de risco, mas ainda assim mantém-se a tônica de uma sociedade moderna.

Efeito igualmente marcante da vida moderna referia-se à emancipação da mulher. "*Outrora a significação da mulher em face da vida e do ser era assunto do homem: agora as próprias 'filhas de Eva' é que cuidam de escrever sobre a significação da mais bela metade do gênero humano*" (TORRES, 22 ago.1960). Tratava-se do "eterno feminino", do reconhecimento de que a hierarquia tradicionalista de valores foi completamente mudada, de modo que era preciso atentar para a missão da mulher no mundo moderno (TORRES, 1957a). Primeiro, reconhecendo aquilo que é de mais sublime e primário, a maternidade.[317] Segundo, valorizando a atuação educadora e civilizadora da mulher. Em suma, JCOT, mais uma vez, observa um novo tema moderno, e diante dele procurava dar uma resposta capaz de restituir uma dignidade tradicional.[318]

O tratamento desses assuntos de vanguarda do mundo moderno aparecia em João Camilo a reboque da própria Igreja, segundo as encíclicas de João XXIII e Paulo VI.[319] No contrapé da crise da sociedade do trabalho surgia a preocupação com o direito ao *otium cum dignitate*. Do mesmo modo que a Igreja havia fornecido à civilização o *ora et labora*, dando uma dignidade à atividade laboral, pois até mesmo Deus havia trabalhado, como Criador e como Homem encarnado em Jesus, a religião fornecia um contraponto à índole mercantilista

---

317. Em seu "auto-retrato filosófico" escreveu: "*Os homens vivem para uma obra externa e creio que há uma certa vocação natural dos varões no exercício do poder; as mulheres preferem a maternidade a qualquer outra vocação (Pallas nasceu da cabeça de Júpiter: não era filha de Juno...)*" (1976, p.354).

318. João Camilo tratou ainda da relação entre a revolução sexual e a libertação da mulher. Explicava que era falsa a noção de saída da condição alienada do homem ou da mulher através das mudanças comportamentais daquele século, como se fossem grandes saltos civilizatórios. Encarava a importância da compreensão dos fenômenos: a exposição do corpo, o sensualismo, o sexo livre, e toda a revolução de costumes. Mas o erro nessa questão era acreditar que houve uma superação das dores do mundo, quando no máximo passamos por câmbios. "*A tragédia da opressão masculina, três gerações atrás, que destruir os corações e arrasava a sensibilidade foi substituída por uma frustração infinita, um grande vazio de alma, uma sensação de completa inutilidade de tudo. Um estudo do tema da infelicidade da mulher, em 1894 e em 1964 revela a mesma coisa - as mulheres são infelizes - antes, por não poderem amar, por falta de liberdade; hoje, por não poderem amar, por liberdade demais. E a razão está em que a alienação é efeito da condição humana em si mesma e, não, de situações sociais objetivas... É algo essencial ao ser humano*" ("A mulher e alienação sexual", s/d, pp.546-547).

319. No caso da mulher, por exemplo, percebe-se inclusive uma evolução no sentido de autonomização feminina. Em *Mater et Magistra* (1961), o papa João XXIII analisa a necessidade de intervenção direta do Estado na economia como instrumento de proteção, "*dos direitos de todos os cidadãos, sobretudo dos mais fracos, como são os operários, as mulheres e as crianças*". Já na encíclica *Pacem in Terris* (1963), do mesmo João XXIII, dois "Sinais dos tempos" surgiam de forma marcante: a ascensão econômico-social das classes trabalhadoras e o ingresso da mulher na vida pública, como algo até "*mais acentuado talvez em povos de civilização cristã*".

que abusava do trabalho com o "*time is money*", de forma a reconstituir uma ética de vida antiutilitária. O propósito era apresentar uma "civilização do lazer", capaz de dar um sentido ao ócio e ao descanso humano numa sociedade de massa (TORRES, 1968b).

Uma série de outros assuntos contemporâneos era enfrentada por João Camilo em artigos e livros.[320] O que marca essas abordagens é a preocupação em transbordar essa discussão a um público maior. João Camilo diretamente se volta ao "homem comum", reproduzindo um traço da sociedade democrática, que era justamente o que chamava de "*reino do homem comum, isto é, daquele homem que não é 'importante' e não exerce funções que os separam da vida corrente*" (1961f, p.59). Todo o ideal político camiliano, aliás, recai sobre esse homem. O que era diferente das ideologias que enfatizam o "homem providencial", o "homem destino" - como o integralismo, assim como outras formas de totalitarismo, como o próprio comunismo que "*no Brasil, é muito mais 'prestismo' do que marxismo*" (TORRES, 1961f, p.60).

2.4.2 Contínuos tropeços brasileiros

Para que fosse possível abrir caminho às reformas restauradoras, tanto no campo político quanto no social, era preciso traçar as vicissitudes do percurso brasileiro, os contínuos tropeços e desafios. Primeiro, trata-se de compreender o funcionamento dos ciclos políticos. Segundo, abordar duas instâncias de problemas cruciais, aqueles que se referem ao poder institucional (itens (a) e (b)), e alguns relativos ao funcionamento e à organização da sociedade brasileira (item (c)).

Ciclos políticos referem-se a situações políticas capazes de manter determinados paradigmas. Comumente esses ciclos obedecem a um momento constitucional, de conjuntura político-partidária, de um certo concerto de elites e do tempo de uma geração. Nem sempre a cronologia obedece a todos esses fatores, mas é comum a confusão entre eles. João Camilo faz a autocrítica da sua própria geração, que nasceu no fim da era liberal, entre o início da

---

320. Quase todos esses novos temas giravam em torno do fenômeno da revolução cultural que marcou os anos 1960. Por exemplo, o amigo João de Scatimburgo entusiasmava João Camilo a escrever sobre os *hippies*: "*esses longínquos discípulos de Diógenes, o cínico, já estão a merecer algum estudo*" (22 nov.1970).

Primeira Guerra e os anos 1930. Foi uma geração que viveu transformações arrebatadoras, guerras, massacres, totalitarismos, e todo o advento da vida moderna, urbana e industrial. Foi também a geração que no Brasil viveu perplexa quanto aos homens do poder. Jânio Quadros, João Goulart e Carlos Lacerda, "*suas carreiras políticas mostram a perplexidade e a frustração de todos nós*" (TORRES, 1981, p.337). Às gerações futuras era preciso empenho para legar valores estáveis, permanentes, mesmo que o espectro não fosse o mais positivo: "*a humanidade esvaziou-se de sua substância espiritual - os mais velhos conservaram seus hábitos de respeito e moralidade, os mais jovens se atiram no espaço vazio*" (TORRES, 1981, p.342).

Dentro da história política um plano de leitura acerca dos ciclos políticos brasileiros é através dos manifestos. Os mais elogiados por João Camilo eram os lançados por d. Luís de Orléans e Bragança na Primeira República. O que há de comum a todos eles é a capacidade de mobilização cívica das ideias e a projeção de uma nova plataforma política. Os manifestos marcaram diretamente a vida de João Camilo, seu irmão Luiz Camillo foi um dos líderes daquele que pode ter sido o mais importante manifesto da história nacional no século XX, o *Manifesto dos Mineiros* (1943), que comemorava o aniversário da Revolução de 1930 pedindo a redemocratização e o fim do Estado Novo. Poucos anos depois, em 1955, João Camilo se envolvia com outro movimento, junto de 46 colegas, catedráticos das Faculdades da Universidade de Minas Gerais que subscreveram um manifesto à Nação de repúdio à candidatura do governador Juscelino Kubitschek à Presidência da República (TRIBUNA DA IMPRENSA, 12-19 fev. 1955).[321] Pudera, João Camilo era aliado de opositores de JK em Minas, como Milton Campos e Magalhães Pinto.

---

321. Em carta a João Camilo, de 12 de agosto de 1966, Vicente Barreto propõe um plano de trabalho sobre manifestos no Brasil, e lista os seguintes: 1) Manifesto ao Mundo de 1849, de Borges da Fonseca; 2) Manifesto Liberal de 1869; 3) Manifesto da Confederação Abolicionista de 1883; 4) Manifesto Republicano de 1870; 5) Manifesto do Clube Militar de 1921 (Bernardes); 6) Manifesto de Bernardes (relacionado com o do Clube Militar); 7) Manifesto de Prestes de 1930; 8) Manifesto da Aliança Liberal de 1930; 9) Manifesto dos Mineiros; 10) Manifesto da Resistência Democrática; 11) Manifesto do 1° Congresso Nacional de Escritores de 1945; 12) Manifesto dos Coronéis; 13) Manifesto de 31 de Março de 1964; 14) Manifesto dos Intelectuais. O pedido era para que JCOT averiguasse a proposta, que inicialmente era apenas a de refletir o pensamento liberal, mas se fossem levados em conta os principais documentos públicos que tiveram repercussão na política brasileira seria preciso acrescentar outros, como a plataforma conservadora de 1863, a Circular de Teófilo Ottoni aos eleitores mineiros em 1860, as Metas de JK, etc. (BARRETO, 12 ago. 1966).

As preocupações de João Camilo, porém, iam muito além das circunstâncias de momento. Recusou cargos e chances de concorrer junto desses ícones da política mineira e nacional, mas esteve sempre a postos como intelectual de relevantes tentativas de reforma – como no caso da organização dos distritos eleitorais por parte de Milton Campos, que defendera na Câmara um projeto inspirado em JCOT.[322] Quatro pontos da estrutura institucional brasileira eram falhos e atravessavam até mesmo ciclos políticos sem que fossem devidamente reparados: a República, o Presidencialismo, o Federalismo e a questão do Poder Moderador. Toda a problemática em torno dessas questões surge da interrupção do curso constitucional do Império.

(a) República, Presidencialismo e Federalismo

"*A República nasceu sem povo e oligárquica. Saindo do Império, escolheu o presidencialismo. Olhando para a Revolução Americana, definiu-se federativa*" (ABRANCHES, 2018, p.21). Para João Camilo esse trecho expressaria a tripla tragédia que o Brasil precisava superar. São processos que surgem em conjunto e de difícil desligamento, mas que assinalam um corte histórico profundo com um rumo nacional, o Brasil que estava num patamar político-civilizatório é jogado para um outro rango de nações, a fim de se igualar às repúblicas sul-americanas, como se estivesse se posicionando junto dos Estados Unidos, o que jamais aconteceu de fato.

> O Brasil, nas vésperas da República, era realmente e em todos os seus aspectos políticos, uma grande monarquia liberal representativa de forma parlamentar, organizada no gênero dos estados modernos que o historiador inglês H. G. Wells chama de 'repúblicas coroadas', como a Inglaterra e cada um dos países de governo próprio do Império Britânico, a Bélgica, a Holanda e as monarquias escandinavas (SANTOS, 1930, p.11).[323]

322. Projeto do Voto Distrital. Projeto de Lei do Senado n. 38/1960, "Institui os distritos eleitorais para a eleição de Deputados (Do Sr. Milton Campos)". Na exposição consta que o projeto "se inspira em sugestões oferecidas, há alguns anos, pelo eminente historiador e publicista João Camilo de Oliveira Torres" (Sessão de 25 de novembro de 1960).

323. Antes de Wells a expressão "*república coroada*" ou a sua equivalente, "democracia coroada", já havia sido empregada, especialmente com relação ao Brasil, por Victor Hugo (*démocracie couronnée*) e William Gladstone (*crowned democracy*), em artigos na imprensa de Paris e de Londres, quando da segunda visita de Pedro II à Europa. O presidente venezuelano Rojas Paul, quando soube da queda da monarquia, revelou, conforme citação de Oliveira Lima: "*Se ha acabado la unica republica que existia en America – el Imperio de Brasil...*" (SANTOS, 1930, p.11).

Para José Maria dos Santos (1930, p.191) o que se assistiu a partir do 15 de Novembro de 1889 foi de fato a uma "*deformação republicana*". Esse era o mesmo cerne crítico de João Camilo, a respeito do desvirtuamento do conceito de república.[324] A história contada por JCOT revela o enredo da suspensão do processo democrático e social que se desenvolvia na Monarquia - democrático no sentido em que se pauta pela liberdade e igualdade para o maior número, superando um regime de casta para construir uma "*sociedade sem classes*", algo que segundo Simmel seria inerente ao regime monárquico; e social, pois havia feito a maior reforma do país, a Abolição (1964a, p.382). Ademais, era cristão, de modo que o ato revolucionário empunhado pelos militares em 1889 foi uma reação anticlerical ao III Reinado da Princesa Isabel (TORRES, 1964a, p.404). O regime instaurado a seguir acabou sendo não apenas oligárquico - indo desde os acordos entre os grandes estados até a baixeza do fenômeno do coronelismo, também ateu e pretensamente burguês - pelo menos essa fora a interpretação camiliana da atuação de Rui Barbosa, como um "*aburguesamento*" (TORRES, 1964a, p.462).[325]

---

324. Para além das circunstâncias relativas à quebra do regime, a preocupação de João Camilo era com a "teoria da República". "*A República, que como 'forma de governo' oposta à Monarquia deve denominar-se 'poliarquia', representa um ideal religioso e um ideal político, que poderíamos encontrar inclusive, em nações monárquicas*" (1° set.1960). Essa era uma visão tributária das percepções de Joaquim Nabuco, cuja caracterização de como a mudança do regime no fundo destituiu o caráter da "coisa pública", ao ter loteado o poder a uma oligarquia no poder, como nessa esteira mostrou Lynch (2012). Diretamente dos artigos de jornal de Nabuco, publicados no final do século, há a plena caracterização desse processo descendente: "*A República no Brasil tem apenas seis anos, mas já figura no catálogo das 'publicações memoráveis' da América do Sul, com um rol extenso de obras e documentos. Em matéria de esbanjamento dos dinheiros públicos e corrupção administrativa, com os consequentes tripotages e chantages de toda ordem na zona limítrofe à administração, a nossa República igualou, logo no primeiro ano, o que se dizia do esfacelamento moral-financeiro da Argentina; em matéria de criminalidade política, de proscrições sanguinárias, duvido que nenhuma das tiranias conhecidas da América do Sul tenha feito tão grande número de vítimas como a que sofremos de 1893 a 1894*" (NABUCO, 1896).

325. Por mais que na República o catolicismo fosse atingir um revigoramento importante, isso só acontece de fato no século XX, o que houve antes foram conciliações com o poder central, a partir de Campos Salles em 1896. Pois durante um período o único grande personagem leigo do catolicismo foi Carlos de Laet. A questão fundamental na República foi a concorrência com o positivismo, e como o Brasil entra num patamar de conflitos que não lhe era próprio, mas sim das repúblicas sul-americanas, onde o debate acerca do elemento religioso era fundamental já que por princípio o intuito era justamente exercer um mecanismo de superação de uma condição "teológica", pré-liberal, etc. No caso chileno o assunto é bem retratado por Sol Serrano em*?Qué hacer con Dios en la República?* (2008).

A campanha republicana foi bem-feita no sentido de fazer do novo regime um fato consumado.[326] O mesmo acontece com uma série de eventos na história nacional. Nesse sentido João Camilo procura compreender como o presidencialismo se desenvolveu no Brasil. A tese é a de que esse modelo de exercício do Poder Executivo apreende elementos da regência imperial e surge no bojo da autorredução da discricionariedade do Imperador. A compreensão do presidencialismo é posterior ao seu surgimento. Quer dizer, não havia uma doutrina pronta, mas tão somente tentativas de cópias argentinas e norte-americanas. A pesquisa de João Camilo sobre o presidencialismo começa avaliando aquilo que acabou sendo mais eficiente, a propaganda.

O primeiro tópico que formou a ideia do presidencialismo no Brasil foi uma propaganda contra o rei, a que João Camilo chamou de "*complexo de Bruto*". Tratou-se de algo anterior a 1889, marcado pelas críticas antimonárquicas de alguns intérpretes do regime imperial. Eram dois os impulsionadores dessa propaganda, um o propósito liberal que através da doutrina protestante encarava o poder monárquico como produto do direito divino, e que precisava ser superado, quando na verdade – como mostra Braz Florentino – a doutrina mais fundamental do Império era a escolástica-"suarista", de poder vindo de Deus, mas transmitido pelo povo (TORRES, 1961d, p.53). O outro conjunto de agentes que procuravam desmontar o poder do monarca eram os positivistas, a fim de cometer uma espécie de parricídio, cumprindo o mantra de Comte: "*sem Deus, nem o Rei*".

Mesmo com essa pesquisa o paradoxo é que, diferentemente dos Estados Unidos, o presidencialismo no Brasil surge no bojo da autoridade

---

326. Além da propaganda explícita, como consta na obra de prosélitos defensores do constitucionalismo de 1891, como Felisbelo Freire (1983 [1894]), um dos mecanismos de justificação da República foi a transferência do debate público para o âmbito do direito, fazendo da política discussão jurídica, ou de juristas. Daí que uma das mais acabadas obras de interpretação – positiva – da Constituição de 1891 é a de Amaro Cavalcanti, *Regime Federativo e a República Brasileira*, de 1899. Para Cavalcanti, era notório o sucesso do novo regime: "*Como se vê, tratava-se de um sucesso, essencialmente revolucionário, e inteiramente novo para a história do país*" (1983, p.44). Em termos de organização política a mudança foi brusca, mas tida como evolutiva: "*A Nação Brasileira passara, subitamente, do Estado simples, unitário, monárquico, em que se achava organizada, havia mais de dois terços do século, e funcionando sob o regime parlamentar, para o sistema composto, e o mais descentralizado de todos: o Estado-Federal ou a República federativa, sob a forma presidencial*" (CAVALCANTI, 1983, p.124).

monárquica.[327] Houve uma equalização com o caso hispano-americano, onde o presidencialismo é exercido como poder que remonta aos antigos vice-reis, ainda que organizados de forma eletiva (TORRES, 1961d, p.65). No caso brasileiro a primeira protoexperiência do que seria o presidencialismo podia ser encontrada na Regência, quando inclusive as regências trinas não deram certo e tampouco o modelo "absolutista" de Antonio Feijó. O segundo aporte de informações sobre um órgão executor surge com o Presidente do Conselho de Ministros, que inaugura no Brasil o cargo do "Primeiro-Ministro", a partir de 1847, por iniciativa de Francisco de Paula Souza e Melo. A partir daí surge o "presidencialismo imperial", que não estava nas mãos do Poder Moderador, mas do representante da chefia do Executivo, justamente o Presidente do Conselho. O "sorites de Nabuco", que explica o processo de centralização política, mostra o ocaso da ação pessoal do monarca e a hegemonia do Presidente do Conselho a partir de duas importantes situações: (a) a efetiva ação do Presidente do Conselho sobre as províncias; e (b) a ingerência do Poder Moderador que se resumia em desfazer gabinetes. Isso é importante para que se possa compreender que o 15 de Novembro acabou sendo contra o Executivo central, pois na prática descentralizada do Império, em que os presidentes de província tinham ação onímoda - dominando localmente as polícias e o comando de armas -, quaisquer medidas da política unificada em direção à centralização provocavam reações. O Imperador também possuía poder limitado diante dos presidentes de província, o que era inclusive motivo de queixas de d. Pedro II à princesa Isabel, de modo que queria aplicar um sistema de "*carreiras de presidentes*", através de funcionários concursados (TORRES, 1961d, p.111). Portanto, o declínio da vigilância imperial ocorria *pari passu* ao fortalecimento do poder dos chefes provinciais, e, sem um Executivo forte, em havendo crise partidária, a estabilidade do regime entraria em risco, como de fato aconteceu.

---

327. As três características que tornam o modelo americano algo único são as seguintes: (i) governo entregue a um só homem, sem que isso descambe em despotismo, já que o sistema eleitoral escalona as decisões; (ii) separação dos poderes sem caos, contendo tanto uma "cortesia senatorial", que impede o justamente qualquer exercício despótico, como uma "Suprema Corte" na qualidade de tribunal neutro que devidamente aplica o "*due process of law*", fazendo com que as disputas sejam na justiça, e não em torno do poder; e (iii) governo eleito sem demagogia e sem corrupção, pelo menos dentro de limites pouco perigosos. Isso só foi possível por uma situação histórica, de uma "*autêntica poliarquia no mundo*" (TORRES, 1961d, p.56). Esse presidencialismo norte-americano acaba produzindo uma espécie de "Rei eleito", como João Camilo absorve das lições de Clinton Rossiter (*Republican King*). Essa abordagem permite uma visão inclusiva do modelo americano dentro da teoria camiliana, no sentido em que serve para pensar o Brasil, centro da análise. Significa que o presidencialismo é para os Estados Unidos o equivalente ao que a monarquia é para o Brasil.

A partir de 1889, o que consolidaria o presidencialismo num primeiro momento foi a vitória da tese de Muniz Freire, do presidente como supremo representante da nação (TORRES, 1961d, p.173). A seguir, numa situação de guerra civil, como aquela com que Floriano Peixoto se deparou, a mudança do eixo da política se volta ainda mais para o chefe executivo, o que antes estava no parlamento. E é o próprio Floriano quem produz três místicas do presidencialismo brasileiro: (a) a do chefe, da figura carismática, entusiasta de massas; (b) a daquele que quebra as armações da legalidade nascente, pois Floriano assumira o poder de maneira insólita; e (c) a da superioridade do presidente, que surge com Floriano tratando ministros por cima dos ombros, mantendo relações pouco ortodoxas com o Legislativo e desconhecendo a independência do Judiciário, assim como esmagando as revoltas opositoras e desrespeitando leis civis fundamentais através de uma ditadura (TORRES, 1961d, p.185). Em uma palavra, o magnânimo poder que o presidencialismo adquire no Brasil, pelo menos pela simbologia criada, se deve a Floriano Peixoto.

A vitória de Felisbelo Freire quanto a um Supremo Tribunal apolítico, ao contrário do que queria Rui Barbosa, proporcionou que também a carga da Moderação, antes sob um poder separado, residisse no Executivo. Outro formulador do novo regime que deixou um efeito significativo na organização do poder no Brasil foi Assis Brasil, considerado o grande apóstolo da representação proporcional na Primeira República. O que João Camilo observa é que a crítica de Assis Brasil sobre o parlamentarismo, opondo inclusive a federação, criou uma ideia-força, de incompatibilidade entre federalismo e parlamentarismo (1961d, p.189).

A estrutura federalista acompanhava uma efetiva feudalização do país, que exacerbou o poder centrífugo provinciano. Mas valia a "regra de ouro" do presidente da República como o grande dirigente da política, sendo o ápice de uma escala de ascensão que começava na fazenda, em que a sucessão era resultado das aspirações políticas locais, sendo o presidente tacitamente impedido de indicar sucessor. A regra se esvai com Afonso Pena, quando fica marcado o fim do *laisse-faire*. Mas ainda nesse ínterim há um fenômeno que praticamente retoma o estadismo monárquico. João Camilo descreve que a "*regência de Rio Branco*" no Itamaraty, auspiciada pela vitória dos conservadores (Rodrigues Alves), entre 1902 e 1912, teve como efeito acabar com os radicalismos jacobinistas e positivistas, segundo quatro ações "*majestáticas*": (i) uma representação de continuidade e de identidade nacional no tempo e no espaço, levando em conta um sentido de tradição, histórico e de valorização do passado; (ii) a perspectiva de uma continuidade administrativa, mesmo em meio à queda de presidentes; (iii) uma espécie de poder moderador no trato da questão estrangeira, reinando, mas não governando; e (iv) a atuação direta na política estrangeira (1961d, p.238). Ou seja, Rio Branco revigorou uma dimensão inerte do Império, e, mesmo estando no bojo do presidente, pôde ser exercida de forma superior e independente.

A monarquização momentânea trazida por Rio Branco, embora popular, não foi capaz de resgatar a nossa tradição monárquica. Efetivamente, foi somente a partir de 1922, argumenta João Camilo, que começa uma reação eficaz contra o sistema oligárquico e demofóbico. A revolta dos quartéis pelos tenentes trouxe pelo menos duas possibilidades, a partir de Eduardo Gomes, Siqueira Campos e Juarez Távora – com aspirações liberais –, e de Luiz Carlos Prestes – com soluções socialistas. Essas duas correntes acabaram desaguando na Revolução de 30, quando surge um novo ciclo geracional (TORRES, 1961d, p.266). Posteriormente, a consolidação do Governo Provisório a partir da Constituição de 1934 daria maior primazia ao presidente, pelo arrefecimento da autonomia estadual e ampliação da intervenção da União, interrompendo o liberalismo clássico. Mas é com o Estado Novo, no constitucionalismo de 1937, que surge, a partir da chefia de Getúlio Vargas, o "*presidencialismo puro*", em que todos os poderes da União residem no presidente, e os governadores estaduais se tornam meros delegados da autoridade central (TORRES, 1961d, p.272).

Quanto ao federalismo, o tema é retomado por João Camilo dentro da organização administrativa dos estados contemporâneos. Quando compara a política de 46 com as medidas tomadas a partir de 64, JCOT esclarece algumas inversões no exercício de políticas públicas. Por exemplo, é devido ao atravessado federalismo brasileiro que a educação primária, que deveria ser por conta da União, por referir-se a um direito individual de todo cidadão, não poderia (como a educação universitária) ficar condicionada a graus de desenvolvimento econômico (1981, p.100). Acreditava, porém, que as inovações baseadas no planejamento e na descentralização, que estavam elencadas no Decreto-Lei 200/1966, poderiam trazer soluções ao impasse da administração federativa nacional. O INPS seria o baluarte dessa reconfiguração (conforme veremos no próximo capítulo) (TORRES, 1981, pp.92-93). Exceto por esses otimismos, a reflexão era a de que a crítica de

Tavares Bastos, da hipertrofia no centro e paralisia nas extremidades, parecia se manter. O problema estava na resposta que havia sido dada no século anterior, fundada na confusão entre *unidade* e *centralização*, a ponto de multiplicar os centros de decisão que criaram estruturas paralelas, hierarquias convulsas, ausência de planejamento e encargos financeiros pesados. Essa aberração, esse grande corpo sem vértebra, teria ainda esmagado o grande motor do verdadeiro federalismo, o município, daí que a história foi entre dois extremos, o "estadualismo" e o "centralismo"(da União).

(b) Poder Moderador

O Poder Moderador servia para manter o equilíbrio da máquina do Estado e cumprir a função de representação nacional perante o mundo. Tratava-se de um desdobramento da função natural do rei, de defesa dos caracteres fundamentais do país, fazer a justiça e manter a paz. O maior defensor das prerrogativas monárquicas desse Poder foi Braz Florentino, que teve o intuito de preencher uma lacuna, a falta de doutrina para o próprio regime. Essa defesa passava pela crítica ao parlamentarismo, demonstrando as deficiências de um sistema que não contemplasse o equilíbrio de um poder permanente e estável. O parlamentar, quando se torna governo, retira-se do seu âmbito de imparcialidade. Mais do que isso, Braz Florentino considerava que o parlamentarismo corrompia a causa da verdadeira monarquia real. Na prática o parlamentarismo, como queriam os liberais, de responsabilização dos ministros pelos atos do Poder Moderador, levaria ao próprio colapso da monarquia (TORRES, 1961d, p.96).

O principal mecanismo de apoio do Poder Moderador era o Conselho de Estado. Considerado o "*cérebro da monarquia*", a partir da autoridade jurídica e política, o Conselho de Estado era o fator de unificação nacional, e servia de efetivo instrumento de decidibilidade sobre os casos mais graves (TORRES, 1965b, p.122). Cabia ao Conselho de Estado o controle prévio de constitucionalidade das leis, o que para João Camilo era uma antecipação aos problemas, tornando o sistema brasileiro superior, mais silencioso e menos oneroso, do que o modelo norte-americano, em que esse papel é cumprido pela Suprema Corte.

Com a República em 1889 o Poder Moderador é suplantado, levando consigo a experiência ímpar do Conselho de Estado. O primeiro efeito desse vazio é a emergência arbitrária do poder pessoal (TORRES, 1964a, p.130). É curioso e quase paradoxal que a vida partidária havia florescido não na República, mas no Império. O fenômeno do coronelismo é essencialmente ligado ao regime republicano, sendo caudatário da extinção do Poder Moderador e da centralização. Outrora, o Imperador conseguia ser o ponto de equilíbrio político, social e moral da nação. A obra da centralização, através de órgãos não eletivos como o Conselho de Estado e a política dos presidentes de província, geralmente alheios à comunidade que iriam governar, reteve e conteve a força dos *landlords*. Daí Gilberto Freyre ter destacado a Monarquia como o corretivo liberal, democrático e nacional para os excessos aristocráticos ou autocráticos regionais ou locais, os quais eram estimulados na vasta área da América Portuguesa. João Camilo reproduz esse argumento de valorização do balanço político: "*O Império era bem uma monarquia limitada pelos partidos. Ou, talvez, partidos limitados pela monarquia*" ("Grandeza e miséria do coronelismo", s/d, p.208).

Na trajetória republicana brasileira o equilíbrio só foi obtido quando o exercício de algo análogo a um poder moderador se fez presente. Já não se tratava de uma instituição fixa e predefinida constitucionalmente, mas oscilando dentro das alternâncias dos ciclos de poder. É possível apontar pelo menos três substitutos do Poder Moderador imperial: o Presidente da República, os Militares e o Supremo Tribunal. O Presidente, pelas características que foram se afirmando, de domínio majestático do chefe político eleito, e que foram bastante expressas no período ditatorial de Vargas, cabendo como exemplo máximo de um presidente que se instaura como moderador nacional, embora fora do princípio originário do sistema que era democrático. No caso dos militares trata-se igualmente do acionamento emergencial em períodos de crise, comumente sustando processos democráticos, em nome da manutenção da moderação institucional. Já o Supremo Tribunal, que em tese seria o mais afeito ao funcionamento dentro de uma normalidade democrática, contudo, e pela vitória da sobreposição da figura do presidente, se tornou um mal-entendido no Brasil: contempla um caráter político porque é capaz de declarar a inconstitucionalidade das leis, mas até a Constituição de 1988 foi esvaziado politicamente. O que difere do caso norte-americano, em que a Corte serve de afirmação da autoridade nacional sobre os estados e ainda como corretivo da ação presidencial e parlamentar (TORRES, 1961d, p.226). A conclusão é que o fim do Poder Moderador no Brasil não teria encontrado um substituto à altura para manter um padrão democrático, estável e permanente.

(c) Percalços da sociabilidade política brasileira

Como sociólogo com olhar a partir da política, João Camilo procurava observar os efeitos dos desencontros institucionais sobre a dinâmica social. De que maneira as instâncias políticas colaboraram ou atravancaram o desenvolvimento da sociedade brasileira? Essa era uma questão-chave. E uma das circunstâncias mais preocupantes a respeito era sobre a relação urbano-rural no Brasil, o que levava a um dos pleitos mais candentes da segunda metade do século XX no país, a reforma agrária.[328]

O drama sociológico sobre as relações entre campo e cidade lidava com o temor da divisão nacional. João Camilo percebia a cisão desses "dois Brasis". De modo que o sistema político não havia consignado uma medida de ponderação para equilibrar o cosmopolitismo urbano e aquilo que gira em torno da propriedade rural. O êxodo rural avassalador gerava a preocupação de que um país pudesse ser arrasado pelo ímpeto revolucionário da cidade. Até porque o modelo eleitoral não curava, mas acirrava esse divórcio entre a "*opinião pública da capital*" e a "*vontade nacional*" - do interior. Era natural que capitais, ainda mais quando cidades litorâneas e até portuárias como o Rio, se tornassem celeiro de influências, de uma elite cultural e política de vanguarda, "*mais corajosamente permeável às ideias novas - as elites são, sabidamente, mais amigas de revoluções e transformações do que o povo*" (TORRES, 8 mar. 1958).

O desafio era unir essa cabeça com o provincianismo, que de fato era o corpo. A constatação era a de que

---

328. João Camilo não tratava do tema da reforma agrária de forma violenta, reconhecia sua necessidade, mas considerava as circunstâncias. O problema central estava naquilo que Caio Prado Júnior havia descrito, e que a economia agrícola era voltada à exportação, tornando até mesmo a pecuária brasileira feita sobre o latifúndio. Portanto, a reforma deveria ser na criação de mecanismos para superar o modelo monolítico da grande propriedade. Através de transporte, infraestrutura, eficiência produtiva, aperfeiçoamento técnico, redução da carga tributária e uma série de ações menores por parte das autoridades públicas, seria possível reestruturar a vida rural no Brasil, sem que fossem necessárias ações radicais. A esperança de João Camilo era que deixássemos de ser um país agrário (economicamente retardado), continuando a ser rural ("*uma sociedade moralmente mais elevada*"). Tratava-se de apontar para um ponto de equilíbrio, da valorização de cidades pequenas integradas com os valores da vida no campo. "*Não há a miséria das grandes cidades: não precisa de SAPS, de creche, de trabalho feminino fora do lar, não há bondes nem trens elétricos, sendo que numa pequena cidade pode haver tudo que de bom há nas capitais (...). Utopia? Não, evidentemente. Em Minas isto é o normal*" (1949, p.254). Por parte dos católicos não havia uma concisão a respeito do tema da reforma agrária. Por exemplo, havia uma disputa pública entre Gustavo Corção - que era favorável a algum relativização do direito à propriedade, descaracterizando o elitismo ferrenho de outro líder católico, Plínio Correia de Oliveira, que não admitia qualquer remissão a uma "reforma agrária" no Brasil (essa discussão entre Corção e Plínio foi apresentada por Flávio Lemos de Alencar em conferência no IHGB, em 2017).

> o homem do campo é conservador, e vive, no Brasil, em regime semifeudal, não se preocupa muito com o que dizem os jornais do Rio – lê, de preferência, jornais locais e, principalmente, considera o voto como expressão de vontade (por isso falei em 'vontade nacional') – é dever votar num candidato, por ser o do chefe local, não interessando qualidades possíveis. O eleitor não escolhe entre duas soluções; cumpre a palavra de ordem recebida, obedece a orientação dos órgãos superiores. Não pergunta qual o candidato melhor, mas sim, qual o 'nosso' candidato. Para o eleitor médio do interior, só há um candidato: o do chefe político local (...) [Ademais], ao homem do campo faltam aquelas condições mínimas de segurança para que possa meter-se em grandes aventuras, não liga maior importância à agitação do Rio – esta, porém, acaba contaminando os generais e o resto é história sabida. Se, no Império, o povo ajuntava-se no Rocio ou no campo de Santana, aderindo à tropa em seguida, de 1889 para cá, os jornais conseguem a adesão da tropa sem carecer de ir gente para a rua... (TORRES, 8 mar. 1958).

A superação desse fosso entre opinião e vontade nacional viria necessariamente de uma reformulação no sistema eleitoral. As duas principais fontes científicas do pensamento conservador de João Camilo não negavam a atuação do sistema político, e até muito pelo contrário por parte de Oliveira Vianna. Segundo Gilberto Freyre serviria até mesmo para preservação da vida local. A fim de que o homem do campo não fosse uma vítima do progresso nacional, era preciso criar sistemas de proteção. O descompasso entre uma sociedade industrial, moderna, que é "histórica", e o campo, que sofre a história, poderia ser resolvido através de reformas administrativas e sociais. Um Estado moderno social seria capaz de criar mecanismos similares de solidarismo, tanto na vida urbana quanto na rural. Na proposta camiliana era possível fazer uma ponte que fosse da base pelo municipalismo, passando pela adoção do voto proporcional distrital, chegando à importância da administração e planejamento federais descentralizados, para que as instituições brasileiras não fossem algo etéreo e distante, mas políticas públicas efetivas e próximas dos cidadãos.

2.4.3 Crise e desordem no Brasil

Entraves políticos e sociais, como os observados anteriormente, alimentam recorrentes crises e desordens. Pior, permitem que certos conflitos evoluam para erupções revolucionárias. Tudo se torna ainda mais complicado em meio a um turbilhão de transformações econômicas e sociais. Em quase todas as reconfigurações políticas brasileiras isso aconteceu - pelo menos entre as que João Camilo analisou, a República, o golpe de 1889, passando pelo atribulado ano de 1922, a Revolução de 1930, depois as mudanças em 34, 37, 46 e até a Revolução de 1964. Para se ter uma ideia, e além das alternâncias demográficas e culturais comentadas mais acima, somente o crescimento da indústria e da economia entre os anos de 1955 e 1961 foi superior ao de qualquer outro país ocidental.[329] Esse ritmo intenso prontamente lançava um desafio ímpar ao analista preocupado com o tradicional e o permanente.

O momento mais enigmático de João Camilo, como intelectual público e agente institucional, foi em torno dos anos anteriores e posteriores a 1964. Para analisar esse período é preciso situar os agentes, e compreender como líderes, grupos, partidos e ideologias políticas apareciam na cena política nacional. Pois se 64 surge como uma chance revolucionária, pela ordem, pelo regresso da autoridade, pela superação da confusão, então, preliminarmente, cabe situar as posições políticas que estavam envolvidas conforme a abordagem camiliana. Primeiro tratando do significado da crise de poder no Brasil pós-Estado Novo, considerando o drama da alienação ideológica e a confusão entre os partidos. A seguir, vem a análise sobre como João Camilo classificava os blocos políticos (item (a)) e as agremiações partidárias (item (b)).

Assim como a política dos anos 1930 foi produto dos descompassos da República Velha, o desdobramento das reações ao Estado Novo moldou o período seguinte. Mas, diferentemente da Revolução de 1930, que atravessa o "veranico" em 1934[330]

---

329. No período de 1955 a 1961 a produção de energia elétrica havia saltado de 3 milhões para 5 milhões de quilowatts; a de petróleo, de 6 mil barris/dia para 72 mil; 23 mil quilômetros de rodovias e 1.800 de ferrovias foram construídos, foi o tempo da explosão da indústria automobilística. No total, o aumento da produção industrial foi de 80%. Na década de 1950 "*o crescimento* per capita *efetivo do país foi três vezes maior que o restante da América latina*" (WILLIAM, 2005, p.355).

330. Num dos capítulos do livro incompleto e não publicado *A vida partidária brasileira* (s/d), João Camilo trata de "veranico" o que surgiu da Constituição de 1934. Tratou-se disso pois era uma democracia em crise que destruiu os quadros vigentes antes de 1930, sem que houvesse substituição, e tampouco sem definição quanto às necessárias transformações sociais e políticas do século. "*A presença de homens novos de governo, querendo ficar* – e daí esta situação de 'veranico'. Uns dias de sol sem muita convicção – *depois as chuvas tropicais...*" (TORRES, "O veranico de 1934", s/d, p.328). O ano de 1934 trouxera um sistema eleitoral, absurdo e extravagante, observava João Camilo, como algo de extrema simpatia ao paladar político do eleitor. "*O votante podia compor a chapa a seu modo e votar em tantos candidatos quantos fossem os lugares a serem preenchidos, vindo em duplicada o 'cabeça de chapa', para fins de contagem de votos pessoais e a formação do quociente*" ("O veranico de 1934", s/d, p.329). Mas aquele regime acaba substancialmente porque não era capaz de dar respostas à altura dos problemas que passariam a surgir. Em 1935 já se tem a revolta de guarnições militares diversas, tendo como motivo algo novo: o comunismo. Depois, o processo eleitoral conturbado e confuso, num momento em que se demandava estabilidade. Eis que surge "*o sr. Getulio Vargas, um homem extraordinário*". Daí que "*um dia, todos acordaram sabendo que havia uma nova constituição e o Congresso fora fechado. Nas ruas não houve indignação, alegria ou surpresa. Para o povo, realmente nada acontecera...*" (s/d, p.332)

e termina sobre uma ditadura, a projeção constitucional de 1946 era a de que se produzisse uma normalidade democrática com partidos livres e capazes de dirigir o país. Contudo, João Camilo se deparava com um problema de origem, a generosidade da "revolução" de 1945: "[*foi*] *a mais generosa da história do mundo, por ser a mais sinceramente democrática, permitiu mais do que qualquer outra o paradoxo da derrota das minorias progressistas pelas massas conservadores*" (1975, p.196). Justamente o sistema que surge para quebrar com a ditadura varguista permite que o caudilho gaúcho voltasse mais tarde ao poder. Em suma, o desfecho de 1945 foi decepcionante.

> Mas, não podia ser de outra forma e por duas razões. A primeira é que toda revolução é feia por minorias contra as maiorias, sempre conservadoras. (...) [A segunda,] é sempre reduzido o número de pessoas dotadas de senso crítico, de espírito de justiça, de elementos de informação, de coragem e de obstinação e em condições de tentar mudar a face das coisas. No caso do Estado Novo: somente pessoas muito bem informadas poderiam furar a cortina de fumaça da propaganda (TORRES, 1975, p.196).

A estrutura do regime de 46 era prontamente incapaz de vencer as bases anteriores. O que era compreensível, pois abriu um caminho coberto de desafios e conflitos que iam sendo mal resolvidos e absorvidos pela estrutura partidária, até o seu colapso. A vitória sobre o Estado Novo foi pírrica: o contrário de outras revoluções vitoriosas que implantam uma ditadura e destroem as estruturas anteriores, conseguindo a adesão de grupos e pessoas influentes, e somente a partir da conquista de uma maioria segura é que restabelecem as condições normais de vida política. Para bem ou para mal, 1946 não seguiu esse roteiro.

Com a Segunda República (1946-1964) vigora um ciclo paradoxal de avanços econômicos e infraestruturais, vida parlamentar democrática e livre, mas obtusos solavancos políticos. Não obstante fosse complicado derrubar a democracia, era também muito difícil sustentá-la e consolidá-la (FRANCO, 2005 [1965], p.104). As alternâncias de governo não davam outro horizonte. Mal acabou um governo de matiz mais liberal, de Eurico Gaspar Dutra (1946-1951), e ressurge Vargas, agora através do voto, pretendendo remontar o seu antigo regime por meio de promessas em torno do nacionalismo e da justiça social. Capaz de convencer os trabalhadores à índole trabalhista, o "*amigo dos trabalhadores*" patrocina uma plataforma nacional-reformista de desenvolvimento econômico sob o controle estatal (NEGRO; SILVA, 2017, p.90).

Em 1954 esse percurso é tragicamente interrompido com o suicídio do presidente. No ano seguinte surge a segunda crise constitucional com o golpe militar que depõe Café Filho e Carlos Luz. O mandato-tampão continua com o breve governo de Nereu Ramos. Ao final Juscelino Kubitschek é eleito, e governa de 1956 a 1961. JK então retoma uma política desenvolvimentista, através do Plano de Metas que pretendia acelerar economicamente o Brasil. Setores como energia, transporte, alimentação, indústria de base e educação foram os mais contemplados (MOREIRA, 2017, p.159). Além das estradas, dos automóveis e dos parques industriais, JK ficou marcado sobretudo pela construção de Brasília. A propósito, João Camilo resumia a falsificação do governo JK através da simbologia em torno da Novacap.[331]

As proezas de Juscelino jamais atraíram a simpatia do conterrâneo João Camilo. Já na administração JK da prefeitura de Belo Horizonte e no governo de Minas havia oposição do grupo ao qual João Camilo estava ligado.[332] Mas principalmente foi o balanço acerca dos resultados da presidência que gerou os maiores desconfortos. O crescimento econômico não rendeu resultados

---

331. Para João Camilo Brasília foi uma abstração voluntarista, fruto de um idealismo político brasileiro (1968g, p.11). JCOT havia sido contra a mudança da capital para Goiás. Em artigo de agosto de 1956 declarou: "*A mudança da Capital Federal é a panaceia do dia (...). Sem entrar diretamente no mérito da questão recordarei aos muitos afoitos que, antes de mudarem a capital da República, é mister mudar a República da capital. Há muitos problemas que devemos considerar previamente, pois, com a presente organização administrativa do País, uma capital transferida para regiões remotas será um remoto de males. Lembrem-se todos de que o Rio é capital desde o vice-reinado, toda a organização política se fez em torno da Guanabara, e se considerarmos a área habitada do País, devemos considerar que o Rio está no centro demográfico e econômico do Brasil. Não quero, repito, discutir a questão da mudança em si mesma. Aliás, não acredito muito que isso ocorra, nem que exista alguém seriamente empenhado na coisa*" (12 ago.1956). Tendo sido erigida, João Camilo costumava considerar Brasília o sinônimo da pretensão e do artificialismo político brasileiro, bem como de sua alienação e radicalidade. "*Se é possível fundar-se uma urbe num espaço vazio, como Brasília, construindo-se a cidade consoante a fantasia do arquiteto ou do político, não se pode construir uma civitas, como uma aglomeração de casas, mas a partir de um dado preexistente. Quer dizer – o revolucionário mais radical não poderia levar o seu radicalismo a ponto de massacrar toda a população do País e começar um novo regime, novinho em folha, como a citada Brasília. Por estas e outras é que Descartes desaconselhava que aplicassem seus princípios à política, considerando loucura quem fizesse com a Política o que fizera com a Filosofia*" (1981, p.158).

332. João Camilo chegou a se filiar ao PL, de Raul Pilla, mas sempre esteve próximo da UDN, até pela amizade com Afonso Arinos, Milton Campos e Magalhães Pinto. Ademais, em geral os católicos do CDV se concentravam na UDN.

naquilo que era primordial, as reformas sociais de base. Politicamente a herança também se mostrou desastrosa - nem o regime presidencialista se consolidou sem um líder carismático, nem a representação política foi resolvida com partidos ideologicamente sólidos, nem as elites se entenderam posteriormente e tampouco a cidadania deixou de ser regulada.

De JK aos militares o que se viu foi o desconcerto do poder. Por mais que pela primeira vez na história republicana grandes partidos nacionais tivessem figurado no plano democrático, em especial a UDN, o PSD e o PTB, faltava uma sincronia com relação ao poder central. A vivência de conflitos e alianças entre os partidos não era má, e demonstrava a oxigenação da vida parlamentar brasileira (LAVAREDA, 1991). O problema estava no entrave para a unidade nacional, em meio ao inanismo e à alienação política.

O trabalhismo, por exemplo, ainda estava "*passando pelos testes das doenças infantis*", longe de ser movimento adulto (GUERREIRO RAMOS, 1961, p.90). Enquanto o próprio nacionalismo era algo alienado entre a opinião pública, "*especulação mais ou menos gratuita de camadas letradas mal articuladas ao processo*" (1961, p.136). Guerreiro Ramos abordava o ar rarefeito que se respirava nas ideologias brasileiras, de modo que um só fator poderia suplantar essa condição, a existência de um "inconsciente sociológico".[333] O que para João Camilo podia ser traduzido como a "consciência histórica", e, no caso desses anos da metade do século, minimamente a consciência acerca da crise.

O ponto crítico era fazer com que as elites tomassem consciência do dilema político moral e se libertassem da corrupção num esforço conjunto de superação. Afonso Arinos argumentava que às forças conservadoras não interessavam a desordem e a anarquia. E que mesmo a esquerda se enganava ao achar que iria faturar com o radicalismo, pois do caos vem a ditadura, e da ditadura, "*o estrangulamento das esquerdas, principalmente das esquerdas não-comunistas*" (2005, p.69).

A percepção era comum àquilo que João Camilo identificava como a "*dupla alienação das esquerdas*", a tentação do golpe e o antinacionalismo (1964b, p.113). Incapaz de emplacar imediatamente o socialismo, a esquerda se entusiasmava

333. O conjunto de autores dotados dessa qualidade "sociológica", segundo Guerreiro Ramos (1961, p.168), em vários casos, era também recepcionado como base nas interpretações camilianas, como no caso de Oliveira Vianna e Alberto Torres. Ademais, numa qualificação quanto à linhagem política saquarema não é extravagante unir Guerreiro Ramos e João Camilo, ainda que este fosse católico e aquele trabalhista.

com exemplos de governo forte que realizassem todos os ideais de uma só vez, ao invés de enfrentar um processo lento, como os socialistas fabianos.[334] No caminho tresloucado a esquerda nada mais conseguiria do que abrir espaço a uma ditadura. Enquanto a alienação do antinacionalismo proporcionava a "*ausência de sentido da realidade brasileira*", o que levava as esquerdas a se tornarem "*vítimas de uma posição antinacional (...) e desconhecendo que o desenvolvimento econômico tem causas econômicas, e não políticas (...), as esquerdas brasileiras negam o passado brasileiro*" (TORRES, 1964b, p.114).

Além desse despreparo das esquerdas, um segundo aspecto era essencial na compreensão da confusão em torno de 1964: a legitimidade do poder (TORRES, 1964b, p.111). A teoria da legitimidade apresenta uma realidade objetiva e outra subjetiva. A objetiva envolve a compreensão sobre aquilo que fundou a nação, qual o fundamento constitutivo de determinado país.[335] A subjetiva, por sua vez, funda-se na crença generalizada ao direito de mandar, conforme apregoou Lipset (TORRES, 1964b, p.17). Por exemplo, a República e a Federação, embora instituições estabelecidas na Constituição, jamais foram claramente aceitas. Resultado: enquanto um governo é ilegítimo as instituições são inadequadas.[336]

A desorientação dos grandes partidos permitiu que um "azarão" vencesse as eleições presidenciais de 1960. Fruto de uma coalizão liderada pela UDN, mas oriundo do minúsculo PTN, Jânio Quadros sai vitorioso contra o general Henrique Teixeira Lott, do PSD e apoiado pelo PTB e por outros partidos. Na votação para vice-presidente, realizada em separado, o resultado é o inverso, vence o candidato da aliança "varguista", João Goulart (PTB, com apoio do PSD), deixando para trás o mineiro Milton Campos (UDN). A capacidade com que rompeu a barreira partidária deveria fazer de Jânio um centrista, mas logo

---

334. O maior entusiasmo da esquerda, ao querer imprimir um rompante de transformação, vinha do recente acontecimento de então da Revolução Cubana, liderada por Fidel Castro e Che Guevara, em 1959.

335. Objetivamente, um governo não é legítimo se fundado tão somente no aspecto formal da nacionalidade. No caso brasileiro o critério da legitimidade é o do Império, da monarquia de base popular (TORRES, 1964b, p.16). Ou seja, para ser legítimo era preciso depreender os elementos constitutivos do Brasil, os quais foram gestados a partir de 1822, compreendendo a unidade e continuidade daquele modelo. Isso demonstra a necessidade de se recorrer à fundação do país.

336. Essa inadequação repercute inclusive nos atores políticos, que acabam caindo em confusões, como Carlos Lacerda quando discursava pela federação em nome da descentralização. João Camilo aponta esse erro para demonstrar como a crise de legitimidade desfaz o significado dos conceitos políticos, pois nessa situação o correto era identificar federação com associação, e descentralização com distribuição de tarefas (1964b, p.112).

que assume passa a se posicionar de maneira a desagradar o líder udenista Carlos Lacerda. Sem o apoio da UDN e isolado, começa a ameaçar uma renúncia, quando no fundo sua personalidade autoritária procurava se assemelhar a grandes líderes revolucionários de seu tempo, como Fidel Castro e Gamal Abdel Nasser, então presidente do Egito. Em 25 de agosto de 1961 acaba renunciando, achando que o Congresso Nacional, ou melhor, o povo, pediria que ele ficasse. Mas não, Jânio Quadros "quebrou a cara".

João Goulart assume como presidente, mas através de acordo, perdendo poderes, e dando vez a uma experiência parlamentarista. Um plebiscito sobre o assunto é programado para 1965, e depois antecipado para 1963. Embora vitorioso, tendo readquirido os plenos poderes de presidente, João Goulart não dava mostras de que seria capaz de fazer o principal: escapar do facciosismo e atuar numa operação de resgate institucional, para que houvesse a devida "*restauração da autoridade do Poder Executivo*", como advogava Afonso Arinos (2005, p.99).

Em poucas palavras era essa a situação da crise do poder no Brasil nos anos 1960. Esse panorama é essencial para situar os grupos políticos e ideológicos, bem como os partidos, de acordo com a classificação camiliana. A separação acaba acontecendo como mais um efeito da confusão, pois não há uma necessária adequação entre ideologias e partidos.

(a) Grupos políticos e ideológicos

As vertentes políticas e ideológicas são classificadas por João Camilo em três grandes blocos: os revolucionários, os reformistas e os reacionários.

(I) Os *revolucionários,* que querem alterar tudo, abolir tudo, demolir a velha casa e pôr outra no lugar, estes são expostos em quatro grandes linhas no movimento revolucionário brasileiro (TORRES, 1964b, p.27): (i) o Partido Comunista tradicional, cujo líder era Luís Carlos Prestes e a estrela-guia a URSS, e que nos anos 1960 estava em uma segunda fase das revoluções – restauradora –, menos envolvida em confusões e tendente a aproximações com o Ocidente; (ii) o grupo da Polop (Política Operária), diferentemente, era orientado pela Revolução Chinesa e se desenvolvia pelo caminho da violência, condenando o sistema fabiano já adotado pelos russos. Defendiam Stalin e Mao Tsé-tung, e revelavam a face radical do comunismo; (iii) os trotskistas, fiéis às posições internacionalistas do líder; e (iv) os grupos "nacionalistas", que se inspiravam em

Castro, Nasser, Sukarno, etc. e que miravam uma ditadura heterodoxa do ponto de vista marxista, além de tentarem aplicar uma posição ideológica brasileira para justificar a revolução.

(II) Os *reformistas*, aqueles que, mantendo uma certa fidelidade a alguns valores tradicionais, procuram modernizar vários aspectos da realidade política ou social (TORRES, 1964b, p.28). Alguns podem ser radicais, mas aceitam ideais e valores da sociedade antiga. Muitos, como o próprio João Camilo, procuravam realizar as reformas dentro do catolicismo social, o que ocasionou duas correntes no movimento solidarista: (i) a Ação Popular (AP), de linha radical, mais envolvida em temas sociais do que políticos, o que tornava o grupo pouco consistente em termos de ideias, apesar do forte engajamento; (ii) a outra corrente solidarista, menos conhecida, é a dos monarquistas sociais, com a qual o nosso autor se identifica, e que apresenta um cânone de pensadores a partir do Império – alinhando Visconde do Uruguai, Pimenta Bueno, Braz Florentino, Bernardo Pereira de Vasconcelos, etc. – e admitindo a hipótese de um movimento restaurador da "*democracia coroada*", que modernizada equivaleria àquilo que se via nos casos britânico ou sueco. Esse também seria o lugar ideológico do socialismo monárquico de d. Luís de Bragança.

(III) Os *reacionários*, denominação sem intuito de pejora, mas para identificar os que combatiam a linha das reformas e encaravam as transformações que o mundo conhecia como maléficas e criminosas. Incoerentemente, na visão de João Camilo, esses realizavam uma "revolução ao contrário", sendo o oposto do que Joseph de Maistre havia instruído – "o contrário da revolução" (TORRES, 1964b, p.30). Nesse ramo o grupo mais numeroso é o da antiga AIB (Ação Integralista Brasileira),[337] chefiada por Plínio Salgado, cuja aventura fora um tiro

337. Em "A aventura integralista", João Camilo relata que a AIB – Ação Integralista Brasileira tinha raízes no português Antonio Sardinha, e mais remotamente no nacionalismo integral de Charles Maurras. Teve no Brasil como lideranças Plínio Salgado e Gustavo Barroso. JCOT simpatizava com certos aspectos do integralismo, reconhecia no movimento uma ação de regeneração nacional, e nascida no bojo dos desacertos da política dos anos 1920 e 1930. Mas acima de tudo, o grande equívoco do integralismo estava na sua mística revolucionária, de querer mudar tudo, o que o afastava do povo. Grave também era o modo como o integralismo se apresentava na qualidade de doutrina católica, por compartilhar com certos valores, tal qual o corporativismo. Ainda que tenha sido uma tentativa para escapar da crise espiritual e política do país, e o próprio nome do movimento era catolicamente correto, assim como o movimento de reintegrar as elites à tradição viva do seio do povo, a verdade é que o integralismo se preocupava mais em criar e inovar do que em reconhecer a realidade. "*Era, em resumo, 'literário' de mais o Integralismo...*" (TORRES, "A aventura integralista", s/d, pp.520-521). Vale destacar um ponto importante sobre o integralismo, que, apesar de JCOT ter rasgado elogios à tese de Hélgio Trindade, de 1971, aponta que o integralismo não era a princípio um movimento fascista, mas que tinha tudo para vir a sê-lo. Deixa claro que há tanto um fascismo "direitista" como o "esquerdista" (17 jul. 1972).

pela culatra no caldo político brasileiro, pois a sua percepção de nacionalismo acabou servindo de ingrediente no molho ideológico das esquerdas - as teses integralistas estavam sendo confiscadas pelos comunistas, argumentava João Camilo (1964b, p.31).[338] Outras correntes dos reacionários, pouco militantes, mas fiéis às suas posições, são as dos "monarquistas direitistas" de São Paulo e alguns outros lugares, discípulos de Maurras, e hostis à tradição popular da monarquia brasileira. Estes não querem um regime social-democrata como o da Suécia, mas sim um Estado corporativo. As lideranças desse movimento são os professores Arlindo Veiga dos Santos, tradutor de Santo Tomás de Aquino, em uma corrente, e, em outra, Sebastião Pagano, professor e historiador. Por fim, e ainda no monarquismo antidemocrático, talvez o mais importante personagem fosse o dr. Plínio Corrêa de Oliveira, antirreformista, e ícone da chamada "direita católica" (TORRES, 1964b, p.31).

Essa classificação foi apresentada em *Razão e destino da Revolução* (1964), como instrumento explicativo a respeito do movimento revolucionário de 1964. O mote era tratar dos desencontros sobre o pensamento político brasileiro da época, que consequentemente refletiam uma outra crise, a ideológica.

A pluralidade de agentes políticos não se esgotava nessa tríade, e mesmo dentro dela havia desconformidades. João Camilo procura atacar os falsos reformistas e os falsos conservadores, ou os agitadores e os imobilistas (1964b, p.115). Os primeiros porque analisavam o Brasil à luz dos acontecimentos das repúblicas sul-americanas, de sorte que dimensionam o fatídico horizonte da ditadura para os países, ou seja, concedem ao presidencialismo forte toda a competência das reformas. O erro dos agitadores se dava pelo desconhecimento quanto

---

338. Um exemplo desse intercâmbio tácito de integralistas com comunistas, a respeito de uma noção de nacionalismo, é explicada por João Camilo com certo espanto: "*Por mim, até hoje não me recuperei do susto que levei ao ouvir jovens socialistas repetindo tiradas anti-americanas extraídas do livro 'Brasil, colônia de banqueiros' do sr. Gustavo Barroso*" (1964, pp.30-31). JCOT descreve ainda outra similaridade. Tanto marxistas quanto integristas caíam numa mesma alienação por tratarem toda a questão social exclusivamente sob o patamar de classes. Os adeptos de Marx igualavam-se aos de Maurras, e vice-versa. Pois enquanto estes se consideram ofendidos se chamados de socialistas, agiam "marxisticamente" ao verem na classe social uma existência mais concreta do que uma simples posição ideológica de conservadorismo ou reformismo. Aqueles, por sua vez, insistiam na ação sobre as estruturas a fim de alterar as relações materiais de produção, quando a política efetivamente marxista corresponderia ao sentido oposto (TORRES, 1964b, p.248).

à singularidade do Brasil perante a América do Sul, e por desconsiderarem o valor da liberdade, achando que por essa via cairiam no liberalismo - quando de fato poderiam estar criando um totalitarismo (TORRES, 1949, p.13). Nesse mesmo erro caíam os imobilistas, desconhecedores do sentido do conservadorismo (que na visão camiliana é o ideário que se afirma no tempo através de reformas que sempre restauram as virtudes antigas). Essa vertente instituía uma paralisia, insuscetível a quaisquer reformas, que chegava a ser contra as próprias conquistas da liberdade, e, sobretudo, as superações dos graves problemas sociais (TORRES, 1964b, p.115).

Esse desconcerto ideológico que aparecia nos grupos era facilmente identificado por dois atributos: "*o critério da moda*" e o "*princípio do subjetivismo*". De um lado o imediatismo ideológico, a ausência de critério científico e a superficialidade; de outro, a negação em aceitar qualquer argumento contrário às suas concepções preestabelecidas. Os dois ingredientes produziam algo intragável ao diálogo, e embebedavam desde as posições esquerdistas até a doutrina da Escola Superior de Guerra (TORRES, 1981, pp.408,412).

O pior é que diante dessa crônica crise ideológica nenhum grupo seria capaz de angariar legitimidade necessária para governar - a não ser à força. Sob o olhar tomista, João Camilo encarava que o centro do problema estava na indeterminação da legitimidade. O alvo da ordem política não era atingido por nenhum dardo partidário, pois os ideários promoviam direcionamentos atravessados e conflituosos. E sem ordem, as tão desejadas e necessárias reformas não teriam vez (1964b, p.128).

(b) Os Partidos

O diagnóstico camiliano da crise dos partidos que se abateu sobre a política brasileira já havia sido feito em 1949. Em *A libertação do liberalismo* o autor faz uma radiografia do assunto, e antecipa as causas fundamentais do problema. Começa por explicar a diferença entre partidos e facção. Esta como sendo um grupo de pessoas que se juntam para tomar o poder, enquanto aquele é "*uma associação de pessoas que possuem a mesma atitude geral em face da política (liberal, conservadora, socialista) ou que visam a um fim concreto também, ideológico (o abolicionismo, por exemplo)*" (1949, p.97). Do mesmo modo era preciso analisar a dinâmica partidária conforme o tempo: "*o programa do partido liberal em 1945 não será o mesmo que em 1845, mas, poderia ser sempre liberal. Atitude forma a mesma*" (1949, p.97).

Pois bem, a primeira causa da crise partidária é porque os partidos surgiram de circunstâncias ocasionais, o que os levou a ter os nomes dessas ocasiões, e com programas não muito bem definidos. Este era o caso, por exemplo, da própria UDN, que seria a primeira experiência de partido oposicionista nacional de longa duração, sem nome de partido, mas de coligação. A UDN surge dos que lutavam contra o Estado Novo, pela democracia. Contava com uma tradição ilustre, mas disforme. O partido costumava se associar a outros paralelos, como o PL, o PR e certas seções do PDC, e assim formavam um bastião da classe média urbana, tendencialmente liberais, moderadamente reformistas, e partidários de um discurso anticorrupção. O que era diferente do PSD, mais conivente com os costumes pós-Revolução de 1930, enquanto o antigetulismo da UDN perfazia uma posição crítica daquela tradição.

O PSD era um dos representantes das "forças conservadoras", de tradição majoritária, de objetividade, e base no campo, apresentava-se como a mais capaz de resistir aos projetos ousados e inconsequentes. Curiosamente esse PSD tinha um nome de partido socialista e reunia os restos dos antigos interventores e prefeitos do Estado Novo. Também como parte das "forças conservadoras" havia os representantes das formas moderadas de populismo, como os partidários de Adhemar de Barros e o petebismo da velha guarda, fiéis à tradição getulista, e infensos ao comunismo (TORRES, 1964b, pp.31-32). O PTB recrutava o eleitorado trabalhista, ainda que seus dirigentes não fossem tão fiéis à causa (TORRES, 05 set.1960).

Dos partidos menores e mais próximos de João Camilo havia o PR e o PL, que também se situavam dentro das "forças conservadoras". O PR era o partido dos antigos amigos de Arthur Bernardes. Mas o predileto de JCOT era o PL, ao qual inclusive foi filiado e pelo qual quase se candidatou. Seu líder, Raul Pilla, fora um dos maiores entusiastas pela implantação do parlamentarismo. Talvez este fosse um dos motivos especiais, mas a razão estaria na autenticidade: "*às vezes penso que o único partido a ter nome certo (o único a ter um programa ideológico consistente) é o PL: precisamos de quem nos liberte...*" (05 set.1960). É interessante perceber a tradição do PL, vinculada a Gaspar da Silveira Martins (1835-1901).[339] Agora, além do PL, havia outro partido de destaque que JCOT tinha como "ideológico": tratava-se do PCB[340].

A segunda causa do desarranjo na República de 46 é que o regime presidencialista não se compadeceu com a vida partidária em bases ideológicas.

---

339. O PL (Partido Libertador) é o partido da tradição dos "maragatos" gaúchos, que eram luzias no Império. Em 1930, já sob a direção de Raul Pilla, rompem com Vargas e travam uma luta contra o positivismo castilhista em nome de um liberalismo imperial que se tornava luta nacional. Em 1945 os libertadores estavam ao lado dos grupos liberais do país. João Camilo elogiava a "*inteireza moral de seus líderes e sua posição doutrinária*". Mas para o PL existir uma série de desdobramentos se sucede. Com o crepúsculo do reinado de d. Pedro II, o Partido Republicano Rio-grandense já era assaz forte. A seguir se divide e surge o Partido Republicano Federal do Rio Grande do Sul (1891), com a pressão interna de adeptos do parlamentarismo contra o programa presidencialista de Júlio de Castilhos, em 1892 há outra divisão. Funda-se o Partido Federalista do Rio Grande do Sul, é o partido fundado por Gaspar da Silveira Martins logo que volta do exílio. O partido sobrevive com vigor até 1907, quando novas deserções acontecem até desaparecer em 1930. Antes o Rio Grande conhecera o efêmero Partido Republicano Liberal do Rio Grande do Sul (1896), e também o Partido Republicano Democrático do Rio Grande do Sul, produto da candidatura de Fernando Abbott nas eleições para a presidência do Estado em 1907. Embora também fugaz, seu programa serve de base para a Aliança Libertadora de Assis Brasil, em 1928, que fundaria o Partido Libertador do Rio Grande do Sul. Nesta aliança estavam reunidos os dissidentes federalistas, coligados com os republicanos históricos, e assim formaram a Frente Única, que fez no Rio Grande a Revolução de 1930. Em 1932 é fundado o Partido Republicano Liberal, a fim de reunir esses elementos heterogêneos da Frente Única, que havia sido desfeita com a Revolução Paulista (TORRES, "A variante gaúcha", s/d). Esta é a linhagem "gasparista" (de Gaspar da Silveira Martins), que nos anos 1930 era reproduzida por Contreiras Rodrigues, por exemplo (RODRIGUES, 1933). De modo que o "Partido Libertador" de Raul Pilla guarda estreita aliança com essa linhagem, pois mantém a tônica parlamentarista, defende a memória de Silveira Martins e Assis Brasil contra o autoritarismo castilhista e era crítico do modelo republicano que foi adotado em 1889, que era uma "Democracia tutelada nos quartéis. Irrisão. Mentira" (RODRIGUES, 1933, p.20). Eis a filiação partidária pela qual João Camilo nutria maior apreço.

340. Lamenta, contudo, a falta de percepção nacional dos comunistas, pois explica que já no século XIX se podem perceber manifestações vagamente socialistas. "*A campanha de Nabuco, como candidato a deputado incluía referências à organização da classe operária e à reforma agrária, dentro de princípios de Henry George, como complemento da Abolição*". E logo em seguida, um dos próceres do constitucionalismo de 1891, "*Felisbelo Freire, (...) acusa influências marxistas - e posteriormente se dedicaria a atividades propagandistas mais diretamente socialistas*" (TORRES, "Partidos ideológicos. O Partido Comunista do Brasil", s/d, pp.417-418). Mas se em Freire o marxismo ainda era apagado e confuso, aplicando a luta de classes na oposição entre militares e bacharéis, no século seguinte o grande nome de vanguarda foi Gustavo de Lacerda, com o livro *O problema operário brasileiro - propaganda socialista* (1901).

Para JCOT o imenso poder do presidente o descompatibilizava perante o parlamento, de modo que o compartilhamento de poder (o que poderíamos chamar de "presidencialismo de coalizão") só acabava acontecendo via suborno (05 set.1960).

A chave do problema já havia sido explicada por Assis Brasil, quando demonstrou que eleger deputados e nomear presidentes eram duas coisas diferentes. João Camilo reconhecia a coerência de Assis Brasil, embora este não tivesse conseguido comprovar a eficiência do presidencialismo. "*Aliás, a geração republicana era toda hostil aos partidos. Carlos Peixoto, João Pinheiro e outros tinham plena consciência de que os partidos eram coisas do parlamentarismo, relíquias monárquicas.*" O parlamento brasileiro era de primeira ordem nos anos 1960, de modo que não estava aí o problema. A questão era a diferença entre a doutrina partidária e o regime presidencial, tentar juntar essas coisas é "*atrelar boi e cabrito na mesma canga*" (TORRES, 05 set.1960).

Para encerrar, João Camilo observava que, apesar dos insistentes desequilíbrios partidários, insuficiências ideológicas e toda provocação sobre a consistência dos poderes, o povo seguia sendo fiel às instituições. Nessa chave de interpretação camiliana o povo não é um problema, mas exatamente aquele que mais condiz com um bom governo. O problema da crise política provém do renitente paradoxo do Estado moderno: excesso de poder e deficiência de autoridade. Como o leão do *Mágico de Oz*, que, embora fosse o mais temido dos animais, sofria com complexo de inferioridade. Assim JCOT via o Estado brasileiro: onipotente, mas com governo assujeitado. A origem desse problema estava na perda do primeiro princípio da autoridade, a de gozar de poucos poderes e de poderes específicos (1961e, pp.9-10). Como consequência do descompasso surgia a inadequação entre poder e povo, dificultando a própria concretização do ideal democrático - pois sem autoridade não haveria ordem, e sem ordem não se garantia direitos para o exercício da liberdade, civil, política ou social. O raciocínio vinha de Oliveira Vianna: a disfunção da democracia no Brasil se dava pois os direitos civis não eram garantidos, e sem eles os direitos políticos eram ilusórios (TORRES, 1961e, p.11).

2.5 Uma nova revolução brasileira

> *"A sociedade, mais do que uma soma de indivíduos, é uma estrutura de situações; as revoluções tentam mudar os indivíduos, mas conservam as situações, e com isso raramente mudam alguma coisa. Há no máximo um remanejamento de situações. A verdadeira revolução é aquela em que se estabelecem situações que permitam a homens comuns agirem bem."*
>
> João Camilo de Oliveira Torres
> (*O meu filosofar sobre a história,*
> 1976[1973], p.353)

Há pelo menos duas formas de abordar o tema da "revolução" política. O mais comum na modernidade é aquele conceituado por Eric Voegelin (1975) como uma espécie de troca do presente em nome de um projeto futuro.[341] Refere-se a uma projeção, algo novo, a aposta num desconhecido que realize uma utopia presente. O outro modelo de interpretação revolucionária pressupõe a noção antiga do termo, como oriundo da física, e que se refere a ciclicidade. Revolução, portanto, seria condizente com um retorno, com a provocação de um giro que alimentasse uma recomposição social e política. É precisamente este o viés camiliano para revolução. Revolução como restauração através de reformas.

Chama a atenção como João Camilo levava em conta a revolução de forma "oportunista", aproveitando as condições para sugerir diretrizes que resgatassem um elo perdido com o passado. As tradições do país reincorporadas ao paradigma político-constitucional serviriam de baliza entre as expectativas e as realizações futuras. Assim é que uma revolução tomaria um rumo democrático, pelo próprio

---

341. Ainda dentro dessa noção de projeção do futuro por meio de uma Revolução, vale mencionar dois autores importantes. Harold Berman (1983) tem uma obra pioneira a respeito de como o sistema legal do Ocidente foi formado através desses momentos definidores das revoluções. E, de forma ainda mais elaborada, uma radiografia sobre o processo revolucionário foi traçada por Eugen Rosenstock-Huessy, em *Out of Revolution. Autobiography of Western Man* (1964).

fato de incorporar uma base do desenvolvimento político que fora sustado, mas precisava ser retomado. Não se tratava de destruição violenta, "*mas um processo pelo qual a revolução se torna útil*" (2016, p.121).

Perante o ideal revolucionário moderno a índole de João Camilo era contrarrevolucionária, conforme o modelo de Joseph de Maistre, de não fazer uma revolução contrária, mas o contrário de uma revolução. Num artigo em que JCOT aborda o assunto, a questão é como lidar com uma situação revolucionária concreta (2016, pp.117-121). O autor apresenta quatro saídas clássicas: a *revolução*, a *evolução*, a *reação* e a *contrarrevolução*. A primeira conduz à ditadura, criando novos problemas e gerando grande destruição. A segunda é também um processo violento que procura impedir a transformação e leva a uma outra ditadura, que destrói valores que os próprios reacionários queriam preservar. A evolução é a adaptação de princípios anteriores à nova situação, como fez a economia norte-americana, que em vez de abolir o capitalismo, por ser o mecanismo dos então colonizadores, reverte essa medida para beneficiar todas as classes. E, por fim, a contrarrevolução tem como exemplo as monarquias socialistas do norte da Europa, que realizaram dentro da lei e da liberdade a justiça social, ou seja, a partir de um eixo tradicional foram realizadas reformas que tornavam desnecessária a própria revolução (TORRES, 2016, pp.120-121).

A disposição em defender e procurar uma abertura de possibilidades reformista com o "golpe cívico-militar" ou "Revolução" de abril de 1964 não compreende uma lógica de "Revolução conservadora" no sentido empregado pelos nazistas. Longe disso, não havia a mínima remissão a autores de uma linhagem alemã que pensaram uma forma de revolução romântica designada como "conservadora", como em Carl Schmitt, Ernst Jünger e Martin Heidegger (COELHO, 2013). Autores que mal aparecem na obra camiliana. Porém, a defesa do golpe de 1964 como uma "revolução" se dava sob o matiz conservador, de uma ação política salvífica que restaurasse a ordem e conservasse as bases da sociedade brasileira ante o risco do caos e do comunismo.

No item a seguir há uma abordagem sobre como João Camilo encara o 1° de abril de 1964, como movimento crucial para o restabelecimento da ordem política no Brasil, de modo a proporcionar um ambiente saneado às reformas e ao planejamento.

2.5.1 A revolução pela ordem

O tema da "revolução brasileira" refere-se a um longo dilema sobre o comando e a direção do poder no Brasil. O termo foi trabalhado ao longo do século XX por diversos autores, à esquerda e à direita, desde Caio Prado Jr. e Guerreiro Ramos a Afonso Arinos, Carlos Lacerda e João Camilo. O comum a todos eles era a necessidade de transformar a realidade brasileira, mudar a estrutura política, e de fato estabelecer uma democracia, um socialismo, ou o regime que fosse. Se havia unidade quanto ao problema da crise de poder no Brasil, não havia quanto ao seu destino. Um dos dilemas comuns era se o Estado ou o mercado seria o agente da emancipação do povo brasileiro. JCOT, por sua vez, atuava em outra chave, a revolução brasileira é restauração do projeto emancipatório do Brasil Império, aclimatado com as transformações recentes e as orientações da Igreja.

Os desencontros políticos que analisamos anteriormente, tanto institucionais quanto ideológicos e partidários, revelam uma parte da indefinição intelectual sobre a ideia revolucionária no Brasil. Para citar um exemplo caro ao marxismo, a obra de Caio Prado Junior *A Revolução Brasileira*, de 1966, que gerou um impacto em todo o pensamento brasileiro, tinha como propósito orientar os rumos de uma revolução, desconsiderando a vitória inimiga do golpe de 1964, para denotar que ou a revolução é socialista, ou ela não é.[342] Mas, diferentemente dessa linha progressista à esquerda, o progresso para João Camilo era retorno, e dessa forma percebia o fenômeno revolucionário. Aqui surge a centralidade da consciência do fundamento histórico.

Para João Camilo as revoluções são como movimentos circulares. Portanto, "*toda revolução termina num relativo retorno a certas posições antigas, uma certa volta do antigo. Se parece exagerado dizer-se que toda Revolução termina numa Restauração, podemos dizer que, realmente acaba numa Reinstauração*" (1964b, p.277). A base, portanto, estava na própria história nacional, especialmente na sua experiência mais bem acabada, o Império. Dentro dessa história são perceptíveis

---

342. Caio Prado apresenta uma teoria revolucionária brasileira, tendo como base a experiência cubana e o arcabouço intelectual marxista. Tendo domínio dessa lição seria possível gerar a mobilização revolucionária sobre as contradições e promover as mudanças estruturais com a tomada do poder. Tratava-se de um processo capaz de descortinar a natureza das relações internas e externas do país e do domínio capitalista, dentro e fora (PRADO JUNIOR, 1977, p.187).

os movimentos de quebra e reconfiguração, e inclusive o mais importante, a Revolução Brasileira fundacional, entre 1821 e 1841.

No século XX, o aspecto da revolução como restauração - da ordem - é tratado como uma condição necessária à realização daquilo que o país precisava: reformas. Até porque sem ordem, na percepção do autor, nem democracia, nem qualquer exercício de liberdade seria possível. Os matizes desse conceito de revolução podem ser compreendidos em três dimensões: (i) a noção sobre o processo de Independência e consolidação do Estado brasileiro como momento original da Revolução Brasileira;[343] (ii) o reconhecimento da diferença entre revolução perfeita e imperfeita: sendo aquelas radicais, que concentram poder e violam as liberdades pela destruição das tradições, enquanto estas - imperfeitas - condutoras de regimes de liberdade;[344] e (iii) o desenvolvimento de um processo que fosse "*o contrário de uma revolução*" (no sentido demaistriano), ou, tomando o momento revolucionário como oportunidade à restauração, a partir das reformas.

A respeito da Revolução de 1964 João Camilo escreveu dois livros significativos. O primeiro saiu no calor do momento, em pleno 1964, tendo se tornado uma

---

343. *O Brasil já teve a sua Revolução*. João Camilo procura desmistificar a propaganda extraordinária a respeito de uma revolução brasileira nos anos 1960. Diz ele: "*Quantas toneladas de livros não foram escritos para anunciar uma revolução brasileira, quando, na verdade, a Revolução Brasileira foi feita entre 1821 e 1841, quando adotamos o regime democrático, consubstanciado na Constituição do Império e mantido na atual?*" (1964b, p.232). Em *História do Brasil*, Heinrich Gottfried Handelmann (1827-1891) designou a Revolução Brasileira como o período entre o fim da censura, sob a Regência de D. Pedro em 28 de agosto de 1821, até 1841 - quando o país consolida o poder nacional (TORRES, 2016, p.261). O resgate dessa narrativa explica uma característica das revoluções: a inauguração de um horizonte nacional e global. Por isso a "nossa" Revolução Brasileira se igualaria à Revolução Americana, na medida em que ambas produziram processos de Independência e organização estatal. Bem como, na França, as mais diferentes posições políticas giram em torno da Revolução de 1789. Assim, para o caso brasileiro, só se compreendem o presente e o futuro do país se retornarmos ao "tríplice milagre" da Revolução nacional: a manutenção da América Portuguesa unida; a criação de um Estado Liberal com êxito em um país subdesenvolvido; e a realização de uma Revolução Legítima - consorciando os antigos e os novos princípios de legitimidade (2016, p.266).

344. As *revoluções perfeitas* são aquelas disrupções radicais, marcadas pela concentração do poder e pela violação das liberdades e pela destruição de tradições, como ocorreu na França (1789), no Brasil (1889), na Rússia (1917), na China (1940). Essas revoluções perfeitas conduzem a um esforço estatal que facilmente chega ao totalitarismo. Por outro lado, as *imperfeitas* são as que conduzem a regimes de liberdade, a bons governos, pois nessas o Estado sai delas enfraquecido, como nas monarquias constitucionais em que há uma desconfiança do Estado e do Poder, pois a perda dessa desconfiança gera o perigo da tirania (GARSCHAGEN *apud* TORRES, 2016, p.26).

das referências para a defesa do movimento cívico-militar.[345] O outro, publicado postumamente (1981), traz um balanço sociológico sobre as crises da sociedade contemporânea, e tece considerações sobre os destinos dos governos militares. Para apresentar de forma mais organizada o argumento, sobre as razões de João Camilo a respeito dessa revolução e seu destino, o dividirei em cinco tópicos: (a) reformismo e restauração; (b) a conjuntura da crise pré-64; (c) a defesa da Revolução de 1964; (d) das expectativas; e (e) dos resultados.

(a) Do reformismo à restauração

A índole revolucionária de João Camilo é orientada pelo reformismo que instaura uma restauração. De fato é um movimento de substituição revolucionária que perfaz uma reação. O próprio 31 de março de 1964, no caso, é assim trabalhado, mais do que como uma ação. O mérito teria sido o de restaurar uma ordem periclitante (TORRES, 1964b, p.280). E a expectativa era para que se realizasse o *"contrário de uma revolução"*, condicionando o país à melhor situação para a justiça social dentro da lei e da liberdade (2016, p.121).

Além de retomar as bases legítimas do poder nacional, o objetivo de João Camilo dentro do ideal restaurador era evitar que uma revolução descambasse em totalitarismo. Ainda quando isso acontece elas terminam realizando uma reversão, a questão é como se dá esse processo. O prospecto histórico é o de retorno

---

345. Logo que é publicado o livro de João Camilo se torna uma referência no assunto. Embora claramente simpático ao protagonismo cívico de Minas na Revolução de 1964, o autor era reconhecido como imparcial ao tratar dos acontecimentos, estaria entre aqueles que "*sem o sentido expresso de aplaudir apenas, preferem historiá-lo em suas origens, analisando com largo poder de observação as causas que contribuíram para o seu desfecho (...)*" (ALONSO, 14 out.1964). Em 1965, numa reportagem de 28 de março de 1965, o *Jornal do Brasil* trazia um apanhado dos vinte principais livros publicados sobre a Revolução (ou golpe) de 1964. Segundo o jornal eram treze obras contrárias ao movimento, e sete favoráveis, dentre estas estava a de JCOT. A lista é a seguinte: (1) *1º de Abril*, de Araquém Távora; (2) *O Ato e o Fato*, de Carlos Heitor Coni; (3) *Os Idos de Março*, de Alberto Dines, Antônio Calado, Araújo Neto, Carlos Castelo Branco, Cláudio Melo e Sousa, Pedro Gomes e Wilson Figueiredo; (4) *A Velha Classe*, de Márcio Moreira Alves; (5) *Tempos de Arrais*, de Antônio Calado; (6) *Sexta-feira, 13*, de Abelardo Jurema; (7) *1º de Abril*, de Mário Lago; (8) *Em Nossos Dias de Intolerância*, de Mário Martins; (9) *Eu, Réu sem Crime*, de Seixas Dória; (10) *Hay Gobierno?*, de Claudius, Jaguar e Fortuna; (11) *Revolução, Reação ou Reforma*, de Alceu Amoroso Lima; (12) *Prelúdio à Revolução*, de Augusto Frederico Schmidt; (13) *Março, 31*, de Fernando Pedreira; (14) *Razões e Destino da Revolução*, de João Camilo de Oliveira Torres; (15) *Guerra Revolucionária*, de Bilac Pinto; (16) *O Ódio Destrói o Brasil*, de Beneval Oliveira; (17) *O Humanismo Ameaçado*, de Alceu Amoroso Lima; (18) *A Revolução Devora Presidentes*, de Jean-Jacques Faust; (19) *Até Quarta, Isabela*, de Francisco Julião; e (20) *O Golpe de Abril*, Edmundo Moniz. Estes eram os *best-sellers* da época sobre o movimento cívico-militar de 1964 (JORNAL DO BRASIL, 28 mar.1965).

ao fundamento, e não que a revolução seja capaz de escapar desse retorno. Há três exemplos clássicos de movimentos violentos que resultaram em desvios: a Monarquia Absoluta, a Revolução Francesa e a Revolução Russa.

Apenas para ficar neste último caso, João Camilo argumenta que a Revolução Russa nasceu da necessidade de se criar um sistema de relações destinadas a abolir as consequências injustas do capitalismo e do individualismo. Essa foi a índole que marcara o protagonismo político de Lênin, mas, ao invés de um retorno, o comunismo perfaz uma ação progressiva. Em vez de resgatar as corporações de ofício, reconhecendo que o país estava calcado no artesanato, o que se procurou fazer foi a industrialização a todo custo. Segundo João Camilo, a Guerra de 1914 precipita as ações, e o gênio de Lênin produziu algo "*estranhíssimo*": "*a revolução comunista não implantou o comunismo, nem mesmo o socialismo, mas a industrialização*". O extraordinário poderio econômico e militar da URSS nada tinha de socialista. Tratou-se de um resgate de um poder absoluto de um velho czar. "*Lenin e Stalin, muito mais do que apóstolos e iniciadores de uma era nova, foram os continuadores do grande Romanov*" (16-17 ago.1958). Aquilo foi um retorno, ainda que dentro das pressões do novo tempo.

Em todos esses modelos há algo de paradoxal. A tentativa de substituição completa da ordem social redunda num malogro. O que é diferente das revoluções destinadas a aperfeiçoar as estruturas existentes, e que, sem criar situações novas, conseguiram resultados fantásticos. No fundo o autor quer mostrar que a história exerce sua pressão incomensurável, e que não há como deter o processo, porém é possível fundar mecanismos de acomodação do novo com o permanente. Eis a lição dos ingleses: "*sem destruir a estrutura do Estado liberal, sem alterar nada de essencial, fizeram a reforma socialista que reduziu em poucos anos, quase todas as consequências desagradáveis da industrialização*" (TORRES, 16-17 ago.1958).[346]

(b) A conjuntura da crise pré-64

Passando propriamente para as circunstâncias práticas dos eventos que sucederam o golpe cívico-militar de 1964, cabe colocar quais eram os fatores do

346. Além do caso inglês, João Camilo costumava mencionar o caso da Suécia e de outros países que adotaram a mesma linha política inglesa. "Para o operário, a Inglaterra é infinitamente superior à Rússia, como 'pátria do socialismo'. E por toda parte os movimentos socialistas e trabalhistas autênticos são prejudicados pelo exemplo da Rússia e pela influência dos agentes destinados a provocar algo de semelhante, uma revolução para dar o poder a um partido e não fazer a reforma social" (16-17 ago.1958).

impasse político. O primeiro diz respeito à ampla demanda por reformas. O segundo refere-se à polarização política em torno do comunismo. Terceiro, os receios de golpe de ambos os lados. Quarto, a ausência de uma liderança política que desse coesão e agisse acima das circunstâncias.

O diagnóstico sobre a crise demonstrava a necessidade de reformas políticas e sociais. Porém, havia um radicalismo estranho aos caracteres da história, da sociabilidade, da religião e da tradição brasileira. Na prática, o tema das reformas acabava servindo de pretexto para determinados grupos apearem-se ao poder. Para João Camilo o rumo das reformas, portanto, não poderia ser exclusivista, e, acima de tudo, impopular, "antipovo" (no sentido de antinatural à compreensão sociológica da realidade brasileira).

Lamentavelmente a bandeira das reformas não ganhava dimensões suprapartidárias, a ponto de terem sido rebaixadas aos arrivismos. Outrora, muitas delas haviam recebido apoio amplo, ainda que o teor de seus conteúdos fosse objeto de disputas. O maior exemplo era a reforma agrária, em que vários membros da "direita" eram favoráveis. O próprio João Camilo o era. Assim como o amigo de CDV, José Carlos Barbosa Moreira, que lhe escrevia do Rio em 27 de março de 1963, relatando o incômodo de ter que renegar pautas que também eram de partidos como a UDN, e afeitas ao pensamento católico. Apenas porque a bandeira das reformas estava indo parar "*nas mãos do Brizola e de outros doidos, temos que renegar tudo o que até aqui vínhamos dizendo a favor delas*" (BARBOSA MOREIRA, 27 mai.1963).[347]

Vale frisar que o conservadorismo de João Camilo não se confundia com reacionarismo ou "conservantismo", era completamente dedicado a uma realização prudente de reformas. Elas precisavam ser feitas para servirem de antídotos da revolução, na medida em que pudessem anular esse processo. Isso equivaleria ao ajustamento de dois princípios aparentemente contraditórios: oposição e situação, direita e esquerda, conservadores e liberais, ou, como o "êxito de uma política socialista está condicionado à presença de um bom partido conservador" (TORRES, 1964b, p.150). Politicamente o rumo reformista de João Goulart era equivocado, pois

347. Nessa carta de José Carlos Barbosa Moreira a João Camilo, em particular sobra uma acusação a Gustavo Corção de ter mudado quanto ao tema da reforma agrária: "*O Corção é representante típico dessa atitude: lembra-se de como criticou, há poucos anos, o livro dos bispos contra a reforma agrária? Agora, critica os que são favoráveis a ela, e nem se dá ao trabalho de distinguir entre as várias correntes reformistas*" (BARBOSA MOREIRA, 27 mai.1963).

desequilibrado, e o prenúncio de sua reforma agrária era torpe, como descrevia JCOT em 15 de março de 1964:

> Tomar terras de fazendeiros e distribuí-las a "camponeses" é, apenas, anedota. Em geral, as tentativas do gênero, principalmente se de colorido socialista, falharam completamente. Para mim não é o mais importante: este é a libertação do produtor rural da tirania do intermediário. Continua achando que, enquanto não houver o monopólio estatal do comércio atacadista de gêneros, ou pelo menos, enquanto não houver a prioridade do poder público na questão, a reforma agrária falada é alienação pura e simples. Não seria o caso de entregarem a SUPRA, criada pelo parlamentarismo, a uma pessoa como José Arthur Rios ou Manuel Diegues Júnior ou J. Alípio Goulart, ou qualquer outro sociólogo especializado em assuntos agrários? Seria um bom começo (1964b, p.182).

A questão do comunismo era também gravíssima. O clima de Guerra Fria contaminava o ambiente local, alimentando rumores tanto pró-Estados Unidos[348] quanto pró-União Soviética.[349] O cunho radicalmente socializante das "Reformas de Base" do governo esgarçava essa situação. A opinião pública movimentava acusações de ambos os lados, de forma virulenta, com denúncias de aparelhamento e de conspirações em órgãos públicos, agremiações, sindicatos e jornais.[350] E por mais que a direita pudesse forçar a polarização - como no caso de Augusto Frederico Schmidt (1964), o próprio presidente João Goulart seguia

348. Inclusive a participação americana é considerada sobre a deposição de João Goulart, por parte de uma série de historiadores, como Thomas Skidmore, Elio Gaspari e Hélio Silva (1975, p.27), além de pesquisas mais recentes com conotação ainda mais radical identificando um intervencionismo no Brasil.

349. Apenas recentemente pesquisas sobre a intervenção comunista, com aparelhos de espionagem, infiltração, cooptação e informação soviética no Brasil foram apresentadas. Há vasta documentação a respeito de redes e de toda a atuação de serviços secretos comunistas que conspiravam no Brasil, especialmente através do Serviço Secreto da antiga Tchecoslováquia (STB) (KRAENSKI; PETRILÁK, 2017).

350. No final de 1961 um membro do IBAD, um dos *think tanks* anticomunistas que atuavam na época, escreve para João Camilo descrevendo como estava se dando uma "*penetração comunista*" dentro de um dos maiores jornais brasileiros, o *Jornal do Brasil*: "*A situação no Brasil é muito grave e se assemelha muito ao que ocorreu em Cuba depois da revolução. A CNT, que congrega 50.000.000 de trabalhadores, caiu nas mãos dos comunistas. A UNE transformou-se em um centro de agitação do comunismo internacional. Os partidos políticos, que deveriam ser os baluartes da democracia, estão totalmente vazios de doutrina e de homens (...) A situação do JB é insustentável. O sr. Nascimento Brito, que é realmente quem dirige o jornal e a rádio, quer ser candidato a deputado federal com o apoio do 'grupo compacto' do PTB e para isso abriu as portas da empresa de sua sogra para os comunistas e esquerdistas. (...) Pois bem, o principal editorialista do JB, o jornalista Hermano Alves, é comunista. Note bem, professor, não somos nós que dizemos que ele é comunista, mas o próprio Hermano se confessa seguidor do PC*" (VICENTE, 11 dez.1961).

uma sina audaciosa. A aproximação com os governadores Leonel Brizola e Miguel Arraes, assim como ao sindicalismo radical, gerava um clima de tensão. O mais conhecido evento nesse sentido foi o derradeiro comício de 13 de março de 1964, na Central do Brasil, que reuniu no mesmo palanque políticos da esquerda, o presidente da CGT, frações do movimento revolucionário e o presidente da República protegido pelo Exército e prestigiado por ministros militares. Mas a gota d'água havia sido a presença no dia 30 de março do presidente João Goulart no Automóvel Clube, a fim de prestigiar a festa do Clube dos Sargentos. Na prática aquilo era uma audácia à cúpula dos militares, pois antes haviam enfrentado uma revolta dos marinheiros, que aliciados por agentes sindicais ameaçavam o princípio da autoridade e da disciplina nas Forças Armadas (CASTELO BRANCO, 1964, pp.290;303).

Para João Camilo havia dois problemas concretos na ameaça comunista, isso para além da própria revolução violenta. Primeiro, a divisão que os comunistas provocavam na sociedade. O caráter antinacionalista da esquerda correspondia a um tipo de alienação, da falta de consciência histórica, e, consequentemente, a ausência de confiança no Brasil (1964b, p.114). Ademais, a propaganda otimista criada pelos comunistas era um tiro pela culatra, soava como afronta, alimentando reações ainda maiores: "*na minha modesta opinião os comunistas praticaram um suicídio (...) que se abra um jornal qualquer e vemos o começo de uma campanha anticomunista que se vai desfechando e tende a crescer*" (21 jun.1961). O propósito de João Camilo era explicar que, enquanto não houvesse uma organização partidária estável, era um risco estabelecer divisas tão radicais:

> É preciso que se saiba que, se não existe no Brasil um partido conservador (e devia haver, convém lembrar), há um instinto de conservação muito forte. A democracia mesmo fraquinha e cheia de aleijões, é melhor do que qualquer ditadura – para ricos e pobres, jornalistas ou banqueiros, operários e senhoras que frequentam saraus elegantes. Ora, o medo, o terror que o comunismo inspira pelo seu ar de governo violento ou por uma antiga associação entre o comunismo e a violência, eis a origem do fascismo. E digo mais: pouco importa que seja legítimo este medo: ele existe e ele nos conduzirá para onde ninguém quer ir. Convém começar a ter juízo (21 jun.1961)

O segundo problema era a abertura que o comunismo dava ao fascismo. João Camilo demonstra que do fascismo ao marxismo a transição era simples, bastava retirar Marx de cena. "*O fascismo é, afinal, o socialismo de homens que não mais acreditam em Marx e que acham conveniente agradar a todos os grupos que lhes possam ser úteis. Temo que isso se ache nascendo entre nós*" (10 mai.1960). E para que isso fosse evitado era preciso criar uma "barreira ideológica", baseada na defesa de um sistema democrático consciente, fundado em doutrinas racionais e cristãs.

Os receios eram conscientes, pois de fato havia prenúncio de golpe por parte de João Goulart. Ou melhor, houve a tentativa de um. Após ter recuperado o poder presidencial em janeiro de 1963, em outubro Jango quis a prisão de um dos maiores ativos da oposição, o governador da Guanabara Carlos Lacerda.[351] Na sequência tentaria um golpe, solicitando ao Congresso a decretação do estado de sítio. A manobra não teve sucesso pois a própria esquerda a repeliu (GASPARI, 2002, p.47).[352] A precipitação de um autogolpe talvez nem viesse do presidente, mas do general Assis Brasil, que acendeu a esperança de que Brizola fosse o ministro da Fazenda, e assim controlasse o próprio governo (GOMES, 1964).

Sustados esses movimentos o clima de reviravolta permanecia, e sem que se conseguisse ou mesmo pretendesse resgatar os princípios do regime de 1946. Ainda em março de 1964, em outra carta de José Carlos Barbosa Moreira a João Camilo, percebia-se um humor desesperançoso: "*Há por aqui a convicção mais ou menos generalizada de que dificilmente haverá eleições em 65. Ora, não tem graça, a esta altura, voltarmos à estaca zero... Se as houver, aposto ainda, malgré tout, em JK. Aposto; não disse que voto*" (17 mar.1964).

---

351. O jornalista Carlos Castelo Branco relata as iminentes ações do governo João Goulart contra a oposição. Em 4 de outubro de 1963, a pretexto de declarações feitas a um jornal americano pelo governador Carlos Lacerda, os ministros militares foram induzidos a solicitar ao Governo a decretação do estado de sítio. Antes de ser a mensagem encaminhada ao Congresso, o presidente determinou, numa misteriosa reunião noturna no Palácio das Laranjeiras, que o Corpo de Paraquedistas prendesse Lacerda. Assim, o país amanheceria sob o impacto de um fato consumado: preso o sr. Lacerda e iniciada a execução de um estado de sítio que o Congresso ainda não votara. O fato é que a ordem ao Congresso não foi cumprida. "*O sr. J. Goulart diria mais tarde, quando os tanques o desalojavam do poder, que só então percebera que fora na realidade deposto no dia daquela frustrada aventura da Guanabara. Apertara o botão de comando e a força não lhe obedecera*" (1964).

352. O que acontece depois é uma confirmação da desconfiança da esquerda sobre João Goulart. "*O Golpe Militar de 1964 chegou como uma surpresa para muitos, um choque para outros e alívio para aqueles que acreditavam que o presidente João Goulart havia comprometido seriamente seu governo em uma aventura populista de tipo radical*" (SANTOS, 1986, p.9).

Apesar da debilidade de Jango, ele não apenas havia vencido o parlamentarismo numa vitória acachapante no plebiscito, como todo o repertório da democracia liberal parecia incapaz de superá-lo. Barbosa Moreira analisava, naquela mesma carta a João Camilo, que era preciso

> outra mensagem para contrapor a das chamadas 'esquerdas'. Mesmo o pessoal que reage contra Jango *et caterva* não sabe conduzir bem o debate: põe-no em termos de estatização X livre iniciativa, fala muito em defesa do direito de propriedade, etc. Coisas assim já não sensibilizam. Estamos todos virando Eugênios Gudins ou Augusto Fredericos Schmidts, inclusive, desdizendo uma porção de coisas ditas noutros tempos. Toda a vida insistimos na necessidade da reforma agrária; agora, porque 'os outros' a querem ou fingem que querê-la, passamos pura e simplesmente a ver nela uma invenção do diabo. Assim não vai. É preciso fazer distinções, mostrar que há reformas e reformas. Ou, quem sabe, já chegamos a um ponto em que não adiante distinguir nem mostrar coisa alguma... (17 mar.1964).[353]

João Camilo, por seu turno, percebia a falta de unidade e incapacidade das "direitas". A própria UDN vivia num desencontro.[354] As candidaturas concorrentes de Carlos Lacerda e Magalhães Pinto criavam uma neutralização da oposição contra o governo, a ponto de haver "*quem achasse conveniente precipitar a crise, para impedir a candidatura do governador da Guanabara...*" (TORRES, 1964b, p.194).

Do lado da esquerda a desorientação também tomava conta. Em *Mito e verdade da revolução brasileira,* Alberto Guerreiro Ramos (1963) expõe

---

353. Em 1963 o mesmo Barbosa Moreira já se queixava de como muitos se aproveitavam da situação de crise, por parte de personagens suspeitas, autoritárias. O desabafo envolvia dois nomes conhecidos, Augusto Frederico Schmidt e Francisco Campos: "*Mas estou desabafando com você o desapontamento que me causa ver pessoa cuja opinião sempre respeitei a endossar essas bobagens e a fazer coro com Schmidt e com o inefável Dr. Francisco Campos, que ressurgiu das próprias cinzas a proclamar seu profundo amor pelas liberdades democráticas! Quem não o conhece que o compre... E note-se que o admiro muito intelectualmente – fui até aluno dele (...). Não convém esquecer, porém, que ele foi o pai da Polaquinha...*" (27 mai.1963).

354. Quem melhor esclarecia esse impasse era José Carlos Barbosa Moreira, em correspondências a João Camilo, e também avaliava o divisionismo extremo da política nacional, na falta de alguém superior às mediocridades. "*A política brasileira está dividida em dois bandos: a dos agitados e a dos assustados. Ninguém com suficiente lucidez e bravura para se mostrar digno do momento histórico, esquecer essa balela de 'esquerda' e 'direita' e tratar de resolver os problemas em parti pois, com objetividade e cabeça fria. Entre o Brizola e o João Mendes, a escolha fica um pouco difícil. Os conservadores do Império – nisso v. tem absoluta razão – eram bem diferentes desses que temos hoje, a quem a simples menção da palavra 'reforma' faz tremer, e que vivem apavorados com a possibilidade de encontrar um comunista debaixo da cama. Tudo isso é muito lamentável e não pressagia nada de bom*" (11 fev.1963).

a inconsistência da ortodoxia marxista que operava no Brasil.[355] O sociólogo observava que havia uma crise de cultura política, perpassando os intérpretes e os agentes políticos. As posições estavam confusas. "*Há no Brasil de hoje poucos homens de esquerda, porém, muitos esquerdeiros. Estes últimos vivem da gesticulação revolucionária e de ficções verbais.*" Em poucas palavras, "*a revolução no Brasil está avacalhada*" (GUERREIRO RAMOS, 1963, pp.185;190)[356]. De sua parte pedia que surgisse um Justiniano José da Rocha, alguém que realizasse a síntese do momento para superá-lo.

Mesmo à direita do espectro político, João Camilo tecia algo semelhante: o momento pedia uma espécie de "*Bernardo Pereira de Vasconcelos, estadista verdadeiramente genial*". Era disso que se precisava, com uma geração de "*homens inteligentes, capazes e honestos, respeitáveis, com soluções normais*" (1964b, p.184). No entanto, o país havia passado por um Jânio Quadros e depois caíra nas mãos de um João Goulart – incapaz de dirigir o processo, e que gradativamente levava o país "à tentativa de retorno do fascismo estadonovista", a um golpe, a um caudilhismo, ao Estado Novo de 1937 (1964b, pp.198;205).

A polarização tornava-se um subterfúgio do governo. "'*A culpa é da direita', dizia sempre Jango. E dormia tranquilo*" (DINES, 1964, p.338). O então presidente não havia aprendido uma lição que Getúlio Vargas deixou: não se apoiar no "povo". Pois havia o "povo" que foi ao comício, mas também o "povo" que

---

355. Guerreiro Ramos procurou teorizar o pensamento político brasileiro de forma singular, e no que tange à "Revolução Brasileira", além de desanuviar as confusões político-ideológicas, trouxe um conceito sobre o assunto: "*revolução é o movimento, subjetivo e objetivo, em que uma classe ou coalizão de classes, em nome dos interesses gerais, segundo as possibilidades concretas de cada momento, modifica ou suprime a a situação presente, determinando mudança de atitude no exercício do poder pelos atuais titulares e/ou impondo o advento de novos mandatários. Contém este conceito quatro princípios que merecem realce, a saber: o principio da práxis, o princípio de limites, o princípio da classe social e o princípio de totalidade*" (1963, p.30). Para ele se o destino era o socialismo, a forma mais concreta e realista de estabelecer esse paradigma no Brasil era através do trabalhismo.

356. É de se notar que em 1979, estando no exílio nos Estados Unidos e escrevendo para o *JB*, Guerreiro Ramos lança artigos de balanço sobre o regime militar desde 1964. Por mais que considerasse um absurdo denominar aquilo de "Revolução" e que havia um desnaturamento da sociedade brasileira, pela longa manutenção do poder militar, analisou que diante da balbúrdia do momento havia sido oportuna, quase que necessária, a ação civil de 1964, que efetivou a transformação política. "*É certo que a intervenção militar em 1964, graças ao suporte civil sem o qual não poderia ter ocorrido, foi um evento repartido da boa ordem dos negócios nacionais. Os seus méritos têm sido sublinhados nesta série de artigos. Mas daí a concluir que houve uma revolução no Brasil é perverter o sentido das circunstâncias. Pelo contrário, a longa persistência dos militares no Poder, após 1964, tem envolvido o Brasil num processo de involução deformadora. A evidência disso pode ser apresentada*" (28 jan.1979).

não faria um movimento sequer para defender o presidente em 31 de março, e também o "povo" que comemoraria o 1º de abril com o novo regime. Diferentemente de Jango, Vargas não dividira o país, por isso começava qualquer pronunciamento com o preâmbulo: "*Brasileiros*" (DINES, 1964, p.347).

A questão talvez não fosse de erro ou acerto, mas de capacidade. E não apenas a pessoa do presidente João Goulart, mas o sistema político brasileiro teria entrado em colapso. Wanderley Guilherme dos Santos descreve aquilo como uma "*paralisia decisória*", fruto de um volume de problemas: a fragmentação de recursos de poder, a radicalização ideológica, a fragilidade e inconstância das coalizões que se formaram no parlamento, a instabilidade governamental, pela rotatividade dos titulares de pastas ministeriais e de agências estatais (SANTOS, 1986).

(c) A defesa da Revolução de 1964

O posicionamento favorável ao movimento de 31 de março e 1º de abril de 1964 não se deu por um pendor pelos militares, afinal, João Camilo era crítico desses que assombravam a política republicana desde 1922 (TORRES, 1964b, p.283). A Revolução recebia palmatória por seu caráter cívico, que ganha papel de destaque na análise pelo protagonismo de Minas Gerais. Senhoras rezavam o terço nas esquinas contra o comunismo, no campo hostilizava-se a proposta de reforma agrária "*na lei e na marra*", e o governo estadual tornava-se mais popular à medida que se defrontava com a União.

Se de modo geral João Camilo concebe que a Revolução Brasileira é a vitória da democracia sobre o caudilhismo (1964b, p.304), a princípio o abril de 1964 teria seguido essa sina, já que num primeiro momento nem a ordem jurídica e nem o princípio da legitimidade foram abolidos - apenas foram afastadas as situações de fato e dada uma resposta emergencial sobre o vazio jurídico formado. Afonso Arinos tinha a mesma opinião, "*o movimento brasileiro de abril, como tudo indica, foi uma revolução democrática*" (2005, p.181).

É difícil apontar se a deposição de João Goulart começa como um ato civil ou militar. João Camilo acentua a "voz de Minas" como central para o desenrolar dos acontecimentos, furtando-se em mencionar o termo "golpe". No entanto, tecnicamente foi sim um golpe de Estado, com atuação precípua de pelo menos um general, Olímpio Mourão Filho.[357] Porém, substancialmente o movimento foi cívico-militar. Nos relatos de Mourão Filho fica clara a sincronia com o governador de Minas, Magalhães Pinto (UDN). Em agosto de 1963, depois de assumir o comando da IV Região Militar, sediada em Juiz de Fora, Mourão Filho foi ter com o governador, e lhe indaga: "*- Governador, estou aqui para fazer a revolução. O senhor aceita?*", no que responde de pronto: "*- Aceito, general*". "*A partir desse dia conspiramos juntos até a deposição do Governo federal. O governador [Magalhães Pinto] nos deu o seu apoio pessoal e a participação decisiva da PM do estado. Ele foi o chefe civil da revolução*" (*apud* GOMES, 1964, p.67).

A descrição de João Camilo é ainda mais enfática, no sentido de descrever o rompimento de Magalhães Pinto com Brasília e o pedido de atitude das Forças Armadas. Em 20 de março, falando do Palácio da Liberdade, por cadeia de emissoras de rádio e TV, o governador dispara o "Manifesto de Minas", contra a "*revolução comandada de cima e o golpe*". No documento lido ao povo há a conclamação contra o desmando do país. Era Minas falando em nome da nação, reafirmando os valores democráticos, demonstrando que era preciso serenidade para as reformas de base, e que os militares deveriam agir como "*servidores da lei e da ordem*". Termina numa conclamação geral: "*Este pronunciamento é também uma convocação (...) digamos ao Brasil que Minas está determinada a preservar a democracia e a tradição cristã*" (*apud* TORRES, 1964b, pp.202-204).

A seguir dois planos pareciam correr em paralelo, o "Mourão" e o de Magalhães Pinto. Este procurava negociar com os governadores, a uns avisando do início das operações militares e a outros, como no caso de Seixas Dória (SE), Badger da Silveira (RJ) e Lomanto Jr. (BA), para tentar atraí-los ao movimento.

---

357. Comento que tecnicamente foi um golpe de Estado sobre João Goulart pois a vacância do presidente não podia ser decretada enquanto ele ainda estivesse em solo brasileiro. Em 1º de abril de 1964 João Goulart voa do Rio de Janeiro para São Borja, de modo que quando em Brasília é declarada vaga a cadeira do chefe do Executivo ele estava em solo brasileiro. De início Darcy Ribeiro, chefe da Casa Civil, tenta manobrar para evitar com que o deputado Ranieri Mazzilli tomasse posse, tentando em vão aliciar militares no Planalto para um audacioso plano de resistência final. A intenção era evitar que o sr. Mazzilli entrasse no Palácio e o Congresso isolado e fechado, com o serviço de luz e água cortado. Porém, a rapidez das operações e a indecisão dos últimos militares a serviço do governo frustraram o esquema. Jango, que já tinha ido da Guanabara para o sul, resistiria de lá (CASTELO BRANCO, 1964, p.302). Cria-se sob a liderança de Leonel Brizola a "Campanha da Legalidade", que, junto de setores das Forças Armadas, como o general Ladário Teles, ofereciam ao presidente uma resistência. Se a primeira tentativa, de Darcy Ribeiro, foi frustrada, esta seria sustada, pelo próprio Jango, que preferiu evitar o conflito.

O governador fluminense, no caso, se nega a participar por amizade e solidariedade a Jango. Já os mais afinados à luta eram Carlos Lacerda (GB), Adhemar de Barros (SP), Nei Braga (PR), Mauro Borges (GO), Ildo Meneghetti (ex-governador do RS) e Aluísio Alves (RN). Não conseguiu comunicação com Virgílio Távora (CE) e Correia da Costa (MT), mas deixa mensagens (GOMES, 1964, p.111). O Rio Grande do Sul, de Brizola, e Pernambuco, de Arraes, estavam do lado oposto. A operação dos mineiros era arriscada, pois poderia deixar o estado isolado, e Magalhães Pinto imaginava algo assim ao mandar a polícia mineira se preparar (CASTELO BRANCO, 1964, p.293). O que Minas fazia era o que São Paulo não conseguiu fazer em 1932, a diferença é que os mineiros foram buscar apoio fora, não se fechando internamente. Inclusive, um dos recursos argumentativos para convencer São Paulo foi que não deixasse que Minas sofresse como três décadas atrás havia ocorrido com os paulistas.

"*O regime de 1946, como o de 1891, terminou por uma revolta do Governo de Minas, agora contra as tendências que surgiam de modificação da ordem social, presentes no Governo federal*" (TORRES, 1981, p.90). O Brasil estava sendo "*salvo do incêndio*", a partir da articulação mineira (1964b, p.230). A reflexão não era meramente alegórica ou ufanista de sua província, na verdade João Camilo procurava identificar como "*a voz católica de Minas Gerais levantava seu brado de alerta, fixando a posição correta contra a revolução comunista que se preparava, em favor de reformas sérias e profundas*" (TORRES, 1964b, p.193). Tratava-se de uma tradição política, de capacidade de síntese e de amor ao Brasil, como também elogiava Afonso Arinos:

> O grande milagre da civilização mineira foi ter sempre conseguido (pelo menos até agora) reunir estas duas correntes formadoras, perfeitamente distintas, quando não opostas, em um único leito histórico, ao mesmo tempo capaz de conservar e de renovar, leito em que as águas da tradição se misturam com as da evolução (2005, p.155).

O resultado é a vitória em 1º de abril dos civis e militares sobre o então governo petebista. A Marcha da Família com Deus pela Liberdade, de 2 de abril, no Rio de Janeiro, ganha ares de comemoração. Naquele dia assumia interinamente o Executivo o presidente da Câmara, Ranieri Mazzilli, e a partir de 15 de abril uma sucessão de presidentes militares, a começar por Humberto Castelo Branco, seguido por Costa e Silva e Médici. Estes foram os que João Camilo viu no poder, já que morre em 1973. O regime mantido pelos generais só findaria com João Batista Figueiredo em 1985.

No fim das contas a Revolução foi uma espécie de arrombamento de portas abertas. Como noutros eventos da nossa história, o povo assistiu, alegre ou triste, mas assistiu. Era um estrondo silencioso e que seria contínuo. Não se escapava do habitual, as maiores transformações brasileiras foram feitas de evoluções contínuas, e não de explosões revolucionárias. Afonso Arinos cita o 7 de Setembro, o 13 de Maio, o 15 de Novembro, todos feitos por uma elite, embora tivessem apelo popular (2005, p.147).[358]

(d) Das expectativas sobre a Revolução de 1964

Entre aqueles que faziam parte de círculo de contatos de João Camilo, afora as correntes mais à esquerda, que desde logo foram críticos ao novo regime, não havia uma refutação peremptória da Revolução de abril de 1964. Inicialmente, se criou uma expectativa de refundação de uma plataforma democrática, a fim de preparar terreno para o líder da UDN, Carlos Lacerda.[359] Muitos não acreditavam que pudesse haver em definitivo, e por tanto tempo, uma ascensão militar.[360]

---

358. Um aspecto pouco explorado é acerca da diferença de percepção sobre a intervenção cívico-militar de 1964. Havia, é certo, uma diferença de lugar para lugar. "*O movimento foi de cima para baixo - um golpe militar. A não ser aí no seu Estado, por circunstâncias especialíssimas, não tenho notícia de que noutro lugar do país estivesse havendo, às vésperas do estouro, levantes populares que o prenunciassem. O que havia, ou se afirmava haver, no NE e no Estado do Rio, por exemplo, eram 'do outro lado', e fariam prenunciar, antes, um movimento oposto. Não sei se, no cômputo geral, a opinião do povo era pró ou contra Jango; aqui na GB, creio que era fifty-fifty, mais ou menos, como de costume*" (BARBOSA MOREIRA, 9 mai.1964).

359. Célio Borja propunha uma ação política sob a forma de manifesto à nação, com um programa de reforma democrática. Desse modo esperava que um novo esquema político fosse possível para que o líder natural, Carlos Lacerda, fosse lançado ao poder (4 nov.1963).

360. Célio Borja, por exemplo, era um dos que achava que não haveria ascensão militarista a partir do abril de 64: "*Não temo qualquer surto de militarismo no Brasil que não passaria de simples episódio; acredito que possa causar males muito sérios, como no passado a questão militar que deu na derrubada da monarquia e na interrupção do processo de evolução liberal do país. Confio tanto no sentimento civil das Forças Armadas que acabo por desconfiar da sua aptidão para garantir, com o seu prestígio, mais do que com o seu poder, uma eventual decisão das elites civis da Revolução, de modificar o quadro institucional, sem prévia consulta popular ou, até mesmo prescindo o Congresso*" (15 jun.1964).

A confiança em Castelo Branco era grande, inclusive da parte de João Camilo.[361] Alguns de seus contatos questionavam tamanho entusiasmo.[362] Mas era algo justificável. De saída, em maio de 1964, JCOT foi nomeado para a diretoria do Arquivo Nacional, mas recusou.[363] Queria permanecer em Belo Horizonte e fazer algo pela Previdência Social. Esperava que através de sua atividade intelectual pudesse deixar sementes de ideias ou até influir sobre os rumos do país.[364] De pronto lança meditações acerca das reformas do Estado, precisamente no viés do planejamento administrativo moderno.

Para democratas, liberais culturalistas e sociais, com o passar do tempo e a consolidação dos militares, realmente surge a sensação de que se desenhava uma "jornada de otários". Mas João Camilo era um conservador, quiçá um "conservador social", e dentro do viés realista percebia que pelo menos os dois motivos principais que nortearam a defesa da Revolução de 1964 estavam sendo cumpridos: a superação da ameaça comunista e a corrupção administrativa. João Camilo preconizava ainda uma oportunidade aberta para que a lista de tarefas políticas e sociais fosse cumprida num ambiente estável. O ano de 1964 parecia vir como um alento para que o país evitasse o desatino ditatorial que poderia surgir de governos esquerdistas. Neste sentido as operações tiveram um caráter providencial, de resposta a uma inconsequente provocação. Era isso o que o autor pensava, como expressa num artigo de 24 de março de 1962:

---

361. Como a crise agonizava, o movimento de março e abril de 1964 surgia como um alívio. Há uma espécie de excitação em João Camilo, que é notada por alguns amigos, como José Carlos Barbosa Moreira: "*você está por demais empolgado por certos aspectos dos acontecimentos para julgar corretamente outros também importantes*" (BARBOSA MOREIRA, 9 mai.1964). Nessa mesma carta argumenta pela eleição como medida, inclusive, de avaliar o caráter democrático da Revolução.

362. Um dos seus contatos falava ainda do quixotismo na defesa da Revolução de 1964. João Camilo era indagado por amigos acerca da devotada confiança que nutria em Castelo Branco. De Curitiba, W. Ladowsky provocava João Camilo: "*Sua confiança no Castelo é infundada como, mais que nunca, vivemos num regime de corrupção e suborno. O governo porém, agindo dentro de uma absoluta tática militar, atrasou o desfecho da crise não permitindo até o momento prever o seu desfecho. O que foi feito porém já permite uma análise em profundidade*" (6 jul.1966).

363. O amigo Hélio Vianna lamenta. "*De volta de Brasília e Recife, onde fui com o Presidente, recebi a sua carta de 7, constatando, com muita tristeza, a sua impossibilidade de aceitar a nomeação, já feita, para direção do Arquivo Nacional*" (12 jun. 1964).

364. João Camilo tinha pontes com os principais políticos da época, e não apenas os mineiros, como Afonso Arinos, Milton Campos e Magalhães Pinto, como também o próprio presidente Castelo Branco e o governador da Guanabara, Carlos Lacerda. Um dos principais intermediários com o presidente era Hélio Vianna, que manteve farta comunicação com João Camilo. "O Presidente recebeu o exemplar que você lhe destinou" (13 nov.1964).

> A Revolução conduz à ditadura, que por sua vez cria novos problemas e não realiza os objetivos em vista. [Àquela altura o] grave erro das esquerdas brasileiras, ou daqueles que se julgam tais: esta inconsiderada pregação de uma 'revolução brasileira', com uma possibilidade de ditadura no bojo, poderá realmente conduzir o país a uma ditadura de grupos esquerdistas, que, com o tempo, se entredevorarão - a revolução, como Cronos, devora seus próprios filhos. O mais provável, porém, é o contrário: esta agitação assustar as forças conservadoras e a maioria do povo, que não deseja confusões, provocando uma ditadura de outra parte. Que não será propriamente uma rima sem solução. Pois, o que não conseguirmos nos quadros democráticos (e a democracia pode ser reformada e aperfeiçoada), não conseguiremos com ditaduras (2016, p.121).

Diante desse drama - de revolução que implica ditadura - o certo era mesmo fazer "*o contrário da Revolução*", ou, em outras palavras, uma "*revolução imperfeita*". Porém, não foi exatamente isso o que aconteceu nos anos posteriores a 1964, já que em 1967 se institui uma nova ordem jurídica: "*A boa vontade daqueles que pensavam ter havido apenas o afastamento* manu-militari *de um Governo que estava pondo abaixo a ordem jurídica foi ultrapassada pelos fatos. Não se impediu uma revolução; fez-se outra*" (TORRES, 1981, p.91).

Em 1967 alguma frustração pode ter se abatido sobre João Camilo, muito embora o apoio ao novo *establishment* permanecesse.[365] O autor achava que realmente o constitucionalismo de 1946 estava esgotado, mas não necessariamente presumia que o regime tão logo deixaria de ser civil. No entanto, os mais conservadores do seu entorno já tinham uma visão realista do que ia acontecer. João de Scatimburgo, por exemplo, em 28 de abril de 1964 reconhecia que "*vamos agora para a ditadura militar, penteada pela Escola Superior de Guerra*", e na mesma fazia troça dos liberais: "*e a euforia dos velhos liberais, os 'últimos e teimosos moicanos' de um sistema, que apenas sobrevive*" (SCATIMBURGO, 28 abr.1964).

---

365. João Camilo passa a ver uma série de políticos que lhe eram próximos, e que admirava, se afastarem e serem ostracizados pelo regime. Foi o caso de Raul Pilla, que em 17 de agosto de 1966 discursa na Câmara retirando-se da vida política, não como fuga, mas como protesto. Pilla havia sido um dos liberais, do rango da alta cultura, que apoiou o 31 de março, mas se viu traído pela permanência dos militares. O líder gaúcho percebia que o erro da Revolução de 1964 foi tentar conciliar-se com o regime constitucional (PILLA, 1969, p.102). Isso gerava uma enganação. Quer dizer, uma revolução requer atuação discricionária efetiva, então era melhor que o governo provisório tivesse sido franco em vez de ter prometido uma retomada democrática, com eleições em seguida e vida política civil retomada com partidos.

Era realmente difícil estabelecer com precisão qual seria o rumo, pois nem mesmo havia uma completa sincronia e univocidade entre os militares. Ou seja, a diferença do conflito de ideias que existia entre os partidos era que entre os militares havia uma coluna ideológica bem formada pela ESG, e pela cabeça de Golbery do Couto e Silva. Fora desse âmbito não se podia presumir um ponto de equilíbrio, como apontava um dos correspondentes de JCOT: "*quem é o Exército, Castelo ou Oswino, Costa e Silva ou Assis Brasil, Cruel, Justino, Cordeiro ou Murici? Qual o paralelo entre o poder armado se arrogar de moderador e patriota, e por isso exigir o comando político (...)?*". Surgia ainda a pergunta do porquê sobre esse renitente espírito dos militares de se sobrepor aos demais. "*Será que pelo fato de usar farda o cidadão torna-se mais patriota que o que não a veste?*" (LADOWSKY, 6 jun.1966).

Tema-chave sobre os rumos de 1964 dizia respeito ao significado e à tomada do Poder Moderador. Sobre esse assunto, ainda em 1963, João Camilo travou um debate com um prócer do pensamento liberal econômico da época, Eugenio Gudin. Para o economista, era razoável que os próprios militares assumissem essa condição superior. Gudin procurava ser direto, e questionava JCOT se diante das graves contingências e do caos em que o Brasil se encontrava não era melhor investir as Forças Armadas do Poder Moderador (7 fev.1963).[366] Numa demonstração de espírito antibarroco, refutando a possibilidade de superar a crise pelo impedimento, Gudin enfatizava a necessidade de uma ação prática:

> De textos estamos nós fartos. Aí está por exemplo o do 'impeachment' (art. 80 da Constituição, que resolveria o problema atual com a maior lisura, se não fosse inoperante, como tantos outros textos de tantas constituições e leis latino-americanas... É a mentalidade do Estado Cartorial (...), em contraste com a da Common Law anglo-saxônia, que me seduz muito mais. A experiência tem nos mostrado que em 70 anos de República, que nas grandes crises, são as Forças Armadas que rasgam o abcesso. O mais não tem funcionado. Elas o tem feito, menos mal. Houve é verdade a quartelada de 1889 e a de 1955, mas nas demais a intervenção das Forças se verificou em função de vasto movimento de opinião pública. (...) Temos legistas demais e bom senso de menos. Já Cortez fez questão, antes de passar a fuzilar os índios mexicanos de lhes ler uma proclamação do Rei da Espanha, a fim de legalizar a chacina... Precisamos ser pragmáticos. A crise atual é talvez a pior, mas outras houve antes dela. O mal é crônico. Na

366. Nessa primeira correspondência Gudin achava que João Camilo fosse filho e não irmão de Luiz Camillo: "*O Sr. é filho de meu falecido amigo Luiz Camillo, que era banqueiro nas horas vagas e pensador nas demais?*" (7 fev.1963).

> América Latina a aprendizagem da Democracia pode conduzir ao caos e hoje o caos quer dizer Comunismo. Qual o remédio? Se o Legislativo não funciona porque uma parte dele se alia ao caudilho e se o Judiciário também é inoperante, até porque, como agora acontece, é plenamente exortado pelo Executivo? Quando as Forças Armadas, em vez de um simples pronunciamento, se dividem e se agridem, é a guerra civil, como em 1893. O país se atrasa de vários anos, depois do que tudo recomeça. É o destino destes países e não é outra a razão por que nós somos subdesenvolvidos. Mas se não fossem as intervenções das Forças Armadas como Poder Moderador, quantas revoltas como a de 1893 teríamos tido? (14 out.1963)

A posição de João Camilo era diferente, mas tergiversava a respeito dos militares. Seu papel era apresentar a natureza do poder neutro, que no passado coubera ao Imperador, e a partir daí fazer o interlocutor compreender o conflito que poderia existir por parte dos militares:

> cumpre haver no Estado um poder além dos partidos, além do governo, um poder permanente, estável, neutro, imparcial, que, cuidado tão somente das Razões Nacionais, servisse de elo entre as gerações, garantia do equilíbrio e harmonia dos poderes, fosse o guardião da lei e, que não podendo governar por si, pudesse corrigir os demais poderes (1964b, p.130).

No fundo Eugenio Gudin sabia que a opção não era a melhor, mas não via outra saída. "*Que o sistema que eu proponho é imperfeito, não há a menor dúvida. Mas não há melhor e é melhor do que nada, que é a anarquia que aí está*" (31 out.1963). A observação "monarquista" de João Camilo é que a aplicação imperfeita do Poder Moderador geraria o mesmo efeito que se via desde 1889, a instabilidade da República. Basicamente porque era mister fazer a distinção entre o poder régio e o poder executivo, ou ministerial (TORRES, 1964b, pp.239;242). A restauração do Poder Moderador fazia isso, mas não a instauração desse poder, de modo tácito, sobre militares que assumiriam também o Executivo.

Era o mesmo problema que João de Scatimburgo percebeu num artigo de outro economista importante daquele período: "*O Roberto Campos (...) defendeu (...) a criação de um Conselho de Estado, de um Conselho de Segurança e outros órgãos. (...) O que o Campos não sabe, ou não quer saber, é que o Conselho de Estado só pode existir nas monarquias*" (5 jan.1972).

A Revolução de 1964 havia tomado uma imensa responsabilidade perante a história, e não se sabia se os revolucionários corresponderiam à altura. João Camilo discutia as possíveis saídas para o dilema do momento. A principal delas era a opção "degaullista" sobre o Presidente Castelo Branco. Esperava que este fosse o "*nosso Charles De Gaulle*". Significa que JCOT não se incomodava com o prolongamento daquele governo, inclusive porque acreditava na incorporação de uma política econômica liberal. Afinal, era a crença de que a política de Roberto Campos fosse melhor do que a de Celso Furtado.

Essas considerações, no entanto, causavam espécie em José Carlos Barbosa Moreira, que habitualmente trocava cartas com João Camilo. Inclusive porque havia algo mais grave, o sepultamento da Constituição de 1946, sem que algo novo tivesse surgido. A tese de JCOT a respeito era a de que a Constituição havia perdido a vigência como ordem jurídica. Mas até 1967 o país permaneceu em um limbo. Crente na teoria de Milton Campos, de que uma revolução não faz uma nova ordem jurídica, mas apenas destrói a anterior, para Barbosa Moreira o vácuo poderia prenunciar arbitrariedades. Sentenciou inclusive que se viesse a cassação de JK seria a pá de cal sobre a saída mais esperada pelos democratas, a eleição em 1965. Se realmente aquilo acontecesse, "*de duas uma: ou o parlamentarismo, como saída providencial, ou um 'governo forte' sem disfarce*" (22 mai.1964).

Um ponto importante das ressalvas de Barbosa Moreira a João Camilo referia-se à desconfiança quanto aos militares. Para o jurista carioca não era possível confiar nos militares, pois o projeto do parlamentarismo havia sido derrotado, em grande medida, justamente pela atuação dos generais.

> Não nos esqueçamos de que, em 62, foram os ministros militares (entre os quais o Gen. Nélson de Melo, hoje prócer revolucionário) que, com suas entrevistas a favor da antecipação do plebiscito, lançaram a pá de cal na tentativa parlamentarista e as velas da ambição de Jango. Mais recentemente, tivemos o Gen. Jair a classificar de 'golpe' qualquer iniciativa que o Congresso viesse a tomar para o impeachment do mesmo Jango (veja: a Constituição previa o remédio; o Exército é que não a deixou funcionar), e depois a prestigiar com sua presença o comício do dia 13. Afinal, a maioria dos militares virão para o outro lado – e por isso, só por isso, Jango caiu. (...) E não se diga que as intervenções militares têm sido todas 'providenciais'. Você decerto não pensa assim quanto a proclamação da República, nem quanto ao golpe de 10 de novembro, uma e outro impossíveis sem a força das armas (9 jun.1964).

A comunicação com Barbosa Moreira é significativa, pois na leitura das cartas percebe-se um gradativo reconhecimento do cenário politicamente mais nebuloso, ao invés do otimismo de João Camilo. O que mantinha o apoio ao governo, porém, era um senso de ordem e de reconhecimento do novo *establishment*, e o que poderia se fazer a partir de então. Inicialmente, a principal tarefa era tratar de uma reforma política, recorrendo à simpatia de Castelo Branco para um horizonte democrático. Um dos relatos mais interessantes dessa ânsia reformista veio de Célio Borja, que escrevia ainda em junho de 1964 sobre o conteúdo de uma reforma política que se harmonizava com o pensamento camiliano.[367]

(e) Dos resultados do abril de 1964

A subida à presidência em 1967 do marechal Costa e Silva e a consolidação de sucessivos militares no poder provocam uma resignação em muitos democratas. O que se esperava antes disso é que, pelo menos por parte do presidente Castelo Branco, fosse aberto um processo de reintegração da ordem legal do país. Na percepção de Afonso Arinos tratar-se-ia de uma planificação democrática, correspondente à ideia de revolução dentro da ordem, como havia se dado em sociais-democracias modernas.[368] As primeiras perspectivas de futuro eram justamente essas. Se na crise já se abria uma oportunidade à superação, com a Revolução então portas pareciam estar sendo abertas.

---

367. De forma sintética Célio Borja expõe a João Camilo os principais apontamentos a uma reforma política. "*1) Separação da chefia do Estado da do Governo; 2) Irresponsabilidade política da primeira, que exerceria as suas atribuições em Conselho de Estado; 3) Responsabilização política da chefia do Governo, reconhecida pela maioria absoluta dos membros da Câmara dos Deputados, podendo esta ser dissolvida; 4) Bipartidarismo; dissolução dos partidos existentes; estatuto democrático dos partidos políticos; democratização das convenções; 5) Eleição por distritos com a representação proporcional; 6) Senado misto: representação dos Estados com representação por estamentos; 7) Restrição da iniciativa legislativa individual de deputados e senadores em matéria financeira e administrativa; limitação dessa iniciativa à criação de 'leis quadros', vedadas as leis administrativas e sobre matéria regulamentar; 8) Participação do Senado na função administrativa, especialmente quanto à política externa, ao serviço público civil e militar e à matéria econômica e financeira; 9) Novo federalismo: planejamento em nível nacional, execução aos entes locais; participação desses últimos nos organismos nacionais de controle; eliminação da duplicidade de serviços públicos; sincronização de atividade administrativa, financeira, orçamentária e econômica dos entes locais, sem prejuízo da autonomia das populações*" (15 jun.1964).

368. Para Afonso Arinos seria colocar o Brasil numa trilha de transformações equilibradas, como se viu em diversos países europeus. "*Desde o alemão Karl Mannheim, o grego Angelos Angelopoulos, o italiano Luigi Einaudi, o inglês Lorde Beveridge, o sueco Gunnar Myrdal, o francês Charles Battelheim, e tantos outros*", que concluíram que o "*planejamento não é senão a 'revolução consentida*'" (2005, p.189).

Porém, as tarefas de manutenção de uma ordem (contra o comunismo) e a constituição de uma plataforma administrativa técnica (com o intuito de superar a corrupção) motivavam a sequência de um sistema fechado. De antemão, havia dois aspectos positivos percebidos por João Camilo e alguns de seus contatos sobre o desdobramento do regime, mas também alguns vícios perniciosos. Primeiro medidas que visavam vencer a ameaça revolucionária de esquerda,[369] e aquelas de consolidação no país de um ambiente propício à aceleração econômica[370] dos militares.

Sobre os efeitos deletérios do poder dos militares, há algo relativo à reforma política e um grave problema acerca da condução administrativa. De início João Camilo já lamentava a ausência de reconfigurações constitucionais que não repetissem os erros da história republicana, ainda que sob um partido fardado. Primeiro, em vez de corresponder aos anseios democráticos de outrora, como pela implantação do parlamentarismo, a Revolução, além de não ter reformado a política, promoveu duas aberrações que eram velhos males brasileiros: o abastardamento do Congresso e o superpresidencialismo (PILLA, 1969, pp.104-105). O segundo aspecto corresponde ao paradoxo de um regime que surgiu para superar os arrivismos, e recaía num mal típico do neocapitalismo e do neossocialismo: a tecnocracia. Por mais que a era tecnológica do mundo moderno, a "revolução dos gerentes", explicada por James Burnham, e toda dinâmica da sociedade de massa gerasse em todo o mundo tendências ao Estado tecnocrático, o fato é que no Brasil isso era tonificado pelo ideário positivista que ainda perdurava no meio militar.

---

369. Enquanto não estivesse estabelecido o rumo da democracia o regime funcionava como interregno. Esta era a percepção de Luiz Carlos de Mesquita Rothmann, que escrevia a João Camilo defendendo o AI-5. "*Temos o Ato n.5. Tinha de vir e veio, veio bem e penso eu, com grande eficácia e importância no desenvolvimento político, social e econômico. A Revolução não se pode extinguir, como as outras; ela tem de ser permanente, não importa a que princípios liberais venha a atingir. Diga-se de passagem que falarmos em termos e tons de democracia do século XIX, e mesmo a da primeira metade deste, já não tem maior sentido. Respeitados os direitos individuais e sagrados do homem, a democracia marcha à procura de novos rumos. Parece-me que nossos homens acordaram para o problema e sabem o que querem*" (ROTHMANN, 12 fev.1969).

370. A ordem havia sido bem-posta e algo se fez no plano econômico, mas ainda havia descompasso no que tange à política. "*A Revolução fez um grande serviço ao Brasil, que só não é compreendido, porque as escamas dos preconceitos, e, não pouco, da burrice, o impedem: provou e comprovou que é preciso poder estável, para haver prosperidade, para se edificar a chamada sociedade de consumo. Mas, os líderes revolucionários, os antigos, os novos, não encontram o que eles chamam o modelo político, ou o projeto político*" (SCATIMBURGO, 6 abr.1972).

A burocracia tecnocrática que fez parte da administração pública brasileira no regime militar consequentemente corrompia o processo democrático. Isso porque a natureza do Estado tecnocrático é autocrática, por mais que discursivamente houvesse apelo democrático. O raciocínio tecnocrático ia além da dinâmica das políticas públicas. Quem acusava esse fenômeno a João Camilo era o amigo João de Scatimburgo, ao refletir sobre o artificialismo técnico do bipartidarismo criado pelos militares.[371] E o próprio JCOT considerava a tecnocracia um risco, do extremo poder gerencial, assim como uma nova forma de exacerbação do poder estatal. De forma mais sistemática, outro escritor católico, José Pedro Galvão de Sousa, teceu considerações fundamentais contra o Estado tecnocrático (1973). Os militares trataram de uma série de reformas, mas nem mesmo se cogitou uma reforma das instituições políticas. Para Galvão de Sousa esse era o âmago do problema tecnocrático brasileiro. O raciocínio da caserna, que juntava o passado positivista com uma tentativa de se alçar à técnica contemporânea, legou tarefas importantes ao alvedrio meramente técnico. Reformas estruturais políticas não foram feitas, a não ser naquilo que tocava a Segurança Nacional.[372]

João Camilo reconhecia que a doutrina da Segurança Nacional representou a substituição da guerra ideológica pela ação direta. Justificava que aquilo fora preciso, sob o risco de perder a própria unidade nacional conquistada em 1822. Diante desse cenário sombrio da história, em que as Forças Armadas poderiam estar desencontradas, João Camilo via-se na tarefa de compreender o núcleo ideológico dos

---

371. Incomodava o fato de ter se adotado o mesmo raciocínio tecnocrático das políticas públicas, dentro do sistema eleitoral. Esse era o diagnóstico de João de Scatimburgo, em carta a João Camilo, num desatino de frustração: "*O Brasil é que vai mal. Fizeram eleições diretas no Rio, e agora vão fazer indiretas em São Paulo, Rio Grande do Sul e Pernambuco, porque, do contrário, Janio, Brizola-Jango e Arrais ganham. Que democracia de borra, com homens de Estado (sic) de borra, incompetentes, até mesmo para aprenderem as lições da história. A Arena e o Modebra (parece nome de fábrica) são duas fantasias caras, duas imposturas, sem nenhuma ressonância na massa, ou no povo, este pobre povo que a República arruinou, roubou, descarnou, exauriu, esgotou. Enfim, não temos forças para mudar o vento da história. O mais interessante, como você diz, é que todo o mundo quer mudança, mas tem medo de palavras. Quer reino sem nome de reino, com chefe de Estado sem nome de rei*" (26 jan.1966).

372. Uma das metas afixadas pelo governo revolucionário de 1964 foi o "desenvolvimento nacional", e quase toda a dinâmica desse atributo foi feita dentro de uma compreensão tecnocrática, tão somente balizada pelo raciocínio da Segurança Nacional. "*Os atos emanados do poder revolucionário - com as correspondentes funções constitucionais - nunca foram dirigidos no sentido de uma reforma institucional que substituísse por outra a ordem política vigente. A revisão constitucional inspirou-se sobretudo em razões de segurança e na necessidade de um revigoramento da chefia de Estado. E a suspensão do jogo político democrático vem-se prolongando enquanto as condições do país não permitem suspender os Atos Institucionais*" (SOUSA, 1973, p.108)

militares - estudando a ESG e a doutrina de Segurança Nacional - e intervir, cumprindo com seu papel de intelectual. "*O que define o intelectual é sua capacidade de produzir símbolos. Outros fabricam coisas: o intelectual, símbolos, por meio dos quais os homens expressam as suas ideias e seus valores*" (1981, p.316).[373] Pois se havia uma recomposição política conservadora, seria ocasião de se olhar para dentro do país, em vez de "*procurar no último figurino político ou ideológico que venha da Europa ou da América do Norte a moda mais recente*" (1981, p.317).

Para depreender a simpatia de João Camilo pelo regime militar, apesar das críticas assinaladas anteriormente, e de seu trabalho como delegado federal do INPS em Minas, é preciso observar duas obstinações de seu pensamento. O tema da autoridade, que remonta aos ensinamentos de Bertrand de Jouvenel, e, sobretudo, da legitimidade: "*O ponto de partida de todo meu pensamento político se resume na fórmula de ilustre tradição, modernizada por Ferrero: só um poder legítimo governa*". E há um termômetro para isso: "*quando a regra de sucessão é reconhecida sem contestação, seja quanto ao sistema de escolha (legitimidade de instrução) seja quanto ao ocupante (legitimidade da pessoa)*" (1981, p.291). Desse modo os atos institucionais dos governos militares que haviam feito a redução ao "*Estado nascente, ao Estado puro*", conforme o país assistiu, permitiam refundar o Estado sob o signo de uma autoridade e legitimidade que não estavam estabelecidas outrora.

Certamente o grau de risco dessa reconfiguração era altíssimo. "*Os princípios da legitimidade são, diz Ferrero, fios de seda que seguram dragões*" (TORRES, 1981, p.293). Mas a mudança era visível. E nesse ponto João Camilo acompanhava as análises de Oliveiros Ferreira acerca do que a Revolução de 1964 havia produzido. Primeiro, o poder efetivo dos militares, não mais como suportes, mas agindo diretamente na cena política. Oliveiros Ferreira falaria inclusive do "*partido fardado*" (2000). Segundo, perceber como na prática era possível reconhecer estruturas moderadoras no regime.

Quanto ao poder dos militares, João Camilo observa que a Revolução estava sendo posta em ação, e novo ciclo se iniciava. Tratava-se de um dado objetivo. O Estado brasileiro foi colocado num *ground zero*, o que gerou a reincorporação de

---

373. Para João Camilo o lugar do publicista nos países latinos, na Alemanha e na Inglaterra, era diferente do professor americano, do acadêmico. "*O 'escritor' é quem sabe captar e transmitir símbolos, ao contrário do professor americano, que é um pesquisador que põe em livro o resultado de suas investigações, no campo da Sociologia ou da Física. Nos EUA somente Lippmann e Merton são escritores do tipo latino ou britânico: o homem que capta os símbolos e os lança em circulação, apreensão que por vezes se faz por intuição direta*" (1981, p.316).

uma dinâmica bismarckiana de atuação, o que consequentemente se alinhava aos princípios que erigiram o Poder Moderador: manter a unidade nacional, a paz interna, a ordem e a liberdade da 'democracia coroada', a Abolição, as bases do nosso desenvolvimento econômico, etc. Portanto, era preciso analisar como essa recomposição com a realidade brasileira estava, ou não, sendo feita. Para isso JCOT se debruça sobre a doutrina da Segurança Nacional e a organização política do regime. Sendo que o principal problema preliminarmente encontrado era a dificuldade dos políticos brasileiros em tratar de temas que escapem do pragmatismo da hora. Ainda assim, a pesquisa se dispunha a desvendar brechas dentro das linhas doutrinárias do novo regime a alguma possibilidade de restauração.

Acerca da Segurança Nacional, recorre ao texto do marechal Juarez Távora, *Organização para o Brasil*, cujas ideias também aparecem na obra de Golbery do Couto e Silva (1981). O que reluz dessa argumentação é a arquitetura dos objetivos nacionais. Na leitura camiliana os "Objetivos Nacionais Permanentes" equivalem àquilo que havia sido tarefa do Poder Moderador. Os "Objetivos Nacionais Atuais" correspondiam às tarefas corriqueiras, dos governos. JCOT transpõe essa classificação binária para uma ternária: as Razões Nacionais, Interesses Seccionais e Paixões da Hora. E o faz para colocar duas perguntas: como numa democracia é possível conciliar a alternativa de partidos com o caráter permanente de certos objetivos? E se há uma hierarquia de funções, logo não seria preciso uma hierarquia de órgãos?

No próprio Juarez Távora procura a solução, e se depara com a criação de um quarto poder, o "Poder Ordenador", também federal. Seria aquele "*capaz não só de coordenar a ação político-administrativa das três esferas de Governo, como de controlar a ação dos poderes circunstanciais (Legislativo e Executivo) de cada uma delas*" (*apud* TORRES, 1981, p.230). A estratégia de João Camilo era demonstrar que dentro da própria formulação da inteligência política militar chegava-se à conclusão sobre uma necessidade de retorno, e assim propunha o restabelecimento dos paradigmas do Brasil Império.[374]

---

374. João Camilo observa que essa tônica de retorno está assentada na cabeça de alguns doutrinadores do regime, como no próprio Juarez Távora, que ao explicar o Poder Ordenador, certa feita, escreve "Moderador". Era como se inconscientemente estivesse procurando restaurar o Império, embora "não ou soubesse". "*Convém assinalar um curioso lapso – em certo momento ele [J. Távora] escreve realmente 'Poder Moderador'*" (TORRES, 1981, p.415). João Camilo, outrossim, entendia o viés de J. Távora, que mirava mais a ideia do Poder Ordenador em Alberto Torres, que era tanto crítico da República quanto sentia ojeriza pelo Império.

O fato de estarem sendo debatidas no âmbito da ESG não sustava a permeabilidade dessas ideias. João Camilo reconhecia o mérito dessa caixa de ressonância das ideias políticas do regime justamente por sua abertura. Para o autor havia dois méritos indiscutíveis na Escola, "*a franqueza e a lealdade com que reconhece e proclama suas intenções*", formando uma "*doutrina realista, quase de mera descrição da realidade*"; e, por incrível que pareça, "*outro mérito: outrora criticávamos, com base em autores militares, a influência do Positivismo no Exército e a ausência de doutrinas que considerassem as finalidades específicas das escolas militares*" (1981, p.414). O mesmo positivismo que repercutia na índole tecnocrática era aqui elogiado como mecanismo que blindou a formação de um espírito pretoriano entre os militares, de modo que vige entre eles uma discussão intelectual civil e aberta.

Ao mesmo tempo, JCOT condenava as diversas falhas da doutrina de Segurança Nacional. Tal programa fixava bem os fins do Estado – mas pouco os meios; admitia a democracia, sem lhe reconhecer as dificuldades e sem reformar o Estado dentro dos próprios princípios que elencava como Permanentes, distintos dos Objetivos Atuais; elevava o moral das Forças Armadas, mas caía num corporativismo atroz para um país civilizado.

O desenvolvimento político do regime militar não incidiu sobre aquilo que João Camilo esperava, quanto às reformas políticas, de governo e do Estado. Não abriu caminho às eleições livres de imediato, não proporcionou condições à criação de partidos livres e ideológicos, não proporcionou debate acerca do parlamentarismo, e tampouco constitucionalizou o regresso de um "Poder Moderador". Contudo, houve espaço para que se tratasse do desenvolvimento econômico e social do país e de reformas administrativas significativas.

O modelo econômico adotado entre os anos 1960 e 1970 permitiu que o Brasil atingisse três obstáculos ao desenvolvimento: o mercado interno, a produção de energia e uma elite capaz de comandar a economia. Mas aquilo que foi imediatamente mais significativo para João Camilo foi a reforma administrativa através do Decreto-Lei n.200, de 1967. Ali estavam alinhados os princípios fundamentais da Administração Federal: Planejamento, Coordenação, Descentralização, Delegação de Competência, Controle. No âmbito de um governo politicamente centralizado, uma reforma de descentralização administrativa, para João Camilo, era a reconstituição das ideias do Visconde do Uruguai, que era um crítico da administração centralizadora (TORRES, 1981, p.460). Diante das oposições Federação x Estado unitário; Centralização x Descentralização, o problema do Brasil era estar aferrado no sistema autonomia-centralização, quando era possível e desejável o binômio unidade-descentralização no que tange à administração, e isso dentro de uma divisão política entre União, estados e municípios.

O auge das expectativas quanto às políticas dos militares foi a respeito da execução de certas reformas sociais. Para João Camilo, a reunião da Reforma Administrativa com a unificação da Previdência, formando o INPS, representava uma verdadeira revolução solidarista no Brasil, sendo algo popular e cristão. A Previdência, aliás, é a principal brecha pela qual JCOT irá desenvolver uma atuação em defesa de uma junção de ideais restauradores com respostas sociais e cristãs às carências humanas.

2.6 Caminhos restauradores

> *"IDEIA a única palavra ainda virgem no Brasil poderá agora ser burilada e amoldada às circunstâncias, e parodiando, idealizemos uma monarquia imperial parlamentarista antes que um sargento tome conta deste troço. A grande e perigosa força de um sargento quando ele resolve ter ideia própria por cima dos seus superiores é que a ideia dele não vale nada."*
>
> Dom João de Orléans e Bragança (carta a João Camilo de Oliveira Torres, 07 out. 1965)

A restauração camiliana tinha como foco dois patamares: modelos políticos que remontavam à Constituição do Império e o ideal social cristão contemporâneo. Eram duas linhas que se uniam, costuradas para formar o tecido da "revolução solidarista" no Brasil (1970, p.264). O primeiro passo seria apresentar o percurso brasileiro, concreto, capaz de fornecer uma leitura da realidade nacional e que levasse em conta esse ideal de resgate. Tomando para si essa empreitada, João Camilo apresenta o plano geral de uma *História das ideias políticas no Brasil*, composta de doze textos fundamentais de análise e projeção da nação (1969, p.xiv).[375] A esse objetivo de preparar o pensamento brasileiro JCOT adicionava duas outras perspectivas, que englobavam quase todo o conjunto de sua obra. Primeiro, a reflexão das reformas como meio de restauração, conforme o ideal social cristão. Segundo, o enfrentamento dos novos dilemas do mundo moderno, no sentido de superar as tensões que inviabilizariam uma forma concatenada de solidariedade.

Sobre os problemas políticos cruciais com que o país se deparava, as respostas deveriam ser encontradas dentro do próprio Brasil, o qual possuía certas qualidades, tanto para averiguar e superar as suas crises, como também para se alçar à condição de elo solidário global, numa posição de aliança entre Ocidente e Oriente, de harmonia cultural e inter-racial, que inclusive responderia a muitas situações críticas do futuro.

A maior fonte de transformação era a própria realidade brasileira. E nessa leitura é possível depreender as linhagens do pensamento, os elementos da nacionalidade, e como se ajusta política com sociologia. Essa abordagem é produto do pensamento camiliano, ao mesmo tempo que organiza o sentido dos caminhos restauradores que havia desenvolvido ao longo de toda uma vida. A seguir verificaremos alguns que já apareceram ao longo dos capítulos anteriores, como a perspectiva de uma restauração monárquica, a luta pelo parlamentarismo, o voto distrital e o municipalismo, e a atuação em prol da previdência social.

Esses diferentes pontos de chegada são encaminhados por uma forma de "interpretação" do Brasil. João Camilo é um exemplo de militância por um pensamento político nacional, como fica da metodologia empregada pelo autor, cuja característica principal é a de reconhecer os elementos fundadores do Estado e da nacionalidade brasileira, mantendo uma consciência histórica e prudencial sobre como esses elementos podem ser relacionados contextualmente, num pleno diálogo entre passado e presente.

As restaurações encontram-se com os fundamentos. Os traços basilares do Brasil remontam à ideia de que o país nasce com uma doutrina política subjacente ao

---

375. A série não foi pensada de início, mas foi concebida após o segundo livro ter sido publicado. A *O positivismo no Brasil* aliaram-se *A democracia coroada* e *A formação do Federalismo no Brasil*, e quando prefaciou *O presidencialismo no Brasil* explicou o *insight* para o projeto: "*Quando começamos, em dias já distantes, não pensávamos numa série. Era um livro sobre um tema inédito. Quando terminamos o segundo, vimos que realmente descobríramos um filão inexplorado: a história das ideias. Mais tarde, sentimos que podíamos especializarmo-nos: história das ideias políticas e que haveria trabalho para toda uma vida*" (1961d, p.11).

conjunto das instituições do Império (1964a, p.13). Dos discursos, livros, pareceres, da orientação geral do Conselho de Estado, da Sagração, Aclamação e Coroação de D. Pedro I, da Constituinte de 1823, da Constituição de 1824, enfim, de toda essa pesquisa João Camilo demonstrou ter reconhecido a *Weltanschauung* política brasileira, que deu os contornos íntimos da organização imperial. O acerto do Partido Conservador no Império, tratado em *Os construtores do Império* (1968c), e o dado do seu sucesso, portanto, teriam ocorrido porque os saquaremas compreenderam essa evidência fundamental - do que precisava ser preservado. De modo geral, o autor aponta que sob diferentes perspectivas a devida compreensão sobre o Brasil corresponde ao reconhecimento de sua realidade, política, cultural, religiosa, racial, democrática, ibérica. Daí poder entrelaçar o viés liberal social de Joaquim Nabuco com o socialismo monárquico de D. Luís, ao culturalismo de Gilberto Freyre a respeito de nossa unidade racial, tanto quanto ao elogio da ação prudencial de Bernardo Pereira de Vasconcelos, Visconde do Uruguai, Pimenta Bueno e do próprio d. Pedro II, assim como as marcantes influências da Igreja que chegavam pelo laicato nacional e pelas encíclicas de Roma, as quais eram "traduzidas" politicamente para o cenário brasileiro e instrumentalizadas para um horizonte de mudanças sociais.

Uma hipótese desta exposição é que, embora o catolicismo seja o elemento responsável pela síntese da reflexão política, e da união das crenças de João Camilo, ao tratar especificamente do "político", no sentido que aponta Rosanvallon (1995), o autor recai no binarismo. E neste sentido encontrava-se com os saquaremas, era visto e se via como tal. Ao mesmo tempo isso não desfaz a existência de um pensamento político católico, como outros ideários que não formam propriamente uma linhagem partidária, mas em que há planos de atuação diferentes, que se inserem socialmente e indiretamente na política. No plano estritamente político, João Camilo retorna ao significado do debate entre liberais e conservadores que marcou o Brasil Império. É esse o patamar de disputas que marca o sucesso e insucesso da restauração. Por mais que tivesse um pendor mineiro pelo liberalismo, JCOT via na lógica saquarema o terreno fértil para as transformações necessárias, arraigadas, sólidas e permanentes.

São caminhos restauradores porque fazem parte de um processo, de uma senda aberta para o futuro. João Camilo não pensava em termos puristas quando lidava com política, reconhecia os jogos, as trocas e as possibilidades reais.

Tomou dos positivistas a noção de "oportunismo", de aproveitamento salutar das oportunidades, e sempre averiguou as ocasiões para apresentar seus projetos. A maioria ainda segue como potência, o que pode designar a importância contemporânea do autor, por ter deixado sementes que ainda podem florescer.

2.6.1 A realidade brasileira como primeiro motor das transformações

Aquilo que parece ser o óbvio torna-se o mais difícil. A mera descrição da realidade é um dos maiores desafios do PPB, uma batalha que se arrasta por gerações. A divergência refere-se a uma espécie de trava, de empecilho, que atravanca a história do Brasil, impedindo-o de superar os entraves políticos e sociais. Para alguns é o sinônimo de uma revolução, modernização, democratização, liberalização ou socialização, interrompida, inacabada, como o "liberalismo de fachada", a "república irrealizada", a "república inacabada", de modo a estarmos sempre em busca de um "elo perdido" (FAORO, 2007). O país se torna um enigma, algo alienígena aos seus próprios pensadores, aliás, o próprio PPB torna-se uma dúvida. Em João Camilo, por outro lado, o que atravanca aquilo que concebe como restauração é a alienação quanto à própria realidade – não como algo ideal, mas dentro de seus limites e desafios. A questão não é a irrealização da república, na forma como foi concebida em 1889, mas antes disso descobrir o porquê do desprezo pela marca originária do Brasil, quando realmente se constituiu de forma republicana.[376]

---

376. Compreender a realidade nacional à luz de uma consciência histórica era uma das principais lições que João Camilo deixou a seus leitores e amigos. A reflexão histórica e a composição sociológica de soluções diante dos cenários políticos eram tidas como algo de responsabilidade, de compromisso, de obrigação intelectual, como revela o jurista Célio Borja que lhe escrevia, sobre o dilema da (in)compreensão acerca do lugar e da ação histórica diante das oportunidades: "*Temo, antes, que não compreendamos a nossa responsabilidade histórica decorrente do fato de podermos ser, neste instante fugaz que só as revoluções criam, agentes esclarecidos do nosso próprio destino. No Estado de Direito moderno, a vinculação da atitude política e estatal à Lei tolhe e vicia as decisões e os gestos; o automatismo sonambúlico com que constituímos os ritos impostos por normas de estreita observância, pré-molda a história. Trocam a liberdade criadora pela segurança, e a ação política perde o seu sentido lúdico de aventura. Este passa a ser um privilégio dos marginais da lei. O hábito de viver debaixo da lei cria a irresponsabilidade, pois que todas as ações dos que governam se imputam, impessoalmente, à mesma lei, desaparecendo a responsabilidade individual. Juscelino fez Brasília e se lhe imputaram a responsabilidade de ter implantado, por isso, o caos financeiro e econômico no país, dela declinará dizendo que atendeu à prescrição da disposição transitória da Constituição de 1946... Pergunto-me: quem quererá assumir a responsabilidade, perante Deus e a história de tentar, sem a escusa da lei, melhorar o destino de oitenta milhões de brasileiros? Quem nesse país tem uma tal vocação de grandeza? Quem se sente tão forte, tão cheio de amor, tão desprendido de aplausos, tão ambicioso de glória, tão cheio de temor de Deus, tão confiante na Sua misericórdia, que se candidate a ser condenado e incompreendido, se falhar, a receber o prêmio, depois de morto, na eternidade, se for feliz?*" (15 jun.1964).

Antes do 15 de Novembro ouve um 7 de Setembro. Os pensadores do século XIX já sabiam que a outra independência nacional, aquela que daria insumo ao pensamento nacional, a concepção do caminho a ser percorrido, não seria algo feito a toque de caixa, mas corresponderia a um longo processo. Em "Instinto de nacionalidade", Machado de Assis expõe dessa maneira esse desafio:

> Interrogando a vida brasileira e a natureza americana, prosadores e poetas acharão ali farto manancial de inspiração e irão dando fisionomia própria ao pensamento nacional. Esta outra independência não tem Sete de Setembro nem campo de Ipiranga; não se fará num dia, mas pausadamente, para sair mais duradoura; não será obra de uma geração nem duas; muitas trabalharão para ela até perfazê-la de todo (1999 [08/10/1865]).

Para João Camilo esse processo estava consolidado, num conjunto de autores que já haviam deixado a indicação, e na tomada de consciência histórica. O problema era de leitura da realidade. De sua parte, expõe as contradições e indeterminações intelectuais brasileiras a partir daquilo que é lógico e coerente na cultura nacional. Tratava-se de apresentar um preâmbulo ao caminho restaurador, como quem estivesse preparando terreno, analisa as camadas do solo, e deixa um legado às ações do campo político.

A resposta a esse desafio foi uma síntese das análises sociológicas e políticas. Um ensaio em que organiza o PPB e encarna o melhor das influências de Gilberto Freyre e Oliveira Vianna. *Interpretação da realidade brasileira (Introdução à história das ideias políticas no Brasil)*, de 1969, era uma obra da maturidade intelectual de João Camilo, e que não veio sem muita reflexão. Na dedicatória a Afonso Arinos de Melo Franco deixa subscrito: "*resposta (com 30 anos de atraso) a uma carta aos que tinham vinte anos. Por um deles*".

Dois aportes são trazidos pelo autor nesse trabalho: o primado do Império na organização brasileira e os elementos culturais da nacionalidade. Quanto a esse primeiro quesito refere-se a constatação da realidade do Estado na formação da nação brasileira, demarcando a linhagem saquarema, à qual João Camilo faz parte: "*talvez dizem que sou um conservador e não me ofendo por isso – orgulho-me, até quando me vejo filiado aos 'saquaremos'. Prefiro, essa a verdade: construir a destruir. Tais os símbolos que procuro difundir*" (2005, p.184).

A visão é otimista conforme a constatação de que o Brasil é produto de um processo natural de desenvolvimento político, e não encontra contradição entre corpo político e povo. João Camilo explica que o país não foi fruto de um acidente:

> Quando D. João VI veio para o Brasil e fundou um grande império no Rio de Janeiro parecia que estava cedendo a uma fatalidade histórica, e não a uma série de eventos fortuitos. Quem liga a invasão napoleônica com os fatos de toda a história da Sereníssima Casa de Bragança sente que, a repetir Marx, Napoleão agiu como obstetra e praticou uma cesariana, algo violenta, mas que ajudou, não contrariou, um senso natural e biológico... (1969, p.225).

Ademais, trata-se de um exemplo único no mundo, de harmonia fundamental entre instituições políticas e sociedade: "*O Brasil talvez seja o único caso em que o império, a nação, o Estado e o corpo político e povo sejam conceitos cobrindo rigorosamente as mesmas realidades. É o único império a ser uma única nação*" (1969, p.185).

Ao trazer essas considerações João Camilo se une a uma linhagem do PPB que assinala o protagonismo do Estado na construção nacional. Para o autor, o estatismo, portanto, não é uma "querela", como levantada por idealistas, ou até mesmo por "entreguistas" – fossem liberais ou socialistas – que não compreendiam as particularidades e necessidades da realidade brasileira (PAIM, 1978). Compreendia que num país com quase tudo por fazer uma postura sob o argumento antileviatânico poderia cair numa ingenuidade (SANTOS, 2006).[377] Mas, sobretudo, JCOT concebia um universalismo brasileiro capaz de reunir, ao invés de desintegrar, as instituições.

A proposta era menos considerar as diferenças do Brasil com outras histórias políticas, e mais avaliar a diferença do próprio país com o seu passado. João Camilo chega a considerar que o processo histórico relativamente lento no Império, quanto a certos avanços materiais, não havia sido ruim, pois permitiu que evitássemos muitos erros. Era inviável competirmos na Revolução Industrial uma vez que nos faltava carvão para as máquinas (1961d, p.27).

377. Wanderley Guilherme aponta um paradoxo com relação ao Estado: é aquele que protege os direitos, ao mesmo tempo que serve de salvaguarda ao próprio mercado – que o condena idealmente (SANTOS, 2006). Há um desafio de conciliação a respeito do papel desse ente, enquanto o que perdura são formas de utilizá-lo, ainda que contraditoriamente aos discursos ideológicos apresentados.

Junto da percepção do papel do Estado figura a reflexão sobre a cultura nacional. Três elementos condicionaram a formação do Brasil: a Igreja católica, a Coroa portuguesa e a mestiçagem (TORRES, 1969, p.185). Para que possa interpretar a sociedade brasileira é preciso considerar essas fontes, e não negá-las como impeditivos de um desenvolvimento. Até porque a síntese desses aspectos é anterior ao próprio país, já havia sido empreendida pelo padre Antonio Vieira, e foi marcante na Revolução Brasileira de 1822. Isso ajudou a formar um modo brasileiro de pensar. O Brasil era um Império por sua dimensão e capacidade de unificação, mas igualmente porque representa um modelo de civilização:

> Há um modo francês (o racionalismo), inglês (o pragmatismo), alemão (o metafísico) de ver as coisas. O nosso, provavelmente, será orientado na direção dos problemas do ser concreto, cordial e ecumênico. O brasileiro sempre teve, como o português, uma vocação ecumênica (TORRES, 1976, p. 357).

João Camilo delineia três qualidades que formam essa "civilização brasileira": a democracia racial, a forma particular de visão intelectual brasileira e o "jeito" brasileiro. Nota-se que, embora esses caracteres fossem existentes, concretos, a civilização brasileira acabava sendo um projeto, um meio de expandir a vida brasileira, e até de superar um "vira-latismo".

> Estamos fazendo uma civilização ecumênica, aberta a todos os valores universais, e que poderá, quando a nossa palavra puder ser ouvida, tornar-se um fator de paz - o Brasil é o único país que está em condições de chamar de irmãos a todos os povos da terra. E isto é belo (TORRES, 1961e, p.289).

O primeiro aspecto, da democracia racial, era fruto das teses de Gilberto Freyre. Tratava-se de motivo de orgulho, e de instrumento de "abrasileiramento" de outros povos (TORRES, 1961d, p.23). Foi a superação do racialismo branco que predominou no século XIX, surgido naturalmente, e não através de uma engenharia social e política, mas uma descoberta sociológica, bem-vinda para solucionar a relação entre povos diferentes (TORRES, 1969, p.94). Isso agrega na constatação do país mestiço, e de uma sociedade diversificada.

Quanto à intelectualidade brasileira, trata-se de uma questão de coordenação do pensamento. João Camilo organizou uma concatenação do PPB capaz de formar uma teoria do Brasil, entrelaçando autores e atores da política nacional. O início remonta a crise da República, quando Joaquim Nabuco percebe a necessidade da recuperação teórica do Império. Euclides da Cunha era o representante de uma geração que se deparou com a realidade, do valor da relação do povo com a terra, e como havia um "sertão" a ser descoberto. Alberto Torres, na mesma toada de reconstituição, foi praticamente o símbolo de um mito, fazendo toda uma escola de pensamento que praticamente não foi posta em prática (TORRES, 1969, p.249). O príncipe D. Luiz de Bragança, trouxe a proposta restauradora de forma moderna e arrojada, próxima inclusive de uma espécie de monarquia socialista. Depois, os que mais contribuíram para o pensamento brasileiro voltado a uma civilização tropical foram Gilberto Freyre e Oliveira Vianna, claro que de modo diverso, mas unidos pela argumentação camiliana. João Camilo talvez tenha sido o único a fazer de Paulo Prado uma leitura positiva do pessimismo do escritor paulista. É que dentro de uma interpretação demaistriana, dos males da luxúria e da cobiça brasileira saíram grandes bens; o equivalente dos massacres da Revolução Francesa, para o Brasil, era o exagero desses pecados capitais, os quais são tão paradoxais que formaram até mesmo o Brasil:

> a cobiça atuou na formação do país e permitiu a muita gente largar Portugal e meter-se por aqui. Não havendo outro estímulo, não havendo, como na América do Norte, um estímulo espiritual no gênero da busca de terra, de liberdade religiosa, a busca do dinheiro seria a razão dominante. (...) Houve, na antiguidade e modernamente, conquistas puramente guerreiras. Mas, no Brasil, como nas demais aventuras de colonização, o motivo principal foi a procura de enriquecimento. O Brasil não foi singularidade. Mas a tese é correta e mais um pecado veio trazer motivo para a formação da nacionalidade (TORRES, 1969, p.296).

Da parte de Eduardo Prado a inteligência brasileira recebe um importante alerta sobre o risco da perda da originalidade e da própria soberania nacional. O raciocínio era o seguinte: "*os Estados Unidos são uma grande nação, digna de respeito e amizade, mas era uma ilusão perigosa acreditar que o Brasil (ou qualquer outro povo latino-americano) encontraria a prosperidade e a liberdade abdicando do direito de governar-se*" (TORRES, 1969, p.314). O problema nas relações internacionais do Brasil não era o outro, mas o modo como o "nós" é desconsiderado.

O terceiro aspecto da civilização brasileira correspondia ao elogio de atributos culturais como o jeito, o futebol e uma espécie de cosmovisão. O jeito é um arranjo, conveniência, destreza, habilidade, disposição, maneira de ser, agir, gesto. É representativo da "*plasticidade mental dos brasileiros além do fenômeno (...) de universalidade de tradições culturais*" (TORRES, 1969, p.213). A necessidade de povos se adaptarem à realidade local incidiu na formação do jeito, o que pode ter colaborado também com o caráter mestiço, não só físico, como também cultural. O modo elástico do jogo de futebol no Brasil acaba sintetizando, ou melhor, corporificando o jeito (TORRES, 1969, p.220). Do mesmo modo o humor das piadas, o uso do diminutivo "inho", a forma simpática de tratamento representariam instrumentos brasileiros de catarses cotidianas, maneiras próprias de superar os desafios. De modo que isso tinha uma correspondência intelectual pertinente, com a carga de formação humanística que foi fornecida aos brasileiros já com a propagação jesuítica. João Camilo argumenta que desse modo fomos capazes, em alguma medida, de escapar da "barbárie do especialismo", que tanto incomodava Ortega y Gasset, e nos tornamos mais abertos e permeáveis do que outros povos (TORRES, 1969, pp.214-215).

A ideia de uma brasilidade não representava um projeto apenas interno, mas de dentro para fora também. João Camilo corrobora com a proposta freyriana de uma civilização tropical, levando em conta "*o mundo que o português criou*" (FREYRE, 2010a). A própria nacionalidade brasileira é uma herança portuguesa,[378] e a partir daí é que se pode pensar uma forma de influir e dar algo ao mundo, sem o

---

378. "*(...) coube a Portugal fundar a ideia de Nação no sentido moderno do termo, fato que historicamente se explica pela ausência de feudalismo em Portugal, e, portanto, formar, desde o primeiro dia, o binômio rei-povo, que deu origem à nação - coube também aos portugueses criar a ideologia nacionalista. (...) Um discípulo de Suarez, contemporâneo e conselheiro de D. João IV, porém, faria a teoria do nacionalismo, e, em nome da democracia. Trata-se do autor de* A arte de furtar, *aparentemente Antonio de Souza de Melo (...) fixa os termos do conceito de nacionalismo: um corpo político unificado, constituindo uma vontade única de sobrevivência, permanecendo idêntica a si mesma no tempo e no espaço. (...) Os reis de Portugal eram, pois, cabeças do corpo político. Não eram soberanos, no sentido absoluto do termo, pois não tinham poderes distintos da comunidade que representavam e dirigiam. Daí o sentido muito nítido que sempre possuíram da identidade de interesse entre a sua coroa e seus povos. (...) Surgiu o estanco: como o rei era a cabeça do corpo político, os lucros auferidos pela coroa, da nação, seriam. Os reis de Portugal descobriram o socialismo, como o Mr. Jourdain aprendeu a escrever em prosa, (...). Com a prática do 'estanco', criou-se a política da qual a Petrobrás é descendente remota, posto que legitima. Como o Código de Minas o é da legislação de D. João V. E estava fechado o círculo do nacionalismo*" (TORRES, 1961e, p.204).

autofechamento típico de algumas abordagens. O filósofo português Eduardo Lourenço, com razão, reclama de como os brasileiros se consideram "*filhos de si mesmos*", e como esse nascimento para si era repercutido dentro da própria intelectualidade nacional como uma existência trágica (2001, pp.136;201). Neste sentido a contribuição camiliana trazia algo diferente, de papel do Brasil em ascender o farol de futuro que Portugal deixou, a começar por se ver como Império, se enxergar como uma democracia única, racial e ecumênica, a valorizar positivamente seus atributos e espraiá-los mundo afora.

2.6.2 Restauração monárquica

O mais marcante sobre a pessoa de João Camilo foi o bordão "monarquista". Porém, ele jamais se integrou a qualquer movimento ou ação monarquista. Ainda assim teve uma atuação enfática no campo teórico, e discretamente na comunicação cordial com todos os simpáticos à restauração monárquica. Dialogava tanto com a Ação Patrianovista como com os dois ramos da Família Real. Mas é compreensível sua reticência com relação aos dois, e que é relativa à compreensão da tradição do Império brasileiro.

O primeiro aspecto a ser observado é relativo à falência do regime republicano, e a questão do porquê de o país ter deixado de ser uma monarquia. Em seguida observa-se como João Camilo aponta o retorno - adaptado - da Constituição de 1824 como um remédio institucional que garantiria a estabilidade política que o país jamais teve por muito tempo, desde 1889. Terceiro, procuro responder à dúvida que ficou no ar sobre o descompasso entre o ideal restaurador de JCOT e os movimentos monárquicos no Brasil.

A ideia monárquica surgia no Brasil no século XX a todo momento de desgaste da República.[379] A contribuição de João Camilo nesse sentido foi ímpar, por ter trazido a lume, diferentemente do ponto de vista de boa parte dos movimentos monárquicos - como logo iremos observar -, o caráter democrático e liberal da monarquia bragantina no Brasil. Talvez nenhum outro pensador tenha feito tanto pela causa de uma "democracia coroada". O sonho de João Camilo era refundar um "Império Solidarista", à luz dos exemplos britânico e sueco.

---

379. Comentário comum de João Camilo era de "*remédio caseiro para o organismo político*", levando a sério a possibilidade monárquica, como solução para os impasses políticos brasileiros (2 ago.1956).

Diante de experiências autoritárias, instáveis, demofóbicas, não democráticas, e que não resolviam o problema da desigualdade social, o meio de "propaganda" monárquica de João Camilo era a respeito do contraste, entre o que o Império produziu e o que a República tentava fazer. Incentivado pelo amigo João de Scatimburgo, companheiro na propaganda monarquista, JCOT publica em 1958 uma obra que, diferentemente de *A democracia coroada* (1964a), lançada um ano antes, era mais sintética, menos analítica e mais informativa, sendo mais objetiva e menos teórica. *Do governo régio* resumia o sentido democrático da obra que o consagrou, mas para o objetivo de "*apenas descrever o que é a monarquia e como poderá servir para a solução dos males do presente*" (1958d, p.9). Embora mencionasse a importância da pesquisa de Karl Loewenstein, que a respeito da monarquia e do Estado divide as justificações sobre o regime real em dois grupos, de ordem afetiva e de ordem racional, o autor apenas observa que o elemento simbólico não é neutro, mas atua como mecanismo para esclarecer o povo acerca da autoridade. Portanto, lançava nove justificativas para o governo régio dentro de um sentido racional e histórico:

(I) Neutralidade. A monarquia se justifica pela neutralidade, pois o poder é exercido "*por uma personalidade desligada, por motivos de nascimento e de educação e, principalmente, pela origem mesma de seu poder, de quaisquer compromissos partidários*" (TORRES, 1958d, p.76);

(II) Personalidade. Distingue o poder 'individualizado' do poder 'institucionalizado'. O presidente nunca é unânime, diferentemente do monarca, que é e precisa necessariamente o ser, encarnando em sua pessoa a nação, por isso João Camilo dizia que com o 15 de Novembro "*O Exército perdera seu comandante supremo, o Imperador*" (1958d, p.80);[380]

(III) Autoridade. JCOT acentua que provavelmente "*a grande importância da monarquia no mundo moderno é permitir a distinção entre 'autoridade'*

---

380. "*A monarquia, assim, constitui o rei como cabeça visível para o corpo político, que o seja de fato de todo ele e não de uma parte, representando a nação em sua totalidade espaço-temporal e não em qualquer de suas parcialidades. Nenhum presidente poderá ser 'o presidente de todos os brasileiros', como queria o marechal Dutra. Sempre terá inimigos e amigos. Para muita gente, a presença do chefe de estado republicano é um atestado vivo da derrota política, da humilhação, da luta de classes, da condição minoritária. Ora, o monarca, por ser hereditário, não tem partidos e está acima deles. O cidadão tem no seu rei a presença viva da pátria e não do adversário político*" (TORRES, 1958d, p.80).

e 'poder' tão justamente salientada por Jacques Maritain" (1958d, p.81). Ao passo que regimes não monárquicos vivem sob o risco de que uma minoria assalte o poder em nome do 'povo', tiranizando a política, na monarquia há uma garantia contra esses desvios;[381]

(IV) Unificação. A monarquia exerce uma função unificadora. A própria figura do rei unifica, tanto as forças nacionais como o povo junto ao poder político;[382]

(V) Seletividade. João Camilo põe em xeque a seletividade eleitoral, e demonstra que esse é um equívoco dos liberais: "*se o indivíduo é apto a decidir acerca de seus interesses particulares, saberá bem escolher seus governantes. Ora, numa eleição decidimos acerca do interesse público, do bem comum, e é decisão coletiva, não de indivíduos*" (1958d, p.88). Comenta ainda que na poliarquia essa decisão é ilusória, pois há provas concretas de que o eleitorado se decide segundo soluções que ninguém, individualmente, aprovaria. Por outro lado, na monarquia, a escolha contém os atributos do equilíbrio e da limitação. Equilíbrio porque o rei é o ente unificador, e limitação pois os escolhidos não poderão ter a ambição de se alçarem contra o monarca, dando ênfase a sua competência;

(VI) Indiferença a classe social. A Família Real é uma classe à parte, situada além das demais – é o Rei o fator de equilíbrio entre as diferentes classes (1958d, p.100). A transição da Monarquia para a República em 1889

---

381. A monarquia ainda contribui para identificar simbolicamente a autoridade, de modo que nada mais característico disso do que o trono. Essa identificação se reproduz para toda e qualquer autoridade, de modo que o monarca se torna o primeiro pedagogo da nação. O rei tem as melhores condições para o exercício da autoridade, de modo neutro, soberano e moderado, pois do contrário o próprio significado de autoridade se desfaz. A designação clara por parte da política acerca da função da autoridade contribui para que melhor se compreenda a relação com a monarquia: "*Uma filosofia da autoridade revela-nos, em primeiro lugar, a sua causa final, o seu objetivo. A autoridade tem por escopo servir de árbitro na sociedade – manter cada qual em seu lugar, reconhecer a todos os seus direitos, encaminhar as forças sociais e políticas para a realização de seus justos ideais, ser, enfim, o poder moderador. É a autoridade uma função moderadora e de equilíbrio. De repressão e de cerceamento*" (1958d, p.84).

382. Aqui a explicação detalhada de João Camilo sobre o sentido unificador do monarca: "*O rei une as forças nacionais num centro superior onde todas se refletem, na qual todas participam, mas sem se identificar com quaisquer delas. As poliarquias são plurais, quase sempre federais. O sistema exige associação de partes iguais, para impedir que um grupo domine o todo. Já na monarquia, estando o centro da autoridade além dos horizontes das ambições policias, nenhum grupo dominará, nenhuma das partes prevalecerá sobre o todo, pois a fonte do poder está equidistante de todos os agrupamentos, realizando aquela imagem de nosso Frei Heitor Pinto: 'Donde se colhe que se ele (o Príncipe) não for justo, não haverá na república justiça, e se ele carecer de igualdade, não a haverá no povo (...)'*" (1958d, pp.85-86).

produziu uma condição retrógrada com relação ao próprio princípio igualitário que possuía a monarquia brasileira. A Primeira República produziu uma espécie de feudalismo, em que o "*coronelismo*" foi uma das suas facetas políticas mais evidentes;

(VII) Apartidarismo. Os partidos políticos são como corpos intermediários entre o Estado e os cidadãos. São instituições que deixaram de ser individualidades em choque para se tornarem uma federação de grandes corporações em luta, ou, ainda, verdadeiras "ordens" com interesses diversos. Desse modo é que a presença de um poder neutro, de um rei, se faz necessária, argumentava JCOT;

(VIII) Governança nacional. São dois pontos: a federação em oposição ao estado unitário; e a descentralização administrativa em oposição à centralização. O argumento é o de que a descentralização sempre se impôs como uma necessidade no Brasil, na medida em que se fazia necessário respeitar as diversificações regionais do país. Porém, a tese de JCOT é a de que o federalismo só conseguiria deixar de ser "estadualizado", ou seja, tomado por um ou alguns estados mais poderosos, quando fosse feito dentro da monarquia. Portanto, um meio de superar essa tônica particularista dos estados, que tomariam a União para si, consiste na forma como o Poder Moderador é capaz de ser o elo de ligação entre governos locais de um partido e governo geral de outro;[383]

(IX) Reformismo. O caráter moderador da monarquia impõe a adoção de um padrão neutro de estado, permitindo que modernamente a ascensão social se faça dentro do jogo do mecanismo parlamentar. É o contrário do regime presidencial, em que as oligarquias impedem as reformas, a menos que as condições econômicas sejam muito favoráveis. Na monarquia são feitas reformas, sem adentrar em revoluções. "*O 'slogan' - 'socialismo e liberdade' só se apresenta como realidade praticável nas monarquias*" (1958d, p.107).

---

383. "*A adoção de um regime federal sob a forma monarquia conduz à formação de um laço federativo entre as províncias, constituído pela Coroa, que permite a existência de um governo efetivamente da 'União' em lugar da luta de hegemonias que caracteriza o sistema atual. O caso brasileiro é típico: enquanto no Império tivemos 'governos nacionais', pouco importando a naturalidade dos presidentes do conselho, no atual regime é sempre o governo do país por um Estado*" (TORRES, 1958d, p.106).

Esse conjunto de contrapontos ao presidencialismo procurava demonstrar a superioridade da monarquia. O que tange inclusive à eficiência econômica e administrativa, pois com muito pouco - população escassa, pouca arrecadação tributária, e em meio a problemas continentais - a monarquia havia feito muito (TORRES, 1961d, p.20). E também o havia feito socialmente, como resolveu o problema da escravidão,[384] legando um dos efeitos pedagógicos do Império. Na defesa do regime monárquico a Abolição foi um processo significativo, pois de fato se tratava do maior teste para seu funcionamento. Para JCOT, o ato marcou o triunfo do povo, como o corolário da configuração democrática da monarquia.

> A "Abolição foi o ápice da história do Império", e o foi por duas razões: (i) pela demonstração palpável e evidente do funcionalismo adequado da máquina institucional; (ii) por ter logrado superar a dualidade do "país legal" e do "país real", tal qual era a economia escravocrata que se baseava o regime (30 jul. 1950).

O fundamental era explicar que a monarquia no Brasil tem um poder de síntese, desde a sua origem. D. Pedro foi um romântico, que ligou o passado ao futuro, era o "homem-síntese", realizou como chefe a contrarrevolução para fundar o Brasil, contra o constitucionalismo de Portugal, mas ao mesmo tempo erigindo uma monarquia constitucional tropical (TORRES, 1961d, p.69). Portanto, a monarquia e a Igreja é que foram as pedras fundamentais da nação brasileira.[385]

O desafio era equacionar esses fundamentos, diante das seguidas crises republicanas, num propósito condizente com as expectativas do país. Para João Camilo quem melhor expressou essa índole foi o príncipe d. Luís, segundo filho da princesa

---

384. Diante do maior drama do Brasil, a escravidão, JCOT fazia três ressalvas: (i) o Brasil herda um sistema em que o instituto servil estava consolidado, de modo que foi tacitamente adotado no reino independente, pois não havia condições de pronto para uma substituição, a ponto de a própria Representação de 1824 de José Bonifácio ter tido mais um caráter programático do que imediatamente exequível; (ii) havia uma diferença de escravidão, com relação ao índio e aos africanos; e (iii) havia medidas de proteção e assistência ao escravo, previstas em lei. Por exemplo, o instituto do autorresgate (1961d, pp.21-22).

385. Um dos elementos cabais dessa questão era a natureza estatista da política brasileira, até pela precedência da Monarquia, acompanhada da Igreja, em relação às demais instituições. "*O povo veio depois. Isto marcou decisivamente a nossa formação. E justifica as esperanças de hoje: o governo pode ser anterior ao povo. Daí ser o Brasil, mais do que qualquer outro país, uma nação naturalmente monárquica, por ser uma nação em que o Estado precede, cronologicamente e ontologicamente, o povo. Toda teoria política brasileira deve fundar-se nesta precedência do Estado. E a Monarquia é a mais antiga instituição brasileira (...). A Igreja veio junto e, meio à sombra do Estado, meio como anexo à Coroa*" (1961e, p.262).

Isabel, que havia sido uma voz séria no desconcerto nacional da Primeira República, foi quem propôs uma espécie de "*socialismo monárquico*", tendo sido um precursor do "*securitismo*" (1961d, p.250). D. Luís representaria exatamente o que JCOT idealizava numa monarquia socialista. Era alguém que compreendia a tradição imperial e procurava resgatá-la.

D. Luís reconheceu a dissociação nacional entre elite e povo, apresentando a tese dos "dois Brasis" e atuou com a acidez necessária contra as inconstâncias da República. Para Gilberto Freyre era o "*mais avançado socialista brasileiro da época*". Mesmo não podendo pisar no Brasil, pelo "banimento" da Família Real, sua entrevista em 1907 e seus manifestos provocaram ampla agitação na política nacional. Chegou a atracar no litoral, sendo recebido numa espécie de porto molhado por fiéis da causa monárquica. A prova de que o regime republicano não estava estável, depois de mais de dez anos da queda do Império, eram as dificuldades criadas pelo governo contra a vinda do príncipe. Mesmo insistindo e contando com diversas petições na Justiça, como um *habeas corpus* preventivo, D. Luís não tem permissão para pisar no Brasil. O próprio Rui Barbosa alegava que o banimento da Família Real, e que se estendia a ele (neto de D. Pedro II), era para a "defesa do Estado" (MALATIAN, 2010, p.128).

Dos manifestos monarquistas lançados por D. Luís, o mais amplo e objetivo foi o de 6 de agosto de 1913 - o *Manifesto de Montreux*; e nesse mesmo ano publicou *Sob o Cruzeiro do Sul*. No Manifesto de 1913, em tom de oposição, apresenta uma severa crítica ao regime eleitoral e político do "*sistema dos governadores*" como sendo um "*feudalismo*", e a discrepância entre a faustosa vida das cidades e a miséria do interior (1969, p.259). Segundo João Camilo, D. Luís, ao levantar uma série de temas sociais para o Brasil, estava explicitamente recorrendo ao exemplo alemão de Bismarck, em que a criação da previdência social provera uma saúde social e financeira àquela nação. O documento do pretendente ao restabelecimento do Império era exatamente o que o monarquista mineiro sempre sugeriu, um exemplo de *aggiornamento* da monarquia. Pois como forma permanente, o Brasil está fadado a procurar a sua forma monárquica, "*aquela em que o Estado como princípio de unidade e transcendência precedeu à existência do povo como uma totalidade efetiva e consciente*", diferindo de nações naturalmente republicanas, em que o Estado surgiu com a consciência popular, e não antes dela (1969, p.268).

A democracia coroada camiliana não se confundia com igualitarismo ou socialismo político, mas sim com a defesa de "*um regime de liberdade e de igualdade de possibilidades para o maior número e que permitisse, sem choques, um progressivo desenvolvimento das garantias efetivas de liberdade e de igualdade*" (1964a, p.382). Pretendia algo tradicional e solidário, condizente com a legitimidade e a ordem pública. Assim, a democracia não significaria o fim de categorias intermediárias e auxiliares na vida política. João Camilo não só reconhecia como defendia a democratização que surgia como uma onda acachapante no pós-Segunda Guerra, mas observava os paradoxos que surgiam. Por exemplo, destaca como mesmo na União Soviética, ou sobretudo lá, as ordens honoríficas e diversos instrumentos de honra aristocrática eram retomados, afinal "*uma sociedade não consegue sobreviver sem a reverência*". Era falso achar que esse tipo de atitude ou distinção iria acabar, pois a autoridade legítima é "portadora de valores", e se torna naturalmente reconhecida (2005, p.183).

Em decorrência da guerra D. Luís falece, e a possibilidade de uma liderança sensata para o movimento monárquico no Brasil é interrompida. Com a ditadura Vargas há um retorno de elementos da constituição imperial, e na prática Vargas se torna uma espécie de imperador dos brasileiros, foi também o líder político que aboliu definitivamente o banimento da Família Real, mandou trazer os restos mortais de D. Pedro II, fundou o Museu Imperial de Petrópolis e restituiu o valor da monarquia no Brasil.

Para João Camilo o que atravancava a demanda monarquista era o modo como o maior movimento em questão – a Ação Patrianovista – se confundia com os Integralistas.[386] Ademais, o grupo passou a se juntar com elementos católicos

386. O movimento Patrianovista surgiu em 1929, em São Paulo, com o título "*Ação Imperial Patrianovista*", ou Pátria-Nova. Para João Camilo tratava-se de um movimento "*totalmente novo, completamente distinto, para não dizer declaradamente oposto à tradição do Império, que consideravam seu fundador expressão do mais lamentável espírito liberal. Lançado por jovens que haviam descoberto o atomismo, acusando fortes influências de Maurras, de Maistre, de Sardinha, queriam os patrianovistas uma forma de estado corporativo e confessional que de comum com o regime fundado por D. Pedro I só teria o nome da dinastia*" (TORRES, *A vida partidária*, s/d, p.468). Os intelectuais desse movimento foram Arlindo Veiga dos Santos, Sebastião Pagano, que depois fundara movimento próprio, e, de cunho mais aristocrático, Paim Vieira. Modernamente, cita José Pedro Galvão de Souza. Para João Camilo, o Patrianovista assim como outros movimentos teriam um êxito curioso: "*seu nome passaria a ser o rótulo popular de monarquismo, modernamente. Êxitos materiais muito grandes não conhecia, por forças de seu programa um tanto quanto desligado das aspirações médias e muito esotérico. Nos dias que antecederam a 1937 teve, contudo, uma penetração apreciável*" (TORRES, *A vida partidária*, s/d, p.469). Contudo, foram justamente confundidos, e realmente se confundiam, com os integralistas. Enfim, João Camilo contemporizava que o mais pernicioso do movimento Patrianovista era o seu idealismo, e, sobretudo, sua falta de compreensão quanto à tradição brasileira da monarquia. No livro de Paim Vieira, *Organização corporativa e representação de classes*, em que há um plano de restauração monárquica, JCOT lamenta o modo como o autor expressava o tema da desigualdade, como uma espécie de bem, de algo a ser mantido como está. "*Não há dúvidas que as ideias do líder político do integralismo brasileiro estão, também, em franca contradição com as ideias dominantes no Império do Brasil*" (*A vida partidária*, s/d, p.486).

reacionários. A outra confusão que surge já na metade do século e perdurou por décadas, especialmente relativa ao "ramo de Vassouras", era com a TFP. Ou seja, o próprio monarquismo no Brasil não retomava a sua tradição de fato, aquela da "democracia coroada" que João Camilo expressou, da civilização plástica, da civilização tropical, do jeito e da simpatia.

Ainda assim, jamais titubeou quanto à defesa da restauração. Os jornais o procuravam a respeito, e a resposta era sempre positiva. Em matéria do *Correio da Manhã* de 25 de 1961 consta um comentário sobre a entrevista concedida por João Camilo:

> O escritor João Camilo de Oliveira Torres afirmou em Belo Horizonte que a única solução para o Brasil é a volta à monarquia, citando como argumento principal que o Decreto n. 1, de 15 de novembro de 1889, declara que a República foi decretada 'provisoriamente' e que, portanto, a Constituição legítima é a de 1824. "É bom lembrar", citou o escritor, "que a monarquia conseguiu a abolição da escravatura em 40 anos e que a República em 70 somente agora começa encarar com mais seriedade a reforma agrária" (CORREIO DA MANHÃ, 25 nov. 1961).[387]

É nos anos 1960 que João Camilo rasura propostas de retorno da monarquia, no bojo do plebiscito sobre o parlamentarismo. Nessa abordagem explica resumidamente o que teria inviabilizado a causa monárquica no país: a) inadequação entre os movimentos neomonarquistas e as aspirações atuais da população; b) crença na irreversibilidade absoluta da História, que impediria a 'volta ao passado'; c) preconceitos entre as classes cultas e semicultas a respeito, e poucos conhecimentos objetivos; d) ausência de grupos e categorias sociais que seriam particularmente beneficiados pela restauração, agravado este tópico pela desconfiança, em certas áreas políticas, de que a Monarquia significaria maior moralidade administrativa e política, com desvantagens pessoais óbvias; e) mentalidade revolucionária dos grupos de esquerda que, nos últimos anos, se afastam de soluções 'políticas', principalmente das que significassem um caminho diferente de uma solução fundada na violência (*A vida partidária*, s/d, pp.466-467).

387. Cabe destacar que o mesmo *Correio da Manhã* havia censurado um artigo de João Camilo em defesa da Reforma Agrária, e envia uma carta, noutra oportunidade, explicando que o autor não deveria fazer defesa da Monarquia em artigos para o jornal.

À exaustão o historiador mineiro repercutia as pesquisas de Seymour Lipset, que demonstrava como 80% das democracias no mundo eram oriundas de regimes monárquicos. Era uma forma de consolidar a defesa de uma monarquia moderna, baseada no "*security state*", que levasse em conta os seguintes princípios: a) a "socialização do lazer"; b) "a democratização das elites"; c) "a libertação da cultura"; e d) "igualização dos cargos de direção" (*A vida partidária*, s/d, pp.488-491). E nesse bojo escreveu um plano de restauração monárquica, que, além da exposição de motivos defendendo como a Constituição de 1824 foi aprovada por referendo e sustada de forma ilegítima em 1889, compreendia um rol de adaptações e atualizações.

> **As adaptações**
>
> Conservadas as estruturas gerais da Constituição – Poder Moderador, Senado vitalício, etc. – são aconselháveis as seguintes adaptações:
> a) religião – conservando a fórmula da Religião Católica como religião do Império, puramente declamatória, seria adotada a liberdade religiosa positiva, sem discriminações, mas reconhecendo-se o direito à prática livre, sem restrições, e, principalmente, sem "religião de Estado";
> b) sufrágio – teríamos, é claro, o sufrágio universal, direto e secreto;
> c) Senado – conservada a estrutura, adotar-se-ia a sugestão de D. Luís: até um terço dos senadores efetivos, senadores suplementares, com os mesmos direitos, propostos pelo governo e, depois de homologados pelo Senado, nomeados pelo Poder Moderador – seria um modo de aproveitar personalidades de valor, mas sem prestígio político [eleitoral];
> d) ampliação do Conselho de Estado, nas seguintes bases: o Conselho teria, além dos 24 membros efetivos, suplentes em número indefinido (todos os indivíduos honrados com o título de conselheiro) e, além das funções do Poder Moderador, assessoramento do governo, e dirigir conflitos de jurisdição, como na lei de 1841, teria a atribuição de órgão orientador e controlador das entidades de política econômica: as diversas funções ficariam a cargo do Conselho pleno (Poder Moderador), de comissões técnicas e gabinete (debates acerca dos projetos), ou de comissões (demais atribuições – política econômica); haveria um vice-presidente do Conselho, geralmente um príncipe, para substituir o Imperador nas ausências;
> e) Poder Judiciário Nacional (federalização da Justiça), juízes nomeados e promovidos de acordo com listas elaboradas pelas respectivas corporações judiciárias, cabendo a escolha livre ao Imperador, a referenda do Ministro da Justiça não significando interferência deste, ou do Presidente do Conselho, mas apenas que a lei foi cumprida.

As inovações

a) o Ato Adicional teria títulos sobre "Ordem Econômica e Social", "Educação e Cultura", "Família"; para elas podemos aproveitar o que determina a Constituição atual, que está muito bem.

b) seria resolvido o problema da Federação nestas bases: 1º) uma discriminação objetiva de atribuições e rendimentos entre a União e as províncias; 2º) presidentes nomeados pelo governo central, mas exercendo o poder executivo por meio de um secretariado responsável perante as assembleias, cabendo ao Presidente a função de representar o governo junto às repartições federais na província; o presidente, relativamente às questões provinciais estaria sujeito ao Poder Moderador, não ao Executivo, e seria o elemento de ligação entre a província e o governo central;

c) Conselho de Ministros, como órgão do Poder Executivo, com as atribuições e o funcionamento já fixados na prática do Império, teria a seguinte organização: 1) o Presidente do Conselho, escolhido com relativa margem de liberdade, pelo Imperador, no partido majoritário, ou fora dele, em épocas de exceção; 2) o gabinete composto de representantes da Nação, um dos quais seria o ministro da defesa; 3) a Junta da Defesa Nacional composta do presidente, do ministro da defesa, dos ministros da Guerra, Marinha e Aeronáutica, todos militares apolíticos e que não fariam parte do gabinete, e do Chefe da EMFA – seria o órgão apartidário da defesa nacional; o ministro da defesa não teria ação sobre os corpos militares, mas defenderia no parlamento a política de defesa nacional adotada pelo gabinete. (Esta Junta de defesa nacional visaria pôr fim à crise militar que provocou a queda do Império e continua devendo até hoje – seria tirar as forças armadas da política.)

O papel do Imperador

São amplas, complexas e admiráveis as funções do Imperador no quadro institucional brasileiro. Sem governar diretamente, isto é, sem ter iniciativa de medidas puramente governamentais, sejam projetos, seja a escolha de ocupantes de cargos públicos, competir-lhe-iam:

a) o Poder Moderador, nos termos da Constituição;

b) a orientação e a decisão nos casos de escolha de novos gabinetes e a decisão em caso de dissolução do parlamento;

c) a fiscalização do exercício do Executivo, naquela famosa 'suprema inspeção' que D. Pedro II tão bem exerceria;

d) a ligação entre os governos provinciais e o governo geral;

e) a nomeação dos juízes sob proposta das corporações judiciárias;

f) o comando das forças armadas.

Tudo isto poderia ser resumido numa fórmula: o Imperador seria um supremo magistrado, o poder neutro, o guardião da Constituição e das leis.

Apêndice: o Conselho de Estado

Dada a sua importância convém volver ao tema do Conselho de Estado. Teria 24 membros efetivos, suplentes em número indefinido e mais os ministros.

Suas funções seriam:

a) funções do Poder Moderador – os conselheiros efetivos em exercício;

b) conflitos de jurisdição e supremo tribunal administrativo, idem, sob consulta da seção de Constituição e Justiça, além da que dissesse respeito diretamente ao assunto;

c) discussão da política do governo inclusive aprovação prévia dos projetos – gabinete e mais conselheiros efetivos em exercício;

d) estudos dos projetos, decretos, regulamentos, processos a serem julgados, etc. – secções técnicas compostas de dois conselheiros efeitos e três suplentes;

e) supervisão das companhias de economia mista e órgãos de política econômica, autarquias, etc. – uma secção especial, composta de dois conselheiros efetivos e dois suplentes, sob a presidência do ministro em causa.

Haveria uma secretaria, com auditoria, para estudo dos processos e projetos. As secções técnicas receberiam, previamente, os extratos e cópias, de modo que, nas reuniões, todos conhecessem o assunto, levando seus pareceres e votos por escrito. Esta organização além de conservar a ideia central que presidiu a organização e ao funcionamento do grande 'cérebro da monarquia', adaptá-lo-ia às necessidades modernas, atualizando-o (TORRES, *A vida partidária*, s/d, pp.492-495).

Essa proposta realista era política, e não teológica. Tampouco quer dizer que por pensar assim João Camilo deixava de ser católico, mas procurava propor uma forma monárquica para o Brasil porque condizente com a realidade, e não com uma artificialidade, ainda que religiosa. Esse comentário é importante porque com 1964 João Camilo percebe um novo campo de possibilidades para a restauração, pelo menos para se ventilar o tema. Porém, recebe um banho de água fria. Ao responder uma carta de João Camilo, o chefe da Casa Real, D. Pedro Henrique de Orléans e Bragança (1921-1981) – filho de D. Luís – comentava sobre os apelos que recebia a respeito da restauração monárquica, como o do próprio João Camilo, que lhe enviara um projeto a esse respeito. "*Agradeço, sinceramente, as provas de sua solicitude em prol da causa monárquica representada, mais uma vez, pela minuta de apelo ao país que me enviou, assim como pelo seu artigo 'Como restabelecer o Império no Brasil'*" (DOM PEDRO HENRIQUE, 16 mai.1964). Contudo, não considerava oportuno o momento para um pronunciamento de sua parte. O empecilho era a dificuldade de se aplicar o princípio defendido pelo príncipe herdeiro:

> *O princípio que represento, como o amigo sabe, é o princípio da Monarquia Católica em toda sua integridade (...) dentro da mais pura tradição, não podendo pactuar com ideologias (...).* A Monarquia Católica é uma planta da direita, da verdadeira direita que não deve ser confundida com o que se afirma hoje extrema direita, sinônima da ditadura (...) A Monarquia é co-natural com o Estado confessional e católico, no qual a Igreja prospera respeitada e livre; é co-natural com a ordem social cristã e aristocrática, que preserva a tradição, mostrando-se alerta para os valores genuínos, e tudo fazendo pelo povo (16 mai.1964).

Conclui D. Pedro Henrique que, pelo fato de estar afastada a possibilidade de um regime totalitário, a ação emergencial da casa monárquica não se fazia necessária. Pode-se arriscar a dizer que a resposta é uma frustração a João Camilo, que pensava em termos de técnica política. D. Henrique pensava em termos de purismo político católico, sem mesmo analisar as circunstâncias reais, como até mesmo um papa faria.

Esse tipo de resposta era consequência da influência da TFP sobre o "ramo de Vassouras". Inclusive essa era a percepção dos príncipes do "ramo de Petrópolis", filhos de D. Pedro de Orléans e Bragança (príncipe do Grão-Pará) (1875-1940), que havia renunciado ao trono em favor de seu irmão D. Luís, quando casou com a senhora Elisabeth de Dobrzenicz, que não era de linhagem nobre. No caso, quem esclarecia essa questão a JCOT era D. Pedro Gastão (1913-2007), ao tratar sobre o primo D. Pedro Henrique e censurar a dedicatória do autor:

> Meu Primo não tem 'más influências que o rodeiam' por estar completamente abandonado na fazenda. O que há, isso é o perigo, é uma turma de inocentes, no Rio, São Paulo e mesmo Belo Horizonte (Figueiredo Penna), que se valem dos Príncipes A, B, ou C para aparecerem. Quanto mais sócio e apagado o Príncipe, melhor para eles. São eles que falam em nome do meu Primo e até à revelia dele. Ao lerem a sua dedicatória, vão se convencer, e até escrever, que o Senhor aderiu às loucuras deles. Há vinte e oito anos que conheço os Pagano e cia., por isso me acho no direito de lhe fazer esse pequeno comentário, que em nada deve afetar a velha amizade (6 nov. 1958).

D. João, irmão de D. Pedro Gastão, explicava melhor as disputas entre os dois ramos, percebendo uma ingenuidade por parte do primo.

> Tanto de um lado, meu irmão, como do outro lado, meu primo, existe uma idiossincrasia mútua que provoca atritos pessoais muito mais que atritos ideológicos, mas assim mesmo quem fica perdendo é o princípio monárquico. No fundo nem um nem outro deseja realmente possuir o poder mas também nem um nem outro admite perder o título de pretendente ou chefe da Família. (...) (6 ago. 1962).

A visão de D. João é representativa por demonstrar um senso prático e objetivo quanto ao tema monárquico. Tratava-se ainda daquele que mais teve contato com João Camilo. Para o príncipe do ramo de Petrópolis, o melhor seria um compromisso na divisão destes dois títulos, algo que nem mesmo no plebiscito de 1993 foi feito direito. Noutra carta do ano seguinte, D. João repetia as dificuldades em aparar as arestas "*frente a conjuntura dos Pedros*", ainda mais quando o país se encontrava em tamanha situação periclitante, e que, afinal, "*a questão do Herdeiro não tem nesta geração qualquer solução*" (13 ago.1963).

Superando esses assuntos e encarando de frente o problema monárquico, D. João era o mais propenso, nos anos 1950 e 1960, a encabeçar uma Restauração monárquica. Este era o diagnóstico de Luiz Carlos de Mesquista Rothmann, cujos ideais eram comuns a João Camilo, de um reino moderno, parlamentarista e solidarista no Brasil.[388] Não se tratava de uma suposição, mas de algo pensado em conjunto com D. João, como o próprio informou a JCOT numa correspondência em que faz um amplo balanço sobre o significado da construção da monarquia no Brasil do século XX:

> O nosso amigo Rothmann com quem conversei deve ter lhe dado em linhas gerais o meu pensamento sobre as coisas da monarquia no Brasil moderno. Com o meu contato com as diversas camadas de brasileiros mantidos nos mais

388. Em carta a João Camilo, Mesquita Rothmann pontuava: "*Creio que o senhor Dom João está bastante propenso em encabeçar um movimento à favor da Restauração, independente de ser o legítimo herdeiro presuntivo o senhor Dom Pedro Gastão ou o senhor Dom Pedro Henrique. Sua Alteza levando adiante essa ideia – que acho magnífica – dará um grande passo, grandíssimo mesmo (...) O Brasil necessita e o mais cedo possível, do retorno à Monarquia. Uma Monarquia como regime; o parlamentarismo como forma de governo. Necessitamos, para salvar o Brasil, de restaurar a monarquia nos moldes da Inglaterra, países bálticos, Bélgica, Holanda, Grécia*" (ROTHMANN, 10 ago.1959).

variados setores da atividade social do país, com a minha natural e permanente curiosidade das opiniões e dos fatos e das relações entre eles, e dentro desta confusão geral nacional onde sempre procurei ma pautar pelo bom senso, cheguei há muito tempo a conclusões firmes e práticas de como deveríamos encarar o problema monárquico no Brasil e fico contente de ver nas suas linhas uma homogeneidade de pensamento. O problema do Brasil não seria o de uma restauração da monarquia, mas sim de uma invenção do sistema monárquico.

Dos 18 milhões de habitantes que presenciaram os últimos dias do Império poucos vivem, poucos se lembram, poucos se interessam de maneira prática e em todo caso o que conta é que hoje somos mais de 60 milhões e positivamente toda esta gente não terá mais de 20% de ascendência relacionada com os 18 milhões de fraca formação imperial já diluídos pela enorme invasão de imigrantes. Portanto a questão se resume à invenção de como toda invenção antes de ser aproveitada e difundida no seu uso deve haver um trabalho de convencimento da opinião pública. A ideia de um partido monárquico me é profundamente antipática além de perigosa e contraproducente. A ideia de fazermos propaganda do nosso pensamento, como no caso da Coca-Cola, com saturação dos espíritos, além de inumana não é concebível e impraticável. Há muito que estou acalentando a criação de um escritório informativo e de estudos visando a divulgação de nosso pensamento sobre toda e qualquer matéria, seja espiritual, social, econômica. etc. Esta divulgação seria efetuada através de um boletim como no caso do Bureau do Conde de Paris, de quem estou roubando ou melhor tomando a ideia. Vejo o resultado na França desta atividade do Conde de Paris que atualmente mantém contato com tudo que representa alguma coisa de vivo e de responsável em seu país desde o chefe de um sindicato até o Presidente da República, passando pelos deputados, prefeitos, mestres de escola, conventos, representantes de classes, chefes de indústrias, etc. (...) Devemos nós, aqui no Brasil, nos preparar para o que der ou vier e sobretudo para depois da vitória, creio eu, dos conservadores nestas próximas eleições. Conservadores é verdade bem moderados nas suas ideologias, mas assim mesmo com Jânio e talvez Milton ou com Jânio e Jango teremos um governo na opinião pública será da direita no primeiro caso pela influência do Milton e no segundo pela reação de Jânio e de seus companheiros contra o Jango, mas de qualquer maneira se daqui a 5 anos as coisas não tiverem melhorado a culpa será definitivamente das direitas e de sua incapacidade de ver claro no panorama futuro mundial, apegados que sempre serão às coisas do passado, as vantagens aos direitos, às regalias do passado e então estaremos maduros para o comunismo, se não existir outra alternativa a esta alternativa que devemos então preparar paulatinamente. A grande e cega burguesia (desculpe-me por usar esta surrada palavra moscovita, terá sem dúvida muito maior gosto ou menos grande desgosto na atividade de uma monarquia socialista do que simplesmente cair nos braços da revolução socialista niilista.

O que matou até agora a ideia ou as veleidades de movimento monárquico no Brasil é o ridículo. Toda vez que fui aproximado por pessoas que queriam falar

> de monarquia e criar um movimento tive a tristeza de verificar que sempre se tratava de desejos não confessados de brincar de corte, com condecorações, títulos e outras bugigangas. Monarquia é infelizmente sinônimo aqui de calças curtas com meias de seda, é como bem diz uma Guanabara de champanhe. É escusado dizer que fui muito procurado neste sentido, aliás que nunca mais me procuraram, de vez que com o meu franco falar, e fui e sou considerado por estes grupos de gente boa e inútil, como ligeiramente inortodoxo e muito republicanizado demais por meus contatos diários com a vida normal brasileira. Outra grave vantagem do nosso boletim reside no fato de não precisarmos entrar na questão de quem é o herdeiro. Esta questão que ao meu ver, no caso imediato de invenção da monarquia, absolutamente não interessa, sempre será resolvido quando for oportuno e sobretudo o que desejo é não perder um temo útil e precioso numa discussão estéril e também totalmente do passado. Precisamos entrar no movimento geral do país através de coisas positivas, práticas e úteis. Precisamos ser descobertos pouco a pouco e precisamos ser respeitados não pelo que somos ou fomos, mas pelo que queremos ser ou fazer (DOM JOÃO, 20 set. 1960).

A própria aproximação mais estreita de João Camilo com D. Pedro Gastão e D. João, do ramo de Petrópolis – aferida pelo volume de correspondências trocadas –, demonstra o sentido prático e não utópico da militância monárquica. Do mesmo modo que a monarquia teria no Brasil um sentido existencial, de correspondência histórica, simbólica, religiosa, não era pensada como aberração política, mas conformada às necessidades, como a da democratização e socialização no século XX. Até porque junto da perspectiva monárquica vinha o cabedal de instituições próprias à história política nacional, como o Conselho de Estado e o Poder Moderador, concepções que sofreram a marca do pensamento de JCOT ao longo de toda sua trajetória como intelectual público.[389]

2.6.3 A luta pelo parlamentarismo

O turbilhão de abalos políticos que sofreu o Brasil a partir dos anos 1950 ia minando ainda mais a fé nas convicções presidencialistas. O que leva a um processo

---

389. Como já observado, as respostas de João Camilo para as crises políticas eram afeitas à leitura do passado nacional, de modo que para a crise do poder que permeava a primeira década do regime militar a resposta do autor era a retomada do Poder Moderador – como numa matéria do *Jornal do Brasil* de 1971, "*João Camilo aconselha retorno do 4º poder*" (JORNAL DO BRASIL, 6 ago.1971).

de conversão parlamentarista que toma conta da política nacional. O grande líder dessa vaga foi o político gaúcho Raul Pilla. Vários acabaram se aliando ao pleito, como Arthur Bernardes, o ex-presidente, que no fim da vida se torna parlamentarista. Agamenon Magalhães "*foi outro que evoluiu*". E entre os contemporâneos estavam Milton Campos e Artur Santos, políticos e destacados juristas. Afonso Arinos analisa que, caso os partidos votassem com desinteresse e liberdade, daria larga maioria ao sistema parlamentar (2005, p.200).

O auge da questão parlamentarista foi o plebiscito de 6 de janeiro de 1963, que decidiria se o país retomaria o presidencialismo ou manteria o parlamentarismo. Em 1961 a medida é adotada como solução de compromisso à crise da transferência de poder entre Jânio e João Goulart naquele ano, e teria duração de apenas dezessete meses, tendo sido rejeitado por plebiscito. Para João Camilo o parlamentarismo já estava fadado à derrota, e esse era o ponto focal da crise que se abatia sobre o país nos anos seguintes:

> O ano começou [1963] com um plebiscito financiado pelos grupos econômicos que fazem os Presidentes da República e que não querem perder o controle sobre o Governo. Hoje, como em qualquer época da República, não se aceitam as consequência do regime. A fórmula é esta: o eleitorado pode escolher quem quiser, contanto que seja o nosso candidato. Assim foi até 1930 e depois tem sido a confusão que sabemos. Ninguém aceita livremente as regras do jogo (*apud* FIGUEIREDO, 30 jan. 1964).

De fato o plebiscito estava viciado, tornando-se inválido. "*Foi um ato inconstitucional, isto é, irrito e nulo, que não tem o direito de embaraçar a marcha do país. É como se não houvesse existido*", argumentava Raul Pilla (1969, p.28).[390]

390. Em discurso na Câmara dos Deputados, de 11 de junho de 1964, quando falava mais uma vez da "*oportunidade da Reforma Parlamentarista e o Plebiscito*", explicava o porquê do vício do plebiscito: "*(...) a este vício formal, por si só bastante para o anular, acrescenta-se outro, igualmente grave. O seu resultado, até hoje não completamente apurado, resultou da mais desbragada propaganda oficial, de que há notícia neste país. Se os fabulosos recursos despendidos nesta campanha desleal, de exclusivo interesse pessoal do então Presidente e seus apaniguados, não saíram aparentemente dos cofres públicos, talvez ainda mais condenável é a sua origem, porque foram arrecadados das classes produtoras, cuja lamentável dependência em face dos governos, principalmente se arbitrários e desonestos, é notória. Assim, Sr. Presidente, este plebiscito é visceralmente nulo, não somente sob o seu aspecto formal, ou constitucional, mas também sob o seu aspecto moral. Mas, concedido que assim não fosse, haveria ainda a invalidá-lo o argumento máximo, assim formulado pelo senador Afonso Arinos (...)*" (PILLA, 1969, pp.28-29).

O deputado do Partido Libertador, com o apoio de Aliomar Baleeiro (UDN), encontrava no parlamentarismo uma saída diante da crise dos anos 1960, e ambos propuseram uma nova Emenda para salvar a política nacional, que talvez pudesse "*evitar a aventura de uma revolução*" (PILLA, 1969, p.15). O trâmite, porém, foi sustado pela própria mesquinhez dos partidos políticos, depois que a Emenda havia sido subscrita por mais de dois terços da Câmara dos Deputados.

> Ante a perspectiva das eleições estaduais, que se iriam realizar em alguns Estados, preferiram certos políticos aguardar como se decidira a partilha do poder, e proceder na conformidade, mantendo ou derrubando o presidencialismo, segundo fossem vencedores ou vencidos na batalha eleitoral. Por isto, não chegou a reunir-se a Comissão Especial para emitir parecer e a Emenda da Constituição ficou detida.
> Neste período em que tudo era incerto e muito havia que temer pelo regime, organizou-se a Ação Democrática Parlamentar, de que foi fundador, presidente e verdadeiro animador o eminente deputado João Mendes da Costa Filho. Enquanto os partidos continuavam modorrando, aqueles dos seus representantes que não se conformavam com a inação reuniam-se na Ação Democrática para oferecer resistência (PILLA, 1969, p.15).

Com o 31 de março a demanda parlamentarista é retomada, como mecanismo para blindar uma ditadura, salvar a democracia e completar a Revolução de 1964 (PILLA, 1969, p.28). Raul Pilla usa a estratégia de se reportar aos militares, demonstrando que era preciso evitar dois grandes problemas da política brasileira: o poder pessoal e a irresponsabilidade do governante. A explicação é que no presidencialismo não há forma de obstar o político por erro, apenas por crime (PILLA, 1969, p.35), e, como a Revolução de 64 não produziu uma reforma da estrutura política, tornou o Congresso bastardo de seus desígnios e hipertrofiou o poder central, do presidente. Decididamente foi uma frustração aos catequistas do parlamentarismo. O imperativo da Segurança Nacional e a ascensão da linha dura do poder militar blindam a tentativa de retomada das discussões.

É certo que o lugar de João Camilo era diferente do amigo Raul Pilla, este era político, aquele intelectual. Mas a frustração do parlamentar não é necessariamente maior do que a do sociólogo mineiro, pois de fato havia marcado toda uma obra e se tornado um dos paladinos dessa iniciativa. Dentro de um viés mais historiográfico mantém a sina de que o Brasil degenerou ao ter feito em 1889 uma transição ao presidencialismo, pois o destino do Império era de fato uma monarquia parlamentar tal qual assista contemporaneamente na Inglaterra, e que o arranjo equilibrado e normal para a política nacional precisaria retomar esse liame.[391]

Para além de advogado de uma proposta, João Camilo era um dos seus principais teóricos – escreveu uma *Cartilha do parlamentarismo* (1961c). O parlamentarismo surgia como mecanismo para restaurar, modernamente, o governo a partir das cortes, agindo em prol do securitismo para um equilíbrio político entre: liberdade, democracia (com reforma social) e Estado (ante sua tendência à expansão (TORRES, 1961c, p.47). Ademais, o parlamentarismo era uma didática democrática, pois evocava a fala, a argumentação, o convencimento, o diálogo, o debate. O autor inclusive sugeria que o parlamentarismo provincial fosse adotado. De quebra, quem mais ganharia com a adoção do parlamentarismo seria a consistência ideológica dos partidos, como aqueles com doutrina mais bem formulada, inclusive os próprios trabalhistas (TORRES, 1961c, p.69).

2.6.4 Voto distrital e municipalismo

Os mesmos companheiros que demandavam o parlamentarismo eram os que acudiam quanto à reforma eleitoral para a formação de distritos eleitorais. João Camilo teve papel central nesse movimento, tendo sido a influência maior no projeto do senador Milton Campos (UDN-MG), apresentado ao Senado em 1960.[392] Embora o projeto fosse conciliatório, foi rejeitado. A proposta era envolver o sistema proporcional com a votação por distritos, adotando-se uma técnica de votação que facilitasse o uso imprescindível da cédula oficial, e prestigiasse os partidos, sem se lhes permitir o despotismo na escolha dos candidatos, como sucederia com o voto de legenda.

---

391. Sobre o particular da queda do Império, João Camilo averigua que D. Pedro II deveria ter sido mais bem orientado quanto ao Presidente do Conselho de Ministros, e no lugar do Visconde de Ouro Preto ter indicado o Visconde de Pelotas, que poderia ter resolvido a crise militar, o que Ouro Preto não conseguiria e não conseguiu fazer (TORRES, 1961c, p.60).

392. Projeto de Lei do Senado n. 38. de 1960 – Institui os distritos eleitorais para a eleição de Deputados (do sr. Milton Campos), 25 de novembro de 1960. Na "justificação" João Camilo é citado como a inspiração intelectual do projeto.

O ponto de interesse de João Camilo com o voto distrital era permitir a consistência da disciplina partidária:

> O distrito uninominal acentua a disciplina partidária, por abolir as lutas internas dentro dos partidos que o voto proporcional estabelece. (...) É que, nas eleições municipais (mesmo para vereadores, hoje, lamentavelmente, na base proporcional) e nas eleições para deputados pelo sistema distrital, o eleitor pode quebrar a disciplina para votar no 'melhor'. Nas eleições maciças, o voto 'no melhor' desaparece na multidão... (1961b, pp.361-362).

A aplicação desse sistema poderia se dar no que concerne tanto às eleições municipais quanto às eleições para deputados. O pressuposto é que, se houvesse pouca gente participando da decisão e numa luta entre pessoas conhecidas, teríamos, "*concomitantemente com uma reafirmação mais acentuada de disciplina partidária um incremento da importância do eleitor individual e, assim, maior liberdade do eleitor*" (TORRES, 1961b, p.362). Já nas eleições presidenciais, desapareceria a importância do eleitor isolado, face de pura estatística, para atingir a decisão de um povo dentro de suas circunstâncias reais de vida.

O projeto que foi levado à frente por Milton Campos começou a ser explicitado em 1958, quando ele ainda era deputado federal. A proposta era a divisão dos estados em distritos de um candidato, facilitando a aplicação do sistema de cédula única. Embora sugerido, o projeto não chegou a ser apresentado, mas terminou por gerar a discussão para a lei que acabou sendo aprovada, adotando o sistema da circunscrição única e da numeração dos candidatos: a cédula oficial para os pleitos legislativos (CAMPOS, 1972, p.174).

A alternativa que Milton Campos advogava, a partir do pensamento de João Camilo, era proporcionar uma divisão do eleitorado por distritos, mantendo o voto proporcional. O jurista observava que os projetos que propunham o voto majoritário eram defeituosos, pois não passariam pela Constituição, que adotou imperativamente a representação proporcional (art. 134, CF/1946). "*Daí a necessidade de se conciliar o sistema distrital ou paroquial com a representação proporcional constitucionalmente imposta.*" As vantagens eram as seguintes: (i) facilitava ao extremo a prática da cédula oficial; (ii) fortalecia os partidos ao lhes dar homogeneidade, ao invés de dividí-los em lutas internas; (iii) simplificava a agremiação eleitoral e partidária, uma vez que estava reduzida a uma pequena área; (iv) o projeto não chega a estabelecer propriamente a "*representação distrital*", mas a "*votação por distritos*", ou seja, é mais uma técnica eleitoral do que um sistema de representação, respeitando a ideia de conciliação do sistema proporcional com a votação por distritos (CAMPOS, 1972, pp.174-177).

Quanto ao municipalismo, refere-se ao mesmo diagnóstico da falência do sistema federativo brasileiro. O sistema eleitoral por distritos contribuiria para alicerçar o poder local, mas outros reparos precisavam ser feitos. JCOT defendia a criação de entidades intermediárias entre o estado e o município, "cantões", por exemplo, a fim de reunir os serviços de caráter regional com autonomia e responsabilidade para dispensar as inúteis e dispendiosas relações com as capitais. (4 dez. 1956). Era preciso criar mecanismos de fortalecimento do município para superar o drama do poder concentrado na União, e o "feudalismo" provocado pelo poder estadualista, que também oprime os municípios.

2.6.5 A Previdência Social

A Previdência Social era o pináculo da "Revolução Solidarista" de João Camilo. O assunto envolve toda a discussão acerca da defesa do Estado Social. Mais do que isso, trata-se de uma militância política e social, que reunia uma leitura da realidade alinhada ao ímpeto da ação cristã. JCOT participa da unificação da previdência brasileira que cria o regime de repartição geral, fundado no INPS (em 1966, a partir da fusão dos Institutos de Aposentadoria e Pensões existentes na época). No regime militar torna-se delegado desse Instituto em Minas Gerais, atuando na defesa da previdência rural e da unificação nos mais diversos ramos de atividade. Percebia que a superação do regime de capitalização e mesmo de repartições setorizadas por categorias era uma consequência que congregava a efetividade de um Estado social com o pressuposto da solidariedade intergeracional, do modo como uma geração pode se consternar e ajudar a próxima.

Os três principais argumentos camilianos em defesa da Previdência Social eram: a solidariedade, a segurança econômica e o aperfeiçoamento técnico. Não se tratava de um assunto teórico, mas puramente prático. João Camilo já escrevia no início dos anos 50 sobre a "crise da previdência no Brasil", cuja primeira causa era "*que o povo deseja assistência, o povo necessita de assistência, ao passo que a lei lhe aparece com sutilezas de cálculos atuariais e do sistema de capitalizaçãoo de reservas técnicas*" (1954, p.19). Acrescia ainda um grave problema psicológico: a imprevidência individual, a falta de economia; mas também, a pura fraude e o baixo valor do trabalho no Brasil.[393] Além desses três argumentos principiológicos e gerais, no caso particular brasileiro recaía o drama do precário desenvolvimento econômico nacional. Mesmo o capitalismo era tido como atrofiado no país: "*não temos senão um esboço de capitalismo*", e o pesadelo da instabilidade da moeda e da inflação, fatores que dificultam o balanço da segurança social (1954, pp.28;33).

Para além dessas particularidades nacionais, o elementar era compreender a questão da solidariedade, como marca da Previdência Social. Trata-se de um sistema de doação ao próximo, intergeracional. "*Os que hoje recebem, recebem o que os mortos pagaram; os vivos de hoje pagarão pelos futuros*" (TORRES, "Solidariedade e Previdência", s/d, p.1). A defesa dessa solidariedade é, como sói ocorrer na obra camiliana, de fundo cristão. Recorre a um texto de Leon Bloy chamado *Le sang du pauvre* (O sangue do pobre), que apresenta a tese de que o dinheiro é o sangue do pobre. Primeiro, porque o pobre ganha com sangue, com um esforço mortal e para o pobre é o preço do sangue, da vida. Bloy sabia bem que a pobreza não era um mero tema de literatura. Se para Henry Ford o dinheiro era matéria-prima com que se fazem automóveis, para uma pessoa, mesmo de classe média ou operária, a ideia nem sempre surge tão agudamente colocada, mas para muita gente o dinheiro realmente custou sangue (TORRES, 7-8 fev.1959). Para dar sustentação à Previdência Social, na forma moderna, de assistência e com a legislação do trabalho, o cenário era diferente. Embora averigue que Bloy se colocaria provavelmente contra a burocracia das obras de misericórdia, o fato é que se tratava de um repasse de recursos aos mais pobres.[394] Assim, JCOT encontrava uma ideia forte de solidariedade de todos os homens válidos em benefício de

---

393. A respeito da desvalorização do trabalho no Brasil, João Camilo recorre a Paul Durand, que advertia: "*O verdadeiro problema da política de segurança social não está na escolha entre capitalização e a repartição, mas no incremento da produtividade da economia e na elevação, em benefício das gerações futuras, da renda nacional e do país*" (*apud* TORRES, 1954, p.20).

394. João Camilo compreendia que se tratava de uma espécie de secularização da caridade, de uma forma de tornar técnico algo que vem do amor de Cristo. "*Um serviço público toma dinheiro de determinadas pessoas para, graças a funcionários devidamente pagos, aplicar, segundo cálculos atuariais, as obras que no Dia do Juízo serão reclamadas. A ideia de caridade, de amor ao próximo, de servir por amor de Deus, desaparece. O funcionário paga benefícios com a mesma tranquilidade com a qual traçaria um plano de batalha se, por acaso, em lugar de funcionário do Instituto, fosse oficial do Exército*" (7-8 fev.1959).

futuros inválidos, órfãos e viúvas. Presume que Bloy poderia conceber, se visse contemporaneamente o fenômeno, que "*a ideia central da previdência, além da de segurança, corresponde a um ideal de solidariedade, motivo caro a seu pensamento teológico: o da comunhão dos santos*" (7-8 fev.1959).

A Previdência Social possui um fundo de austera beleza dentro do ideal de universal "solidariedade" entre empregados e empregadores. Trata-se de uma forma de amparar, sobretudo, os desamparados. O próprio conceito técnico de Previdência contemplava esse elemento do cuidado:

> Previdência Social como o conjunto de técnicas destinadas a proteger a família contra as consequências advindas do caráter perigoso e incerto da existência na sociedade industrial. Ou, antes melhor talvez, preservar o direito à vida numa economia industrial. Pois, nas economias naturais, a família, como um grupo coeso de proteção social, resolvia grande parte dos problemas que a Previdência Social procura atender (TORRES, *Conceito de Previdência Social*, s/d, p.1).

Os pressupostos da previdência, segundo o autor, são os seguintes: o direito à vida preservado; a existência humana cercada de perigos constantes; o fato de os perigos atingirem a vida econômica das famílias; o papel da sociedade, representada pelo poder público, em neutralizar preventiva ou supletivamente as consequências. Tomando o caso mais extremo, da morte, a família se achava exposta ao desamparo econômico, além da angústia psicológica e moral. Salvo em raros casos, as famílias não podiam enfrentar tranquilamente as consequências de tal evento, o mesmo valendo para doença, velhice, invalidez. Portanto, os seguros sociais nasceram de dois fatos: "*a) a maioria da população não tem por si condições para reunir recursos e criar sua própria proteção; b) o direito à vida é universal – o mais universal e óbvio de todos os direitos naturais*" (TORRES, *Conceito de Previdência Social*, s/d, p.2).

João Camilo aponta que seria ilusório acreditar numa solução voluntária a esse respeito, dentro de sociedades ampliadas, sobretudo em processo de urbanização. Daí que surge um organismo maior, o Estado, que cria os planos obrigatórios de seguro. Tal começa com Bismarck no Império Alemão nos anos 1880. O esquema era o mesmo: reunião de recursos tirados dos rendimentos da população ativa em prol da população temporária ou definitivamente inativa e sem proteção do trabalho particular, ou seja, obtenção de recursos advindos dos que trabalham para a proteção dos que não podem trabalhar.

O principal problema da Previdência é o custeio. Há dois mecanismos, direto e indireto. A primeira forma é a clássica, pelo pagamento de uma contribuição, num sistema de desconto de uma taxa no holerite. "*A fórmula é: a cada um segundo o que pagou – e a empresa é corresponsável em igualdade de condições*" (TORRES, *Conceito de Previdência Social*, s/d, p.3). A segunda parte do princípio de que a Previdência Social é universal e que as contribuições pelo sistema comum terminam por sua inclusão nos custos, pagas pelo consumidor. Deste modo a fórmula é: "*de cada um segundo sua capacidade, a cada um segundo suas necessidades*" (TORRES, *Conceito de Previdência Social*, s/d, p.3). Neste caso o custeio é indireto, como um percentual do Imposto de Renda. Este modelo tem muitas vantagens: diminuição de conflitos entre empregados e empresas, redução de custos com o serviço de arrecadação, possibilidade de universalização, etc., porém o que é mais defendido em nome da reciprocidade entre os direitos e os encargos é o sistema clássico, direto.

João Camilo observava em 1954 a tendência de superação do regime de capitalização em prol do de repartição. Porém, a adequação à realidade brasileira seria sugerida pela adoção de um sistema misto:

> o critério da chamada 'repartição', tomado literalmente, isto é, a distribuiçãoo das rendas atuais pelos dependentes atuais, evidentemente não se justifica. Acreditamos que a solução estaria no critério puramente orçamentário. A previdência social cobriria certos riscos e forneceria determinados tipos de assistência dentro das possibilidades de seu orçamento. Naturalmente, as quotas de aposentadoria e pensões seriam calculadas pelo sistema clássico; e se restabelecermos a estabilidade monetária, teremos o direito de falar que estas rendas serão calculadas atuarialmente (1954, p.63).

O que acontece no final dos anos 1960 é a adoção no Brasil de um sistema de transição e transação: a) o INPS e os institutos de funcionários públicos adotam o sistema clássico de custeio – contribuição em folha de salários; b) o direito aos benefícios, no INPS, depende mais da condição de trabalhador do que da contribuição; c) a assistência médica é praticamente desvinculada da contribuição e não é proporcional a ela, mas à necessidade do tratamento; d) o Funrural seguia totalmente o sistema indireto.

A mudança do sistema direto ao indireto correspondia à universalização, de um privilégio corporativo a um direito civil geral. João Camilo argumentava que essa transformação ainda não era "*bem consciente para a maioria dos técnicos e legisladores, embora o povo inconscientemente a prefira, ao procurar, por todos os meios, pertencer ao INPS, sem muito considerar problemas de filiação*" (*Conceito de Previdência Social*, s/d, p.4). Para defender esse argumento o autor estava impulsionado pelas novas encíclicas do papa João XXIII: em *Pacem in Terris*, há a defesa do direito da pessoa a ser amparada na invalidez, viuvez, velhice e no desemprego forçado. E de forma mais direta ainda, o parágrafo 133 de *Mater et Magistra* trazia uma defesa explícita da Previdência Social, dentro de uma perspectiva universalista.

Um aspecto importante da universalização é a desvinculação da pessoa de uma filiação, de uma corporação, empresa, entidade. Torna-se a pessoa realmente indivíduo, e amparada pelo Estado. Parece algo curioso para um católico que outrora defendia o corporativismo. Mas o pressuposto desse universalismo advogado por JCOT é uma noção quase que holística da sociedade, de que o direito geral à vida não se circunscreve a um privilégio corporativo, mas, por estarmos todos na condição de produtores ou consumidores do progresso nacional, num mesmo ambiente, logo, o espírito de solidariedade impera a partir da vinculação pública, tornando concreto o sistema geral.

O rol de benefícios do sistema brasileiro, a partir da unificação dos institutos em 1966, criando o INPS, compreendia: auxílios (incluindo abonos e pecúlios), pensões e aposentadorias, e na década seguinte assistência médica.[395] Isto fazia do sistema nacional "*certamente o maior do mundo, havendo dúvida a respeito da real significação social acerca de vários tipos deles*" (*Conceito de Previdência Social*, s/d, p.6). Mas mesmo reconhecendo essa enormidade,

---

395. João Camilo elogia a inclusão da assistência médica como um dos itens da Previdência Social. Até porque, no Brasil, "*adotamos o termo 'previdência' e não 'seguridade', o que deve ter saído naturalmente, por força inclusiva da tradição – Pimenta Bueno, no século XIX, ao referir-se a serviços assistenciais usava sempre a expressão 'previdência social'. E de qualquer modo, se considerarmos a situação com atenção verificaremos que nada está errado na maneira brasileira de colocar a questão e, portanto, a organização deve partir disso*" (*Conceito de Previdência Social*, s/d, p.8). A assistência médica tem o caráter preservador, conservador, e de prevenção, que se alinha a previdência.

JCOT demonstra que o importante era a definição do benefício: "*a cobertura financeira das consequências econômicas do infortúnio, como por exemplo, a pensão à viúva, a aposentadoria do acidentado, etc.*" (*Conceito de Previdência Social*, s/d, p.6).

Um terceiro aspecto significativo da defesa da Previdência Social era o aperfeiçoamento técnico. O próprio João Camilo foi delegado do IAPC em Minas Gerais e, depois, o superintendente do INPS no estado, e fez do seu ofício a preocupação com o funcionamento dos serviços. Isso começa pela defesa da criação de um Ministério da Previdência e Assistência (TORRES, 1954, p.49). JCOT era um defensor da inteligência da burocracia estatal, como grassa no pensamento saquarema, mas ao mesmo tempo defendia a ampla descentralização da atuação pública – e justamente isso é o que procura fazer na sua carreira de servidor. Portanto, o primeiro passo seria a criação de um ministério próprio, à luz da social-democracia de Lord Beveridge, e orientado para o aperfeiçoamento técnico, atuação federal contra as fraudes, controle de rendas, fiscalização e representação legítima em todas as partes do país. O autor monta um projeto que contemplava delegacias desse ministério em cada estado, com agências nos municípios, de modo que o conselho central atuaria como fiscalizador e revisor dos despachos feitos localmente (TORRES, 1954, pp.52-55).

João Camilo não viveu para ver o surgimento de um Ministério da Previdência e Assistência, mas foi um dos partícipes da criação do INPS, que corresponde aos mesmos princípios de unidade e descentralização da máquina pública.[396] JCOT fazia uma defesa do INPS como "*um patrimônio do trabalhador brasileiro, a sua principal garantia (ou a única) nos momentos principais de sua vida*" ("Descrição do INPS" e "O INPS, realidades e esperanças", s/d, p.12). O aperfeiçoamento técnico que havia gerado o INPS teria permitido a melhoria no atendimento, pelo sistema de arrecadação pela rede bancária, um sistema único de guias, um sistema de pagamentos pela

396. O INPS era uma estrutura unificada altamente descentralizada, funcionando em várias linhas de atividades transcendentes: Arrecadação, Seguros Sociais, Assistência Médica, Bem-Estar, dirigidas ao público, e outras imanentes, isto é, voltadas para o próprio órgão, como Pessoal, Patrimônio e Serviços Gerais, Contabilidade, etc. A Direção Superior (Presidente, diretores e secretários) era órgão normativo geral; as Superintendências órgãos de supervisão, orientação e controle. A execução, isto é, as decisões sobre fatos concretos, a "administração casuística" da Reforma Administrativa, cabia aos órgãos locais: agências, postos, hospitais, etc. O norte desse sistema era a descentralização das competências administrativas (TORRES, "Descrição do INPS" e "O INPS, realidades e esperanças", s/d, p.11).

rede bancária, fazendo com que todos os hospitais pudessem ser usados, e criou uma ampla rede de agências que atingia inclusive pequenos municípios.[397]

Importante destacar que a unificação a partir do INPS foi um processo gradativo, e que não contou de imediato com a concordância dos institutos das categorias, houve resistências e argumentos contrários. Sobre o custeio, por exemplo, João Camilo defendia que não via problema, pois o INPS arrecadava mais ou menos o mesmo que seria a soma da arrecadação dos antigos institutos reunidos.

A Previdência Social foi o campo de atuação que uniu a perspectiva teórica e a vida prática de João Camilo. Expôs as motivações, deu entrevistas, assumiu postos burocráticos, e procurou ver nessa realização a concretização de um ideal feito de múltiplas contribuições: a caridade cristã, o papel do Estado, a modernização administrativa pela descentralização, um legado intergeracional. É certo que se trata de mais um ponto incongruente na sua obra, no sentido de que a aposta na universalização da previdência, que incluísse todos - era um defensor da previdência rural, e até mesmo dos padres[398] -, era algo afeito às mesmas orientações teológicas que nortearam o CV II, e que desembocaram em confusões que encontramos no próprio autor, para não se falar na Igreja. Por exemplo, quando defende um regime geral de seguridade albergado pelo Estado, canaliza o propósito do

---

397. Sobre essa amplitude da rede, JCOT cita o exemplo de Minas, quando os diferentes institutos não eram unificados no INPS: "*se em Nova Lima havia agência do IAPETC; em Sabará, do IAPI; em Itabira, do IAPETC e do IAPFESP e em Monlevade, do IAPI. Bem e em nenhuma delas havia a do IAPC, embora o comércio nelas fosse forte - e em todos os casos, os comerciários tinham que depender de Belo Horizonte. E ao norte de Governador Valadares não havia agência do IAPI. Ora, a atividade dominante não era a única e, se somarmos as demais, talvez ficasse ela em minoria*" ("Descrição do INPS" e "O INPS, realidades e esperanças", s/d, p.14).

398. Na época em que se convencia os Institutos a integrar o INPS, uma matéria peculiar aparece na imprensa mineira: "Os padres estão procurando um patrão" - "Os padres querem pagar INPS para conseguir assistência social na doença e na velhice. Mas é preciso encontrar um patrão que assine carteiras profissionais de padres". A matéria explica que os padres poderiam ser registrados na Mitra Diocesana, segundo JCOT. A discussão se dava porque havia um temor quanto ao INPS: "*os bispos preferem pensar em sistemas próprios de assistência ao ampliar o IPREC (Instituto de Previdência do Clero), já de âmbito nacional. Como homem de seguros, o professor João Camilo não aprova o IPREC: - 'Sua estrutura não suporta um sistema de previdência amplo, como deve ser o sistema para o clero. Um instituto dessa natureza tem sempre uma certa margem de risco e precisa ter uma base financeira que o IPREC não tem'*" (MAYRINK, s/d, p.1). Outra dificuldade para o IPREC era a idade média do clero que é muito alta e está diminuindo o número de padres ordenados. Porém, um dos clérigos, contrários ao INPS para os padres defendia a solidariedade internacional entre o próprio clero, como o programa Adveniat, dos católicos na Alemanha, que se preocupavam em oferecer ajuda aos padres de países pobres.

amor ao próximo das famílias, corporações, grupos particulares e mais próximos das pessoas, em algo gigantesco, técnico, estatalizado. É verdade que João Camilo não era ingênuo quanto a esse risco, mas também é verdade que contribuiu para que ele acontecesse, caindo num equívoco que a sua própria teoria descrevia: o poder central não cessa a demanda por poder, embora tenha perdido autoridade no tempo moderno. Pode-se acrescentar ainda como a contribuição com a Previdência Social em torno do Estado proporcionava o último estágio da secularização, em que o próprio ente político se torna o provedor, a "providência", para além da caridade voluntária entre os homens.

CONSIDERAÇÕES FINAIS

O que norteia toda a obra de João Camilo de Oliveira Torres é uma tensão entre crise e restauração. De um lado há uma série de publicações cujo foco é a conjuntura do momento, o destino das instituições políticas, os problemas sociais, o lugar da religião e da vida local perante as transformações. Por outro, um arsenal de obras cujo conteúdo é de história política, dando exemplaridade a personagens e instituições políticas nacionais. O que liga esses dois conjuntos é o modo como o próprio autor relaciona um e outro, ao perceber que a solução das crises está na restauração de algo que já está presente em nossa história, embora desconhecido. Algo que ajuda a compreender esse fio condutor é a influência de determinada literatura cara aos pensadores dos anos 1950 e 1960, como o conceito de civilização em Arnold Toynbee, de cristandade em Christopher Dawnson, e o ainda marcante Oswald Spengler, de *A decadência do Ocidente*, para quem os ciclos de vida das civilizações – fadadas a um futuro de irreversível declínio –, ao mesmo tempo, podem fazer com que o "espírito" de uma cultura transmigre para outra (ANDRADE, 2011, p.39).

Em João Camilo essa tensão entre crise e restauração surgia, por exemplo, quando o autor considerava que nenhuma revolução será bem-sucedida se não restabelecer a forma ou o fundo do Antigo Regime. Portanto, justifica que as transformações de 1964 foram um exemplo "revolucionário" de restabelecimento da ordem (1981, p.160). Do mesmo modo, ao tratar dos problemas sociais, percebia uma direção do mundo ao socialismo, porém explica que o modelo mais coerente para o caso brasileiro é o do Estado de bem-estar sueco, pois também monárquico e pautado na solidariedade cristã. O balanço entre crise e restauração aparece nas preocupações permanentes do autor, quanto a: consciência histórica, consciência social, consciência do fundamento religioso e consciência da direção política. Soma-se a isso o imaginário conservador que figura em certos paradigmas: da valorização da atitude prudencial na política, de esforços de teorização do pensamento brasileiro com base numa linhagem de autores nacionais, na tentativa de aplicação da doutrina social da Igreja católica no Brasil, e na crítica à alienação dos grupos políticos.

Mas, apesar do otimismo do autor a respeito do destino do socialismo como solidarismo, não há como negar um tom nostálgico em João Camilo. Isso, especialmente, pelo modo como a política católica, à qual pretendia dar direção, fora contrabandeada por "direitistas" e "esquerdistas". Melhor do que nostálgico seria dizer frustrado. A própria geração de católicos intelectuais da qual fez parte desandou, perdeu-se a unidade e o facciosismo de ambos os lados se perpetuou. A utopia monarquista e solidarista encontrava-se com um olhar cristão, tomista, tradicional, de bem comum, de amor ao próximo. Em boa medida o historiador mineiro foi feliz ao ter deixado uma vasta obra, como prova de boa vontade para com a história do país e dos que iriam estudar posteriormente os temas em que trabalhou.

Para encerrar, uma observação referente à defesa do objeto deste livro se dá inclusive por uma ausência. Exceto por algumas análises introdutórias da obra de João Camilo, e com enfoques diferentes - Garschagen (2016) sobre o conservadorismo; Villaça, (2006) e Caldeira (2011) sobre o pensamento católico; Andrade (2011) sobre o autor como sociólogo orgânico (inspirado em Max Scheler); Rodrigues (1988) sobre a historiografia feita pelos conservadores -, são raros os trabalhos que tenham por objetivo sintonizar o lugar de João Camilo de Oliveira Torres no pensamento político brasileiro. Assim, se há um mínimo de mérito aqui é o de preliminarmente dar uma contribuição neste sentido.

Destaca-se ainda o momento oportuno para se discutir a obra de João Camilo e de outros próceres do conservadorismo brasileiro, pois elas vêm sendo republicadas e relidas. JCOT surge como um dos grandes nomes que a "Nova Direita" procura revisitar. O problema desse fenômeno são as formas ligeiras de se apreender um autor e as ideias. É o caso do comum enquadramento entre conservadorismo e outros ideários políticos simplesmente entre esquerda e direita. Para esses casos o papel da ciência política é o de propor uma precisão conceitual a fim de desfazer precipitações ideológicas. Como a comum ligação, feita no Brasil, entre conservadores e liberais - por ambos serem postos no âmbito da disputa política cotidiana como "direita"; ou o cacoete em se vincular todo pensamento "social" exclusivamente aos ideários progressistas e descaracterizando o próprio sentido amplo da palavra "socialismo" (como oposto do individualismo). São elementos que não contribuem para se ter uma noção própria de conservadorismo, pelo menos no caso de João Camilo. Com efeito, o autor desenvolve uma forma de conservadorismo social, inflexionado pela doutrina social da Igreja católica, tanto pelas lições distributivistas de Chesterton, do neotomismo de Maritain, como da Nova Teologia que marcou o Concílio Vaticano II e o progressismo social. Por mais que fora tido como católico conservador, João Camilo também é reivindicado pela chamada "esquerda católica" (ANDRADE, 2011, p.24).

O envolvimento de João Camilo com a religião facilita a compreensão da sincronia de seus argumentos. Assim como a ideia de *crise* para um católico percorre séculos, e repercute em questões que vão além da vida material, é igualmente válido pensar a *revolução como restauração*. A exposição bíblica preconiza a *parúsia*, a segunda vinda de Jesus Cristo à terra, o mais importante retorno, como foram a primeira vinda e a Ressurreição. Assim como a natureza revela ao homem o caráter circular e ao mesmo tempo transcendente da vida, toda a trajetória cristã – seja como povo de Israel, seja como Deus que se fez Homem, seja na tradição da Igreja – é instrutiva à organização política. Revolução só tem sentido na medida em que se iguala ao ideal de ressurgimento, de resgate, de recondução: de reintegração de um elo perdido, entre Deus e o homem, entre a Autoridade e a obediência, entre a Ordem e a alteridade.

REFERÊNCIAS

AADP - Ata de Aclamação de D. Pedro I como Imperador Constitucional do Brasil, e defensor perpétuo, em 12 de outubro de 1822.

ACE - Atas do Conselho de Estado.

ACD - Anais da Câmara dos Deputados.

ABRANCHES, Sérgio. *Presidencialismo de coalizão: raízes e evolução do modelo político brasileiro*. São Paulo: Companhia das Letras, 2018.

ALENCAR, Flávio Lemos. *A política religiosa da monarquia inglesa sob Jaime I e a crítica de Francisco Suárez na Defensio Fidei (1613)*. Dissertação de Mestrado - História, Niterói: UFF, 2002.

ALMEIDA, Cândido Mendes de. *Direito Civil Eclesiástico Brasileiro, antigo e moderno em suas relações com o Direito Canônico ou Coleção Completa, Cronologicamente disposta desde a primeira Dinastia até o Presente*. 2 Tomos, Rio de Janeiro: B.L. Garnier, 1873 [1866].

ALMEIDA, Cândido Mendes de. *Senador Candido Mendes - pronunciamentos parlamentares, 1871-1873*. Org. e pesquisa Aurélio Wander Bastos. Brasília: Senado Federal, 1982.

ALONSO, Ângela. *Ideias em movimento: a geração 1870 na crise do Brasil-Império*. São Paulo: Paz e Terra, 2002.

ALONSO, Martins. Escritores da revolução. Rio de Janeiro. *Jornal do Brasil*, 14 out. 1964.

AMADO, Gilberto (org.). *Para onde vai o Brasil?* Rio: Renascença Editora, 1933.

ANDRADE, Maria Guerra de. "Estudo crítico", em TORRES, J. C. de O. *O homem e a montanha. Introdução ao estudo das influências da situação geográfica para a formação do espírito mineiro*. Belo Horizonte: Autêntica, 2011, pp. 17-44.

ANGELOZZI, Gilberto Aparecido. *Igreja, Estado e Poder. As relações entre a Igreja e o Estado no Brasil*. Jundiaí: Paco Editorial, 2017.

ARAÚJO, Ana Cristina. "As invasões francesas", em TORGAL, R.; ROQUE, J. L. (orgs.). *O Liberalismo*, vol. V de *História de Portugal*, dir. de J. Mattoso. Lisboa, 1998.

ARMITAGE, David. *Declaração de Independência. Uma história global*. Trad. Angela Pessoa. São Paulo: Companhia das Letras, 2011.

ARON, Raymond. *As etapas do pensamento sociológico*. Trad. Sérgio Bath. 5ª ed. São Paulo: Martins Fontes, 1999.

ARON, Raymond SCHAEFFER, Edmond. "Sociedade e comunicação", em *A crise da sociedade contemporânea*. Trad. Jorge Constante Pereira. Lisboa: Edições 70, 1974, pp. 51-86.

ASI - Anais do Senado Imperial.

ASSIS, Machado de. *Instinto de nacionalidade & outros ensaios*. Porto Alegre: Mercado Aberto, 1999.

ASSIS BRASIL, Fco. Teoria da História resenha de livro de João Camilo. *Jornal do Brasil*. Rio de Janeiro, 14 jan. 1964.

ATHAYDE, Tristão de [Alceu Amoroso Lima]. *Política*. Rio: Livraria Católica, 1932.

AUBERT, Roger. *Le Pontificat de Pie IX (1846-1878). Histoire de L'Eglise depuis les origines jusqu'a nos jours*. Brussels: Bloud & Gay, 1952.

AULER, Guilherme. *Antonio Sardinha*. Recife: Ciclo Cultural Luso-Brasileiro, 1943.

AULER, Guilherme. O positivismo no Brasil. Recife. *A Cruz*. Resenha de: TORRES, J. C. O. O positivismo no Brasil, abr. 1944.

ÁVILA, Pe. Fernando Bastos, S.J. *Neo-capitalismo, socialismo, solidarismo*. 2ª ed. Rio de Janeiro: Agir, 1963.

AZEVEDO, Ariston. *A sociologia antropocêntrica de Guerreiro Ramos*. Tese de Doutorado. Florianópolis: UFSC, 2006.

BALDINI, A. Enzo (org.). *Aristotelismo Politico e Ragion di Stato*. Atti del convegno internazionale di Torino 11-13 febbraio 1993. Firenze: Leo S. Olschki Editore, 1995.

BARACHO, José Alfredo de Oliveira. "O princípio da subsidiariedade: conceito e evolução", em *Revista da Faculdade de Direito da UFMG*. Belo Horizonte, n. 35, 1995, pp. 13-52.

BARBOSA, Rui. *O Divórcio*. As Bases da Fé e outros textos. São Paulo: Martin Claret, 2008.

BARBOSA MOREIRA, José Carlos. [Carta] 31 ago.1960, Rio [para] TORRES, João Camilo de Oliveira, Belo Horizonte. 4f. CDV - Corção - Villaça.

BARBOSA MOREIRA, José Carlos.[Carta] 11 fev.1963, Rio [para] TORRES, João Camilo de Oliveira, Belo Horizonte. 2f. Instabilidade e disputas acirradas.

BARBOSA MOREIRA, José Carlos. [Carta] 27 mai.1963, Rio [para] TORRES, João Camilo de Oliveira, Belo Horizonte. 6f. Referências a Lacerda e críticas a Schmidt e Francisco Campos.

BARBOSA MOREIRA, José Carlos. [Carta] 17 mar.1964, Rio [para] TORRES, João Camilo de Oliveira, Belo Horizonte. 1f. Desgaste liberalismo contra Jango.

BARBOSA MOREIRA, José Carlos. [Carta] 9 mai.1964, Rio [para] TORRES, João Camilo de Oliveira, Belo Horizonte. 2f. Discorda do otimismo de JCOT sobre 64.

BARBOSA MOREIRA, José Carlos. [Carta] 22 mai.1964, Rio [para] TORRES, João Camilo de Oliveira, Belo Horizonte. 1f. Saídas a partir de 64.

BARBOSA MOREIRA, José Carlos. [Carta] 9 jun.1964, Rio [para] TORRES, João Camilo de Oliveira, Belo Horizonte. 5f. Golpe ou Revolução de 64.

BARIANI JR., Edison. *Guerreiro Ramos e a Redenção Sociológica: Capitalismo e Sociologia no Brasil*. Tese de Doutoramento, Araraquara: Unesp, 2008.

BARKER, Rodney. "O Trabalhismo Inglês: ideias básicas e experiências da Fabian Society aos dias atuais", em *A social-democracia alemã e o trabalhismo inglês: um seminário sobre experiências contemporâneas de organização da sociedade, realizado na Universidade de Brasília de 24 a 26 de novembro de 1980*. Trad. Maria Rosinda Ramos da Silva. Brasília: UNB, 1982, pp. 79-110.

BARRETO, Vicente (org.). *Curso de introdução ao Pensamento Político Brasileiro*. Brasília: UNB, 1982.

BARRETO, Vicente. [Carta] 12 ago. 1966. Rio de Janeiro [para] TORRES, João Camilo de Oliveira, Belo Horizonte. 2f. Lista de manifestos.

BARROS, Roque Spencer Maciel de. *A ilustração brasileira e a ideia de universidade*. São Paulo: Convívio/EdUSP, 1986.

BASBAUM, Leoncio. *História secreta da República, de 1930 a 1960*. 3ª ed. São Paulo: Fulgor, 1968.

BASTOS, P. P. Zahluth; FONSECA, P. C. Dutra (orgs.). *A Era Vargas: desenvolvimentismo, economia e sociedade*. São Paulo: Unes, 2012.

BECK, Ulrich. *Risk Society. Towards a New Modernity*. Trans. Mark Ritter. Londres: Sage Publications, 1992 [1986].

BELLOC, Hilaire. *As grandes heresias*. Trad. Antonio E. Angueth de Araújo. Niterói: Permanência, 2009 [1938].

BELLOC, Hilaire. *Economics for Helen*. 3rd ed. Londres: J. W. Arrowsmith, 1924.

BELLOC, Hilaire. *The Servile State*. Edinburgh: T. N. Foulis London, 1912.

BERDIAEV, Nicolai. *De l'esclavage et de la liberté de l'homme*. Trad. Samuel Jankelevitch. Paris: Aubier, [1946]1963.

BERDIAEV, Nicolai. *Uma Nova Idade Média. Reflexões sobre o destino da Rússia e da Europa*. Trad. Tasso da Silveira. Curitiba: Arcádia, 2017 [1924, 1936 trad].

BERLE, Adolf A.; MEANS, Gardiner C. *The Modern Corporation and Private Property*. News Brunswick: Transaction Pub., 1991 [1965].

BERMAN, Harold J. *Law and Revolution. The Formation of the Western Legal Tradition*. Massachusetts: Harvard University Press, 1983.

BETTO, Frei. "Cristianismo y Marxismo", em LÖWY, Michael. *El marxismo en América Latina*. Santiago: LOM Ediciones, 2007.

BEVIR, Mark. *The Logic of the History of Ideas*. Cambridge: Cambridge University Press, 2004.

BOEHRER, George [Carta] 20 set.1960, Washington [para] TORRES, João Camilo de Oliveira, Belo Horizonte. 1f. Elogios às obras sobre Brasil Império.

BOEIRA, Marcus Paulo Ryeembel. *A legitimação do Imperador segundo a Constituição do Império de 1824. Fundamentos e Translação*. Tese de Doutorado. Orient. Elival da Silva Ramos. São Paulo: Faculdade de Direito da USP, 2011.

BOER, Nicolas. *Militarismo e clericalismo em mudança*. São Paulo: T. A. Queiroz, 1980.

BORJA, Célio. [Carta] 15 jun. 1964, Rio de Janeiro [para] TORRES, João Camilo de Oliveira, Belo Horizonte. 6f. Sobre militarismo e tarefas para o Brasil.

BORJA, Célio. [Carta] 4 nov.1963, Rio [para] TORRES, João Camilo de Oliveira, Belo Horizonte. 2f. Plataforma democrática e lançamento Lacerda.

BOURMAUD, Padre Dominique. *Cien años de modernismo. Genealogia del Concilio Vaticano II*. Madrid: Ediciones Fundación San Pio X, 2006.

BRANDÃO, Gildo Marçal. "Linhagens do pensamento político brasileiro", em *DADOS – Revista de Ciências Sociais*, Rio de Janeiro, v. 48, n. 2, 2005, pp. 231-269.

BRUNEAU, Thomas C. *Catolicismo brasileiro em época de transição*. São Paulo: Edições Loyola, 1974.

BURGESS, Michael. *Comparative Federalism. Theory and Practice*. Oxon: Routledge, 2006.

BURKE, Edmund. *Reflections on the Revolution in France*. Oxford: Oxford University Press, 2009 [1790].

BURNHAM, James. *A luta pelo mundo*. Trad. Maria Helena Amoroso Lima Senise. Rio de Janeiro: A Noite, 1948.

BURNHAM, James. *The Managerial Revolution: What is Happening in the World*. Nova York: Praeger, 1972 [1941].

BRASIL. *Diário da Assembleia Geral Constituinte e Legislativa do Império do Brasil, 1823*. Introd. Pedro Calmon. Ed. fac-similar. Tomo I, II e III. Edições do Senado Federal: Brasília, 2003.

CALAFATE, Pedro. *Da origem popular do poder ao direito de resistência. Doutrinas políticas no século XVII em Portugal*. Lisboa: Esfera do Caos, 2012.

CALDEIRA, Rodrigo Coppe. "O catolicismo militante em Minas Gerais: aspectos do pensamento histórico-teológico de João Camilo de Oliveira Torres", em *Revista Brasileira de História das Religiões*. ANPUH, Ano IV, n. 10, maio 2011, pp. 233-276.

CALDERÓN BOUCHET, Rubén. *El espíritu del capitalismo*. Buenos Aires: Nueva Hispanidad, 2008.

CAMENIETZKI, Carlos Ziller. "Incômoda história. Colônia e passado no Brasil", em *Terceira Margem*, Rio de Janeiro, n. 18, jan-jun. 2008, pp. 71-83.

CAMPOS, G. Literatura: Teoria da História. Última Hora. Rio de Janeiro, 10 dez. 1963.

CARDIN, Pedro. "O Processo Político (1621-1807)", em HESPANHA, António Manuel (coord.). *História de Portugal* (dir. José Mattoso), Quarto Volume. O Antigo Regime (1620-1807). Lisboa: Editorial Estampa, 1998, pp. 401-410.

CARLYLE, A. J. La Libertad Política. *Historia de su concepto en la Edad Media y los tiempos modernos.* Trad. Vicente Herrero. Mexico: Fondo de Cultura Económica, 1982 [1941].

CARPEAUX, Otto Maria. *Caminhos para Roma. Aventura, queda e vitória do espírito.* Trad. Bruno Mori. Campinas: Vide, 2014 [1934].

CARPEAUX, Otto Maria. *História da literatura ocidental.* Vol. III. 3ª ed. Brasília: Senado Federal, 2010.

CARRATO, A. "A agonia dos Diários e Emissoras Associados". *Observatório da Imprensa.* 13 jan. 2015, edição 833. Disponível em: <http://observatoriodaimprensa.com.br/imprensa-em-questao/_ed833_a_agonia_dos_diarios_e_emissoras_associados/>

CARVALHO, José Murilo de. *A construção da ordem: a elite política imperial. Teatro de sombras: a política imperial.* 2ª ed. Rio de Janeiro: Civilização Brasileira, 2006.

CARVALHO, José Murilo de. *A formação das almas - O imaginário da República no Brasil.* São Paulo: Companhia das Letras, 1990.

CARVALHO, José Murilo de. *D. Pedro II.* Coleção Perfis Brasileiros. São Paulo: Companhia das Letras, 2007.

CARVALHO, José Murilo de. "História intelectual no Brasil: a retórica como chave de leitura", em *Topoi*, Rio de Janeiro, nº 1, 2000, pp. 123-152.

CARVALHO, José Murilo de. "Mandonismo, coronelismo, clientelismo: uma discussão conceitual", em *Dados* [online]. 1997, vol.40, n.2.

CARVALHO, José Murilo de. BASTOS, Lúcia; BASILE, Marcello. *Guerra literária: panfletos da Independência (1820-1823).* Belo Horizonte: UFMG, 2014.

CARVALHO, Orlando. *Problemas fundamentais do município.* São Paulo: Companhia Editora Nacional, 1937.

CASTELO BRANCO, C. "Da Conspiração à Revolução", em DINES, Alberto; CALLADO, Antonio; NETTO, Araújo; CASTELO BRANCO, Carlos; MELLO E SOUZA, Cláudio; DUARTE, Eurilo; GOMES, Pedro; FIGUEIREDO, Wilson. *Os idos de março e a queda em abril.* 3ª ed. Rio de Janeiro: José Álvaro Editor, 1964, pp. 277-306.

CASTELO BRANCO, Pedro H. Villas Boas. *Secularização inacabada: política e direito em Carl Schmitt.* Curitiba: Appris, 2011.

CASTRO, Gabriel Pereira de. *De Manu Regia.* 1673.

CATHARINO, Alex. *Russell Kirk. O peregrino na terra desolada.* Pref. Luiz Felipe Pondé. São Paulo: É Realizações, 2015.

CAVALCANTI, Amaro. *Regime Federativo e a República Brasileira.* Brasília: UNB, 1983 [1899].

CHACON, Vamireh. *História dos Partidos Políticos Brasileiros – Discurso e práxis dos seus programas*. Brasília: UnB, 1981.

CHALOUB, Jorge Gomes de Souza. *O liberalismo entre o espírito e a espada: a UDN e a República de 1946*. Tese de Doutorado. Orientador: Prof. Dr. Marcelo Gantus Jasmin. Rio de Janeiro: Iesp-Uerj, 2015.

CHESTERTON, G. K. *Um esboço de sanidade. Pequeno manual do distributismo*. Trad. Raul Martins. Campinas: Ecclesiae, 2016[1927].

CIB – Constituição Política do Império do Brasil, de 25 de março de 1824. Constituições Brasileiras: 1824. Org. Octaciano Nogueira. Brasília: Senado Federal e Ministério da Ciência e Tecnologia, 2001.

COELHO, Vera Shattan P. *A reforma da previdência social na América Latina*. Rio de Janeiro: Editora FGV, 2003.

COELHO, Victor de Oliveira Pinto. "Secularização e niilismo no entre-guerras: a formulação em Carl Schmitt, Ernst Jünger e Martin Heidegger", em ANPUH - Memória e Narrativas nas Religiões e nas Religiosidades. *Revista Brasileira de História das Religiões*. Maringá (PR) v. V, n.15, jan. 2013.

COOKE, Alistair. *A conservative Party History*. A Party of Change: a Brief History of the Conservatives. Foreword by David Cameron. Oxford : Conservative Party Archive, 2010.

COMTE, Auguste. *Curso de filosofia positiva*. Org. e trad. José Arthur Giannotti e Miguel Lemos. São Paulo: Abril Cultural, 1978.

COMTE, Auguste. *Discours sur l'ensemble du positivisme*. Éditions, notes et bibliographie par Annie Petit. Paris: Flammarion, 2008 [1998 (1848)].

CONDE, J. "Centro de Estudos Mineiros". *Correio da Manhã*. Rio de Janeiro. 19 abr. 1963.

COPPA, Frank J. *Politics and the Papacy in the Modern World*. Westport: Praeger, 2008.

CORÇÃO, Gustavo. *A Igreja Católica e a Outra. Artigos sobre a crise da Igreja*. Niterói: Permanência, 2018.

CORÇÃO, Gustavo. *As fronteiras da* técnica. Rio de Janeiro: Agir, 1963.

CORÇÃO, Gustavo. *Dois amores, duas cidades*. Rio de Janeiro: Agir, 1967.

CORÇÃO, Gustavo. *O* século *do nada*. 6ª ed. Rio de Janeiro: Record, 1973.

CORÇÃO, Gustavo. *Três alqueires e uma vaca*. 3ª ed. Rio de Janeiro: Agir, 1953.

CORÇÃO, Gustavo. *Uma teologia da história*. Niterói: Permanência, 2015.

CORREIO DA MANHÃ. "De Minas". 1º Caderno. *Correio da Manhã*. Rio de Janeiro, 09 mai. 1957.

CORREIO DA MANHÃ. "De Minas". "Escritor quer volta à Monarquia". *Correio da Manhã*. Rio de Janeiro, 25 nov. 1961.

CORREIO DA MANHÃ. "De Minas". "História de Minas em 20 volumes". *Correio da Manhã*. Rio de Janeiro. 30 mar. 1955.

CORREIO DA MANHÃ. "De Minas". "Jornalistas vão defender estabilidade". Nota. *Correio da Manhã*. Rio de Janeiro, 02 mar. 1966.

CORREIO DA MANHÃ. "De Minas". "O pesar do Conselho Federal de Cultura". *Correio do Povo*. Porto Alegre, 10 mar. 1973.

CORREIO DA MANHÃ. "De Minas". "Sociologia". Nota. *Correio da Manhã*. Rio de Janeiro, 16 jan. 1954.

COSER, Ivo. Visconde do Uruguai. *Centralização e federalismo no Brasil (1823-1866)*. Belo Horizonte: UFMG, 2008.

COSTA, Cruz. "Augusto Comte e as origens do positivismo". *Revista de História*, São Paulo, v. 1, n. 3, 7 set. 1950, pp. 81-103.

COSTA, Cruz. *Contribuição à história das ideias no Brasil*. 2ª ed., Rio de Janeiro: Civilização Brasileira, 1967 [1957].

COSTA, Dom Macedo, Bispo. *Direito contra o direito; eu, o estado sobre tudo*. Rio de Janeiro: Typ. do Apóstolo, 1874.

COSTA, Manuel da, 1601-1667, S.J., autor incerto; Vieira, António, 1608-1697, S.J., autor incerto. *Arte de furtar, espelho de enganos, theatro de verdades, mostrador de horas minguadas, gazua geral dos Reynos de Portugal*. Offerecida a elRey Nosso Senhor D. João IV. para que a emende. Amsterdã: Martinho Schagen, 1652.

COSTA, Marcelo Timotheo da. *Um itinerário no século: mudança, disciplina e ação em Alceu Amoroso Lima*. Rio de Janeiro: Ed. PUC-Rio, 2006.

COX, Andrew; O'SULLIVAN, Noel (ed.). *The Corporate State. Corporativism and the State Tradition in Western Europe*. Cambridge: Cambridge University Press, 1988.

CROZIER, Michel. *État modeste, état moderne*. Stratégie pour un autre changement. Paris: Fayard, 1987.

CROZIER, Michel. *Le phénomène bureaucratique. Essai sur les tendances bureaucratiques des systèmes d'organisation modernes et sur leurs relations en France avec le système social et culturel*. Paris: Editions du Seuil, 1985 [1971].

DACB – Diários da Assembleia Constituinte Brasileira de 1823.

DAVIES, Michael. *O Concílio de João XXIII. Parte Dois de Revolução Litúrgica*. Trad. Fabiano Rollim, Niterói: Permanência, 2018.

DAWSON, Christopher. *Dinâmicas da história do mundo*. Trad. Maurício G. Righi. São Paulo: É Realizações, 2010 [1958].

DAWSON, Christopher. O mestre das nações. *O Diário*. Belo Horizonte, 12 ago.1956.

DAWSON, Christopher. *Progresso e Religião – uma investigação histórica*. Trad. Fábio Faria. São Paulo: É Realizações, 2012.

DE MATTEI, Roberto. *O Concílio Vaticano II. Uma história nunca escrita*. Trad. Maria José Figueiredo. Porto: Caminhos Romanos, 2012.

DEVILLERS, Guillaume, Pe. FSSPX. "Política Católica ou Separada?", em *Revista Permanência*, Ed. Permanência, nº 270, 2012, pp. 18-39.

DIÁRIO CARIOCA. Historiador escreve ficção científica. Literatura R.J. Nota. *Diário Carioca*. Rio de Janeiro, 16 fev. 1961.

DIÁRIO DE NOTÍCIAS. "Uma Nova Revista". Nota. *Diário de Notícias*. Rio de Janeiro, 03 fev. 1957

DICKÈS-LAFARGUE, Godeleine. *Le dilemme de Jacques Maritain. L'évolution d'une pensée en philosophie politique*. Paris: Éditions de Paris, 2005.

DIÉGUES JÚNIOR, M. "Folclore & História. Os mineiros e a História". *Diário de Notícias*. Rio de Janeiro. 10 fev. 1957.

DINES, Alberto; CALLADO, Antonio; NETTO, Araújo; CASTELO BRANCO, Carlos; MELLO E SOUZA, Cláudio; DUARTE, Eurilo; GOMES, Pedro; FIGUEIREDO, Wilson. *Os idos de março e a queda em abril*. 3ª ed. Rio de Janeiro: José Álvaro Editor, 1964.

DINES, Alberto. "Debaixo dos deuses", em DINES, Alberto; CALLADO, Antonio; NETTO, Araújo; CASTELO BRANCO, Carlos; MELLO E SOUZA, Cláudio; DUARTE, Eurilo; GOMES, Pedro; FIGUEIREDO, Wilson. *Os idos de março e a queda em abril*. 3ª ed. Rio de Janeiro: José Álvaro Editor, 1964, pp. 307-358.

DJILAS, Milovan. *The New Class. An Analysis of the Communist System*. Londres: Thames and Hudson, 1959 [1957].

DOBRY, Michel. *Sociologia das crises políticas. A dinâmica das mobilizações multissetoriais*. Trad. Dalila Pinheiro. São Paulo: Unesp, 2014 [2009].

DOLHNIKOFF, Miriam. *O pacto imperial. Origens do federalismo no Brasil*. São Paulo: Globo, 2005.

DOM JOÃO. [Carta] 13 ago.1963, Rio [para] TORRES, João Camilo de Oliveira, Belo Horizonte. 2f. Dificuldade equalizar as disputas entre os Pedros.

DOM JOÃO. [Carta] 6 ago.1962, Rio [para] TORRES, João Camilo de Oliveira, Belo Horizonte. 1f. Disputas na família real e ações na imprensa causa monárquica.

DOM JOÃO. [Carta] 20 set.1960, Rio [para] TORRES, João Camilo de Oliveira, Belo Horizonte. 4f. Sobre política e movimento monarquista precisar ser inventado.

DOM PEDRO GASTÃO. [Carta] 6 nov. 1958, Petrópolis [para] TORRES, João Camilo de Oliveira, Belo Horizonte. 2f. Primo de Vassouras é usado pelos Pagano e cia.

DOM PEDRO HENRIQUE. [Carta] 16 mai. 1964, Fazenda Santa Maria [para] TORRES, João Camilo de Oliveira, Belo Horizonte. 2f. Monarquia – estado católico.

DOM VITAL, Bispo de Olinda. *A maçonaria e os jesuítas - Instrução Pastoral do Bispo de Olinda aos seus diocesanos*. Rio de Janeiro: Typ. do Apóstolo, 1875.

DUCLOS, Pierre. *L'Évolution des rapports politiques depuis 1750 (Liberté, Intégration, Unité)*. Paris: Presses Universitaires de France, 1950.

DUVERGER, Maurice. *Os laranjais do lago Balaton*.Trad. Edgard de Brito Chaves Júnior. Brasília: UNB, 1982.

ELIAS, Norbert. *O processo civilizador: Uma história dos costumes*. Vol. 1. Rio de Janeiro: Zahar, 2011.

ESCOBAR, Marcus Pinho de. *Perfiles maurrasianos en Oliveira Salazar*. Buenos Aires: Ediciones Buen Combate, 2014.

ESPING-ANDERSEN, Gosta. *The Three Worlds of Welfare Capitalism*. Princeton: Princeton University Press, 1990.

FAORO, Raymundo. *A República inacabada*. Org. e pref. Fábio Konder Comparato. São Paulo: Globo, 2007.

FAORO, Raymundo. *Os donos do poder – Formação do patronato político brasileiro*. 9ª ed. São Paulo: Globo, 1991.

FERNANDES, H. "Fatos e rumores em primeira mão". *Tribuna da Imprensa*. Rio de Janeiro, 24 mai. 1966, p. 3.

FERREIRA, Gabriela N.; BOTELHO, André (org.). *Revisão do pensamento conservador: ideias e política no Brasil*. São Paulo: Hucitec, 2010.

FERREIRA, Jorge. "Os conceitos e seus lugares: trabalhismo, nacional-estatismo e populismo", em BASTOS, P. P. Zahluth; FONSECA, P. C. Dutra (orgs.). *A Era Vargas: desenvolvimentismo, economia e sociedade*. São Paulo: Unes, 2012, pp. 295-322.

FERREIRA, Oliveiros S. *Vida e morte do Partido Fardado*. São Paulo: Senac, 2000.

FERRERO, Guglielmo. *L'Unité du monde*. Paris: Simon Kra, 1927.

FERRERO, Guglielmo. *Pouvoir, les génies invisibles de la cité*. Paris: Plon, 1945[1943].

FIGUEIREDO, Argelina Cheibub; FIGUEIREDO, Marcus. *O plebiscito e as formas de governo*. 2ª ed. São Paulo: Brasiliense, 1993.

FIGUEIREDO, Jackson de. *A reação do bom senso: contra o demagogismo e a anarquia militar – 1921-1922*. Rio de Janeiro: Edição do Anuário do Brasil, 1922.

FIGUEIREDO, Wilson. As consequências. Nota. *Jornal do Brasil*. Rio de Janeiro. 30 jan. 1964.

FLEICHMAN, D. Lourenço OSB (org.). *A "Nova Teologia". Os que pensam que venceram*. Rio de Janeiro: Permanência, 2001.

FLEICHMAN, Júlio. *Itinerário espiritual da Igreja*. Niterói: Permanência, 2013.

FLORIDI, Ulisse Alessio, S.J. *O radicalismo católico brasileiro. Para onde vai o catolicismo progressista no Brasil*. Trad. Leonildo Tabosa Pessoa. São Paulo: Hora Presente, 1973.

FRANÇA, Padre Leonel, S.J. *A crise do mundo moderno*. 3ª ed. Rio de Janeiro: Agir, 1951.

FRANCO, Afonso Arinos de Melo. *Evolução da crise brasileira*. 2ª ed. Rio de Janeiro: Topbooks, 2005 [1965].

FRANCO, Maria Sylvia de Carvalho. *Homens livres na ordem escravocrata*. 3ª ed. São Paulo: Kairós, 1983.

FREEDEN, Michael. *Ideologies and Political Theory: A Conceptual Approach*. Oxford: Clarendon Press, 1996.

FREEDEN, Michael. *The New Liberalism. An Ideology of Social Reform*. Oxford: Oxford University Press, 1978.

FREIRE, Américo; SYDOW, Evanize. *Frei Betto: biografia*. Prefácio Fidel Castro. Rio de Janeiro: Civilização Brasileira, 2016.

FREIRE, Felisbelo de Oliveira. *História Constitucional da República dos Estados Unidos do Brasil*. Brasília: UNB, 1983 [1894].

FREYRE, Gilberto. *Casa-grande & senzala. Formação da família brasileira sob o regime de economia patriarcal*. 8ª ed., Rio de Janeiro: José Olympio, 1954.

FREYRE, Gilberto. *O mundo que o português criou: aspectos das relações sociais e de cultura do Brasil com Portugal e as colônias portuguesas*. São Paulo: É Realizações, 2010a [1940].

FREYRE, Gilberto. *Ordem e progresso*. 2ª ed. Rio de Janeiro: José Olympio, 1962.

FREYRE, Gilberto. *Sobrados e mucambos - a continuação de Casa-grande & senzala. Introdução à história da sociedade patriarcal no Brasil*. 8ª ed. Rio de Janeiro: Record, 1990.

FREYRE, Gilberto. *Tempo de aprendiz*: artigos publicados em jornais na adolescência e na primeira mocidade do autor. Vol. II. São Paulo: Ibrasa, 1979.

FREYRE, Gilberto. *Uma cultura ameaçada e outros ensaios*. São Paulo: É Realizações, 2010b [1940].

GALLI, Giorgio. *La Russia da Fatima al riarmo atomico. Politica ed esoterismo all'ombra del Cremlino*. Milano: Hobby & Work, 2008.

GASPARI, Elio. *A ditadura envergonhada*. São Paulo: Companhia das Letras, 2002.

GASH, Norman. *Aristocracy and People*. Britain 1815-1865. London : Edward Arnold, [1979] 1985.

GAUCHET, Marcel. *La condition historique. Entretiens avec François Azouvi et Sylvain Piron*. Paris: Stock, 2003.

GAUCHET, Marcel. *La condition politique*. Paris: Gallimard, 2005.

GAUCHET, Marcel. *La religion dans la démocratie. Parcours de la laïcité*. Paris: Gallimard, 1998.

GAUCHET, Marcel. *L'avènement de la Démocratie I. La Révolution moderne*. Paris: Éditions Gallimard, 2007a.

GAUCHET, Marcel. *L'avènement de la Démocratie II. La crise du libéralisme*. Paris: Éditions Gallimard, 2007b.

GAUCHET, Marcel. *L'avènement de la Démocratie III. À l'épreuve des totalitarismes*. Paris: Éditions Gallimard, 2010.

GAUCHET, Marcel. *Le désenchantement du monde – une histoire politique de la religion*. Paris: Gallimard, 1985.

GAUCHET, Marcel. *Um monde désenchanté?* Paris: Les Éditions de l'Atelier, 2004.

GAUDRON, Padre Mathias – FSSPX. *Catecismo católico na crise da Igreja*. Trad. Leonardo Calabrese. Rio de Janeiro: Permanência, 2011.

GODOY, José Henrique Artigas de. *A práxis de Lebret: economia humana, desenvolvimentismo católico e a industrialização do Nordeste*. Relig. soc. [online]. 2016, vol.36, n.2, pp.188-219.

GOMES, Pedro. "Minas: do diálogo ao 'front'", em DINES, Alberto; CALLADO, Antonio; NETTO, Araújo; CASTELO BRANCO, Carlos; MELLO E SOUZA, Cláudio; DUARTE, Eurilo; GOMES, Pedro; FIGUEIREDO, Wilson. *Os idos de março e a queda em abril*. 3ª ed. Rio de Janeiro: José Álvaro Editor, 1964, pp. 65-124.

GONZAGA, Tomás Antônio. *Tratado de Direito Natural*. São Paulo: Martins Fontes, 2004 [1770].

GOUVÊA, Maria de Fátima. *O império das províncias: Rio de Janeiro, 1822-1889*. Rio de Janeiro: Civilização Brasileira, 2008.

GRAMSCI, Antonio. "Americanismo e fordismo", em *Cadernos do Cárcere*, vol. 4. Rio de Janeiro: Civilização Brasileira, 2001.

GREELEY, Andrew. *The Catholic Revolution: New Wine, Old Wineskins, and the Second Vatican Council*. Berkeley: University of California Press, 2004.

GREENFELD, Liah. *Nationalism. Five Roads to Modernity*. Cambridge: Harvard University Press, 1992.

GRINBERG, Keila. "Apresentação. Interpretação e direito natural. Análise do Tratado de direito natural de Tomás Antônio Gonzaga", em: GONZAGA, Tomás Antônio. *Tratado de Direito Natural*. São Paulo : Martins Fontes, 2004 [1770].

GUDIN, Eugenio. [Carta] 7 fev. 1963, Rio de Janeiro [para] TORRES, João Camilo de Oliveira, Belo Horizonte. 1f. Estado cartorial Poder Moderador Forças Armadas.

GUDIN, Eugenio. [Carta] 14 out. 1963, Rio de Janeiro [para] TORRES, João Camilo de Oliveira, Belo Horizonte. 2f. Militares ante crises problema origem Ibérica Estado cartorial.

GUDIN, Eugenio. [Carta] 31 out. 1963, Rio de Janeiro [para] TORRES, João Camilo de Oliveira, Belo Horizonte. 1f. Prefere Exército ante a anarquia da política vigente.

GUERRA, François-Xavier. *Modernidad e independencias. Ensaios sobre las revoluciones hispánicas*. Madrid: Encuentro, 2009.

GUERREIRO RAMOS, Alberto. *A crise do poder no Brasil (problemas da revolução nacional brasileira).* Rio de Janeiro: Zahar Editores, 1961.

GUERREIRO RAMOS, Alberto. *A nova ciência das organizações: uma reconceituação da riqueza das nações.* Trad. Mary Cardoso. Rio de Janeiro: Editora FGV, 1981.

GUERREIRO RAMOS, Alberto. *Introdução crítica à sociologia brasileira.* 2ª. edição. Rio de Janeiro: Editora da UFRJ, 1995.

GUERREIRO RAMOS, Alberto. *Mito e verdade da revolução brasileira.* Rio de Janeiro: Zahar Editores, 1963.

GUERREIRO RAMOS, Alberto. *O problema nacional do Brasil.* Rio de Janeiro: Editora Saga, 1960.

GUERREIRO RAMOS, Alberto. "Poder militar, militares no poder", em *Jornal do Brasil.* Edição 293. Rio de Janeiro, 28 jan.1979, p.5.

GUIMARÃES FILHO, Alphonsus. [Carta] 1938. Belo Horizonte [para] TORRES, João Camilo de Oliveira, Belo Horizonte. 2f. Elogio artigos publicados sobre positivismo.

HANDELMANN, G. *História do Brasil.* Trad. Lúcia F. Lahmeyer. 4ª ed. Belo Horizonte: Itatiaia, 1982 [1860].

HARIMAN, Robert. *Prudence: classical virtue, postmodern pratice.* Pennsylvania State University Press, 2003.

HENNESEY, James S.J. "La Lotta per la Purezza Dottrinale di una Chiesa Arroccata. Da Leone XIII a Pio XII", em ALBERIGO, Giuseppe; RICCARDI, Andrea (org.). *Chiesa e Papato nel Mondo Contemporaneo.* Roma: Editora Laterza, 1990.

HENRIQUES, Mendo Castro. *A filosofia civil de Eric Voegelin.* São Paulo: É Realizações, 2010.

HESPANHA, António Manuel. A fortuna de Aristóteles no pensamento político português dos séculos XVII e XVIII, em: BALDINI, A. Enzo (org.). *Aristotelismo Politico e Ragione di Stato. Atti del convegno internazionale di Torino 11-13 febbraio 1993.* Firenze: Leo S. Olschki Editore, 1995.

HESPANHA, António Manuel. "As estruturas políticas em Portugal na época moderna", em: TENGARRINHA, José (org.). *História de Portugal.* 2ª ed. Bauru: Edusc, 2001, pp. 117-182.

HESPANHA, António Manuel. *As vésperas do Leviathan. Instituições e poder político.* Portugal - Séc. XVII. Coimbra: Livraria Almedina, 1994.

HIMMERFARB, Gertrude. *The Roads to Modernity: the British, French and American Enlightenments.* Londres: Vintage, 2008.

HOLLANDA, Cristina Buarque de. *Teoria das elites.* Rio de Janeiro: Zahar, 2011.

HUNTINGTON, Samuel P. *A ordem política nas sociedades em mudança.* Trad. Pinheiro de Lemos. Rio de Janeiro: Forense, 1975.

IGLESIAS, Francisco. *História e ideologia.* São Paulo: Perspectiva, 1981.

JASMIN, Marcelo Gantus. *Alexis de Tocqueville: a historiografia como ciência da política*. 2ª ed. Belo Horizonte: UFMG, 2005.

JASMIN, Marcelo Gantus. FERES JR. João (org). *História dos conceitos: Debates e perspectivas*. Rio de Janeiro: Editora PUC-Rio, Edições Loyola, Iuperj, 2006.

JENKINS, Clive. "O Estado de Bem-Estar: objetivos, realizações e deficiências", em *A social-democracia alemã e o trabalhismo inglês: um seminário sobre experiências contemporâneas de organização da sociedade, realizado na Universidade de Brasília de 24 a 26 de novembro de 1980*. Trad. Maria Rosinda Ramos da Silva. Brasília: UNB, 1982, pp. 159-188.

JENKINS, T. A. *Parliament, Party and Politics in Victorian Britain*. Manchester: Manchester University Press, 1996.

JORNAL DO BRASIL. "Camilo quer censura doce para jornais". Nota. *Jornal do Brasil*. Rio de Janeiro, 27 jul. 1966.

JORNAL DO BRASIL. "História nega 'revolução de poetas'". Reportagem. *Jornal do Brasil*. Rio de Janeiro, 22 abr. 1969.

JORNAL DO BRASIL. "João Camilo aconselha retorno do 4º poder". Nota. *Jornal do Brasil*. Rio de Janeiro, 6 ago.1971

JORNAL DO BRASIL. "João Camilo louva decreto de Magalhães que institui ensino religioso em Minas". Nota. *Jornal do Brasil*. Rio de Janeiro, 19 dez. 1965.

JORNAL DO BRASIL. Os livres livros da Revolução. *Jornal do Brasil*. Rio de Janeiro, 28 mar. 1965.

JORNAL DO BRASIL. "Premiação para João Camilo de Oliveira Torres". Nota. *Jornal do Brasil*. Rio de Janeiro, 27 abr. 1969.

JOUVENEL, Bertrand de. *A ética da redistribuição*. 2ª ed. São Paulo: Instituto Ludwig von Mises Brasil, 2012.

JOUVENEL, Bertrand de. *As origens do Estado moderno. Uma história das ideias políticas no século XIX*. Trad. Mamede de Souza Freitas. Rio de Janeiro: Zahar, 1978 [1976].

JOUVENEL, Bertrand de. *Du pouvoir. Histoire naturelle de sa croissance*. Paris: Hachette, 1972.

KATSIAFICAS, George. *The Imagination of the New Left. A Global Analysis of 1968*. Cambridge: South End Press, 1987.

KETTELER, Wilhelm Emmanuel von. *Freiheit, Autorität und Kirche*. Mainz: Franz Gircheim, 1862.

KOSELLECK, Reinhart. *Aceleración, prognosis y secularización*. Valencia: Pre-Textos, 2003.

KOSELLECK, Reinhart. *Futuro Passado. Contribuição à semântica dos tempos históricos*. Trad. Wilma Patrícia Maas; Carlos Almeida Pereira. Rio de Janeiro: Contraponto/PUC-Rio, 2006.

KOSER, Ernest. [Carta] 15 abr.1964, Roma [para] TORRES, João Camilo de Oliveira, Belo Horizonte. 2f. Teologia, São Francisco e reformas sociais.

KOSER, Ernest. [Carta] 19 set.1964, Roma [para] TORRES, João Camilo de Oliveira, Belo Horizonte. 1f. Sobre Concílio Vaticano II.

KRAENSKI, Mauro "Abranches"; PETRILÁK, Vladimir. *1964: o elo perdido. O Brasil nos arquivos do serviço secreto comunista*. Campinas: Vide Editorial, 2017.

LABAKI, Amir. 1961. *A crise da renúncia e a solução parlamentarista*. São Paulo: Editora Brasiliense, 1986.

LACERDA, Carlos. "A reforma social" em *A Ordem*, vol. XLIII, ns. 1-2, Rio, jan-fev, 1950, pp. 5-53.

LACERDA, Carlos. *Palavras e ação*. Rio de Janeiro: Record, 1965.

LACOMBE, Américo Jacobina. [Carta] 15 mar.1970, Rio [para] TORRES, João Camilo de Oliveira, Belo Horizonte. 2f. PUC; Esquerdismo e ateísmo entre padres.

LADOWSKY, W. [Carta] 28 fev. 1966, Curitiba [para] TORRES, João Camilo de Oliveira, Belo Horizonte. 1f. Sobre Positivismo e outros assuntos.

LADOWSKY, W. [Carta] 6 jun.1966, Curitiba [para] TORRES, João Camilo de Oliveira, Belo Horizonte. 2f. Rumos do Brasil.

LADOWSKY, W. [Carta] 9 jul.1966, Curitiba [para] TORRES, João Camilo de Oliveira, Belo Horizonte. 2f. Análise de conjuntura.

LADUSÃNS, Stanislavs (org.). *Rumos da filosofia atual no Brasil em auto-retratos*. Primeiro Volume. São Paulo: Loyola, 1976.

LAGE, Alfredo. [Carta] 6 nov.1968. Rio [para] TORRES, João Camilo de Oliveira, Belo Horizonte. 2f. Pedido para publicar artigo de JCOT na revista *Permanência*.

LAGE PESSOA, Padre Francisco. [Carta] 6 jul.1947, Salvador [para] TORRES, João Camilo de Oliveira, Belo Horizonte. 3f. Cisão na UDN e Igreja católica.

LAGE PESSOA, Padre Francisco. *O padre do Diabo*. São Paulo: EMW Editores, 1998.

LAMB, Mattew L; LEVERING, Matthew (ed.). *Vatican II: Renewal within Tradition*. London: Oxford University Press, 2008.

LAMOUNIER, Bolivar; NOHLEN, Dieter (org). *Presidencialismo ou parlamentarismo. Perspectivas sobre a reorganização institucional brasileira*. 2ª ed. Loyola Editora/Idesp, São Paulo, 1993.

LASCH, Christopher. *The Revolt of the Elites and the Betrayal of Democracy*. New York: W.W.Norton & Company, 1995.

LA TOUR-DU-PIN LA CHARGE, Le marquis de. *Aphorismes de Politique Sociale*. 3ème éd. Paris: Gabriel Beauchesne, 1930.

LAVAREDA, Antônio. *A democracia nas urnas. O processo partidário eleitoral brasileiro*. Rio de Janeiro: Iuperj/Rio Fundo Editora, 1991.

LEAL, José Tarcísio. "Uma via para a compreensão de Teilhard", em Convivium. *O pensamento de Teilhard de Chardin, São Paulo*, ano IV, n. 3, vol. 6, maio 1965.

LEAL, Victor Nunes. *Coronelismo, enxada e voto – O município e o regime representativo no Brasil*. São Paulo: Ed. Alfa-Ômega, 1949.

LEÃO XIII, Sumo Pontífice. Carta Encíclica *Immortale Dei*. Sobre a Constituição Cristã dos Estados. Roma: Santa Sé, 1° de novembro, 1885.

LEÃO XIII, Sumo Pontífice. Carta Encíclica *Rerum Novarum*. Sobre a condição dos Operários. Roma: Santa Sé, 15 de maio, 1891.

LEFEBVRE, Marcel Mons. *Do liberalismo à apostasia. A tragédia conciliar*. Trad. Ildefonso Albano Filho. Niterói: Permanência, 2013 [1987].

LEONÍDIO, Adalmir. "Utopias sociais e cientificistas no Brasil, no final do século XIX" em *História, Ciências, Saúde – Manguinhos*, Rio de Janeiro, v.14, n.3, jul.-set. 2007, pp. 921-946.

LE PLAY, Frédéric. *Textes choisis et préface. Par Louis Baudin*. Paris: Librairie Dalloz, 1947. Dans le cadre de la collection: "Les classiques des sciences sociales". Disponível em: <http://www.uqac.uquebec.ca/zone30/Classiques_des_sciences_sociales/index.html>.

LIMA, Luiz Gonzaga de Souza. *Evolução política dos católicos e da Igreja no Brasil – hipóteses para uma interpretação*. Petrópolis: Editora Vozes, 1979.

LIMA, Oliveira. *D. João VI no Brasil*. Rio de Janeiro: Topbooks, 1996 [1908].

LINS, Ivan. [Carta] 1956. Rio de Janeiro [para] TORRES, João Camilo de Oliveira, Belo Horizonte. 3f. Notícias pessoas, possibilidade de reedição do seu livro *Descartes* e elogios a *Positivismo no Brasil*.

LINS, A. O positivismo no Brasil. Rio de Janeiro. *Correio da Manhã*. Crítica Literária de: TORRES, J. C. O. O positivismo no Brasil, 29 out. 1943.

LIPSET, Seymour M. "Sistemas partidários e a representação de grupos sociais", em *Rev. Dir. Públ. e Ciência Política*. Rio de Janeiro, Vol. IV, n. 2, mai-ago, 1961, pp. 20-61.

LÖWITH, Karl. *O sentido da História*. Lisboa: Edições 70, 1991 [1949].

LÖWY, Michael. *El marxismo en América Latina*. Santiago: LOM Ediciones, 2007.

LYNCH, C E C. "Modulando o tempo histórico: Bernardo Pereira de Vasconcelos e conceito de "regresso" no debate político-parlamentar brasileiro", em *Almanack*, Guarulhos, n. 10, pp. 314-34, 2015.

LYNCH, Christian E. C. *Brésil, de la monarchie à l'oligarchie – construction de l'État, institutions et représentation politique (1822-1930)*. Paris: L'Harmattan, 2011.

LYNCH, Christian E. C. "Cartografia do pensamento político brasileiro: conceito, história, abordagens", em *Rev. Bras. Ciênc. Polít. [online]*. 2016, n.19, pp.75-119.

LYNCH, Christian E. C. "Conservadorismo caleidoscópico: Edmund Burke e o pensamento político do Brasil Oitocentista" em *Lua Nova*, São Paulo, 100, pp.313-362, 2017.

LYNCH, Christian E. C. *Monarquia sem despotismo e liberdade sem anarquia. O pensamento político do Marquês de Caravelas (1821-1836).* Belo Horizonte: Editora UFMG, 2014.

LYNCH, Christian E. C. "Necessidade ou contingência? A queda do Império reconsiderada". RAMOS, Rui; CARVALHO, José Murilo de; SILVA, Isabel Corrêa et al. *A Monarquia Constitucional dos Braganças em Portugal e no Brasil (1822-1910).* Amadora: Dom Quixote, 2018, pp. 407-432.

LYNCH, Christian E. C. "O Império da moderação: agentes da recepção do pensamento político europeu e construção da hegemonia ideológica do liberalismo moderado no Brasil", em *Revista do IHGB*, Rio de Janeiro, a. 172 (452), pp. 311-340, jul.-set. 2011b.

LYNCH, Christian E. C. "O Império é que era a república: a monarquia republicana de Joaquim Nabuco", em *Lua Nova*, São Paulo, 85, pp. 277-311, 2012.

LYNCH, Christian E. C. *O momento monarquiano: o conceito de Poder Moderador e o debate político brasileiro no século XIX.* Tese de Doutoramento. Rio de Janeiro: Iuperj, 2007.

LYNCH, Christian E. C. "O pensamento conservador ibero-americano na era das independências (1808-1850)" em *Lua Nova*, n. 74, pp. 59-92, São Paulo, 2008.

LYNCH, Christian E. C. "Por que pensamento e não teoria? A imaginação político-social brasileira e o fantasma da condição periférica (1880-1970)", em *DADOS – Revista de Ciências Sociais*, Rio de Janeiro, vol. 56, nº 4, 2013, pp. 727-767.

LYNCH, Christian E. C. "Quando o Regresso é Progresso: a formação do pensamento conservador saquarema e de seu modelo político (1834-1851)", em BOTELHO, André; FERREIRA, Gabriela Nunes (Org.). *Revisão do Pensamento Conservador: ideias e Política no Brasil.* São Paulo: Hucitec, 2010, pp. 25-53.

MACEDO, Ubiratan Borges de. *A ideia de liberdade no século XIX: o caso brasileiro.* Rio de Janeiro: Editora Expressão e Cultura, 1997.

MACEDO, Ubiratan Borges de. "O tradicionalismo no Brasil", em CRIPPA, Adolpho (coord.). *As idéias políticas no Brasil.* São Paulo: Convívio, 1979, pp. 227-248.

MACIEL DE BARROS, R. S. Julio de Mesquita e a Universidade. *O Estado de S. Paulo.* São Paulo, 29 jan. 1984, pp. 10-12.

MACIEL DE BARROS, Roque Spencer. *A ilustração brasileira e a ideia de universidade.* São Paulo: Convívio/EdUSP, 1986.

MAINWARING, Scott. *Igreja Católica e política no Brasil (1916-1985).* Trad. Heloisa Braz de Oliveira Prieto. São Paulo: Brasiliense, 2004.

MALATIAN, Teresa M. *Dom Luís de Orléans e Bragança: Peregrino de Impérios.* São Paulo: Alameda, 2010.

MALATIAN, Teresa M. *Império e Missão. Um novo monarquismo brasileiro*. São Paulo: Companhia Editora Nacional, 2001.

MALATIAN, Teresa M. *Os cruzados do Império*. São Paulo: Contexto, 1990.

MALATIAN, Teresa M. *Ideologia e utopia*. Trad. Sérgio Magalhães Santeiro. Rio de Janeiro: Zahar Editor, 1968.

MANNHEIM, Karl. *Essays on Sociology and Social Psychology* (cap. II: "Conservative Thought"). Londres: Routledge and Kegan Paul ltd, 1959, pp. 74-119.

MARITAIN, Jacques. *O Homem e o Estado*. Trad. Alceu Amoroso Lima. Rio de Janeiro: Agir, 1952.

MARTIN, Malachi. *The Jesuits. The Society of Jesus and the Betrayal of the Roman Catholic Church*. New York: Simon & Schuster, 1987.

MARTINS, W. "O positivismo e o Brasil". *O Estado de S. Paulo*. São Paulo, 3 ago. 1957.

MARX, Karl. *O 18 Brumário de Luís Bonaparte*. São Paulo: Escriba, 1968 [1852].

MATOS, Luís Salgado de. *O Estado de Ordens*. Lisboa: Imprensa de Ciências Sociais, 2004.

MATTOS, Ilmar Rohloff. *O Tempo Saquarema*. São Paulo: Hucitec/INL, 1987.

MATTOSO, José. *História de Portugal. 4º Vol. – O Antigo Regime (1620-1807)*. Coord. António Manuel Hespanha. Lisboa: Editorial Estampa, 1998.

MAUNDER, Chris. *Our Lady of the Nations Apparitions of Mary in Twentieth-Century Catholic Europe*. Oxford: Oxford University Press, 2016.

MAURRAS, Charles. *Enquête sur la monarchie*. Paris, 1900.

MAZOWER, Mark. *Continente sombrio. A Europa no século XX*. Trad. Hildegard Feist. São Paulo: Companhia das Letras, 2001.

MAZOWER, Mark. *Dark Continent – Europe's Twentieth Century*. Londres: Penguin, 1998.

MAZOWER, Mark. *No Enchanted Palace. The End of Empire and the Ideological Origins of the United Nations*. New Jersey: Princeton University Press, 2009.

MAYRINK, José Maria. *Os padres estão procurando um patrão*, s/d.

MELLO, Evaldo Cabral de. *A Outra Independência – O federalismo pernambucano de 1817 a 1824*. São Paulo: Ed. 34, 2004.

MERCADANTE, Paulo. *A consciência conservadora no Brasil. Contribuição ao estudo da formação brasileira*. 4ª ed. Rio de Janeiro: Topbooks, 2003 [1965].

MILBANK, John. *Teologia e teoria social – para além da razão secular*. Trad. Adail Sobral e Maria Stela Gonçalves. São Paulo: Loyola, [1990] 1995.

MITCHELL, L. G.. "Introduction". In: *BURKE, Edmund. Reflections on the Revolution in France*. Oxford: Oxford University Press, [1790] 2009.

MITRE, Antonio. *O dilema do centauro. Ensaios de teoria da história e pensamento latino--americano*. Belo Horizonte: UFMG, 2003.

MOREIRA, Vânia M. L. "Os anos JK: industrialização e modelo oligárquico de desenvolvimento rural, em FERREIRA, J.; DELGADO, L. de A. N. (org.). *O tempo da experiência democrática: da democratização de 1945 ao golpe civil-militar de 1964. (O Brasil Republicano; v. 3).* Rio de Janeiro: Civilização Brasileira, 2017, pp. 155-194.

MORENO, Diogo de Campos. *Livro que dá Razão do Estado do Brasil – 1612.* Edição crítica, com introdução e notas de Hélio Vianna. Arquivo Público Estadual. Recife, 1955.

MORLINO, Leonardo. *Como cambian los regimenes politicos. Instrumentos de análisis.* Trad. José Juan González Encinar. Madrid: Centro de Estudios Constitucionales, 1985.

NABUCO, Joaquim. "Artigos de Joaquim Nabuco (última fase) no jornal *O País* (seção "Campo Neutro") – set. a dez./1888" em GOUVÊIA, Fernando da Cruz. *Joaquim Nabuco entre a Monarquia e a República.* Recife: Massangana, 1989.

NABUCO, Joaquim. *Diários*, vol. 1, 1873-1888. Pref. e notas Evaldo Cabral de Mello. Rio de Janeiro: Bem Te Vi, 2012.

NABUCO, Joaquim. *Discursos parlamentares [1879-1889*]. São Paulo: Instituto Progresso Editorial, 1949.

NABUCO, Joaquim. "Notas Políticas II", em *O Commercio de São Paulo.* Rio de Janeiro, 5 jan. 1896, n. 855.

NABUCO, Joaquim. *Um estadista do Império.* Vol. II. Rio de Janeiro: Topbooks, [1898] 1997.

NABUCO, Joaquim. Um estadista do Império. *Nabuco de Araújo - Sua vida, suas opiniões, sua época. Tomo I (1813-1857).* Rio de Janeiro: Garnier, Livreiro-Editor, 1897.

NABUCO, Joaquim. *Um estadista do Império. Nabuco de Araújo - Sua vida, suas opiniões, sua época. Tomo III (1866-1878).* Rio de Janeiro: Garnier, Livreiro-Editor, 1899.

NEEDELL, Jeffrey D. *The Party of Order. The Conservatives, the State, and Slavery in the Brazilian Monarchy, 1831-1871.* Stanford: Stanford University Press, 2006.

NEGRO, Antonio L.; SILVA, Fernando T. da. "Trabalhadores, sindicatos e política (1945-1964), em FERREIRA, J.; DELGADO, L. de A. N. (org.). *O tempo da experiência democrática: da democratização de 1945 ao golpe civil-militar de 1964.* (O Brasil Republicano; v. 3). Rio de Janeiro: Civilização Brasileira, 2017, pp. 47-96.

NEVES, Lúcia Bastos Pereira das. "A vida política" em *Crise Colonial e Independência, 1808-1830.* Vol. 1. Coord. Alberto da Costa e Silva. Rio de Janeiro: Objetiva, 2011.

NEVES, Lúcia Bastos Pereira das. *Corcundas e constitucionais: cultura e política (1820-1823).* Rio de Janeiro: Revan, 2003.

NIEBUHR, Reinhold. *Moral Man and Immoral Society: A Study in Ethics and Politics.* New York: Charles Scribner's Sons, 1932.

O ESTADO DE S. PAULO. "Caravana de intelectuais mineiros". *O Estado de S. Paulo.* São Paulo, 18 jan. 1945, p. 6.

O ESTADO DE S. PAULO. "No Congresso de Sociologia. Teoria da Realidade Brasileira". *O Estado de S. Paulo*. São Paulo, 26 jun. 1954, p. 10.

O ESTADO DE S. PAULO. Única saída da Igreja é adaptar-se. *O Estado de S. Paulo*. São Paulo, 18 jan. 1973, p.20.

O DIÁRIO. A Assembleia Legislativa apoia o movimento municipalista mineiro. Nota. *O Diário*. Belo Horizonte, 18 jul. 1956.

OLIVEIRA, Dom Oscar - Arcebispo de Mariana. [Carta] 4 out.1966. Mariana [para] TORRES, João Camilo de Oliveira, Belo Horizonte. 3f. Reclama do liberalismo dos seminaristas.

OLIVEIRA, Lúcia Lippi. *A sociologia do Guerreiro*. Rio de Janeiro: UFRJ, 1995.

OLIVEIRA, Ramiro Barboza de. *O conservadorismo católico na imprensa de Belo Horizonte nas décadas de 1920 e 1930 – os jornais O Horizonte e O Diário (1923-1937)*. Dissertação de Mestrado. Programa de Pós-Graduação em História. São João Del-Rey: UFSJ, 2010.

OLIVEIRA NETTO, Luís Camillo de. *História, cultura e liberdade*. Coleção Documentos Brasileiros. Rio de Janeiro: José Olympio Editora, 1975.

OLIVEIRA VIANNA, Francisco José de. *Ensaios inéditos*. Campinas: Unicamp, 1991.

OLIVEIRA VIANNA, Francisco José de. *História social da economia capitalista no Brasil*. Vol. 1. Belo Horizonte/Niterói: Itatiaia/UFF, 1987a.

OLIVEIRA VIANNA, Francisco José de. *História social da economia capitalista no Brasil*. Vol. 12. Belo Horizonte/Niterói: Itatiaia/UFF, 1987b.

OLIVEIRA VIANNA, Francisco José de. *Instituições políticas brasileiras*. Vol. 1. 3ª ed. Rio de Janeiro: Record, 1974a.

OLIVEIRA VIANNA, Francisco José de. *Instituições políticas brasileiras*. Vol. 2. 3ª ed. Rio de Janeiro: Record, 1974b.

OLIVEIRA VIANNA, Francisco José de. *Problemas de organização e problemas de direção: o povo e o governo*. 2ª ed. Rio de Janeiro: Record, 1974c.

ORTEGA Y GASSET, José. *A rebelião das massas*. Trad. Herrera Filho. São Paulo: Ed. Ridendo Castigat Mores, 2002 [1926].

ORTEGA Y GASSET, José. *Tríptico. Mirabeau o El Político. Kant. Goethe desde dentro*. 9ª ed. Madrid: Espasa-Calpe, 1972 [1941].

OURO PRETO; Afonso Celso de Assis e Figueiredo, Visconde de. *Discursos parlamentares*. Brasília, Senado Federal (discurso de 11/6/1889), 1978.

OURO PRETO; Afonso Celso de Assis e Figueiredo, Visconde de. *Reforma administrativa e municipal*. 1883.

PAIM, Antonio. *A querela do estatismo*. Rio de Janeiro: Tempo Brasileiro, 1978.

PAIM, Antonio. (org.). *O apostolado positivista e a República*. Brasília: UNB, 1981a.

PAIM, Antonio. *Plataforma política do positivismo ilustrado*. Brasília: UNB, 1981b.

PAIVA, Angela Maria Randolpho. *Valores religiosos na construção da cidadania: Estudo comparativo Brasil-Estados Unidos*. Tese de Doutorado em Sociologia. Orientador: José Murilo de Carvalho. Rio de Janeiro: Iuperj, 1999.

PAULA, Christiane Jalles de. *Combatendo o bom combate: política e religião nas crônicas jornalísticas de Gustavo Corção (1953-1976)*. Tese de Doutoramento. Rio de Janeiro: Iuperj, 2007.

PENNA, Maria Luiza (org). *Correspondência Mário de Andrade & Luiz Camillo de Oliveira Netto*. São Paulo: Edusp, 2013.

PENNA, Maria Luiza. *Luiz Camillo: perfil intelectual*. Belo Horizonte: UFMG, 2006.

PIEPER, Josef. *Sobre el fin de los tiempos*. Trad. Alfonso Candau. Madrid: Ediciones Rialp, 1955.

PILLA, Raul. *A Revolução julgada. A crise institucional*. Porto Alegre: A Nação, 1969.

PINTO, António Costa. "Capítulo 1. Corporativismo, ditaduras e representação política autoritária", em: PINTO, A. C.; MARTINHO, Fco. P. (orgs.). *A onda corporativa: corporativismo e ditaduras na Europa e na América Latina*. Rio de Janeiro: FGV, 2016, pp. 27-40.

PINTO, António Costa; MARTINHO, Francisco Palomares. *A onda corporativa: corporativismo e ditaduras na Europa e na América Latina*. Rio de Janeiro: FGV, 2016.

PIO X, Papa São (Giuseppe Melchiorre Sarto). *Carta Encíclica Pascendi Dominici Gregis – Sobre as doutrinas modernistas*. São Caetano do Sul: Santa Cruz Editora e Livraria, 2016.

POCOCK, J. G. A. Linguagens do ideário político. Org. Sergio Miceli. Trad. Fábio Fernandez. São Paulo: Edusp, 2003.

POCOCK, J. G. A. *Political Thought and History. Essays on Theory and Method*. Cambridge: Cambridge University Press, 2009.

POCOCK, J. G. A. *Virtue, Commerce, and History. Essays on Political Thought and History, Chiefly in the Eighteenth Century*. Cambridge: Cambridge University Press, 2002[1985].

POLANYI, Karl. *A Grande Transformação. As origens da nossa época*. Trad. Fanny Wrobel. Revisão Técnica Ricardo Benzaquen de Araújo. 2ª ed., Rio de Janeiro: Ed. Campus, 2000 [1944].

PRADO JUNIOR, Caio. *A Revolução Brasileira*. 5ª ed. São Paulo: Ed. Brasiliense, 1977 [1966].

PRODI, Paolo. *Cristianismo e potere*. Bologna: Il Mulino, 2012.

PRODI, Paolo. *Homo Europaeus*. Bologna: Il Mulino, 2015.

PRODI, Paolo. *Il sovrano pontefice*. Bologna: Società editrice il Mulino, 1982.

PROSPERI, Adriano. El Concílio de Trento. Una introducción histórica. Trad. Jesús Villanueva. Valladolid: Junta de Castilla y Léon, Consejería de Cultura y Turismo, 2008 [2001].

PRZEWORSKI, Adam. *Capitalismo e social-democracia.* Trad. Laura Teixeira Motta. São Paulo: Companhia das Letras, 1991.

QUEIROZ, Maria Isaura Pereira de. *O mandonismo local na vida política brasileira e outros ensaios.* São Paulo: Alfa e Ômega, 1976.

RAMIRO JUNIOR, Luiz Carlos. "A república contestável: notas sobre o papel da religião no republicanismo de Joaquim Nabuco", em *Revista Estudos de Políticos*, v. 7, pp. 26-62, 2017.

RAMIRO JUNIOR, Luiz Carlos. *Entre o Syllabus e a Constituição moderna: debates políticos em torno da Questão Religiosa (1872-1875) no Brasil.* Dissertação de Mestrado. Rio de Janeiro: Iesp-Uerj, 2014.

RAMIRO JUNIOR, Luiz Carlos. "O conceito de civilização e o discurso ultramontano no Brasil" em *Ariadna histórica. Lenguajes, conceptos, metáforas*, 5 (2016), pp. 69-107.

RAMIRO JUNIOR, Luiz Carlos. "O horizonte civilizatório do ultramontanismo no Brasil oitocentista", em LYNCH, C. E. C.; SOUSA, E. S. T.; CASSIMIRO, P. H. P. *Pensamento político brasileiro. Temas, problemas e perspectivas.* Curitiba: Appris, 2019, pp. 65-98.

RAMIRO JUNIOR, Luiz Carlos. "Secularização e contrarrevolução" em *SYNTHESIS*, Rio de Janeiro, vol. 6, nº 2, 2013, pp. 157-166.

RAMOS, Rui; CARVALHO, José Murilo de; SILVA, Isabel Corrêa et al. *A Monarquia Constitucional dos Braganças em Portugal e no Brasil (1822-1910).* Amadora: Dom Quixote, 2018.

RAMOS, Rui (coord.); SOUSA, Bernardo Vasconcelos; MONTEIRO, Nuno Gonçalo. *História de Portugal.* Lisboa: A Esfera dos Livros, 2012.

RAMSDEN, John. *An Appetite for Power.* A history of the conservative power since 1830. London: Harper Collins, 1998.

RAYBROUCK, David Van. *Against Elections. The Case for Democracy.* London: The Bodley Head, 2016[2013].

RICUPERO, Bernardo. "O conservadorismo difícil", em FERREIRA, Gabriela N.; BOTELHO, André (org.). *Revisão do pensamento conservador: ideias e política no Brasil.* São Paulo: Hucitec, 2010, pp. 76-94.

RIZZO, Ricardo. "José de Alencar: da literatura à teoria clássica", em FERREIRA, Gabriela N.; BOTELHO, André (org.). *Revisão do pensamento conservador: ideias e política no Brasil.* São Paulo: Hucitec, 2010, pp. 76-94.

RMMI – Relatórios Ministeriais – Ministério do Império – 1874 (Referente a 1873).

RODRIGUES, Contreiras. *Novos rumos políticos e sociais.* Porto Alegre: Globo, 1933.

RODRIGUES, José Honório. *História da História do Brasil.* Volume II. Tomo 1 – *A historiografia conservadora.* São Paulo: Editora Nacional, 1988.

RODRIGUES, José Honório. *Independência: Revolução e contra-revolução. Economia e sociedade.* Rio de Janeiro: Francisco Alves, 1975.

RODRÍGUEZ, Ricardo Vélez. "A ditadura republicana segundo o Apostolado Positivista", em Curso de introdução ao Pensamento Político Brasileiro, Unidades V e VI. Brasília: UnB, 1982.

RODRÌGUEZ, Ricardo Vélez. *Casticismo: uma filosofia da república.* Caxias do Sul: Universidade de Caxias do Sul, 1980.

ROJAS, Don Francisco Gonzalez. *La justicia social en los documentos pontificios. Discurso leído en 29 de marzo de 1943.* Madrid: Real Academia de Jurisprudencia y Legislación, 1944.

ROMANO, Roberto. *Brasil: Igreja contra Estado (Crítica ao populismo católico).* São Paulo: Kairós Ed., 1979.

ROMERO, José Luís. *América Latina: as cidades e as idéias.* Trad. Bella Josef. Rio de Janeiro: UFRJ, 2004.

ROMERO, José Luís. *Pensamiento conservador (1815-1898).* Caracas: Bibl. Ayacucho, 1978.

ROSANVALLON, Pierre. *A democracia inacabada.* Trad. Christian Lynch et al. São Paulo: Alameda, 2018.

ROSANVALLON, Pierre. *La contre-démocratie, la politique à l'âge de la défiance.* Paris: Seuil, 2006.

ROSANVALLON, Pierre. *La Crise de l'État-providence.* Paris: Éditions du Seuil, 1992 [1981].

ROSANVALLON, Pierre. *Le moment Guizot.* Paris: Gallimard, 1985.

ROSANVALLON, Pierre. "Por uma história conceitual do político", trad. Paulo Martinez, em *Revista Brasileira de História*, São Paulo, v. 15, n.30, 1995, pp. 9-32.

ROSENSTOCK-HUESSY, Eugen. *Out of Revolution. Autobiography of Western Man.* New York: Four Wells, 1964.

ROTHMANN, Luiz Carlos de Mesquita. [Carta] 10 ago.1959, Porto Alegre [para] TORRES, João Camilo de Oliveira, Belo Horizonte. 4f. Necessidade de mobilizar interesses monárquicos.

ROTHMANN, Luiz Carlos de Mesquita. [Carta] 12 fev.1969, Porto Alegre [para] TORRES, João Camilo de Oliveira, Belo Horizonte. 1f. Sobre AI5 e democracia.

RUI. [Memorando] 20 mar.1964, Rio [para] TORRES, João Camilo de Oliveira, Belo Horizonte. 1f. Renúncia da direção do Arquivo Nacional.

RÜSEN, Jörn. "A história entre a modernidade e a pós-modernidade", em *História: Questões e Debates*, Curitiba, v. 14, nº 26/27, 1997, pp. 80-101.

SABINE, George H. *A History of Political Theory.* New York: Holt, Rinehart & Winston, 1961 [1937].

SALDANHA, César [Carta] 3 jul. 1969, Porto Alegre [para] TORRES, João Camilo de Oliveira, Belo Horizonte. 1f. Consequência do trabalho de JCOT.

SALLES, José Bento Teixeira de. *Milton Campos – uma vocação liberal*. Belo Horizonte: Editora Veja, 1975.

SANTOS, José Maria dos. *A política geral do Brasil*. São Paulo: J. Magalhães, 1930.

SANTOS, Mário Ferreira dos. *Filosofia da crise*. São Paulo: É Realizações, 2017.

SANTOS, Wanderley Guilherme dos. *A ordem burguesa e liberalismo político*. São Paulo: Duas Cidades, 1978.

SANTOS, Wanderley Guilherme dos. "Introdução, A teoria alencariana da democracia proporcional", em *Cálculo do conflito – Estabilidade e crise na política brasileira*. Belo Horizonte: Editora da UFMG, 2003.

SANTOS, Wanderley Guilherme dos. *O ex-Leviatã brasileiro: do voto disperso ao clientelismo concentrado*. Rio de Janeiro: Civilização Brasileira, 2006.

SANTOS, Wanderley Guilherme dos. *Sessenta e quatro: Anatomia da crise*. São Paulo: Vértice, 1986.

SÃO VICENTE; José Antônio Pimenta Bueno, Marquês de. *Direito Público Brasileiro e Análise da Constituição do Império. Rio de Janeiro*. Rio de Janeiro: Ministério da Justiça, 1958 [1857].

SARAVIA, Enrique. "Introdução à teoria da Política Pública", em SARAVIA, Enrique e FERRAREZI, Elisabete. *Políticas Públicas*, vol. 1. Brasília: ENAP, 2006, pp. 21-43.

SCATIMBURGO, João de. [Carta] 13 jan. 1964. São Paulo [para] TORRES, João Camilo de Oliveira, Belo Horizonte. 4f. João Camilo mais do que Toynbee.

SCATIMBURGO, João de. [Carta] 28 abr. 1964, São Paulo [para] TORRES, João Camilo de Oliveira, Belo Horizonte. 2f. Previsão da crise e situação política revolução 64.

SCATIMBURGO, João de. [Carta] 26 jan. 1966, São Paulo [para] TORRES, João Camilo de Oliveira, Belo Horizonte. 1f. Absurdo Arena e Modbra.

SCATIMBURGO, João de. [Carta] 23 mar. 1970. São Paulo [para] TORRES, João Camilo de Oliveira, Belo Horizonte. 1f. Defesa causas perdidas da Igreja.

SCATIMBURGO, João de. [Carta] 22 nov. 1970. São Paulo [para] TORRES, João Camilo de Oliveira, Belo Horizonte. 1f. Publicação livro e sugestão estudo *hippies*.

SCATIMBURGO, João de. [Carta] 4 fev. 1971. São Paulo [para] TORRES, João Camilo de Oliveira, Belo Horizonte. 3f. Lowenstein, Monarquismo contra República. Mega-cidades. Críticas ao marxismo de Alceu.

SCATIMBURGO, João de. [Carta] 5 jan. 1972, São Paulo [para] TORRES, João Camilo de Oliveira, Belo Horizonte. 1f. Roberto Campos erra Poder Moderador.

SCATIMBURGO, João de. [Carta] 6 abr. 1972, São Paulo [para] TORRES, João Camilo de Oliveira, Belo Horizonte. 1f. Revolução fez bom serviço na economia.

SCATIMBURGO, João de. *O destino da América Latina*. São Paulo: Cia. Editora Nacional, 1966.

SCATIMBURGO, João de. *Tratado Geral do Brasil*. São Paulo: Cia. Editora Nacional, 1973.

SCHMIDT, Augusto Frederico. *Prelúdio à Revolução*. Rio de Janeiro: Edições do Val, 1964.

SCHWARCZ, Lilia Moritz. *De olho em D. Pedro II e seu reino tropical*. São Paulo: Claro Enigma, 2009.

SCHWARTZ, Bernard. O federalismo norte-americano atual. Trad. Elcio Cerqueira. Rio de Janeiro: Forense Universitária, 1984.

SCRUTON, Roger. *Como ser um conservador*. Trad. Bruno Garschagen; Márcia Xavier de Brito. Rio de Janeiro: Record, 2015.

SCRUTON, Roger. *Our Church – a Personal History of the Church of England*. Londres: Atlantic Books, 2012

SCRUTON, Roger. *The Palgrave Macmillan Dictionary of Political Thought*. 3rd edition. New York: Palgrave Macmillan, 2007.

SENELLART, Michel. *Artes de governar. Do regímen medieval ao conceito de governo*. Trad. Paulo Neves. São Paulo: Ed. 34, 2006 [1995].

SERRANO, Sol. *?Qué hacer con Dios en la República? Política y secularización en Chile (1845-1885)*. Santiago: FCE, 2008.

SILVA, Ana Rosa Cloclet da. *Inventando a nação: intelectuais ilustrados e estadistas luso--brasileiros na crise do Antigo Regime Português (1750-1822)*. São Paulo: Hucitec, 2006.

SILVA, Golbery do Couto. *Conjuntura política nacional: o Poder Executivo & Geopolítica do Brasil*. 3ª ed. Rio de Janeiro: José Olympio, 1981.

SILVA, Hélio. *1964: golpe ou contragolpe?* Rio de Janeiro: Civilização Brasileira, 1975.

SILVA OLIVEIRA, H. B. "Honestidade mental". *Diário de Notícias*. Rio de Janeiro, 27 fev. 1944.

SIMMEL, Georg. *Conflict. The web of group-affiliations*. Trans. Kurt H. Wolff and Reinhard Bendix. New York: The Free Press, 1966.

SKINNER, Quentin. *As fundações do pensamento político moderno*. São Paulo: Companhia das Letras, 1996.

SOLANS, Francisco Javier Ramón. "A New Lourdes in Spain: The Virgin of El Pilar, Mass Devotion, National Symbolism and Political Mobilization", em DI STEFANO; Roberto; SOLANS, Francisco Javier Ramón (eds.). *Marian Devotions, Political Mobilization, and Nationalism in Europe and America*. Zurique: Palgrave Macmillan, 2006, cap. 6., pp. 137-168.

SOROKIN, Pitirim. *The Crisis of Our Age*. Oxford: Oneworld, 1992 [1941].

SOUSA, Francisco de Almeida, bispo. [Carta] 23 mai.1960, Belo Horizonte [para] TORRES, João Camilo de Oliveira, Belo Horizonte. 1f. Reclama de ataques a Franco, Salazar e do comunismo em *O Diário*.

SOUSA, José Pedro Galvão de. *O Estado Tecnocrático*. São Paulo: Saraiva, 1973.

SOUSA, José Pedro Galvão de. *Política e Teoria do Estado*. São Paulo: Saraiva, 1957.

SOUSA, José Pedro Galvão de; *Socialismo e corporativismo em face da encíclica Mater et Magistra*. Petrópolis: Vozes, 1963.

SOUSA, José Pedro Galvão de. GARCIA, Clovis L.; CARVALHO, José Fraga T. de. *Dicionário de Política*. São Paulo: T. A. Queiroz, 1998.

SOUSA, Maria Aparecida Silva de. "Independência e soberania nacional na América Luso-espanhola", em COSTA, Wilma Peres; OLIVEIRA Cecília H. de S. (orgs.). *De um império a outro: estudos sobre a formação do Brasil, séculos XVIII e XIX*. São Paulo: Fapesp, 2007, pp. 25-50.

SOUZA, Braz Florentino Henriques de. *Do Poder Moderador*. Int. Barbosa Lima Sobrinho. Brasília: UNB, 1978 [1864].

SOUZA, Celina. "Políticas públicas: uma revisão da literatura", em *Sociologias* nº 16, Porto Alegre, 2006.

SOUZA, Francisco Martins de. *Raízes teóricas do corporativismo brasileiro*. Rio de Janeiro: Tempo Brasileiro, 1999.

SOUZA, José Vicente de. [Carta] 4 out.1960. Rio [para] TORRES, João Camilo de Oliveira, Belo Horizonte. 1f. Pio XII elogiou Rommen.

SOUZA JUNIOR, Cezar Saldanha. *A crise da democracia no Brasil: aspectos políticos*. Rio de Janeiro: Forense, 1978.

SOUZA JUNIOR, Cezar Saldanha. *Consenso e constitucionalismo no Brasil*. Porto Alegre: Sagra Luzzatto, 2002a.

SOUZA JUNIOR, Cezar Saldanha. *Consenso e tipos de Estado no Ocidente*. Porto Alegre: Sagra Luzzatto, 2002b.

SOUZA, Maria do Carmo C. Campello de. *Estado e partidos políticos no Brasil (1930 a 1964)*. São Paulo: Ed. Alfa-Ômega, 1976.

SOWELL, Thomas. *Conflito de visões: origens ideológicas das lutas políticas*. Trad. Margarita Maria Garcia Lamelo. São Paulo: É Realizações, 2012 [2007].

SPENGLER, Oswald. *La decadencia de Occidente*. Tomo 1. Trad. Manuel G. Morente. Madrid: Espasa-Calpe, 1966 [1918].

STEINER, George. *Do Castelo da Barba Azul. Algumas notas para a redefinição da cultura*. Trad. Tomás Rosa Bueno. São Paulo: Companhia das Letras, 1991 [1971].

STEPAN, Alfred. *Estado, corporativismo e autoritarismo*. Trad. Mariana Leão T. V. de Medeiros. Rio de Janeiro: Paz e Terra, 1980.

STOLLEIS, Michael. *Origins of the German Welfare State Social Policy in Germany to 1945.* Trans. Thomas Dunlap. Frankfurt am Main: Springer, 2013.

SUÁREZ, Francisco. *Defesa da fé católica (edição compilada).* Trad. Luiz Astorga e Tiago Gadotti. Coleção Salamanca. Porto Alegre: Concreta, 2015 [1613].

SUNIC, Tomislav. *Homo americanus: child of the postmodern age.* Third Camelot, 2007.

SUTTON, Michael. *Nationalism, Positivism and Catholicism. The Politics of Charles Maurras and French Catholics, 1890-1914.* Cambridge: Cambridge University Press, 1982.

TICCHI, Jean-Marc. *Aux Frontières de la Paix. Bons Offices, Médiations, Arbitrages du Saint-Siège (1878-1922).* Rome: École Française de Rome, 2002.

TOLSTÓI, Leon. *Guerra e paz.* Vol. I-IV. Trad. João Gaspar Simões. Porto Alegre: L&PM, 2008 [1865-1869].

TOMÁS DE AQUINO, Santo. *Escritos políticos de Santo Tomás de Aquino.* 2ª ed. Trad. Francisco Benjamin de Souza Neto. Petrópolis: Vozes, 2011.

TORRES, João Camilo de Oliveira. "A Abolição e o Império". *O Estado de S. Paulo.* São Paulo. 30 jul. 1950.

TORRES, João Camilo de Oliveira. "A Assembleia legislativa apoia o movimento municipalista mineiro". *O Diário.* Belo Horizonte, 18 jul. 1956.

TORRES, João Camilo de Oliveira. *A aurora da civilização.* Rio de Janeiro: Record., 1964d.

TORRES, João Camilo de Oliveira. *A crise da Previdência Social no Brasil.* Belo Horizonte: Diálogo, 1954.

TORRES, João Camilo de Oliveira. *A democracia coroada. Teoria política do Império do Brasil.* Rio de Janeiro: José Olympio, 1964a [1957].

TORRES, João Camilo de Oliveira. "A democracia e as tradições brasileiras". *O Estado de S. Paulo.* São Paulo. 4 dez. 1949.

TORRES, João Camilo de Oliveira. "A dinâmica da causalidade final e formal em história", em *Alma Mater*, n. 5-6, Belo Horizonte, jan.-jun., 1960, pp. 79-83.

TORRES, João Camilo de Oliveira. "A educação como direito", em *Separata de Vozes*, Ano 52, Set., 1958a, pp. 641-645.

TORRES, João Camilo de Oliveira. "A educação e o futuro governo". *Tribuna da Imprensa.* Rio de Janeiro. 30 ago. 1960.

TORRES, João Camilo de Oliveira. *A extraordinária aventura do homem comum.* Petrópolis: Vozes, 1961f.

TORRES, João Camilo de Oliveira. *A formação do federalismo no Brasil.* São Paulo: Coleção Brasiliana, Companhia Editora Nacional, 1961b.

TORRES, João Camilo de Oliveira. "A ideia imperial de José Bonifácio", em *Separata de Vozes*, Ano 57, jun. 1963c, pp. 400-406.

TORRES, João Camilo de Oliveira. *A idéia revolucionária no Brasil.* São Paulo/Brasília: Ibrasa/INL, 1981.

TORRES, João Camilo de Oliveira. *A Igreja de Deus em Belo Horizonte.* Belo Horizonte: Informação da Cúria de BH, 1972.

TORRES, João Camilo de Oliveira. "A importância da história mineira". *Tribuna da Imprensa.* Rio de Janeiro. 24 ago. 1960.

TORRES, João Camilo de Oliveira. *A libertação do liberalismo.* Rio de Janeiro: Livraria Editora Casa do Estudante do Brasil, 1949.

TORRES, João Camilo de Oliveira. "Ameaça fascista". *Tribuna da Imprensa.* Rio de Janeiro. 10 mai.1960.

TORRES, João Camilo de Oliveira. "A Mensagem de Roma". *O Estado de S. Paulo.* São Paulo. 11 fev. 1951, p. 2.

TORRES, João Camilo de Oliveira. "A missão da mulher no mundo moderno", em *Separata de Vozes,* Ano 51, mar., 1957a.

TORRES, João Camilo de Oliveira. "A origem da autoridade". *Tribuna da Imprensa.* Rio de Janeiro, 9 nov. 1960, em *O elogio do conservadorismo e outros escritos.* Org. Daniel Fernandes, Pref. Bruno Garschagen, Curitiba: Arcádia, 2016, pp.149-152.

TORRES, João Camilo de Oliveira. *A propaganda política. Natureza e limites.* Rio de Janeiro: Edições da Revista Brasileira de Estudos Políticos, 1959a.

TORRES, João Camilo de Oliveira. "A propósito de 'A decadência moral do Ocidente'". Suplemento literário. *O Estado de S. Paulo.* São Paulo, 17 mai. 1969, p. 2.

TORRES, João Camilo de Oliveira. "A propósito de Gilberto Freyre". *O Estado de S.o Paulo.* São Paulo. 18 jun. 1949.

TORRES, João Camilo de Oliveira. A Revista da Semana. *O Diário.* Belo Horizonte, 22 out. 1972.

TORRES, João Camilo de Oliveira. "A Revolução Brasileira". *O Estado de S. Paulo.* São Paulo, 17 out. 1971, em *O elogio do conservadorismo e outros escritos.* Org. Daniel Fernandes, Pref. Bruno Garschagen, Curitiba: Arcádia, 2016, pp.261-266.

TORRES, João Camilo de Oliveira. *A Revolução Francesa.* Rio de Janeiro: Record, 1964c.

TORRES, João Camilo de Oliveira. "A segurança do indivíduo", em *Separata de Vozes,* Ano 53, ago. 1959b.

TORRES, João Camilo de Oliveira. *As aventuras de João Surrinha.* São Paulo: Editora do Brasil

TORRES, João Camilo de Oliveira. *A significação da história do Brasil.* Rio de Janeiro: MEC. 1966[?].

TORRES, João Camilo de Oliveira. A teoria da República". *Tribuna da Imprensa.* Rio de Janeiro, 1º set. 1960.

TORRES, João Camilo de Oliveira. "Barroco e a arte moderna". *Correio da Manhã*. Rio de Janeiro. 15 fev. 1964.

TORRES, João Camilo de Oliveira. "Bernardo Pereira de Vasconcelos e o 'Regresso'. *O Estado de S. Paulo*. São Paulo, 8 mar. 1951.

TORRES, João Camilo de Oliveira. "Bloy e a Previdência Social". *Tribuna da Imprensa*. Rio de Janeiro, 7-8 fev.1959.

TORRES, João Camilo de Oliveira. "Caminhos e fronteiras". *Tribuna da Imprensa*. Rio de Janeiro. 2 jan. 1958.

TORRES, João Camilo de Oliveira. *Cartilha do parlamentarismo*. Belo Horizonte: Itatiaia, 1961c.

TORRES, João Camilo de Oliveira. "Crise dos partidos". *Tribuna da Imprensa*. Rio de Janeiro. 5 set. 1960.

TORRES, João Camilo de Oliveira. "Da irreversibilidade em História", em *A Ordem*. Rio de Janeiro, vol. LXIV, dez. 1960, n. 6, em *O elogio do conservadorismo e outros escritos*. Org. Daniel Fernandes, Pref. Bruno Garschagen, Curitiba: Arcádia, 2016, pp.315-320.

TORRES, João Camilo de Oliveira. *Desenvolvimento e justiça. Em torno da Encíclica Mater et Magistra*. Petrópolis: Vozes, 1962a.

TORRES, João Camilo de Oliveira. *Do governo régio*. Petrópolis: Vozes, 1958d.

TORRES, João Camilo de Oliveira. *Educação Moral e Cívica (Organização Política do Brasil pela Constituição de 1967)*. 3a ed. Belo Horizonte: Ed. Júpiter, 1968f.

TORRES, João Camilo de Oliveira. *Educação e liberdade*. Petrópolis: Vozes, 1958b.

TORRES, João Camilo de Oliveira. *El Cid*. Rio de Janeiro: Record, 1964d.

TORRES, João Camilo de Oliveira. "Elogio do conservadorismo". *O Estado de S. Paulo*. São Paulo, 6 jan. 1962, em *O elogio do conservadorismo e outros escritos*. Org. Daniel Fernandes, Pref. Bruno Garschagen, Curitiba: Arcádia, 2016, pp.45-50.

TORRES, João Camilo de Oliveira. "Em face da religião". Suplemento literário. *O Estado de S. Paulo*. São Paulo, 14 jun. 1969, p. 3.

TORRES, João Camilo de Oliveira. "Em louvor das corporações". *O Estado de S. Paulo*. São Paulo, 1º fev. 1953.

TORRES, João Camilo de Oliveira. "Em torno da descentralização". *Tribuna da Imprensa*. Rio de Janeiro. 4 dez. 1956.

TORRES, João Camilo de Oliveira. "Estado forte e governo fraco". *Jornal do Brasil*. Rio de Janeiro. 16 mar. 1958.

TORRES, João Camilo de Oliveira. *Estratificação social no Brasil*. São Paulo: Difusão Européia do Livro, 1965.

TORRES, João Camilo de Oliveira. *Estudos Sociais Brasileiros*. Belo Horizonte: Júpiter, 1968d.

TORRES, João Camilo de Oliveira. "Fins do conservadorismo". *O Estado de S. Paulo*. São Paulo, 9 mar. 1963, em *O elogio do conservadorismo e outros escritos*. Org. Daniel Fernandes, Pref. Bruno Garschagen, Curitiba: Arcádia, 2016, pp.51-55.

TORRES, João Camilo de Oliveira. *Harmonia política*. Belo Horizonte: Itatiaia, 1961a.

TORRES, João Camilo de Oliveira. *História das ideiais religiosas no Brasil*. São Paulo: Grijalbo, 1968a.

TORRES, João Camilo de Oliveira. *História de Minas Gerais*. Vol. I. Belo Horizonte: Difusão Pan-Americana do Livro, 1961g.

TORRES, João Camilo de Oliveira. *História de Minas Gerais*. Vol. II. Belo Horizonte: Lemi, 1980 [1962].

TORRES, João Camilo de Oliveira. *História de Minas Gerais*. Vol. III. Belo Horizonte: Lemi, 1980 [1962].

TORRES, João Camilo de Oliveira. *História de Minas Gerais. (para a juventude)*. 2ª ed. Rio de Janeiro: Record, 1967[1963].

TORRES, João Camilo de Oliveira. *História do Império*. Ilustrações de Armando Pacheco Alves. 3ª ed. Rio de Janeiro: Record, 1968e.

TORRES, João Camilo de Oliveira. "Ideias de D. Pedro II". *Tribuna da Imprensa*. Rio de Janeiro, 24 set. 1956.

TORRES, João Camilo de Oliveira. "Ideias e ideologias". *O Estado de S. Paulo*. São Paulo, 14 nov. 1970, em *O elogio do conservadorismo e outros escritos*. Org. Daniel Fernandes, Pref. Bruno Garschagen, Curitiba: Arcádia, 2016, pp.91-97.

TORRES, João Camilo de Oliveira. *Instituições políticas e sociais no Brasil*. São Paulo: Difusão Européia do Livro, 1965a.

TORRES, João Camilo de Oliveira. *Interpretação da realidade brasileira (introdução à história das ideias políticas no Brasil)*. Rio de Janeiro: Livraria José Olympio, 1969.

TORRES, João Camilo de Oliveira. "Introdução à Filosofia da História". *O Estado de S. Paulo*. São Paulo, 23 abr. 1950.

TORRES, João Camilo de Oliveira. *Introdução e notas aos Conselhos à Regente, de D. Pedro II*. Rio de Janeiro: Livraria São José, 1958c.

TORRES, João Camilo de Oliveira. "Introdução e nota", em PEREIRA, Lafayette Rodrigues. *Cartas ao irmão*. Coleção Brasiliana. São Paulo: Companhia Editora Nacional. São Paulo: 1968h.

TORRES, João Camilo de Oliveira. *Lazer e cultura*. Petrópolis: Vozes, 1968b.

TORRES, João Camilo de Oliveira. *L'histoire impériale du Brésil et ses problèmes. Decimalia*. Rio de Janeiro: MEC/Biblioteca Nacional, 1959c.

TORRES, João Camilo de Oliveira. "Maritain ou a Justiça". *O Jornal*. Rio de Janeiro, 20 fev. 1944.

TORRES, João Camilo de Oliveira. "Maurras e Augusto Comte", em *Kriterion*. Revista da Faculdade de Filosofia da Universidade de Minas Gerais, Belo Horizonte, n. 43-44, jan.-jun. 1958d, pp. 63-68.

TORRES, João Camilo de Oliveira. "Movimento político é grande em Minas". *O Estado de S. Paulo*. São Paulo. 7 set. 1972.

TORRES, João Camilo de Oliveira. *Natureza e fins da sociedade política*. Petrópolis: Vozes, 1968c.

TORRES, João Camilo de Oliveira. "Nominalismo filosófico e realismo sociológico". *O Estado de S. Paulo*. São Paulo, 5 set. 1971, em *O elogio do conservadorismo e outros escritos*. Org. Daniel Fernandes, Pref. Bruno Garschagen, Curitiba: Arcádia, 2016, pp.183-196.

TORRES, João Camilo de Oliveira. *O Conselho de Estado*. Coleção Ensaios Brasileiros. Rio de Janeiro: Edições GRD, 1965b.

TORRES, João Camilo de Oliveira. *O elogio do conservadorismo e outros escritos*. Org. Daniel Fernandes, Pref. Bruno Garschagen, Curitiba: Arcádia, 2016.

TORRES, João Camilo de Oliveira. "O esplendor barroco". *O Estado de S. Paulo*. São Paulo. 23 set. 1961, em *O elogio do conservadorismo e outros escritos*. Org. Daniel Fernandes, Pref. Bruno Garschagen, Curitiba: Arcádia, 2016, pp.315-320.

TORRES, João Camilo de Oliveira. "O 'Eterno Feminino'". *O Diário*. Belo Horizonte, 22 ago. 1960.

TORRES, João Camilo de Oliveira. "O fim dos tempos". *Tribuna da Imprensa*. Rio de Janeiro. 19 ago. 1960.

TORRES, João Camilo de Oliveira. "O homem e a montanha" - um trabalho de interpretação sociológica da cultura mineira. [1943]. Belo Horizonte: *Folha de Minas*. Entrevista concedida ao jornal *Folha de Minas*.

TORRES, João Camilo de Oliveira. *O homem e a montanha: introdução ao estudo das influências da situação geográfica para a formação do espírito mineiro*. Org. Francisco Eduardo de Andrade, Mariza Guerra de Andrade. Belo Horizonte: Autêntica, 2011 [1944].

TORRES, João Camilo de Oliveira. *O homem interino*. Belo Horizonte: PUC-Minas, 2005[1971].

TORRES, João Camilo de Oliveira. "O integralismo no Brasil". *Correio do Povo*. Porto Alegre, 17 jul. 1972.

TORRES, João Camilo de Oliveira. "O meu filosofar sobre a história", em LADUSÃNS, Stanislavs (org.). *Rumos da filosofia atual no Brasil em auto-retratos*. Primeiro volume. São Paulo: Loyola, 1976, pp. 343-358.

TORRES, João Camilo de Oliveira. *O ocaso do socialismo – à margem da Populorum Progressio*. Rio de Janeiro: Agir, 1970.

TORRES, João Camilo de Oliveira. *O positivismo no Brasil*. Petrópolis: Vozes, 1957b[1943].

TORRES, João Camilo de Oliveira. *O presidencialismo no Brasil*. Rio de Janeiro: Coleção Brasiliana, Edições O Cruzeiro, 1961d.

TORRES, João Camilo de Oliveira. "O problema da ditadura". *O Estado de S. Paulo*. São Paulo, 24 mar. 1962, em *O elogio do conservadorismo e outros escritos*. Org. Daniel Fernandes, Pref. Bruno Garschagen, Curitiba: Arcádia, 2016, pp.117-121.

TORRES, João Camilo de Oliveira. *Os construtores do Império*. São Paulo: Coleção Brasiliana, Companhia Editora Nacional, 1968c.

TORRES, João Camilo de Oliveira. "Os dois tipos de nações". *A Ordem*, Vol. LXVIII, jul. 1962, em *O elogio do conservadorismo e outros escritos*. Org. Daniel Fernandes, Pref. Bruno Garschagen, Curitiba: Arcádia, 2016, pp.183-196.

TORRES, João Camilo de Oliveira. "O sentido da Inconfidência". *O Estado de S. Paulo*. São Paulo. 20 set. 1960.

TORRES, João Camilo de Oliveira. *O sentido e a finalidade do ensino universitário*. Belo Horizonte, 1940.

TORRES, João Camilo de Oliveira. "Pela cristianização da idade nova". *O Estado de S. Paulo*. São Paulo, 12 out.1947.

TORRES, João Camilo de Oliveira. "Perigo à vista". *Tribuna da Imprensa*. Rio de Janeiro. 21 jun. 1961.

TORRES, João Camilo de Oliveira. "Pesquisas nos papéis do Imperador Pedro II". *Tribuna da Imprensa*. Rio de Janeiro, 26-27 jan. 1957.

TORRES, João Camilo de Oliveira. *Razão e destino da Revolução*. Petrópolis: Vozes, 1964b.

TORRES, João Camilo de Oliveira. "Religião e política". *O Estado de S. Paulo*. São Paulo, 19 set. 1947.

TORRES, João Camilo de Oliveira. "Remédio caseiro para o organismo político". *O Diário*. Belo Horizonte, 2 ago. 1956.

TORRES, João Camilo de Oliveira. "Renascimentos e restaurações". *O Estado de S. Paulo*. São Paulo, 24 dez. 1959, em *O elogio do conservadorismo e outros escritos*. Org. Daniel Fernandes, Pref. Bruno Garschagen, Curitiba: Arcádia, 2016, pp.105-110.

TORRES, João Camilo de Oliveira. Revista da Semana (aniversário de Maritain). *O Diário*. Belo Horizonte, 19 nov. 1972.

TORRES, João Camilo de Oliveira. "Ruptura e continuidade", em *A Ordem*. Rio de Janeiro, vol. LXIII, fev. 1960, n. 2, em *O elogio do conservadorismo e outros escritos*. Org. Daniel Fernandes, Pref. Bruno Garschagen, Curitiba: Arcádia, 2016, pp.63-67.

TORRES, João Camilo de Oliveira. "Segurança e planejamento econômico", em *Separata de Vozes*, Ano 53, jun., 1959d.

TORRES, João Camilo de Oliveira. "Solidariedade e Previdência". *Correio do Povo*. Porto Alegre, s/d.

TORRES, João Camilo de Oliveira. "Sugestões para uma reforma administrativa". *O Diário*. Belo Horizonte, 12 ago.1956.

TORRES, João Camilo de Oliveira. "Tentativa de explicação", em OLIVEIRA NETTO, Luís Camillo de. *História, cultura & liberdade: páginas recolhidas de Luís Camillo de Oliveira Netto*. Rio de Janeiro: José Olympio, 1975, pp. 195-198.

TORRES, João Camilo de Oliveira. *Teoria geral da História*. Petrópolis: Vozes, 1963b.

TORRES, João Camilo de Oliveira. "Três desvios célebres". *Tribuna da Imprensa*. Rio de Janeiro. 16-17 ago. 1958.

TORRES, João Camilo de Oliveira. "Uma introdução à sociologia". *Diário de Notícias*. Rio de Janeiro. 24 fev. 1946.

TORRES, João Camilo de Oliveira. *Um mundo em busca de segurança*. São Paulo: Herder, 1961e.

TORRES, João Camilo de Oliveira. "Unidade e diversidade". *O Diário*. Belo Horizonte, 8 jun. 1955.

TORRES, João Camilo de Oliveira. "Uns rapazes que não sabiam filosofia descobriram Comte, por acaso, em 1880" [1943]. Belo Horizonte: *O Diário*. Entrevista concedida a Otto Lara Resende.

TORRES, JCO. "As revoluções, o campo e as cidades". *O Estado de S. Paulo*. São Paulo, 08 mar. 1958.

TRIBUNA DA IMPRENSA. "Academia dará prêmios no dia de Machado de Assis". *Tribuna da Imprensa*. Rio de Janeiro, 25 jun. 1958.

TRIBUNA DA IMPRENSA. "Minas levanta-se contra Juscelino". *Tribuna da Imprensa*. Rio de Janeiro, 12-19 fev. 1955.

TRIBUNA DA IMPRENSA. "Os livros mais vendidos da semana". *Tribuna da Imprensa*. Rio de Janeiro, 1958.

TRINDADE, Hélgio. *Integralismo, o fascismo brasileiro na década de 30*. Rio de Janeiro: Difel, 1979.

TRINDADE, Hélgio (org.). *O positivismo, teoria e prática*. Porto Alegre: Ed. UFRGS, 1999.

VASCONCELOS, Zacarias de Góis e. *Da Natureza e dos Limites do Poder Moderador*. 3ª ed. Introdução de Pedro Calmon. Brasília: Senado Federal, 1978.

VELASCO E CRUZ, Sebastião; KAYSEL, André; CODAS, Gustavo (org.). *Direita, volver!: o retorno da direita e o ciclo político brasileiro*. São Paulo: Fundação Perseu Abramo, 2015.

VELLOSO, Monica Pimenta. "Os intelectuais e a política cultural do Estado Novo", em FERREIRA, J.; DELGADO, L. de A. N. (org.). *O tempo do nacional-estatismo: do início da década de 1930 ao apogeu do Estado Novo. (O Brasil Republicano; v. 2)*. Rio de Janeiro: Civilização Brasileira, 2017, pp. 145-180.

VIANNA, Hélio. *História do Brasil*. Vol I. São Paulo: Melhoramentos, 1961.

VIANNA, Hélio. [Carta] 30 jun. 1959, Rio [para] TORRES, João Camilo de Oliveira, Belo Horizonte. 4f. Entrada no IHGB e outros assuntos.

VIANNA, Hélio. [Carta] 10 nov. 1962, Petrópolis [para] TORRES, João Camilo de Oliveira, Belo Horizonte. 2f. Influência de *O positivismo* em Ivan Lins.

VIANNA, Hélio. [Carta] 12 jun. 1964, Rio de Janeiro [para] TORRES, João Camilo de Oliveira, Belo Horizonte. 1f. Recusa direção Arquivo Nacional.

VIANNA, Hélio. [Carta] 13 nov. 1964, Rio de Janeiro [para] TORRES, João Camilo de Oliveira, Belo Horizonte. 2f. Livro ao presidente e reformismo do governo.

VIANNA, Hélio. [Carta] 14 jan. 1969, Rio [para] TORRES, João Camilo de Oliveira, Belo Horizonte. 1f. Admissão na Academia Portuguesa.

VIANNA, Luiz Werneck. "Americanizas e Iberistas: a polêmica de Oliveira Vianna com Tavares Bastos" em *A Revolução passiva: iberismo e americanismo no Brasil*. Rio de Janeiro: Revan, 1997 [1991].

VICENTE (IBAD). [Carta] 11 dez. 1961, Rio [para] TORRES, João Camilo de Oliveira, Belo Horizonte. 2f. Luta do Ibad contra comunismo *JB* e conjuntura política.

VILLAÇA, Antonio Carlos. *O pensamento católico no Brasil*. Rio de Janeiro: Civilização Brasileira, 2006.

VITA, Luís Washington. *Antologia do pensamento social e político no Brasil*. São Paulo: Grijalbo, 1968.

VITA, Luís Washington. [Carta] 26 jun. 1968. São Paulo [para] TORRES, João Camilo de Oliveira, Belo Horizonte. 1f. JCOT pedira uma definição de Coração.

VOEGELIN, Eric. *A consciência do fundamento*. Trad. José M. S. Rosa. Covilhã: LusoSofia Press, 2008.

VOEGELIN, Eric. *A Nova Ciência da Política*. Trad. José Viegas Filho. 2ª ed. Brasília: UnB, 1982.

VOEGELIN, Eric. *From Enlightenment to Revolution*. Durham: Duke University Press, 1975.

WEBER, Max. *Economia e sociedade*. Vol. 2. Brasilia: UnB, 1999.

WERNECK, Humberto. *O desatino da rapaziada: jornalistas e escritores em Minas Gerais*. São Paulo: Companhia das Letras, 1992.

WILLIAM, Wagner. *O soldado absoluto. Uma biografia do marechal Henrique Lott*. Rio de Janeiro: Record, 2005.

WILTGEN, Ralph M. - S.V.D. *O Reno se lança no Tibre: o Concílio desconhecido*. Trad. Jahir Britto de Souza. Niterói: Permanência, 2007.

XAVIER, Ângela Barreto; HESPANHA, António Manuel. "A Representação da Sociedade e do Poder", em HESPANHA, António Manuel (coord.). *História de Portugal* (dir. José Mattoso), Quarto Volume. *O Antigo Regime (1620-1807)*. Lisboa: Editorial Estampa, 1998, pp. 113-140.

ZAPPA, Regina; SOTO, Ernesto. 1968. *Eles só queriam mudar o mundo*. 3ª ed. Rio de Janeiro: Zahar, 2008.

ZIMDARS-SWARTZ, Sandra L. "Fátima and the Politics of Devotion", em DI STEFANO; Roberto; SOLANS, Francisco Javier Ramón (eds.). *Marian Devotions, Political Mobilization, and Nationalism in Europe and America*. Zurique: Palgrave Macmillan, 2006, cap. 7., pp. 169-200.

ZINOVIEV, Alexander. *The Reality of Communism*. Trans. Charles Janson. Nova York: Schocken Books, 1984.

MANUSCRITOS

TORRES, J. C. de O. "A alienação econômica", em *Colonização e colonialismo*. S/D, p. 516.

TORRES, J. C. de O. "A aventura integralista", em *A vida partidária brasileira*. s/d, pp. 496-521.

TORRES, J. C. de O. "A ambição do poder", em *Colonização e colonialismo*. s/d, pp. 480-483.

TORRES, J. C. de O. "A mulher e alienação sexual", em *Colonização e colonialismo*. s/d, pp. 545-547.

TORRES, J. C. de O. *A questão municipal*. s/d, pp. 178-183.

TORRES, J. C. de O. *A questão provincial*. s/d, p. 6.

TORRES, J. C. de O. "A sedução do Estado", em *Colonização e colonialismo*. s/d, pp. 469-479.

TORRES, J. C. de O. "As tentativas monárquicas", em *A vida partidária brasileira*. s/d, pp. 466-495.

TORRES, J. C. de O. "A variante gaúcha", em *A vida partidária brasileira*. s/d, pp. 286-297.

TORRES, J. C. de O. *Colonização e colonialismo*. s/d, pp. 448-469.

TORRES, J. C. de O. *Conceito de Previdência Social*. s/d, pp. 1-11.

TORRES, J. C. de O. "Descrição do INPS" e "O INPS, realidades e esperanças", em *Conceito de Previdência Social*, s/d, pp. 11-16.

TORRES, J. C. de O. "Grandeza e miséria do coronelismo", em *A vida partidária brasileira*. s/d, pp. 208-216.

TORRES, J. C. de O. "O veranico de 1934", em *A vida partidária brasileira*. s/d, pp. 328-332.

TORRES, J. C. de O. "Partidos ideológicos. O Partido Comunista do Brasil", em *A vida partidária brasileira*. s/d, pp. 417-418.